周恩来传

（一）

中共中央文献研究室　编
主编　金冲及

中央文献出版社

周恩来

1898年3月5日，周恩来诞生在淮安城内驸马巷的这所住宅。

1920年1月，周恩来等在反帝爱国运动中被北洋军阀政府天津警察厅拘捕。在他们坚决斗争和各界爱国群众的声援下，反动当局被迫于7月将他们释放。这是周恩来等获释后的合影。

1924年，中国社会主义青年团旅欧之部部分成员在巴黎合影。前排左四为周恩来，左六为李富春，左一为聂荣臻，后排右三为邓小平。

1924年11月，周恩来出任由国共两党合作创办的黄埔军校的政治部主任。他创建的行之有效的政治工作制度，使军校出现新面貌。

1925年8月8日，周恩来和邓颖超在广州结婚。这是1926年他任广东东江各属行政委员时和邓颖超在汕头合影。

I 革命的性质

1，对革命性质认识的不清——二次革命观——革命动力与革命任务的混合——群众斗争的发展——革命性质与党的政纲

2，无间断革命在中国党的解释和与列宁相同的解释——无间断革命的扩大说之不合事实——因此扩大会对中国无间断革命论的误解——无间断革命名词之取消与中国革命的变更之依在存在.

3，反帝国主义与土地革命——土地革命中的反帝国主义意义——五卅斗争中的反帝国主义意义——反军阀战争中的反帝国主义意义——资产阶级反帝意识与无产阶级反帝意识——反帝的直接行动与工农兵士贫民的革命战线——民族运动与阶级斗争的连续性

4，资产阶级民权革命与工农革命——广暴是苏维埃革命的开始

周恩来在中共六大讨论政治问题报告时的发言提纲手迹。

上海云南路477号（今云南中路553弄）——中共中央政治局会议旧址。

1931年12月，周恩来抵达中央革命根据地。他先后担任中共苏区中央局书记、中国工农红军总政治委员兼第一方面军总政治委员、中央革命军事委员会副主席等职务，参加领导根据地建设、红军作战和中央红军长征。这是红军时期的周恩来。

1933年12月，和红军第一方面军部分领导人在福建建宁合影。左起叶剑英、杨尚昆、彭德怀、刘伯坚、张纯清、李克农、周恩来、滕代远、袁国平。

红军长征到达陕北后的周恩来。

西安事变和平解决后，周恩来返抵延安时，在机场受到中共中央领导人欢迎。左三起：秦邦宪、张闻天、毛泽东、周恩来、彭德怀、林伯渠、萧劲光。

和秦邦宪（中）、林伯渠在庐山同蒋介石谈判后回到西安时的合影。

1937年12月，周恩来到南京失陷后国民政府所在地武汉，代表中国共产党从事抗日民族统一战线工作，并参加领导中共长江局工作。这是抗战初期的周恩来。

1938年春，和郭沫若（左三）、叶剑英（左四）同从抗日前线来到武汉的八路军副总指挥彭德怀在火车站合影。

1938年夏，和邓颖超在武汉会见美国著名进步记者和作家、《西行漫记》作者埃德加·斯诺。

和新四军军长叶挺（右）、副军长项英在一起。

重庆时期的周恩来。

和邓颖超同在莫斯科学习的烈士子女在一起。前排左起为张芝明（张太雷之子）、赵令超（赵世炎长子）、赵施格（赵世炎次子），后排左二为郭志成（郭亮之子）。

1945年4月至6月，中国共产党第七次全国代表大会在延安举行。在中共七届一中全会上，周恩来当选为中共中央政治局委员、书记处书记。这是他和毛泽东、刘少奇、朱德在大会主席台上。

1945年8月，毛泽东、周恩来赴重庆与国民党谈判离开延安时，同张治中、赫尔利在驻延安美军视察组住处前合影。

1945年10月10日，国共双方代表王世杰、张群、张治中、邵力子、周恩来、王若飞签订的《政府与中共代表会谈纪要》（即“双十协定”）。

1946年1月10日，周恩来和国民党代表张群签署的《关于停止国内军事冲突的协议》等文件同时公布。这是在美国调处代表乔治·卡特利特·马歇尔住处签字时的情景。

军事三人小组飞抵延安视察时，在机场受到毛泽东、朱德、林伯渠的欢迎。

在中共代表团驻地南京梅园新村十七号院内。

和邓颖超在梅园新村三十号院内。

1946年5月上旬，周恩来为阻止国民党军队进攻中原解放区，停止中原战争，促使美方和国民党方面同意组成三人小组前往中原军区所在地宣化店视察。这是他在途中因汽车被山洪所阻涉水过河时的情景。

1946年11月16日，在南京召开中外记者招待会，痛斥国民党撕毁政协决议、扩大内战、单方面召开“国民大会”，从而关闭和平谈判大门，宣布中共代表团即将撤回延安，并满怀信心地表示：南京，我们是一定要回来的！

1946年11月19日，周恩来率领中央代表团成员李维汉、邓颖超等飞返延安。这是他回延安后和毛泽东、朱德在一起。

1947年9月，周恩来在陕北葭县（今佳县）神泉堡给中共中央直属机关干部、战士作关于时局问题的报告，说明在解放战争的“第二年提出大反攻、打倒蒋介石的口号，是适当的”。

签署作战命令。

辽沈、淮海、平津三大战役期间和毛泽东在一起运筹决策。

1949年3月，中共中央在西柏坡召开七届二中全会。这是周恩来在会上作报告。

1949年8月，和毛泽东、张治中在北平火车站迎候宋庆龄。

在中国人民政治协商会议第一届全体会议上作关于《共同纲领》（草案）起草经过和特点的报告。

人民英雄紀念碑

三年以来在人民解放战争和人民革命中牺牲的人民英雄們永垂不朽

三十年以来在人民解放战争和人民革命中牺牲的人民英雄們永垂不朽

由此上溯到一千八百四十年从那時起为了反对内外敌人争取民族独立和人民自由幸福在歷次鬥争中牺牲的人民英雄們永垂不朽

一九四九年九月三十日

中國人民政治協商會議第一屆全体會議建立

毛泽东撰文、周恩来手书的人民英雄纪念碑碑文。

目　　录

本卷目录

一、童　年

淮安，是苏北平原上一座古老的城市。它处在纵贯南北的京杭大运河和滔滔东流的淮河交汇的联结点。清朝的漕运总督衙门便设在这里。当铁路兴建以前，淮安是南北交通通常都要经过的地方，也是苏北的重要物资集散地，经济比较繁荣，文化也很发达。一八九八年三月五日（清光绪二十四年二月十三日）清晨，周恩来诞生在这座城内驸马巷中段的一所宅院里。

周恩来的祖籍原是浙江绍兴。绍兴周家是一个世代聚居的大家族。说起来很有趣，鲁迅（周树人）大概也是出身在这个家族的。在鲁迅逝世二周年的纪念会上，周恩来还提起过这件事："在血统上我也或许是鲁迅先生的本家，因为都是出身浙江绍兴城的周家。"① 但到周恩来的祖父周起魁（字攀龙）② 一辈时，他们这一支就离开绍兴，迁到了淮安。

周起魁为什么要移居淮安？这同绍兴当时的社会风气有关。那时候，绍兴的社会里除劳动者外，中上层中比较多的有两种人：一种是封建知识分子，一种是商人。封建时代读书人的出路

① 《新华日报》，1938 年 10 月 20 日。

② 《老八房祭簿》（现存绍兴鲁迅纪念馆），《浙江乡试同年齿录·光绪甲午科》第四册。

一般是应科举，绍兴人却大批地去当师爷，到全国各级衙门里管文案。师爷不算是官职，是由主官聘请的幕僚，所以被尊称为老夫子。在县衙门里，刑名师爷管司法，钱粮师爷管财政税收，他们在幕后替县官出主意，县官一般都要仰仗他们。因为师爷中绍兴人特别多，人们常把他们称为“绍兴师爷”。商人的出路则是在各大城市开杂货店兼卖绍兴酒。这两种人都是向外发展的。周起魁因为当师爷来到淮安，后来，代理了安东、阜宁、桃源等县知县，并做过海州直隶州知州。① 在他当师爷的时候，同二哥周亥祥合买下了驸马巷这所宅院。从此，就定居在淮安。

周起魁有四个儿子：贻赓、贻能（后改名劭纲，字懋臣）、贻奎、贻淦。他们和周亥祥同住在一起。按照封建大家庭的规矩，叔伯兄弟间的排行，分别是四、七、八和十一。劭纲便是周恩来的父亲。周起魁五十多岁就死了。他生前不事生产，身后只留下自己居住的房子，并没有田产。到周恩来的父辈时，家庭的经济景况已经相当衰败。

周恩来的母亲姓万，小名冬儿，因为排行十二，大家都叫她万十二姑。外祖父万青选原籍江西南昌，也是师爷出身，以后在同属淮安府的清河县（一九一三年改名淮阴县）做了九年知县，就定居清河。万十二姑读过五六年家塾。她性格开朗，精明果断，很有办事能力。结婚后，生了恩来（字翔宇）和他的两个弟弟：恩溥、恩寿。恩溥比恩来小一岁，恩寿比恩来小六岁。

周恩来幼年时的小名叫大鸾。不满一岁时，他最小的叔父贻淦病危。中国封建社会的传统习俗，特别看重有没有后代。所谓“不孝有三，无后为大”，在人们头脑中起着很大的作用。贻淦那时结婚还不到一年，没有子女，心里很难过。为了使贻淦在弥留之际得到一点安慰，也使他留下的妻子陈氏能有所寄托，恩来的

① 《浙江乡试同年齿录·光绪丁酉科》第2册。

父母尽管那时只有这一个孩子，还是把他过继给贻淦。两个月后，贻淦去世了。幼年的周恩来由守寡的嗣母陈氏带在身边抚养。

陈氏的娘家在苏北宝应。她出身于一个比较贫寒的读书人家庭，性格温和，待人诚挚，办事细心，在诗文书画上都有较好的修养，那时才二十二岁。她因为年轻守寡，从不外出，就把全部感情和心血都倾注在对恩来的抚养和教育上。周恩来称陈氏为“娘”，而称自己的生母为“干妈”。陈氏给他请来一个乳母，是当地人，叫蒋江氏，一起住在西院的两间小屋里。周恩来四岁时，嗣母就教他识字；五岁起，送他进私塾读书。嗣母对他的要求很严格，每天黎明时刻，就把他叫起来，亲自在窗前教他读书。有一次，恩溥玩刀子，几乎伤了他的眼睛。于是，陈氏更不许他轻易出去，整天把他关在屋内念书。空暇时，就教他背唐诗，给他讲故事，如《天雨花》、《再生缘》等。

直到陈氏去世前，周恩来几乎一天也没有离开过她。嗣母的教育，对幼年周恩来的性格形成和文化修养，影响是异常深刻的。四十年后，他还深情地说：“直到今天，我还得感谢母亲的启发。没有她的爱护，我不会走上好学的道路。”① 他又说：“嗣母终日守在房中不出门，我的好静的性格是从她身上承继过来的。但我的生母是个爽朗的人，因此，我的性格也有她的这一部分。”② 他还讲过：母教的过分仁慈和礼让，对他的性格也是有影响的。

一九〇四年，六岁的周恩来随同父亲、生母、嗣母和弟弟，一起搬到清河县清江浦（今江苏省清江市）居住，并到外祖父家

① 曾敏之：《谈判生涯老了周恩来》，《文萃》第31期，1946年5月23日版。

② 《周恩来同志谈个人与革命的历史——和美国记者李勃曼谈话记录》，《中共党史资料》1982年第1辑，中共中央党校出版社出版，第5页。

的家塾里读书。外祖父家里人很多。家族间发生了纠纷，常要请他生母去调解。她在处理问题时，总是先耐心地听别人把情况说清楚，然后再发表意见，使问题得到比较顺利的解决。周恩来经常跟着生母去，在旁边听着，学到许多办事的方法。万家的藏书很丰富，使他能大量地自由阅读。周恩来从小便喜欢看书，他所读的第一部小说《西游记》大概就是在这段时间内看的。他很聪明，性格中又有着活泼的一面。在外祖父家，同辈的孩子比较多，常在一起玩，使他度过几年比较欢乐的童年生活。

这时家里的经济景况已经越来越不好了。父亲为人老实，胆小，能力比较差，到清江浦后，只谋得一个月薪十六元的小差事。家里常靠借钱过日子。他的生母又劳累，又愁闷，很快就一病不起。那是一九〇七年上半年的事。① 夏天，嗣母带他到宝应她堂兄家住过两个月，仍回到清江浦。第二年七月间，嗣母又被肺结核夺去了生命。② 周恩来对陈氏怀有特别深厚的感情。他写过一篇《念娘文》，可惜没有保存下来。抗战胜利后他在重庆对记者说到："三十八年了，我没有回过家，母亲墓前想来已白杨萧萧，而我却痛悔着亲恩未报!"③ 两个母亲的死，使周恩来的生活陡然发生变化。料理完丧事，家里已是债台高筑。父亲经别人介绍，到湖北去谋事。④

周恩来弟兄怎么办？只剩一条路：秋冬之交，他领着比他更幼小的两个弟弟（九岁的恩溥和四岁的恩寿），重新回到淮安那个残破的老家。

回到淮安，等候着他们的是艰难而凄凉的日子。那时，周恩来还只有十岁。可是，父亲和伯父在外地谋生，收入都很微薄；

---

① 周恩来旅日日记，1918 年 2 月 13 日，手稿。
② 周恩来旅日日记，1918 年 7 月 26 日，手稿。
③ 曾敏之：《谈判生涯老了周恩来》，《文萃》第 31 期，1946 年 5 月 23 日版。
④ 周恩来旅日日记，1918 年 2 月 13 日，手稿。

叔父贻奎从年轻时起就偏瘫在床；家里有什么事需要人出头的时候，周恩来已算是全家最年长的男子，尽管他年龄还那么小，却没有别人可以代他承当。

周家没有土地，只有那所自己居住的房屋，有一段时间一部分房屋也给抵押出去。要债的人络绎上门。有时伯父寄些钱回来，才还掉一笔账。借贷无门时，就只能把母亲的遗物拿到当铺去典当。但是，封建家庭素来好面子，摆空场面，各种礼仪和规矩特别多，即便里边已那么破落，外头的场面还得硬撑着。周恩来后来回忆道："我从小就懂得生活艰难。父亲常外出，我十岁、十一岁即开始当家，照管家里柴米油盐，外出应酬。"① 墙上贴上一张纸，按照封建家庭的习俗，"要把亲戚们的生日、死期都记下来。到时候还要借钱送礼。东家西家都要去，还要到处磕头"。②

这副生活的担子，沉重得几乎不是童年的周恩来所能承受得了的。但他咬紧牙关，默默地忍受并承担起这一切。他这时还到东门附近表舅龚荫荪的家塾里读书。龚荫荪的思想倾向维新，到过日本，家里除许多古籍外还有一些宣传近代西方文明的新书和报刊，周恩来曾把他称作自己政治上的启蒙老师。龚家的表姐们和他共同学习，在一起做组诗等游戏。只有在这里，他还可以获得一点短暂的欢乐。此外，那两年多的时间里，留给他的只有令人窒息的痛苦的回忆。

可是，在他面前，一时没有第二条可供选择的道路。这种凄凉的经历，使他从小就懂得生活的艰难，磨炼了同他的年龄似乎很不相称的那种精明果断、富有条理的办事能力，也在他幼小的

---

① 《周恩来同志谈个人与革命的历史——和美国记者李勃曼谈话记录》，《中共党史资料》1982 年第 1 辑，中共中央党校出版社出版，第 5 页。

② 周恩来同侄女周秉德等谈话记录，1964 年 8 月 2 日。

心灵里深深地埋下对封建家庭和习俗的强烈憎恨。

到他十二岁那年，伯父周贻赓（字曼青）在奉天（今辽宁省）度支司（相当于财政局）俸饷科已升任科员，[①] 生活稍稍安定一点。周恩来平时常同他通信，家里有什么难处理的事总是写信同伯父商量。伯父自己没有子女，十分喜爱这个侄儿的才学，也很同情他的处境，就在这时写信要他到东北去，跟随自己生活。

这在周恩来生活中是一个重要的转折点。

他后来说："十二岁的那年，我离家去东北。这是我生活和思想转变的关键。没有这一次的离家，我的一生一定也是无所成就，和留在家里的弟兄辈一样，走向悲剧的下场。"[②]

---

① 1920 年下半年至 1921 年上半年期间周贻赓填写的履历表。

② 《周恩来同志谈个人与革命的历史——和美国记者李勃曼谈话记录》，《中共党史资料》1982 年第 1 辑，中共中央党校出版社版，第 5 页。

二、在东北

一九一〇年春天，周恩来随同回家探亲的三堂伯周贻谦来到东北。

远离江淮平原的故乡，来到白山黑水的东北。从牢牢地禁锢着人的心灵的封建家庭和私塾生活转到刚刚开办的新式学堂念书。周围的一切发生那样巨大的变化。周恩来眼前的天地顿时变得广阔多了。

周恩来出生的时候，中国已在半殖民地半封建社会的道路上走过了半个多世纪。帝国主义列强恣意蹂躏中国的土地，凌辱中国的人民，并且扬言要瓜分中国。中华民族的生死存亡已到最危险的关头。这是放在一切有爱国心的中国人面前的最突出的问题。

东北是当时帝国主义列强在华争夺的焦点，是民族危机格外深重的地方。十年前，八国联军进攻中国时，十五万沙俄军队越过边境，强行占领东北的几乎全部主要城市。他们在江东六十四屯，在海兰泡，制造了一起起惨绝人寰的血腥大屠杀。战争结束后，他们拒不撤兵，说是要把东北变成他们的“黄俄罗斯”，从而激起了席卷中国各地的拒俄运动。一九〇四至一九〇五年，日本和沙俄又以中国的土地——东北作为战场，进行了为时一年零七个月的战争，使东北人民在外国军队的炮火和硝烟下遭受深重的灾难。战争的结果，东北的南部和北部分别成为日本和沙俄的势力范围。这种对中国权益的重大处置，根本没有征得中国方面任何同意。一九一〇年，也就是周恩来来到东北那一年，日本军国主义正式吞并中国的邻邦朝鲜。东北同朝鲜只有一水之隔，唇齿相依。朝鲜人民遭受的惨祸，更使东北人民感到惊心动魄，寝食难安。

这一切，不能不给少年的周恩来带来异常强烈的刺激。他刚到东北时，奉天府（今辽宁沈阳）一时还没有合适的学校可读，所以先随三堂伯到铁岭进银岗书院（初级小学）读了半年书。这年秋天，第六两等小学堂建成。伯父把他接到奉天府，插入这所学堂的高等丁班学习。在学校里，老师经常向学生讲述时局的危急和历代民族英雄的故事，激励学生们的爱国热情。暑假中，周恩来到他同班同学何履祯家去做客。那里是沈阳南郊沙河南岸的魏家楼子，正是当年日俄战争的战场。村后的山上留有沙俄立下的碑，村东头的烟龙山上有日本军国主义者所建的塔。当地的老人向他们悲愤地诉说沙俄军队血洗这个村子时的悲惨情景。何履祯的祖父何殿甲带他们到日俄两军曾经激烈争夺过的烟龙山察看，并且写下这样的诗句："登彼龙山兮山巅，望彼河水兮潺潺。忆甲辰年兮神往，想日俄战兮心酸。""吾已生于斯兮长于斯，恨不能翱翔兮五湖烟。今吾老兮有何志愿？图自强兮在尔少年！"①

富于感情的周恩来的心，再也无法平静下来。就在这些年头里，他时刻关心国事，养成了坚持读报的习惯。他自己订了当时奉天出版的《盛京时报》，每天必读。有一天在报上看到殖民主义者贩卖黑奴的消息，他大声地说："黑奴总有一天要解放！"一次，老师问学生：读书是为了什么？同学中有的说是为了帮父母记账，有的说是为了谋个人的前途。周恩来坚决地回答："为了

① 何殿甲诗稿，现藏中国革命博物馆。

中华之崛起！”①

怎样把祖国和人民从苦难和屈辱中拯救出来？怎样使中华民族得到振兴，自立于世界民族之林？这一连串问题从这个时候起，一直像一团烈火那样燃烧在周恩来的心中，成为经久持续的动力，推动他不断向前求索。

周恩来在回顾自己青少年时的历程时曾说：我自己和大家一样受过旧教育，后来因为看到民族危亡、山河破碎而觉悟起来，参加了革命。从爱国到革命，这几乎是一切近代中国先进知识分子走过的共同道路。周恩来走上革命道路也是从这里起步的。

那时的革命还是孙中山领导的资产阶级民主革命。第六两等小学堂里有两位教员：一个历史教员叫高戈吾，很富于正义感，在宣统年间就剪去辫子，经常向学生鼓吹反清革命，并且把章太炎的文章和同盟会的刊物拿给学生读，还曾把邹容充满激情地鼓吹革命的小册子《革命军》借给周恩来看；另一个地理教员姓毛，倾向改良派，介绍学生看康有为、梁启超的文章。周恩来在高老师的影响下，热烈地同情革命。当辛亥革命的消息传来时，他剪去辫子，表示同清朝政府决裂。

第六两等小学堂（辛亥革命后改名为奉天东关模范学校）是一所刚开办不久的比较新式的学堂。课程包括修身、国文、算术、历史、地理、格致、英文、图画、唱歌、体操十门。它的“新”当然有限得很，但比起旧式的私塾和书院来，这些课程毕竟在周恩来眼前打开一个新的天地。他在学校中学习认真，有礼貌，守纪律，各门功课都学得很好，国文的成绩尤其突出。课余常爱读《史记》、《汉书》、《离骚》等书籍。他的作文常被教师批上“传观”二字，贴在学校的成绩展览处，让同学们观看。国文教员赵纯在批阅周恩来的作文时，对周围的同事感慨地说：“我

① 访问魏启汉谈话记录，1977年1月28日。

教了几十年的书，从没见过这样好的学生！”①

一九一二年十月，周恩来写了一篇作文：《东关模范学校第二周年纪念日感言》。他当时认为，中国要图富强，应该从根本做起，把教育办好。他写道：

“吾全校之诸同学乎。吾人何人，非即负将来国家责任之国民耶？此地何地，非即造就吾完全国民之学校耶？圣贤书籍，各种科学，何为为吾深究而悉讨？师之口讲指画，友之朝观夕摩，何为为吾相切而相劘？非即欲吾受完全教育、成伟大人物、克负乎国家将来艰巨之责任耶？以将来如许之重负，基础于小学校三四年中，同学，同学，宜如何奋勉，始对之而不愧哉？”

对校长和教师，他也提出恳切的要求：

“吾校司教育之诸公乎。诸公为国家造人才，当殚其聪明，尽其才力。求整顿宜重实际，务外观先察内容。勿自隳行检，以失人则效；勿铺张粉饰，以博我名誉；更勿投身政界党会，谋利营私，以纷扰其心志，而日事敷衍。校长为学生择良教材，教习为学生谋深造就。守师严道尊之旨，除嚣张浮躁之习。注重道德教育，而辅之以实利美感，更振之以军国民之精神。教育美满，校风纯正，则此纪念日乃可因之而永久。”②

这是现在保存下来的周恩来最早的一篇文章。

当时，他还是一个十四岁的孩子，但已表现出高尚的志向和引人注目的才能。他怀着强烈的社会使命感，十分注重道德修养，对教育的目的和师生的责任也作了比较好的阐述。国文教师读到这篇作文后十分高兴，在卷末批了几句话：“教不如此不足

① 顾波：《为中华崛起而读书》，《光明日报》，1978年1月12日。

② 《国文成绩》，奉天图书印刷所版，1913年仲冬。

以言教，学不如此不足以言学，学校不如此不足以言学校，文章不如此不足以言文章。”“心长语重，机畅神流。”[①] 第二年，奉天举办的教育成绩展览会把这篇文章作为甲等作文展出，并收入《奉天教育品展览会国文成绩》一书中。一九一五年上海进步书局出版的《学校国文成绩》和以后上海大东书局出版的《中学生国文成绩精华》两书也先后把这篇作文收入了。

周恩来到东北另一个好处是学会了交朋友。他的性格是温和的，但他对无理的横暴决不低头和退缩。他初去东北时是个比较文弱瘦小的孩子，说话又有着浓重的南方口音。一些大同学骂他是“小蛮子”，经常打他，欺侮他。经过两个月，他就想法子交朋友，出入时同一批和他一样瘦弱的孩子一起走。这样人多势众，大同学再来欺侮，他们就抵抗和对打，那些大同学也就不敢再欺侮他了。

学校里有一个姓吴的老校工，工作很辛苦。周恩来经常起早来到学校，帮助老校工扫地、烧水。有一次这个老校工病倒了，周恩来去看望他，把身上仅有的八个铜元给他，帮助他治病。

到东北后，在周恩来身上还带来一个重要的变化：把他的身体练好了。童年时，周恩来的体质是比较弱的。东北气候寒冷，风沙漫天。在这种新的环境里，他一直坚持在凛冽寒风中跑步、踢球、做操。他的生活又比较俭朴。经过几年，把他的体格锻炼得很强健。后来，他对辽宁大学的学生说过：“我身体这样好，感谢你们东北的高粱米饭、大风、黄土，给了我很大的锻炼。”他又说：“吃高粱米，生活习惯改变了，长了骨骼，锻炼了肠胃，使身体能适应以后艰苦的战争年代和繁忙的工作。”

这时的周恩来，同他在苏北的童年时代相比，已有了显著的变化。但更大的变化，还是发生在他到天津进入南开学校以后。

---

① 《国文成绩》，奉天图书印刷所版，1913年仲冬。

三、南开学校

一九一三年二月，周贻赓的工作有了调动，到天津改任长芦盐运司榷运科科员。① 十五岁的周恩来随伯父一起搬到天津，住在元纬路元吉里几间狭小的平房里。这使他的生活环境又起了巨大变化。

来到天津，展现在周恩来面前的世界更加广阔而多样了。天津历来是华北出海的门户。一八六〇年辟为通商口岸后，这里有英、法、俄、德、日、比、奥、意、美九国的租界。天津又是一个重要的工商城市，资本主义近代工业和新式教育在全国都居于比较先进的地位。在这里所接触到的大城市的社会生活，所呼吸到的近代社会的空气，是东北难以相比的。

周恩来到天津后，就准备报考南开学校。这是一所闻名国内、仿照欧美近代教育制度开办的私立学校，是一九〇四年在严氏学塾的基础上发展而成的。创办人严修（字范孙）在清朝做过翰林和学部侍郎，思想比较开明。校长张伯苓原是从北洋水师学堂以第一名毕业的，后来因受到甲午战争失败的强烈刺激，转而从事教育工作，并且到日本、欧美考察过。他对办教育是很认真的。

学校在暑假中招生，考试的科目有英文、国文、算学三门。

---

① 1920 年下半年至 1921 年上半年期间周贻赓填写的履历表。

为了准备考试，特别是考虑到南开重视英文的特点，周恩来先在天津大泽英文、算学补习学校补习了三个多月的英文。这是一所单独授课、随到随教的学校。八月十六日，他参加南开学校入学考试。录取后，在八月十九日报到入学，编在一年级己三班（以后改为丁二班）就读。

从这时起，整整四年间周恩来一直在南开学校学习，并且住宿在学校里过集体生活，连假期中也是这样，很少回家。从第二学年开始，他和同学张鸿诰、常策欧等三人，自愿结合，住进新建的西斋三十五号，一起住了两年。后来他提议：我们一块住了两年，交谊很深，但这样下去我们和别人接触太少，应该分开，同其他同学住在一起，这样可以团结更多的同学。张鸿诰和常策欧都表示同意。所以最后一年他同蔡凤等住在一起。周恩来是个很重感情的人。多年远离故乡，思念亲人，常使他感到十分痛苦。他在作文中不时流露出这种浓烈的思念之情："津辽七载，所系梦寐者，亦仅思瞻我乡土、乐我兄弟、省我伯叔而已。乃境遇困人，卒难遂愿。"① 除夕之夜，同学们大多回家，他的这种感情一时就更难抑制，写道："今日何日耶？非家庭团聚时耶？余也何如？""泪盈枕席，竟夜不能寐矣。"② 因此，他对学校和周围的同学就格外依恋，"以校为家，以同学为兄弟"。③

从十五岁到十九岁这个年龄，正是对一个年轻人思想性格的形成有重要影响的时期。因此，南开学校的教育对周恩来产生的影响是不可忽视的。

从当时来说，南开学校的教育是比较进步的，并且很有特色：

第一，学习也好，生活管理也好，要求都十分严格。南开学校的学制是四年，相当于中等学校。主科有国文、英文、数学（包括代

①③ 周恩来在南开学校作文：《避暑记》，手稿。

② 周恩来作文：《试各述寒假中之事况》，手稿。

数、几何、三角）三门，每年都有。英文课每周都有十小时。次科有物理、化学、中国史地、西洋史地、生物、法制、体操等。从二年级起，除国文和中国史地外，各科都用英文课本。为了提高学生英语会话的能力，还请了美国老师来教课。三年级起，就要求学生阅读英文原著小说。学校还到日本购买了大批实验设备，让学生自己动手去做，这在民国初年的学校中是不多的。各门课程每月考试一次，期末有大考，留级和淘汰的都不少。能坚持到毕业并不是一件容易的事情。全校在每星期三下午有一次“修身”课，由张伯苓和其他教师讲国内外大事和做人做事之道，有时也请校外的名流学者来校讲演。学校的纪律十分严格。学生外表必须整洁，举止必须有礼貌，放荡的生活是不容许的。

第二，学校积极提倡学生开展课外活动，要求学生在学校里不单是读书，而且要学会办事，养成自己管理自己的能力。学生里有许多社团和学术研究会，这都是受到学校鼓励的。学校还经常组织各门学科的班级间或个人间的比赛。校内出版《南开星期报》，后来改名《校风》周刊，由学校提供经费，让学生自己编辑出版，通常以全校国文比赛第一名的获得者担任主编。南开的新剧团也很有名。它成立于一九一四年，最早上演的新剧《用非所学》是由校长张伯苓编剧并导演的。假期中，学校还为留校学生安排了各种活动。

因此，这所学校和当时许多死气沉沉的或放任散漫的学校不同，很有一些朝气蓬勃的新气象。周恩来的同班同学陈彰琯（来博）在回忆中说：周恩来在学校里“给他的印象，概括成四个字：严肃活泼。在学时办事认真严肃；平时爱活动，很活泼，很有风趣”。[1] 这些显然同当时南开学校的校风也有一定关系。

① 王庆民：《周恩来同志中学时代事迹采访纪实（上）》，《周恩来青年时代》研究资料第 3 期，周恩来同志青年时代在津革命活动纪念馆版，第 39 页。

周恩来在南开学校期间的学习成绩很优秀，国文和数学的成绩尤为突出。南开学校对国文十分重视。每两个星期做一次作文。周恩来文思敏捷，作文不打草稿，提笔直书，一气呵成。学校组织一年一度的作文比赛，获得第一名的被同学们看得像"状元及第"一样，是莫大的荣耀。一九一六年五月间，学校里组织了一次不分年级的作文比赛。那时全校已有学生八百多人，各个班级都推举出作文优秀的代表五人参加。卷子上的名字是密封的，由教师集体评阅。周恩来选的题是《诚能动物论》，经南开学校创办人严修亲自选定为全校第一名。周恩来所在班得了班际第一名，奖品是一面绣着严修手书"含英咀华"四个字的锦旗。天津市各中等学校每年举行一次校际演说比赛。一九一四年和一九一五年，周恩来都被推为学校的三名代表之一，连续两次南开学校都取得第一名。周恩来的数学成绩也很好，心算比一般同学的笔算还快。《校风》上曾记载道：他是笔算速赛四十八名最优者之一，代数得满分。刚入学时，他的英文基础比较差。为了攻克这一难关，他学习很刻苦，每天早晨起床后，将漱洗和吃早饭以外的时间，以及中午和下午的课余时间，都用来学英文。一进入二年级，他的英文就相当好了。

他在课外读了许多书，尤其爱读《史记》，还有清初进步思想家顾炎武、王夫之等的著作，也有西方启蒙思想家卢梭的《民约论》、孟德斯鸠的《法意》、赫胥黎的《天演论》等。因此，他的知识面比较宽，视野和思路也比较广阔。

南开学校里，下午四时起是课外活动时间。一到这个时间，教室和宿舍里就不能留人，都得到运动场和社团去参加活动。周恩来对这些课外活动总是积极参加。他从年轻时起，就认为一个人是不能脱离集体、只顾自己而生活的。他在作文中说：人立足于世界上，既不能像草木禽兽那样只靠自己生活，必须依靠公众的扶

恥之志。勤能補拙，古人語不我欺。學久不怠，英賢正在吾輩。雖文
公以勤勉後進，古先賢以惰戒人，門不閉，映雪讀書，畫地識字，其勤為
何如，其成功為何等耶。故勤也者，以之驗於人，以之驗於事，非
無以致其功，非勤無畢其事。飽食終日，無所用心，吾人可不奉
為金科玉律，懸以為座右之銘，履勤而不怠之軌，求畢業之
計。大至於國，小至於生身，殆無不受其賜。然則勤之一字，豈可忽
而視之哉。

天津南開學校國文卷　年級　組第　課第　篇

丁二班　周恩來

選詞甚當，惟用筆稍平

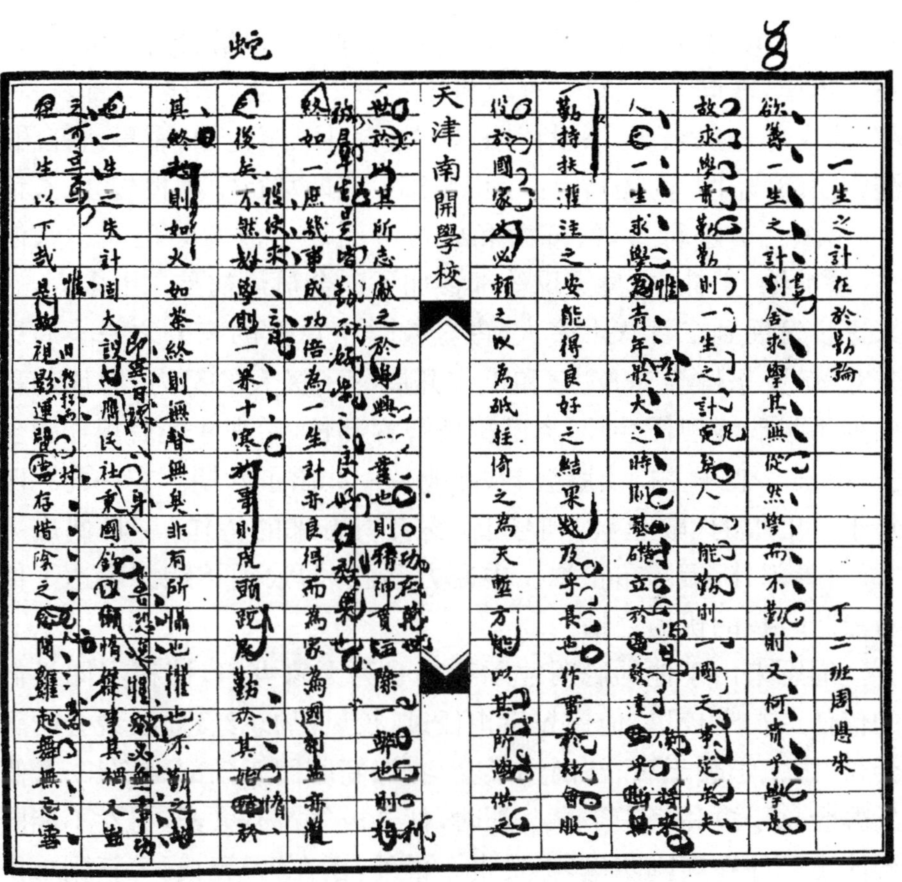
一生之計在於勤論

丁二班周恩來

天津南開學校

周恩来作文手迹

持,“而服役之事乃为人类所不可免”①。因此,他总是甘于默默地去做那些为公众“服役”的事情,从来没有在这方面吝惜过自己的时间和精力。

入学的第二年,他和同班同学张瑞峰(蓬仙)、常策欧(醒亚)三人发起组织“敬业乐群会”。这个会的宗旨是“以智育为主体,而归宿于道德,联同学之感情,补教科之不及”。② 会内分智育部、稽古部、演说部和俱乐部,下设诗团、国文研究团、辩论团、军事研究团、演剧团、音乐团等,还自己办起图书室,定期举行学术报告会、茶话会,组织会员进行参观、郊游和旅行等活动。他的同班同学张鸿诰、潘世纶、王朴山、吴家球等都参加了。会员最初是二十多人,后来逐步发展到二百八十多人,占全校学生总数的三分之一。周恩来对“敬业乐群会”的发起和工作开展尽了极大的努力,但他却积极推举张瑞峰担任会长,自己担任智育部长,后来才先后担任副会长、会长。他还主持出版会刊《敬业》,一共出了六期。在一九一四年十月出版的《敬业》创刊号上,发表周恩来的诗作《春日偶成》:“极目青郊外,烟霾布正浓。中原方逐鹿,博浪踵相踪。”表达了他对黑暗时政的忧愤之情。

周恩来由于他的聪明才干和热心为大家办事,博得了同学们的信任。在学校里,他还先后担任过《校风》的总经理、演说会的副会长、国文学会干事、江浙同学会会长、新剧团布景部副部长、暑假乐群会总干事和班中干事。那时,社会风气没有大开,男女不能同台演出。他在新剧团里,除负责布景外,还在《一元钱》等新剧中扮演女主角。周恩来办什么事都认真。为了演好戏,他常同担任《一元钱》男主角的同学李福景一起揣摩剧情,说是要“生活于剧中”。时子周、马千里两位教员也参加了演出。《一元钱》的演出,曾在天

① 周恩来作文:《论名誉》,手稿。

② 《敬业乐群会简章》,《敬业》学报第1期,1914年10月15日。

津轰动一时，并在一九一五年暑假中到北京青年会公演，博得好评。

对学校和班上的各种公益活动，不管多么繁杂，他无不热心尽力。他在给友人的信中说："课外事务则如猬集，东西南北，殆无时无地而不有责任系诸身。人视之以为愚，弟当之尚觉倍有乐趣存于中。"①毕业时，《同学录》中对他作了这样一段评语："君性温和诚实，最富于感情，挚于友谊，凡朋友及公益事，无不尽力。"②

南开学校的住宿生四人合住一屋，早上六时半打起床钟，这以前起床的人，动作要轻，不能影响别人，连走路都要踮着脚走。一打起床钟，学生们就立刻起床，盥洗，跑步，锻炼身体。上午上课，下午做实验和自修，四时起课外活动，晚上自修。每晚十时熄灯，熄灯后任何人不能再开灯。这些制度执行得十分严格。学生宿舍的各个寝室间还开展整洁评比。周恩来所住的宿舍在评比中获得过"整齐洁净"的嘉奖。

周恩来同老师的关系也很融洽。每隔几个星期，他总要在休息日到校长张伯苓家去长谈。张伯苓也很喜欢他，总是留他吃饭。吃的是贴饼子，煮稀饭，熬小鱼。张伯苓常对家里人说：周恩来是南开最好的学生。南开的国文教师张皞如，是个有着爱国民主思想的人。他应敬业乐群会的邀请，参加该会的诗团。一九一六年十月出版的《敬业》第五期上，发表他的诗作《伤时事》。周恩来在同一期上用原韵和了一首："茫茫大陆起风云，举国昏沉岂足云；最是伤心秋又到，虫声唧唧不堪闻。"③他对理化也很爱好，因此同化学教员伉乃如的交谊很深厚。

周恩来性格中对人很有吸引力的一个因素是谦虚，在学生时

① 周恩来作文：《答友询学问有何进境启》，手稿。

② 南开学校《第十次毕业同学录》，1917 年。

③ 飞飞（周恩来）：《次皞如夫子伤时事原韵》，《敬业》学报第 5 期，1916 年 10 月。

期就表现出来了。尽管品学兼优，在各种活动中都是活跃分子，但他从不骄傲，从来不锋芒毕露，盛气凌人。相反，总是尊重别人，总是那样“温和诚实”。他很自重自爱，看不惯那些爱出风头的人。他在《论名誉》这篇作文中写道：一个人应该珍惜自己的名誉，把它看作“人生第二生命”，但决不能存那种“邀名之心”，而应当用正义来衡量它的轻重。他愤激地说：“若夫汲汲于名，犹汲汲于利之徒，日惟名誉之是谋，不遑计及实事，虚声盗世，眩〔炫〕世眩〔炫〕俗，以淆乱风气者，是又名誉之罪人也。”①他一生对此是始终身体力行的。

他的生活十分俭朴。刚入学时，学习和生活费用靠伯父支持。但伯父收入微薄，家里的生活还要靠伯母编织一些线袋、自行车把套、墨盒套之类的小东西作为补助才能维持，所以他的学费常常不能及时缴付。第二年，由于他品学兼优，经教师推荐，学校破例免除他的学杂费，成为当时南开学校少有的免费学生。但生活费用还需要自己解决。因此，他在课余和假期中经常为学校刻蜡纸、油印或抄写讲义，以换取一些补贴。他在学习期间穿的一直是布衣布鞋，夏天只有一件白长衫，入冬则是单薄的青棉袍，外面再罩一件已经泛白的蓝大褂。他吃得也很简单。因为没有钱包饭，几年里都只能在门口零买，或到小饭馆里零吃，这样可以省些费用。没有菜时，就从家里带一小罐酱来下饭。《同学录》中也说到：“君家贫，处境最艰，学费时不济，而独能于万苦千难中多才多艺，造成斯绩。”②因此，他对社会上的穷苦人充满同情。他在作文中写道：“踯躅途中，睹乞丐成群也，则思推己及人，视天下饥如己饥、溺如己溺。”“殊弗欲埋首窗下，孳孳于字里行间，而置他事于不问

① 周恩来作文：《论名誉》，手稿。

② 南开学校《第十次毕业同学录》，1917 年。

也。”[①]少年时代这种艰苦的境遇和俭朴的生活，对他以后很有影响。

严修十分器重周恩来的人品和才学，他的儿子严智崇曾想向周恩来提亲，把妹妹严智安许配给他。严智安表示年龄尚小，暂时不愿提起婚姻的事情。[②]

随着年龄的一天天增长，随着对中国国情的加深了解，周恩来忧国忧民的心情更加炽热了。他在南开学习那四年间，灾难深重的中华民族的处境正在继续恶化。民国虽然成立，政权却很快落到北洋军阀首领袁世凯的手里。令人心如刀剜的坏消息像雪片般传来。英国武装侵犯西藏，沙俄策划外蒙古“独立”，日本强行提出“二十一条”，袁世凯称帝，督军团事件，张勋复辟等等活剧一幕紧接着一幕演出。周围的一切变得越来越黑暗。对祖国怀着深挚感情的周恩来，怎能不感到极大的痛苦？在他写的作文里，到处可以看到这一类悲愤的呼声：

> “呜呼，处今日神州存亡危急之秋，一发千钧之际，东邻同种，忽逞野心，噩耗传来，举国骚然，咸思一战，以为背城借一之举，破釜沉舟之计。一种爱国热诚，似已达于沸点。”[③]

怎么办？年轻的周恩来怀着炽热的救国愿望，如饥似渴地阅读着许多爱国的进步的报刊，努力寻求问题的答案。当时社会上流行着“实业救国”、“教育救国”的思想。这两者对他都产生过巨大的吸引力。他也相信过“贤人政治”，认为只要执政者能够“崇尚教育”、“振兴实业”，国家不难转危为安、转弱为强。

在他看来，教育和实业两者不是并列的，根本还在于教育。他

---

① 周恩来作文：《息有居学，载之礼经，人贵惜时，传于宋史，诸生于旧历年假中，欲事何事，盍预言之》，手稿。

② 严仁赓：《周恩来与严修》，《党的文献》，1990 年第 4 期。

③ 周恩来作文：《子舆氏不言利，司密氏好言利，二说孰是，能折衷言之欤?》，手稿。

所说的“教育”，着重是指对国民的思想教育。他认为，中国之所以积弱，神州之所以陆沉，追原祸始，不得不归过于教育。他说：风俗的厚薄取决于人心，而人心的转移又取决于教育。为了求得中国的富强，必须依靠教育的力量，来转移人心，铸造国魂。

他从年轻时起，就把思想品德的修养放在特别重要的地位。他认为，一个人必须有远大的理想和高尚的志向。他这样写道：“故凡同一人类，无论为何种事业，当其动作之始，必筹划其全局，预计其将来，抱无穷之希望。然后按此希望之路径以前进，则其结果不致与此希望相径庭。希望者何？志是也。”“然则志固尚已，而弊亦随之生焉。彼志在金钱者，其终身恒乐为富家翁；志在得官者，百计钻营不以为耻，此志卑之害也。故立志者，当计其大舍其细，则所成之事业，当不至限于一隅，私于个人矣。”①

他那时还是一个中学生，各方面都不成熟。在他看来，自己目前还处在准备时期。“基础立于此日，发达俟乎将来”②。只有先做到羽毛丰满，将来才可能高飞致远。因此，现在的责任仍在于努力求学，以便日后能“做事于社会，服役于国家，又必赖之以为砥柱，倚之为天堑，方能以其所学，供之于世”。③

究竟怎样才能将祖国从危难中拯救出来？少年的周恩来正处在最初的探索中，一时还没有找到正确的途径。

① 周恩来作文：《尚志论》，手稿。

②③ 周恩来作文：《一生之计在于勤论》，手稿。

四、东渡日本

一九一七年六月，周恩来以优良的成绩从南开学校毕业，并以“国文最佳者”获得特别奖。他的毕业证书上写着：“中学部学生周恩来，年十九岁，浙江省绍（兴）县人，于中华民国六年六月业将功课肄习完毕，计得毕业分数八十九分七二。”①

四年的南开学习生活结束了，毕业后该怎么办？这是放在周恩来面前的难题。他还年轻，并且有着远大的抱负，希望能继续求学，但他的家境却那么贫寒，难以给他多少支持。这时，友人借给一笔路费，帮助他去日本求学。

日本是中国的近邻，过去也蒙受过外国列强的欺凌，明治维新后却一天天兴盛起来。中日之间相距很近，路费也比较省。周恩来很想去看看他们为什么能富强起来，从中思考中国今后该走什么路。那时，中日两国之间有一个由日本政府指定学校为中国代培留学生的协定。协定中规定：中国学生凡能考取指定的日本大专学校之一的，可以享受官费待遇，直到学成返国为止。如能得到这个待遇，他在日本求学的费用问题就解决了。所以他很想试试，到日本去报考官费留学。

这时，周贻赓已被调充奉天全省清丈总局西安清丈行局科

① 周恩来毕业证书存根，1917 年 6 月 26 日。

员，在一九一六年三月只身赴东北就任。① 周恩来对伯父几年来的抚养很感激。出国前，他先到东北探望伯父，并回沈阳母校同师友相见。他在八月三十日给同学写下的临别赠言是："愿相会于中华腾飞世界时。"②

九月，他由天津登轮东渡。临行前夕，写下了那首抒发他青年时期救国抱负的著名诗篇："大江歌罢掉头东，邃密群科济世穷，面壁十年图破壁，难酬蹈海亦英雄。"③

南开学校毕业生在日本留学的很多，不少人原是周恩来的好友。他的同班同学王朴山只比他早到东京三天。南开创办人严修的儿子严智开（季冲）正在东京美术学校学习，快要毕业了。其他同学还有童启颜（冠贤）、陈钢（铁卿）、张鸿诰、张瑞峰、高仁山、吴瀚涛、刘东美、杨伯安等。在东京，有着南开同学会的组织，总干事是童启颜。周恩来去后不久，被选为评议员。因为同学多，所以虽在异国，还能得到不少照顾和帮助。

那时去日本留学的人多，所以住处很紧张。周恩来在东京神田区一家家具店的二楼，同一个早住在这里的姓陈的中国留学生挤住在一个"贷间"（日本有些房主将多余的住房出租，并承办租客的伙食和一般生活照料，称为"贷间"）里。以后为了寻找房租便宜的地方，又多次移居。十月间，他进入同在神田区的仲猿乐街七号的东亚高等预备学校补习大学考试的科目，主要是学习日文，也复习一些其他课程。这不仅因为日文是他在日本生活和求学必须具有的条件，是日本大专学校入学考试的重要科目，而且还因为他在南开学校所学的数学、物理、化学等科使用的词语都是英文的，如果不学习日文，对其他科目的考试也会带来很大的困难。

他准备报考的是东京高等师范学校和东京第一高等学校。如

---

① 1920 年下半年至 1921 年上半年期间周贻赓填写的履历表。

②③ 《周恩来手迹选》，中央文献出版社 1988 年 1 月版，第 3、4 页。

果考取其中的一所，就可以得到官费学习的待遇。在南开学校时和他同住过一间宿舍的同学张鸿诰也准备考这两所学校。

周恩来十分明白：他到日本来求学很不容易。日本学校的考期越来越临近，家里的景况一天比一天困难，使他忧心如焚。他在一九一八年一月的日记里写道："我现在惟有将家里这样的事情天天放在心上，时时刻刻去用功。今年果真要考上官费，那时候心就安多了，一步一步的向上走，或者也有个报恩的日子。如今我搬到这个贷间来，用度既省，地方又清静，正好是我埋头用功的日子。"① 同月的日记里又写道："我想我现在已经来了四个多月了，日文日语一点儿长进还没有，眼见着高师考试快到了，要再不加紧用功，不要（说）没有丝毫取的望，就是下场的望恐怕也没了。""我一个人，除了念书，还有什么事做呢？用功呀，用功呀，时候不再给我留了。"②

但他又不愿意一味地死读书。他来到异国他乡，总想多从周围的实际生活中去学习。他到日本后曾给南开学校同班同学沈天民写了一封长信，并附寄一本英文版的《日本时代精神》。他同在东京的南开同学往还密切，经常到中华青年会去看报，注意观察日本社会。他在日记中写道：

"无处不可以求学问，又何必终日守着课本儿叫做求学呢？我自从来日本之后，觉得事事都可以用求学的眼光看。日本人的一举一动，一切的行事，我们留学的人都应该注意。我每天看报的时刻总要用一点多钟。虽说是光阴可贵，然而他们的国情，总是应该知道的。"③

"大凡天下的人有真正本事的，必定是能涵养能虚

① 周恩来旅日日记，1918年1月11日，手稿。

② 周恩来旅日日记，1918年1月29日，手稿。

③ 周恩来旅日日记，1918年2月4日，手稿。

心。看定一种事情应该去做的，就拼命去做，不计利害；不应该做的，便躲着不出头，或是极力反对。这样子人总是心里头有一定主见，轻易不肯改变的。成败固然是不足论事，然而当着他活的时候，总要想他所办的事成功，不能因为有折磨便灰心，也不能因为有小小的成功便满足。梁任公有一句诗：‘世界无穷愿无尽’，我是很赞成的。盖现在的人总要有个志向，平常的人不过是吃饱了，穿足了，便以为了事。有大志向的人，便想去救国，尽力社会。”①

由于虚心观察，使周恩来得到一些新的认识。原先在国内，他受过社会上一种流行看法的影响，以为中国太弱了，“军国”这种主张未必不是救中国的一种办法，但对它并没有多少具体的了解。到日本后，经过实地观察，他很快看到：“日本也是行军国主义的国。军国主义的第一个条件是‘有强权无公理’的。两个军国主义的政策碰到一块儿，自然是要比比谁强谁弱了，而且军国主义必定是扩张领土为最要的事。”“将来欧战完后，德意志的军国主义保怕难保得住了，日本的军国主义不知又教谁打呢？军国主义在二十世纪上我看是绝对不能存留了。我从前所想的‘军国’‘贤人政治’这两种主义可以救中国的，现在想想实在是大错了。”②

那么，中国真正的出路在哪里？同当时中国绝大多数先进分子一样，他一时还没有找到正确的答案。

这真是一个艰难而痛苦的摸索过程，中间甚至也不是没有过彷徨和曲折。在他到日本后不久有一个短时间，由于个人的境遇和家庭的景况，苦闷几乎达到极点。一九一八年一月八日，堂弟来信，告诉他在家久病的叔父贻奎去世了。他在当天的日记里写道：

---

① 周恩来旅日日记，1918年2月6日，手稿。

② 周恩来旅日日记，1918年2月20日，手稿。

“我身在海外，猛然接着这个恶消息，那时候心中不知是痛是悲，好像是已没了知觉的一样。”①第二天写道：“想起家中一个要紧的男子也没有，后事如何了法？这几年来八伯（指周贻奎——编者注）同八妈的苦处已算受尽了，债务天天逼着，钱是没有，一家几口子饭是要吃的，当也当净了，卖也卖绝了，借是没处借，赊是没处赊，不要说脸面是没了，就是不要脸向人家去要饭吃，恐怕也没有地方去要。八伯这个病，虽说老病，然而病到现在何曾用一个钱去医治的呢？简直说是穷死了。”②接着，又写道：“连着这三天，夜里总没有睡着，越想越难受。家里头不知是什么样子，四伯急得更不用说了，只恨我身在海外，不能够立时回去帮着四伯、干爹（指周贻赓和周劭纲——编者注）做一点事儿。如今处着这个地位，是进不得也退不得。”③再加上初到异国的孤寂之感，使他一度考虑过：能不能用当时日本流行的佛教“无生”思想来摆脱自己内心难以忍受的痛苦。

可是，像他这样一个对祖国、对亲人怀着如此深挚而热烈的感情的人，又怎么能从这里找到什么解脱呢？这只是他摸索前进过程中一个短暂的插曲，很快就被抛弃了。在他稍后的日记中留下了这样一段记录：

> “以后我搬到神田住，忽然又为孤单独处的缘故，看着世上一切的事情，都是走绕道。‘苦海无边，回头是岸。’不如排弃万有，走那‘无生’的道儿，较着像少事的。闹了多少日子，总破不开情关，与人类总断不绝关系。虽不能像释迦所说‘世界上有一人不成佛，我即不成佛’那么大；然而叫我将与我有缘的一一断绝，我就不能，哪能

① 周恩来旅日日记，1918年1月8日，手稿。

② 周恩来旅日日记，1918年1月9日，手稿。

③ 周恩来旅日日记，1918年1月11日，手稿。

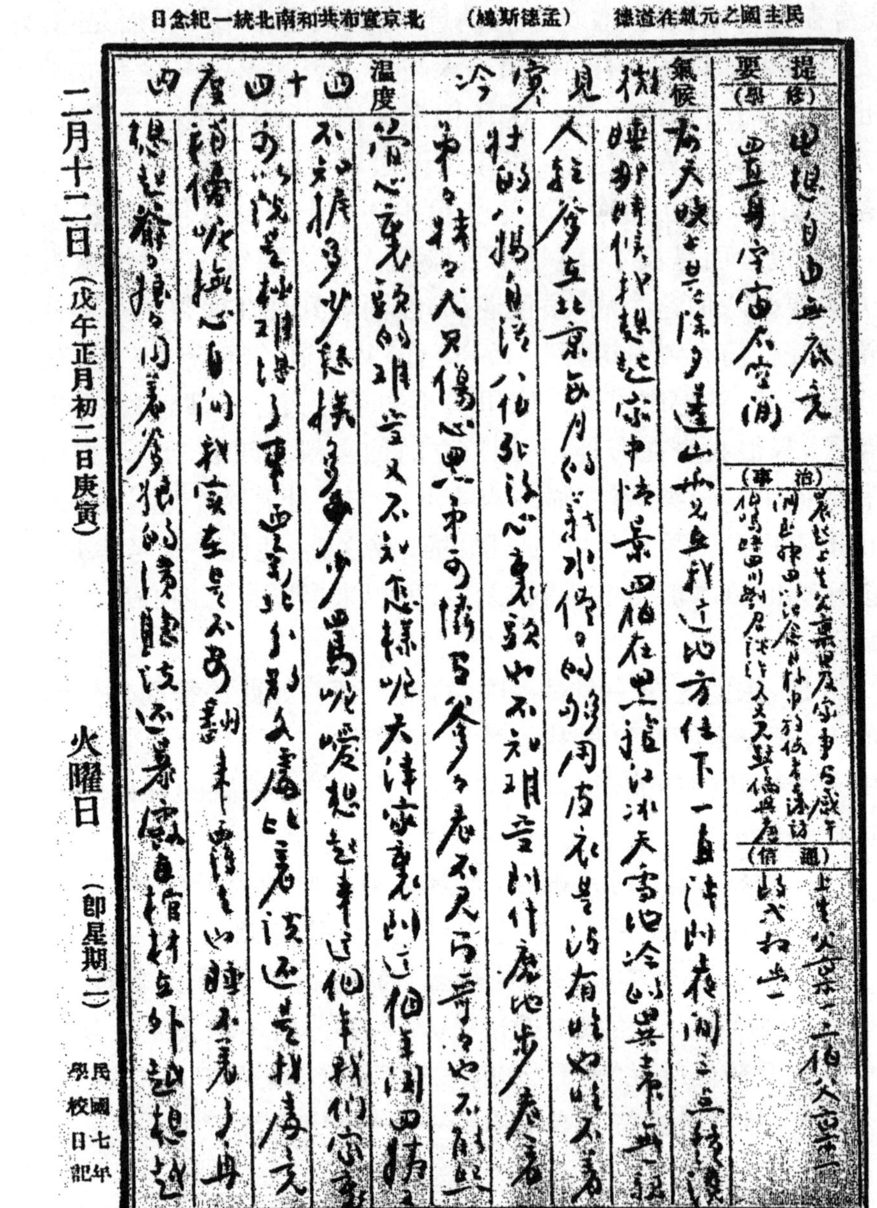

民主國之元氣在道德（孟德斯鳩）　北京宣布共和南北統一紀念日

二月十二日（戊午正月初二日庚寅）　火曜日（即星期二）　民國七年學校日記

提要（修學）	氣候	溫度
思想自由無碍矣 要真身宇宙不空閒	樹見寒冷	四十四度四

（事治）[illegible]

（通信）上午發八伯父、四伯父[illegible]

前天晚上是除夕，蓬仙兄在我這地方住下，一直談到夜間三點鐘才睡。睡那時候我想起家中情景，四伯在黑龍江冰天雪地冷的異常，無人在旁。么爹在北京每月的薪水僅僅夠用，衣是沒有呢也不曉得。壯的八媽自從八伯死後，心裏頭難受也不知到什麼地步了。弟弟們人又傷心思弟而寄寫爹爹信也不能。當心裏頭的難受又不知怎樣呢。天津家裏頭這個年關四伯不知又多少愁，挨多少罵呢。唉，想起來這個年我們家[illegible]

樹雪明窗紙瓶梅落硯池（薛師石）

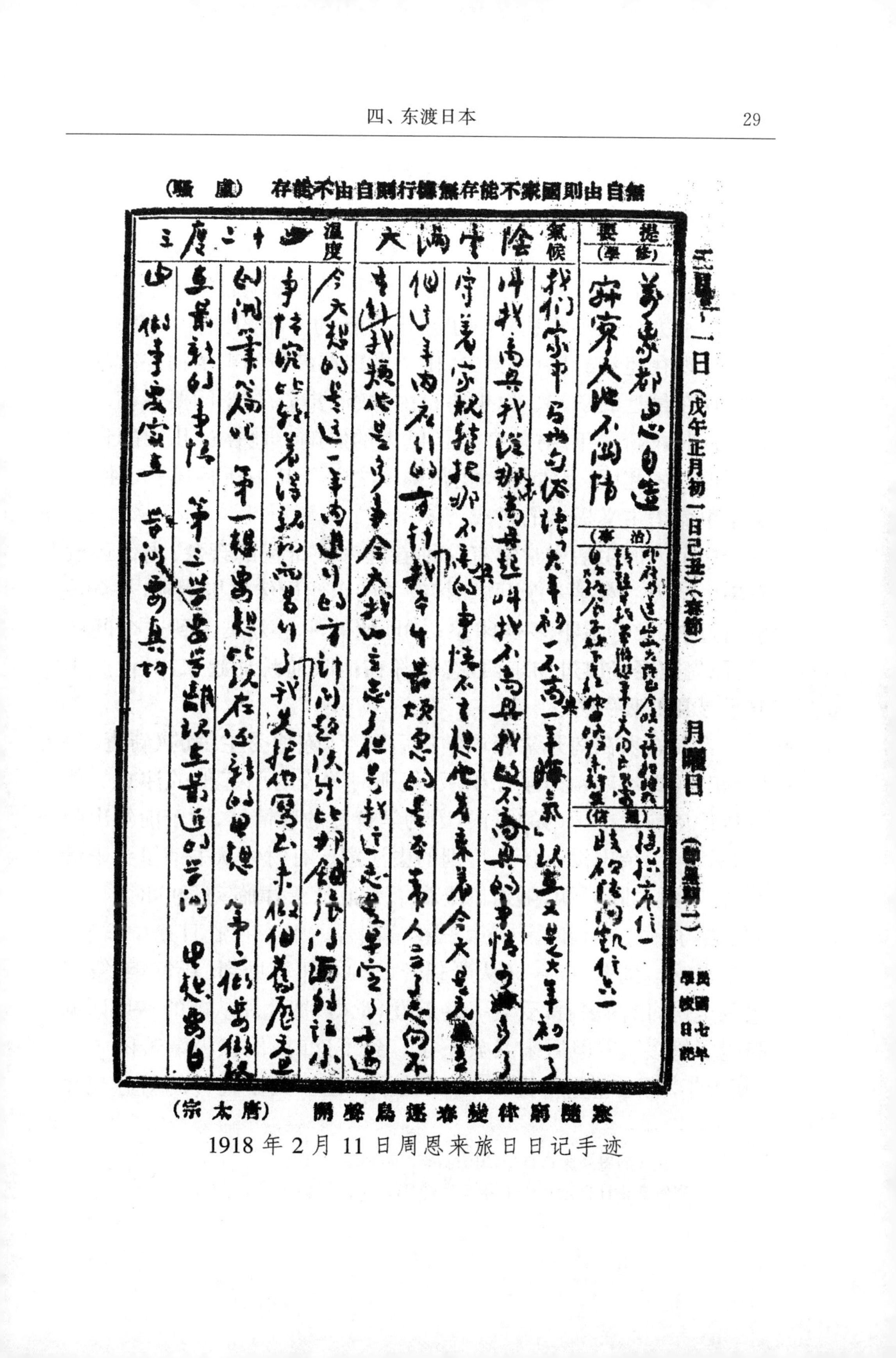

無自由則國家不能存無樂行則自由不能存（盧騷）

二月十一日（戊午正月初一日己丑）（春節） 月曜日（即星期一） 民國七年學校日記

提要（修學）

治事

通信

氣候

溫度

寒隨窮律變春逐鳥聲開（唐太宗）

1918 年 2 月 11 日周恩来旅日日记手迹

够再学达摩面壁呢？既不能去做，又不能不去想，这个苦处扰我到今年一月里才渐渐的打消了。”①

二月十一日，是农历戊午年的春节。中国的老话说：“一年之计在于春。”他在这天的日记里写道：“我平生最烦恶的是平常人立了志向不去行”，接着就写下了自己在新的一年的方针：“第一，想要想比现在还新的思想；第二，做要做现在最新的事情；第三，学要学离现在最近的学问。思想要自由，做事要实在，学问要真切。”②

这时，《新青年》对他产生了巨大的影响。他在过几天的日记中写道：“晨起读《新青年》，晚归复读之。于其中所持排孔、独身、文学革命诸主义极端的赞成。”③

一个人的生活中常常有这种看起来很奇怪的现象：当他还没有集中精力注意某一个问题时，有关的东西虽然也接触到，却会被忽略过去，没有留下多少印象；一旦他的注意力集中到这个问题上，原先被轻轻放过的东西，忽然都在他眼前跳动起来，对他产生异乎寻常的吸引力。

当周恩来在南开学校求学的后两年，陈独秀主编的《新青年》（最初叫《青年》杂志）早已出版，但那时并没有引起他的注意。他说过：“从前我在国内的时候，因为学校里的事情忙，对于前年出版的《新青年》杂志没有什么特别的去注意。有时候从书铺里买来看时，亦不过过眼云烟，随看随忘的。”④他从天津临动身的时候，有朋友给了他一本《新青年》第三卷第四号。他带在赴日途中看看，很是喜欢。到东京后，又从严智开（季冲）那里见到《新青年》第三卷的全份，借回去看，受到一些启发，觉得“把我那从前的一切谬见打退了好多”。⑤但后来又放下了。到了这时，他在极端苦闷中把《新青年》第三卷重新找出来，又读了一遍。其中宣传的新思想强

①③④⑤ 周恩来旅日日记，1918年2月15日，手稿。

② 周恩来旅日日记，1918年2月11日，手稿。

烈地吸引了他,使他顿时感到眼前变得豁然开朗。

他在日记中写道:“我的心仍然要用在‘自然’的上,随着进化的轨道,去做那最新最近于大同理想的事情。”“这个月开月以来,觉得心里头安静了许多。这几天连着把三卷的《青年》仔细看了一遍,才知道我从前在国内所想的全是大差,毫无一事可以做标准的。来到日本所讲的‘无生’主义虽然是高超了许多,然而却不容易实行。总起来说,从前所想的、所行的、所学者全都是没有用的。从今后要按着二月十一日所定的三个主义去实行。决不固持旧有的与新的抗,也不可惜旧有的去恋念他。我愿意自今以后,为我的‘思想’、‘学问’、‘事业’去开一个新纪元才好呢!”①

那几天,他一直非常兴奋,非常激动。在日记中连续地写道:

“我自前天忽然的醒悟,将从前一切事体都看成了不足重的事,不足取的事,心里头非常的快活。‘从前种种譬如昨日死’。我这时候的思想与这句话一点儿也不错。我这时候的喜欢好像比平常人信宗教还高兴十倍。宗教家常说人要信宗教就是‘更生’‘重生’。我觉得我这回大领悟,将从前的全弃去了,另辟‘新思想’,求‘新学问’,做‘新事情’,实在是同‘重生’‘更生’一样子了。法国女优倍那儿常说自己是小儿。我今天借用他这句话。我看我自己现在实在是小儿了。哈哈!”②

“我现在心里非常快活。想起我从前所思、所学、所行,实在是一无可取。”“我但期望我的‘思’、‘学’、

① 周恩来旅日日记,1918年2月15日,手稿。

② 周恩来旅日日记,1918年2月17日,手稿。

‘行’三者能顺着进化的轨道、自然的妙理去向前走。”①

在二月十五日那天日记的开头处，他兴奋地写下两句诗：“风雪残留犹未尽，一轮红日已东升！”②

是的，一片新的希望在他面前升起了。这种新的信念是他过去还不曾领略过的。因为他本来在精神上正处于极端的痛苦和烦闷中，这种新的信念带给他的震撼力量就格外巨大。

他开始确信：世界是合乎自然地、活泼泼地、永不停息地进化的，自己的思想、学问和事业都要毫不可惜地抛弃“旧”的，追求“新”的。这一切使他振奋，使他受到巨大的鼓舞。他觉得要重新考虑自己今后的生活道路。但严格地说，这个“新”的究竟是什么？对他说来，一时仍然是模糊的，不那么清晰的。

这以后几个星期，他集中精力投入东京高等师范的入学考试。考试是在三月四日至六日进行的，共考日语、数学、地理、历史、英语、物理、化学、博物八科，还进行了口试，结果没有被录取。这对他自然是个不小的打击。但他精神上并没有沮丧。他的同班好友张鸿诰虽然考取了高师物理科，却希望考入第一高等学校，以便将来可以上大学学工科。报考一高，必须先从高师退学，但将来能否考上一高又没有把握。张鸿诰很犹豫，征求周恩来的意见。周恩来劝他说：不能只顾一时的得失，动摇多年的志愿，应该考虑国家的需要和个人在哪一方面可能发挥更大的作用来决定取舍，你既能考上高师，为什么怕考不上一高？经他一说，张鸿诰下决心退掉高师的学籍，后来果然实现了他学工的宿愿。

考试结束后，他准备全力以赴地投入下一次考试的准备。他

① 周恩来旅日日记，1918年2月18日，手稿。

② 周恩来旅日日记，1918年2月15日，手稿。

在日记中写道："我自从考完了师范后，心里头非常的着急，以为七月里考第一高等，功课若不预备好了，定然没有取的希望。要打算取上，非从现在起起首用功，断然没有把握。"① 他订了计划：每天读书十三小时半，休息和其他事三小时半，睡眠七小时。

但是，一场突发的爱国运动改变了周恩来在日本的全部生活。

大约从四月初开始，陆续传出消息说：日本政府准备同北洋军阀段祺瑞政府秘密签订《中日共同防敌军事协定》，共同出兵西伯利亚以镇压俄国革命。这个消息给了留日学生很大的震动。周恩来立刻注意到这件事。他在日记上记道："阅英文报，知日政府又提出二十条要求于中国矣。"② 又记道："早起因思昨日日本要求事，我政府尚愦愦，奈何！"③

五月初，消息越传越紧了。周恩来五月二日的日记记道："观报多时，国事益坏矣。"这时，第一高等学校的中国留学生首先发难，主张全体留学生离日归国以示抗议。他们派代表四出游说，并且发布传单征求各省同乡会、各校同窗会的意见。其他学校的学生也纷纷集会响应。有些激烈的学生破指写下血书。五月五日，留日各省及各校代表会议"以外患紧急，祖国危殆，群议组织团体，共图挽救之法"④，决议成立"大中华民国救国团"。六日，救国团成员四十多人在神田区的中国饭店维新号楼上召开秘密会议。日本警官和侦探数十人突然持刀冲入，拳打脚踢，并将与会学生全部双手反缚，送往西神田警署。途中经过中华青年

① 周恩来旅日日记，1918年3月10日，手稿。
② 周恩来旅日日记，1918年4月3日，手稿。
③ 周恩来旅日日记，1918年4月4日，手稿。
④ 周恩来旅日日记，1918年5月5日，手稿。

会门口。中国留学生从二楼、三楼窗口下望，满怀悲痛。十日，传来消息：著名报人彭翼仲本月二日从轮船上蹈海而死。他的绝命诗中有这样两句："霹雳一声中日约，亡奴何必更贪生?"① 周恩来在当天日记中录下彭翼仲这两句绝命诗，这对他又是强烈的刺激。

十六日，段祺瑞不顾人民的反对，悍然同日本政府秘密签订这个协定。这使留日学生更加愤慨。许多留日学生罢学归国，先后达四百人。二十一日，十数校学生在北京举行示威游行，并派代表到上海，组成学生爱国会（以后改称学生救国会），成为促成第二年五四运动爆发的远因之一。李达、李汉俊、黄日葵等就是在这个运动的高潮中离日归国的。他们回国后，分别在上海和北京成为重要的马克思主义宣传者。

这个巨大的波澜，一下子冲破并改变了周恩来原来的生活状况。周恩来有着强烈的爱国心。民族危亡的严酷现实使他的满腔热血沸腾起来，无法再沉下心来埋头准备考试。五月间，他的日记内容几乎全部是记载这次留日学生爱国运动的情况。他参加各种集会，散发爱国传单。五月十九日，又参加了留日学生中的爱国团体——新中学会。

新中学会以在日本的天津南开学校和天津法政学校毕业生为主体，中心人物童启颜（冠贤）、高仁山等是比周恩来早到日本半年的南开同学，同他都很熟识。他们在国外求学，亲眼看到日本军国主义者处心积虑要侵略中国，而国内的军阀政客却醉生梦死，只知卖国求荣，不顾人民死活，从而深感民族危机的严重。他们相逢在一起，就谈论国家大事，悲愤异常。童启颜、高仁山提议组织这个团体，借以敦品励学，积极救国，并用复兴意大利的三杰的故事以自励。新中学会的《会章》规定：以联络感情、

① 周恩来旅日日记，1918 年 5 月 10 日，手稿。

砥砺品行、阐明学术、运用科学方法刷新中国为宗旨。所谓“刷新中国”，也就是改造中国。至于怎么改造中国，他们的答案还是笼统的，大体上还是科学救国、实业救国这些主张。他们吸收会员很慎重，看重的是个人品行是否纯正，同其他会员是否相知有素、感情笃厚。学会规定以“赤心”为会徽，表示赤胆忠心为国为民，同时也含有热烈、勇敢和会员间赤诚相见的意思。入会的那天，周恩来在会上发表了一篇讲演：

“我们中国所以如此的衰弱的缘故，全是因为不能图新，又不能保旧，又不能改良。泰西的文明所以能发达的原因是因为民族的变换、地势的迁移，互相竞争，才能够一天比一天新。中国的民族是一系的，地位是永据的，所以无进步而趋于保守。文化不进则退，所以旧的也不能保了。再说我们二千（年）的历史，思想学术全都是一孔之见。泰东西的文化比较我们的文化可以说新的太多。他们要是主宰中国，决不能像元、清两朝被中国的民性软化了。我们来到外洋求真学问，就应该造成一种泰东西的民族样子去主宰我们自己的民族，岂不叫比着外人强万倍不止了么？所以我刚入这会，见着这个‘新’字，心里头非常着痛快，望诸同志人人心中存着这‘新’字，中国才有望呢！”①

末了，他把两句话作为给其他会员的赠言：“哲学的思想，科学的能力。”②

新中学会的一个重要特点是注重会员的集体生活。他们在东京早稻田租定一处会址，有十七八间房子，题为“新中寄庐”。每星期日上午，举行会员座谈会。讨论的题目，有时是国家大事，如凡尔赛会议有关中国的问题等；有时是个人学习心得。准

①② 周恩来旅日日记，1918年5月19日，手稿。

时开会，准时散会，不许无故迟到早退。无故迟到的只能自觉地站在旁边，等主席招呼后方能入座。会员除确有困难者外，都搬到“新中寄庐”的宿舍中集体居住。宿舍内所有烧饭、洗碗、采买、看门、清洁卫生等工作，由会员轮流担任。各人所有的现款一律交公存储，大家按需支用，不许浪费。经济比较宽裕的会员还一次或分次缴付互济金，帮助有困难的会员的学膳等费。这一年四月，南开学校校董严修去北美考察教育路过东京时，周恩来每天都去看他，还亲手为他烧菜。严修笑着夸奖说：“翔宇的醋溜白菜真不错。”十二月，严修和南开学校校长张伯苓、天津水产学校校长孙子文等访美回国路过东京时，再次见到周恩来，曾到“新中寄庐”参观并进午餐。这顿午餐，也是由周恩来和会员马洗凡、李峰等做的。张伯苓等很称赞这种集体生活，认为是新中国、新社会的开始。①

由于周恩来积极地投入爱国运动，对七月二日至三日的报考第一高等学校顾不上再做多少准备。考试结果，又因日文、日语的成绩不够好，没有录取。周恩来的心情自然很懊丧。他在日记中写道：“昨前两日试验失败，心中难堪异常。”② 这时正在暑假中。七月二十八日，他离东京回国探亲，乘船渡海，到朝鲜釜山改搭火车。八月一日，回到天津。③

他在国内度过了一个多月。其间到北京住了一个星期，去看他的生父。九月四日，重新回到东京。

当他归国的这段时间内，在日本发生了席卷全国的米骚动。这次骚动的直接导因，是日本出兵西伯利亚后在国内大量收购军

---

① 杨扶青、李峰、张芥尘、于树德：《新中学会纪要》，《五四运动回忆录》续，中国社会科学出版社 1979 年 11 月版，第 463、464 页。

② 周恩来旅日日记，1918 年 7 月 4 日，手稿。

③ 周恩来旅日日记，1918 年 8 月 1 日，手稿。

米，造成米价高涨。每升白米的价格，在春天是二角，到夏天就猛涨至五角五，短期内上升一倍多，严重影响了人民生计。七月下旬，骚动从富士县开始。八月中旬，在连续四天内，京都每天都有数千人袭击米店。这个风潮迅速扩及全国，在农村和煤矿工人中也都发生暴动。九月中旬，日本军队开枪镇压矿工，打死十三人。五十七天内，全国有三十三个县发生暴动。卷入这个事件的人数，将近占日本全国人口的四分之一。这场骚动的规模在日本是空前的，对日本社会心理的影响也是异常深刻的。在米骚动中，日本社会结构的内部矛盾暴露得那样尖锐，那样清楚，社会主义思想得到更广泛的传播。

周恩来原来同许多留日学生一样，把日本看作中国学习的榜样，想从中找到救中国的出路。现在，在日本突然发生这样巨大的事变，强烈地吸引了他的注意力，把他的视野扩展到日益尖锐的社会问题上来。既然日本社会的发展道路并不是那样完美无缺，中国在考虑自己的未来前景时，自然也必须对社会问题给予严重的关注。这为他以后进一步理解和接受马克思主义创造了重要的、必不可少的条件。

周恩来初到日本的时间是一九一七年十月，正是俄国十月社会主义革命的前夕。他后来同日本朋友谈话时说到过："我来日本不久，刚好十月革命就爆发了。""关于十月革命的介绍，我在日本报纸上看到一些。那时叫'过激党'，把红军叫'赤军'。"①但他最初对这些似乎没有给以太多的关心，在他思想上似乎也没有造成多大的影响。一九一八年四月二十三日的晚上，他到东京堂去买书，随便看看新出的杂志。从《露西亚研究》这本刊物中偶然看到一篇论述俄国党派情况的文章。这篇文章给他留下比较深的印象。回来后，他在日记中凭追忆写下了八百多字的详细摘

① 周恩来同日本友人后藤钾二先生的谈话记录，1971 年 1 月 29 日。

要，里面说：

“政府越压制的利（厉）害，国民想改革的心越发坚固。百折不磨的精神，一直等到去年的春天居然把俄罗斯皇帝的位子推翻了。”

“一个叫做社会民主党。这党中分做两派，一派是‘过激派’，他的主义是主张完全的民主，破除资产阶级的制度，实行用武力去解决一切党纲。他的行为大半与社会革命党很接近，党魁就是现执政的赖宁（即列宁——编者注）。还有一派是温和派，他的主义是民主如办不到，仍主张君主立宪，资产阶级的破除须与有资产的人接近。”

“俄国现在的各党派除了保皇党少数人外，大宗旨全不出于‘自由’‘民本’两主义。按现在情形说，君主立宪的希望恐怕已没有再生的机会。过激派的宗旨最合劳农两派人的心理，所以势力一天比一天大。资产阶级制度，宗教的约束，全都打破了。世界实行社会主义的国家，恐怕要拿俄罗斯作头一个试验场了。”①

但这以后没有几天，反对中日军事协定的巨大风潮掀起，转移了他的注意力，对这个问题没有来得及进一步去探讨。九月初重新回到日本，由于亲眼看到米骚动中暴露出来的严重社会问题，使他对这个问题有了更多的关心。他在十月的日记上写道：“二十年华识真理，于今虽晚尚非迟。”② 可见他的思想在这时有了一个变化。

他阅读约翰·里德写的反映俄国十月革命的《震动环球的十日》。他又阅读在日本宣传社会主义的著名经济学家、京都帝国

① 周恩来旅日日记，1918年4月23日，手稿。
② 周恩来旅日日记，1918年10月20日，手稿。

大学教授河上肇的《贫乏物语》和幸德秋水的《社会主义神髓》。幸德秋水的这部著作和片山潜的《我的社会主义》是日本早期宣传马克思主义的两部最重要的著作，在日本思想界有着巨大的影响。虽然这些著作在内容上还不成熟，甚至还程度不同地掺杂着不少资产阶级人道主义和社会改良主义的观点，但它们毕竟比较通俗地向人们介绍了马克思主义的基本原理。

那时，马克思、恩格斯的著作还没有一本被完整地译成中文，列宁的作品连一篇译成中文的也没有。对许多不能直接阅读外文的中国人来说，要在那种情况下接触马克思主义是相当困难的。周恩来却有着有利的条件：他已能直接阅读英文和日文的书籍，而日本思想界当时正处在十分活跃的状态中。尽管还不能说他这时已成为马克思主义者，但比起国内的绝大多数知识分子来，他确能更早地、并且更多地了解一些马克思主义。

第二年一月，河上肇所办的刊物《社会问题研究》创刊了。河上肇后来在《自传》里说过："一九一九年一月以来，我之所以办个人杂志《社会问题研究》，原因大概是那时找到了真理的方向，尽管不懂，却决心宣传马克思主义吧。我的开始啃《资本论》，大约也是那个时候。"① 这个刊物每月出版一册。从第一册起，连载河上肇的《马克思社会主义的理论体系》，里面说："总之，唯物史观和资本论和社会民主主义是涉及理论与实际两方面的马克思主义的三大原理。这三大原理是根本贯穿着一条金线，此三大原理密不可分，就是所谓阶级斗争学说。"周恩来立刻成为这个刊物的热心的读者。

这时他寄住在东京神田区三崎町南开同学王朴山家的楼上。他和王朴山合写了："浮舟沧海，立马昆仑。"有一个在王家和他共住过一个多月的留日学生，谈到当时的周恩来给他的印象：沉

① 河上肇：《河上肇自传》上卷，商务印书馆 1963 年 7 月版，第 130 页。

着，冷静，不爱说笑话。每当谈论问题时，总是讲些国家的大事，民族的前途，青年一代应该怎样学习。另一个印象是：生活朴素，学习刻苦，博览群书，知识渊博，记忆力强，条理清晰。每次外出散步，他从来不在马路上溜达，而是走得很快，去书店翻书阅读。

周恩来东渡日本，原是想寻求可以用来“济世穷”的学问。现在，他对日本的社会越来越失望了。正在这个时候，他的母校南开学校决定创办大学部的消息传来。他就下决心回国学习。临行前，把他东渡日本时所写的“大江歌罢掉头东”这首诗抄赠给已经考入一高的同学张鸿诰，表示要“返国图他兴”。

三月间，周恩来离开东京。经过京都时，他到正在第三高等学校就读的南开同学吴瀚涛那里住了一段时间。他归国的时候，箱子里还带着河上肇的书。

四月五日，他在京都写下了《雨中岚山》、《雨后岚山》等几首诗。在《雨中岚山》里有这样几句：

“潇潇雨，雾蒙浓；一线阳光穿云出，愈见姣妍。
人间的万象真理，愈求愈模糊；——模糊中偶然见着一
点光明，真愈觉姣妍。”①

只有知道他在日本时期那段探索的旅程，才能理解这些诗句中凝聚的全部复杂的感情。留日的时间虽然只有一年多，周恩来思想上却经历过多少艰难和曲折！一个又一个的救国方案先后提出来，但没有一个能解决中国的问题。他痛苦过，彷徨过。“人间的万象真理”仿佛是“愈求愈模糊”。就在这种“潇潇雨，雾蒙浓”的艰难时刻，“模糊中偶然见着一点光明”，马克思主义的真理有如“一线阳光穿云出”。尽管他当时还不能深刻地理解它，但已在他面前燃起了新的希望，使他感到格外欣喜——“真愈觉

① 《觉悟》创刊号，1920年1月20日版。

姣妍”。

周恩来就是怀着这种欣慰的心情，在四月间由神户乘船离开日本，返回祖国。

五、五四风暴

周恩来这次从日本归国，是为了进刚创办的南开学校大学部读书。这时离学校开学的时间还早，所以他没有直接回天津，而是从日本坐轮船到大连，先去沈阳看望伯父。接着，又到哈尔滨东华学校做客。那所学校的校长和大多数教师是南开学校的毕业生。他们都很热情地欢迎他。周恩来几乎被留在那里工作。①

就在这个时候，一场席卷神州大地的巨大风暴突然来临，改变了周恩来的生活道路。这便是伟大的五四运动。

五四运动的发生，是中国人民长期以来对帝国主义侵略和政府卖国罪行郁积着的愤怒的大爆发。本来，中国在第一次世界大战中对德宣战，应该是“战胜国”之一；可是在战后的巴黎和会上，列强却把德国从中国山东攫取的权益转交给日本。消息传来，整个中国立刻沸腾起来。站在爱国运动前列的是各级学校的青年学生。

五月四日那天，愤怒的学生群众在北京首先喊出“拒绝巴黎和会签字”、“收回山东权利”、“惩办卖国贼曹（汝霖）、陆（宗舆）、章（宗祥）”的口号。他们在示威游行后，火烧曹汝霖的住宅，痛打章宗祥，被卖国政府拘捕三十多人。

---

① 访问周恩寿（同宇）谈话记录，1982年9月17日。

事件立刻震动了全国，也震动了天津。七月，天津各校学生举行示威游行。十四日，天津中等以上学生联合会成立，谌志笃、马骏当选为正副会长。二十三日，十五所大中学校的一万多名学生罢课。二十五日，以女校学生为主体的天津女界爱国同志会成立，选出刘清扬、李毅韬为正副会长，郭隆真、张若名、邓文淑（颖超）为评议委员。邓颖超还担任天津女界爱国同志会的讲演队长。在两会的领导下，热血沸腾的男女学生分别组织讲演队，到公共场所作宣传，沉痛诉说巴黎和会上中国外交失败的经过，揭露政府的卖国罪行，要求各界奋起救国，在社会上产生巨大的影响。

六月初以后，运动向更广泛的社会阶层扩展。九日，在天津河北公园举行有两万多人参加的公民大会。十日，全市商店宣布罢市。十八日，成立天津各界联合会。二十七日，马骏、刘清扬等十名天津代表在北京参加向总统府的请愿，要求拒绝在巴黎和约上签字。他们和各地代表一起，坚持斗争到第二天晚上。后来，中国参加巴黎和会的代表拒绝在和约上签字。

处于被统治状态的民众，以如此广泛的群众规模行动起来，直接干预政治，这在中国历史上还是第一次。

周恩来从东北回到天津。① 五月十七日，他到南开学校参加了“敬业乐群会”的茶话会。他这时还没有入学，只有一个校友的身份；但对这样一场热烈的爱国学生运动，他难以置身事外。在他给留日南开同学的信中说：“我是现在天天到南开去的。”②他曾联络南开校友共同反对学校接受曹汝霖的捐款和让曹担任校董。六月下旬，马骏、刘清扬等代表赴京时，他也赶到车站送行。

七月初，省教育当局召集天津各学校校长开会，决定提前放

---

① 访问周恩寿（同宇）谈话记录，1982年9月17日。

② 《周恩来书信选集》，中央文献出版社1988年1月版，第3页。

暑假，推迟开学。这一措施的目的，是要让学生分散。放假后，学生纷纷离校。不少人看到卖国贼曹、陆、章已被免职，巴黎和会上也已拒绝签字，运动又已进行了两个多月，斗争情绪开始松懈。学联负责人鉴于这种情况，鼓励运动中的骨干分子搬进南开学校居住，集中办公。在南开学校举行的一次茶话会上，周恩来对斗争的下一步提出建议："宜审慎，有恒心，有胆力，方能成功。"①

为着把运动坚持下去并引向深入，六月下旬，学联决定创办《天津学生联合会报》。周恩来虽然仍没有入学，但他在南开学校曾先后主办《敬业》和《校风》，他的才能为许多人所熟知。所以，谌志笃、马骏去看他，邀请他出来主办这份报纸。周恩来答应得很爽快。他说：《学生联合会报》是非常必要的，要想学生爱国运动能坚持下去，必须注意爱国教育。同学们既然需要我编辑学生会报，我愿与大家共同努力，负些责任是义不容辞的。随后，他也搬进南开学校和学生运动中许多骨干分子一起居住，还劝说已在南京金陵大学读书、回天津度假的南开学校老同学潘世纶（述庵）留下来，帮他一起办报。

要创办这样一份报纸是不容易的。一无经费，二无纸张，三没有印刷厂，四要向警察厅立案，这些都是难题。可是，在周恩来等的细心筹划和奔走下，问题一一得到了解决。

潘世纶在回忆时感慨地谈到：那时参加学联的人很复杂，爱出风头的、锋芒毕露的、争权夺利的有的是。周恩来却不是这样。他不怕麻烦，不辞劳苦，踏踏实实，埋头苦干，当无名英雄。他搞什么活动都专心致志，非常热心，几乎把全部心血都用到工作上。办报纸是个苦差事，编排、撰写、校对、印刷、出售等杂七杂八的事都由他一个人管，往往从深夜赶到清晨，饿了就

① 《南开日刊》，1919年7月7日。

吃个烧饼、烤山芋，从没有下过小馆吃饭。他写文章又快又好。当大家没有主意时，他会出新主意。所以，许多人尊重他，有事愿找他。

《会报》发刊前，为了扩大宣传，在七月十二日的《南开日刊》上发表了周恩来起草的《天津学生联合会报发刊旨趣》。他把“这次全国学生自动的事业”同“日本的米骚风潮、朝鲜的独立运动”并提，指出：“这都是受世界新思潮的波动，在东亚历史上增加些国民自觉的事绩。”从这里也可以看到日本米骚动给他的印象是很深刻的。《发刊旨趣》宣布：《会报》将“本民主主义的精神发表一切主张”，“本‘革心’同‘革新’的精神立为主旨”。什么是“革新”？就是要改造社会。什么是“革心”？就是要从改造学生自身的思想着手。“至于一切的研究，还是须求社会的帮助，指导我们，以便共同得着大家新生命的所在。”① 如果同早年在南开学校求学时相比，他这时的思想和视野显然已开阔得多了。

这篇《发刊旨趣》发表后，天津各大报纸纷纷转载，在社会上引起强烈的反响。大批订报的函件纷纷寄来。根据该报记载，订户有四五千份，不仅有学生，而且有铁路员工、邮电职员、爱国资本家和家庭妇女；不仅有天津的，而且有北京、保定以至上海的。

七月二十一日《天津学生联合会报》正式创刊。报纸最初是日刊（九月二十二日受警方干涉而被迫休刊，十月七日复刊后改为三日刊，出了两期后又恢复为日刊），辟有主张、时评、新思潮、新闻、国民常识、函电、文艺、翻译八个栏目。创刊号上发表了周恩来撰写的以《革心！革新！》为题的发刊词。马骏看后，兴奋地说：这篇社论真带劲！这比我们站在几千人面前大喊一

① 《南开日刊》，1919年7月12日。

阵，可有用得多！《少年世界》说："天津学生办的报有点价值的自然要算这报了。"① 上海的《新人》杂志说：《会报》和女界爱国同志会的《醒世周刊》"这两种刊物都是很有精神，《学生会日报》（即指《会报》——编者注）比较的更为敢言"。其"'主张'与'评论'二栏又有特色。敢说是全国的学生会报冠"。②

山东问题是当时全国人民关注的焦点所在。八月初，山东戒严司令、济南镇守使马良悍然宣布全省戒严，残酷镇压当地的爱国运动，并且捕杀了回教救国后援会会长马云亭等三人。消息传到天津，爱国群众人人义愤填膺，学生运动重新高涨起来。六日，周恩来在《会报》上发表《黑暗势力》一文，大声疾呼："国民啊！国民啊！黑暗势力'排山倒海'的来了。""我们应当怎样防御啊？要有预备！要有办法！要有牺牲！推倒安福派，推倒安福派所倚仗的首领，推倒安福派所凭借的军阀，推倒安福派所请来的外力。国民自觉！国民自觉！现在就是时候了。"③ 三天后，该报又发表一篇《讨安福派的办法》，写道：单靠打电报、发宣言、上请愿书，是不能去掉安福派的。"我们当知道，我们所恃的是群众运动。"并且响亮地喊出："罢工！罢市！不纳税！罢课！种种的举动，那才真足以致安福派的死命。"④

经过天津学联和女界爱国同志会共同商定，再次派出刘清扬、郭隆真等十人赴京请愿。她们和北京代表十五人一起，在八月二十三日到总统府递送请愿书，要求严惩马良以平民愤。代表们在总统府守候了一天，北洋政府却出动军警，将代表全部逮捕。

消息传到天津，各校代表都异常激动，周恩来却冷静地说：

---

① 《少年世界》，第1卷第1期，1920年1月。

② 《新人》月刊，第1卷第4号，1920年8月18日。

③ 《天津学生联合会报》，1919年8月6日。

④ 《天津学生联合会报》，1919年8月9日。

“这正是掀起继续加强爱国运动的时机，用不着惊慌紧张，依照计划进行就是了。被捕，只要经得起考验，不算什么！但营救他们是我们的责任。”

《学生联合会报》的号外出来了！人们奔走相告。二十六日，京津学生二千多人推马骏为总指挥，在北京包围总统府、国会和国务院。斗争坚持了三天。京师警察总监吴炳湘调动数千名全副武装的军、警、保安队，再加派骑兵，把请愿群众驱赶到天安门前，用木棍和枪托演出了一场“全武行”，打伤学生一百多人，强行逮捕马骏等代表。马骏因此得到一个“马天安”的响亮的外号。为了救援这些代表，天津学生五六百人再次赶往北京。这一次，周恩来也去了。他们同北京各界代表一起，连日在总统府门外露宿请愿，要求释放被捕代表。全国各地也纷纷声援。三十日，两次被捕的代表终于都得到释放。

这个回合的斗争胜利了。九月二日，周恩来和郭隆真、张若名、谌伊勋（小岑）等七人一起坐火车从北京返津。归途中，他们热烈地交谈着。以前，由于封建习俗的束缚，男女学生不能在同一个团体中活动，只能分别参加天津学联和女界爱国同志会。在实际斗争中，这个界限被一步步冲破。八月间，曾有过酝酿：想在天津发行两种小册子，不分男女界限，都用天津女界爱国同志会和天津学生联合会的名义来组织。这时，张若名提出：将两个团体合并起来。周恩来主张：学习北京的经验，从两个团体中选出一些骨干分子，组成一个比学联等更严密的团体，从事科学和新思潮的研究，并出版一种刊物。周恩来的这个倡议，得到大家的赞同。这便是觉悟社的由来。

在历史上不乏这样的例子：一次群众运动风暴的猛烈冲刷，可以在短时间内使如此众多的人们思想上发生急遽的变化。这是和平时期多少年也难以达到的。在运动的高潮中，一场场尖锐的冲突，一幕幕激烈的斗争场面，在人们面前提出了无数的问号，迫使他们去严肃地思索。当运动稍稍平静时，一些先进分子就带着头脑里积存下来的这些问题，如饥似渴地重新学习。而运动高潮中，那些热烈的群众场面又帮助他们从原来比较窄小的圈子里冲破出来，卷进广阔得多的天地，和许多志同道合的人聚在一起，建立起一种新的关系。在五四运动中，我们到处可以看到这种现象，觉悟社的成立便是其中的一个。

经过十多天的准备，九月十六日，他们在天津学生联合会开学生杂志筹备委员会，决定出版一种不定期的小册子，名叫《觉悟》。它不再用天津女界爱国同志会和天津学生联合会的名义和范围来约束，而成为一个独立的团体，叫做“觉悟社”。最早的会员共二十人。为了表示男女平等，男女会员各十人。他们中有：周恩来、邓颖超、马骏、郭隆真、刘清扬、张若名、李毅韬、谌志笃、谌小岑、潘世纶、李锡锦、关锡斌、李震瀛等。这样，觉悟社便正式成立了。根据会上讨论后的共同看法，推举周恩来起草《觉悟的宣言》。

“觉悟”，这在当时的进步青年中是一个十分流行的名词。《宣言》劈头写道：“‘觉悟’的声浪，在二十世纪新潮流中，澎渤得很厉害。我们中国自从去岁受欧战媾和的影响，一般稍具普通常识的人，也随着生了一种很深刻的觉悟：凡是不合于现代进化的军国主义、资产阶级、党阀、官僚、男女不平等界限、顽固思想、旧道德、旧伦常……全认他为应该铲除应该改革的。有了这种‘觉悟’，遂酝酿成这次全国的‘学潮’，冲动了全国的学生界，人人全想向‘觉悟’方面走。”①

它宣布觉悟社的宗旨是“要本‘革心’‘革新’的精神，求大家的‘自觉’‘自决’”。为着实现这个宗旨，采取的方法有四：

① 《觉悟》创刊号，1920 年 1 月 20 日。

“一、取共同研究的态度，发表一切主张；二、对社会一切应用生活，取评论的态度；三、介绍社外人的言论——著作同讲演；四、灌输世界新思潮”。①

觉悟社一成立，第一个活动是请李大钊在九月二十一日到觉悟社讲话。那是觉悟社成立后的第五天。李大钊是北京大学的教授，是五四运动中有着很高声望的马克思主义者。他对觉悟社不分男女的组合和出版刊物的做法非常赞成。会上并提出要分类研究问题等许多具体建议。

九月二十五日，南开学校大学部开学，设文、理、商三科，学制四年，学生共九十六人，教师十七人。周恩来已在这月八日注册入学，学号是六十二号，进该校文科学习。隔了几天，大学部决定改名南开大学，并在十一月二十五日召开南开大学成立大会。周恩来是南开大学的第一期学生。

开学后，学生从四面八方回到学校，学生运动又迅速高涨起来。为着继续声讨马良在山东的罪行，天津学生代表郭隆真、黄正品、关锡斌等同山东、上海等地代表于十月一日再度前往北京，到总统府请愿，全部被捕。周恩来这次也同代表们一起到北京，负责通信联络。七日，被捕代表获释。十日，天津各校学生和各界群众四五万人齐集南开大操场举行共和八周年的纪念会。会后游行，遭到保安队、警察的拦阻和殴击，邓颖超等十一人受伤。邓颖超被殴打时吐了血。游行队伍继续行进到警察厅，推周恩来、李毅韬等四人为代表，进警察厅提出质问。十三日，天津学联和女界爱国同志会宣布罢课四天，《停课宣言》是周恩来起草的。十七日起，又继续罢课两天。这二十多天内，觉悟社的社员几乎全力投入这场群众斗争，觉悟社本身的活动暂时停顿下来。

---

① 《觉悟》创刊号，1920年1月20日。

十月下旬起的两个多月，是觉悟社活动的高峰时期。它的主要内容有：第一，请社外名人演讲。除李大钊外，曾请徐谦讲《救国问题》，包世杰讲《对于新潮流的感想》，周作人讲《日本新村的精神》，钱玄同讲《研究白话文学》，刘半农讲《白话诗》等。第二，确定固定会所，设立共同的图书室。社员将各人的书籍杂志交给图书委员，备大家共同阅读。第三，开各种问题的讨论会。题目先后有：学生的根本觉悟、家庭改造、共同生活、工读主义等。讨论的方法：有全体会，有分组会，有报告，有批评，也有“忏悔”（就是自我批评）。第四，在一月二十日出版了《觉悟》的第一期。讨论会的结果，有些就写成文章在《觉悟》上发表，如第一期的《学生的根本觉悟》便是。社员还用抽签的办法，决定代表各人的号码。在《觉悟》上发表文章时，姓名就用号码来代替。周恩来抽到的是五号，使用了“伍豪”的代名。第五，继续发展会员。并且规定：新社员的“资格必当具有‘牺牲’、‘奋斗’、批评同受批评的精神”。① 邓颖超后来说过：觉悟社“只做过那些事情。那时候我们还是学生，活动以搞学生会为主，不可能有更多的时间从事社会活动”。②

觉悟社成立不久，就引起许多人的注意。十一月二十五日，北京《晨报》把觉悟社称作“天津的小明星”，并且写道：“该社产生了三个月，会员是天津学界中最优秀、纯洁、奋斗、觉悟的青年。”“他们抱了时时觉悟、刻刻觉悟的决心，所以叫做觉悟社。”

觉悟社的社员，一般都有这种改造社会的愿望和奋发向上的精神。但也要看到：他们大多还处在比较幼稚的启蒙时期，很少人像周恩来那样在日本已接触到马克思主义，各人的想法也不尽

① 《觉悟》创刊号，1920 年 1 月 20 日。

② 访问邓颖超谈话记录，1957 年 5 月。

相同，所以严格说来仍缺乏同一的奋斗目标和途径。邓颖超生动地描述过这种情况：

“五四运动是思想解放运动。一解放，就像大水奔流。那时的思想，受到长期禁锢，像小脚妇女把脚裹住，放开以后，不知怎么走路，有倒的，有歪的，也有跌跤的。那时是百家争鸣，各种思潮都有。我们也是受无政府主义思想影响的。”① “当时我们的思想还处于启蒙时期，就是说还不明确，不肯定，思想还在变动着，发展着。”②

刘清扬也有过一段描写：

“以后我们常在一起开会，谈论和研究一些新思潮。那时我们都很幼稚，只有满腔的爱国热情，还没有一定的信仰。社会主义、无政府主义、基尔特社会主义等等，什么都谈论。共产主义是什么，我们都不懂得。”③

这些一点也不奇怪。人们的思想都有一个发展的过程，在五四运动那样的启蒙时期尤其是这样。这些青年人在一起，热烈地谈论着各种新思潮，思想那么活跃。但在众多的新思潮中什么才是科学的真理，人们并不能一下就认识和分辨清楚。就是周恩来，虽然已经比较多地接触马克思主义，远远地走在其他人的前面，但他的思想也没有最后确定下来，还在继续探索的过程中。

这时，爱国群众运动的浪潮还在继续向前汹涌推进。十一月

---

① 邓颖超在五四时期老同志座谈会上的发言，1979 年 5 月 4 日，载《五四运动回忆录》续，中国社会科学出版社 1979 年 11 月版，第 10 页。

② 访问邓颖超谈话记录，1957 年 5 月。

③ 刘清扬：《觉醒了的天津人民》，《五四运动回忆录》下卷，中国社会科学出版社 1979 年 3 月版，第 553 页。

十六日，日本军国主义者又制造了枪杀中国居民的福州惨案，举国为之震动。二十五日，天津学生一千多人游行讲演，散发传单，声援福建人民。十二月十日，由男女学生合组的天津中等以上学校学生联合会成立，号召抵制日货。十五日，周恩来作为新学联的执行科长，到天津总商会讨论抵制日货的具体措施。二十日，在南开操场召开有十多万人参加的国民大会，当场焚烧在街市检查所得的十多卡车日货。广场上烈焰飞腾，火光冲天，堆积如山的日货顿时付之一炬。会后又举行浩浩荡荡的示威游行。二十七日，天津各界群众数万人在南开操场举行第二次国民大会。会后游行，并高呼“救亡！爱国！牺牲！猛进！”等口号。

外号“杨梆子”的天津警察厅长杨以德，下决心对爱国运动进行更严厉的镇压。一九二〇年一月二十三日，学联调查员在魁发成洋货庄检查日货，遭到闯入的三个日本浪人的毒打。各界代表向省公署请愿时，军警又殴打学生，并逮捕了各界代表马骏、马千里等二十人。二十五日，当局将天津各界联合会、学生联合会等的办事机构一律查封，并且张贴布告：“天津学生联合会、天津各界联合会、国民大会，均未经呈请令准有案，即属违犯法令。”今后，“举凡非法及未经立案各团体，一律解散取消。如有私行集会、结社、屋外集合或粘贴图画以及言语形容有扰害煽动之作用者，一律依法究惩，决不姑息！”

局势已经很险恶了！反抗却没有停息。一月二十九日，各校学生五六千人集合后，以周恩来为总指挥，奔赴直隶省公署请愿。群众推出周恩来、郭隆真、于兰渚（方舟）、张若名四人为代表。他们不顾军警的阻拦，强行闯入省公署，全部遭到逮捕。军警随着就冲入手无寸铁的学生队伍中，用枪托刺刀横击直刺，重伤学生五十余人，造成天津“一·二九”流血惨案。

反动统治者是最愚蠢的。他们总是不断地用这类野蛮暴行给越来越多的人上课，驱使他们走上坚决反抗反动统治者的道路。

邓颖超后来讲到这次事件时说："从此我们更认识了反动政府的狰狞面目，认识了爱国自由和民主权利决不是不经过斗争和流血，就能轻易得到的。"①

这是周恩来第一次遭受反动当局逮捕。

被捕后，他们同原先被捕的代表一起，先被关押在警察厅的营务处，彼此不能见面，不能交谈。反动当局采取拖延的办法，既不转交法庭公开"讯问"，又不释放，一直拖了两个多月。四月二日，周恩来和难友们经过秘密联络，发动绝食斗争。他们分别向警厅宣告：被拘七十多天，没有受到正式审判，这是违背民国约法和新刑律的规定的。因此，限警厅在三日内举行公审，否则就全体绝食。有些人在当天就开始绝食。五日，天津新学联代表谌志笃、邓颖超等二十四人又到警厅，要求替代被捕的二十四人入狱。由于被捕的人中有学生、教员、商人，在社会上有相当大的影响，反动当局不能不有所顾忌。七日，警厅被迫将被捕代表移送地方检察厅。

送到检察厅后，拘留条件得到一些改善。经过被捕代表的坚持斗争，除女代表两人外，大家可以同住一处，自由往来，并且能够阅读书报。他们共同议定：每天早晨做体操，每晚举行全体会议，并推举周恩来、马千里、于兰渚三人主办读书团，带领大家研究社会问题。又议决每星期一、三、五开演讲会，介绍各种新思潮。

于是，一种特殊条件下的学习活动开始了。当世界工业革命史讲完后，周恩来在五月二十八日、三十一日，六月二日、四日、七日，分五次作了介绍马克思学说的讲演。所讲内容，据周恩来当时编写的《检厅日录》记载，有：历史上经济组织的变

① 邓颖超：《五四运动的回忆》，《五四运动回忆录》上卷，中国社会科学出版社1979年3月版，第73页。

迁，马克思传记，唯物史观的总论和阶级竞争史，经济论中的余工余值说（即剩余价值学说——编者注）、《资本论》和资产集中说。在当时的中国，能作这样的关于马克思主义的系统讲演的人是不多的。周恩来所以能在被监禁的条件下做到这一点，自然同他在日本时已研究过马克思的学说有关。

七月六日，检察官对周恩来等提起公诉。著名律师刘崇佑为他们作了有力的辩护。十七日，天津地方审判厅仍以所谓“骚扰罪”判处被捕代表徒刑，其中周恩来被判处有期徒刑两个月。邓颖超在回忆中说：“公审的那一天，法庭上挤满了旁听的人群。天津河北三马路上的地方审判厅的外面，站立着伫候消息、声援代表的男女学生和各界的广大队伍。当局也感到众怒难犯，决心释放被禁的代表。但他们还是死要面子，不肯承认自己做下的错事，强把捏造的罪名，加在各个代表的身上，判定了若干日的拘禁，而这判定的日期恰恰和他们已被禁的日数相等。于是法官宣布期满释放。”①

从一月二十九日到七月十七日，周恩来失去自由。这半年对他很有好处。他利用这段被羁押的时间，重新思考了许多问题。出狱一年多后，他在一封讲到自己的共产主义信念的信中说：“思想是颤动于狱中。”② 入狱前，他是一个关心国家命运和社会改造、积极参加进步活动的学生；出狱后，他就逐步走上职业革命家的道路。他又说过：一种革命意识的萌芽，“是从这个时候开始的”。③ 可见，这个时期的思考对他此后的一生有着多么重要的意义。

---

① 邓颖超：《漫话五四当年》，《五四运动回忆录》下卷，中国社会科学出版社1979年3月版，第530页。

② 《周恩来书信选集》，中央文献出版社1988年1月版，第49页。

③ 曾敏之：《谈判生涯老了周恩来》，《文萃》第31期，1946年5月23日。

周恩来出狱后，觉悟社在八月初召开一次全体会议，出席的社员有十四人。周恩来在讲话中说：只有把五四运动以后在全国各地产生的大小进步团体联合起来，采取共同行动，才能改造旧的中国，挽救中国的危亡。并且指出：当时团体虽多，但思想复杂，必须加以改造，才能真正团结起来，为这个目标而奋斗。他把这一切概括为“改造”和“联合”四个字。会后，觉悟社十一个社员来到北京。十六日上午，在北京陶然亭约请少年中国学会、青年工读互助团、曙光社、人道社的二十多人集会。先由邓颖超报告觉悟社的组织经过和一年来的活动。然后由周恩来对觉悟社提出的“改造联合”的主张作了说明。李大钊在会上也讲了话。他特别强调主义的重要性：“主义不明，对内既不足以齐一全体之心志，对外又不足与人为联合之行动。”最后由这些团体共同发表《改造联合宣言》和《改造联合约章》，宣布要联合各地主张革新的团体，分工合作，来实行社会改造，并且喊出“到民间去”的口号。

周恩来这时的生活依然十分俭朴。他经常穿一件白布衣，着一双干净的旧皮鞋。平时出门，总是步行。他说：“这样做，既节省经济，对锻炼身体也有好处。人既生了一双脚，就是要用来走路的，‘用进废退’，不肯走路就要退化。”他的宿舍十分简单，一张单人床，一张书桌，一条凳子，桌上的书籍和文具都放得整整齐齐。他常对周围的朋友说：“一个青年，不以国家民族的存亡为念，只追求个人享受，是不对的。”

与此同时，周恩来也在积极准备到欧洲去求学。那时候，国内正掀起一个赴法勤工俭学的热潮。周恩来在狱中就有了远涉重洋赴欧求学的想法。准备前往法国勤工俭学的李愚如六月初在行前到监狱去看望周恩来。周恩来听到后十分兴奋，在狱中用两个小时写了一首白话诗送给她。诗中说道：“三月后，马赛海岸，巴黎郊外，我或者能把你看。”①

他出狱后，严修向张伯苓提出，推荐两个南开学生出洋留学，一个是周恩来，一个是李福景。他还给中国驻英公使顾维钧写介绍周恩来和李福景的信。为了在经济上资助他们，严修在南开学校特设“范孙奖学金”，给了他们很大帮助。周恩来后来说：“当时有朋友提到，我用严修的钱，却成为一个共产党人。严修回答说：‘人各有志，不能相强。’”② 周恩来的二堂伯周龢鼐一直很关心他，也给了他帮助。周恩来在行前又同天津的《益世报》商定，当他们的旅欧通讯员，经常为他们撰写通信，以所得的稿费补贴旅欧的生活费用。

十月八日，他和李福景同到华法教育会办理赴法证明。十月中旬，离开天津，到上海候船赴法。

为什么要到欧洲去求学？周恩来到欧洲后不久给表兄陈式周的一封信中说：“主要意旨，唯在求实学以谋自立，虔心考查以求了解彼邦社会真相暨解决诸道，而思所以应用之于吾民族间者。”③ 周恩来从来是注重实际的。他已经接触到马克思主义，现在想到马克思的故乡——欧洲，去实地考察一下西方资本主义国家的社会真相，进一步了解欧洲各种改造社会的学说主张，经过充分的比较和选择，来最后确定自己所要走的道路，把它应用到中国来，寻求拯救中华的具体途径。

---

① 《周恩来书信选集》，中央文献出版社 1988 年 1 月出版，第 10 页。

② 严仁赓：《周恩来与严修》，《党的文献》1990 年第 4 期。

③ 《周恩来书信选集》，中央文献出版社 1988 年 1 月版，第 23—24 页。

六、赴欧和入党

一九二〇年十一月七日，周恩来在上海搭乘法国邮船波尔多斯号前往欧洲。同行的有郭隆真、李福景、张若名等一百九十七人。这是华法教育会组织的第十五批赴法学生。波尔多斯号是一艘两万吨级的巨型邮船，上下共分十层。周恩来等勤工俭学生住在邮船最底层的统舱里。

这艘邮船的航程近一万六千公里，历时三十六天，经过西贡、新加坡，穿越马六甲海峡，横渡印度洋，再经红海和苏伊士运河，进入地中海。沿途经过的大多是英、法的殖民地。周恩来常同李福景等谈天，感到一出国门，就觉得中华民族处处受人歧视欺侮，国际地位很低，深感愤慨。途中，由于海浪汹涌，轮船震荡得厉害，同行者很多在舱里静卧。周恩来却总在船头甲板上坐着，手不释卷。

十二月中旬，波尔多斯号到达法国南部的著名港口马赛。

登岸时，留法华法教育会学生部干事已在迎候，帮助他们换乘火车，在第二天早晨到巴黎。到了巴黎，有南开同学来接，其中包括乘前一班船到达法国的李愚如。周恩来由南开同学带到旅馆里暂住。他到巴黎后在给严修的信中说：“留法中国学生甚多，合勤工与俭学生约在两千人以上，与今日之留日学生数目差相近矣。南开同学在法者有二十余人，多散居各地，在巴黎不过数人。”①

周恩来本来只准备在巴黎作短暂的停留，但因为生了点小病，就住了半个多月。过了年，到一九二一年一月五日才渡过英吉利海峡到英国的首都伦敦，准备在英国入学。

他为什么要去英国？因为当时的英国是世界上资本主义最发达的国家。他把伦敦看作“世界之缩影”。这里的实际情况，正是他最需要通过亲身考察来了解的。在他从伦敦写给二、六两个堂伯父的一封信中说：“伦敦为世界最大都城。”“举凡世界之大观，殆无不具备，而世界之政治商业中心，亦唯此地是赖。”“故伦敦为世界之缩影。在伦敦念书，非仅入课堂听讲而已，市中凡百现象固皆为所应研究之科目也。”② 但伦敦有一个缺点：生活费用太贵。所以他准备到生活费用稍低的苏格兰首府爱丁堡的大学就学。他在同月给他表哥陈式周的信中说：“弟在此计划拟入大学读书三四年，然后再往美读书一年，而以暑中之暇至大陆游览。今方起首于此邦社会实况之考查，而民族心理尤为弟所注意者也。”③

这是周恩来第一次来到欧洲。眼前的天地更加宽广了，一切对他都是新鲜的。他在这里看到的最触目的事情是什么？欧洲给他的最强烈的印象是什么？并不是什么高度发达的物质生活，而是欧战后各国社会生活的严重动荡和不安。

他在二月一日给天津《益世报》所写的第一篇旅欧通信《欧战后之欧洲危机》中，劈头这样写道：“吾人初旅欧土，第一印

① 《周恩来书信选集》，中央文献出版社 1988 年 1 月版，第 17 页。
② 《周恩来同志旅欧文集》续编，文物出版社 1982 年 3 月版，第 70 页。
③ 《周恩来书信选集》，中央文献出版社 1988 年 1 月版，第 26 页。

象感触于吾人眼帘者，即大战后欧洲社会所受巨大之影响，及其显著之不安现状也。影响维何？曰：生产力之缺乏，经济界之恐慌，生活之窘困。凡此种种，均足以使社会上一般人民饥寒失业交困于内外，而复益之以战争中精神文明所得间接之损失，社会之现状遂乃因之以不安。”① 出国前，尽管他也听说过欧战所造成的巨大影响，但总以为欧洲国家的物质文明那样发达，几年战争的摧残至多只能造成局部的损失，不至于碍及全体。到这里一看，才知道欧洲的社会组织是高度集中的，因此战争造成的破坏不能不是全局性的。单以苏格兰一地来说，失业者已超过百万。“四年来影响所及，欲其求免于穷困也难矣。”这就更加坚定了他的这种信念：“使欧洲危机终不可免而至于爆裂也，则社会革命潮流东向，吾国又何能免？”②

第一次世界大战结束时欧洲资本主义国家的严重社会危机，对当时的中国思想界产生了巨大的影响。中国的先进分子曾在长时期内钦羡西方国家的富强，把它看作中国仿效的榜样。二十世纪初年，这种信念本已开始动摇。现在欧洲国家的社会危机竟以如此尖锐的形式在广泛的范围内爆发，不能不使更多人觉得这条旧的路子难以再走下去，需要改弦易辙，创造一种新的更加合理的社会。这是五四以后中国思想界发生巨大变动的一个重要原因。对亲身来到欧洲目睹这种情景的中国勤工俭学生来说，这种感受自然格外强烈。

“社会革命潮流东向，吾国又何能免？”这对周恩来说来，已经清楚了。但当时欧洲正流行着多得令人眼花缭乱的各种“社会主义”思潮。其中英国的费边社会主义有着很大的影响，用它看起来“温和”、“稳健”的色彩，博得不少人的信仰，其实却是一

① 天津《益世报》，1921 年 3 月 22 日。

② 天津《益世报》，1921 年 3 月 23 日。

种社会改良主义思潮。究竟哪一种学说才是科学的，能够正确地指明人类社会和中华民族前进的道路？究竟采用什么方法来改革社会对中国是最合宜的？年轻的周恩来正在严肃地思考着。

他从来不是那种单凭个人一时的念头，或跟着外国时行的学说，就会轻率作出结论的人。他讲求实际，决不盲从，需要踏踏实实地经过对实际情况的考察，经过细心的反复的比较，然后才审慎地作出自己的抉择。

在刚到英国的时候，他给表哥陈式周的信中说明自己的这种态度："弟之思想，在今日本未大定，且既来欧洲猎取学术，初入异邦，更不敢有所自恃，有所论列。""至若一定主义，固非今日以弟之浅学所敢认定者也。"①

这时在他看来有两种可供选择的社会改革方案：一种是以"迅雷不及掩耳"的暴力手段，"一洗旧弊"，那就是俄国十月革命的道路；另一种是采取"不改常态"的"渐进的改革"，那就是今天英国的做法。这两个方案中，哪一个更适合于中国的国情呢？他没有马上就作结论。在给陈式周的信中接着说："若在吾国，则积弊既深，似非效法俄式之革命，不易收改革之效；然强邻环处，动辄受制，暴动尤贻其口实，则又以稳进之说为有力矣。执此二者，取俄取英，弟原无成见，但以为与其各走极端，莫若得其中和以导国人。至实行之时，奋进之力，则弟终以为勇宜先也。"②

正因为这样，他对英国的工人运动进行了认真的考察。当时的英国工人运动中，煤矿工人占着首要的地位。就在周恩来到达伦敦前两个多月，英国煤矿工人开始举行声势浩大的同盟罢工。这次罢工风潮一直延续下来，成为英国各界注目的突出的社会问

① 《周恩来书信选集》，中央文献出版社 1988 年 1 月版，第 23、24 页。

② 《周恩来书信选集》，中央文献出版社 1988 年 1 月版，第 24 页。

题。一九二一年四月以后，发展到有百万工人参加的高潮。周恩来不但在英国时对这个运动进行了认真的考察。后来，当他离开英国到了法国，还继续对这个运动发展的全过程进行研究，先后写出《英国矿工罢工风潮之始末》、《英国矿工罢工风潮之影响》、《煤矿罢工中之谈判》、《英国矿工罢工风潮之波折》、《英国矿工总投票之结果》等九篇通信，约三万五千字。他从这个事件中得出结论："资本家无往而不为利，欲罢工事之妥协难矣。劳资战争，舍根本解决外其道无由，观此益信。"① 这种考察和研究，帮助他在到法国后对各种主义进行推求比较，最终认定：英国式的费边社会主义还是空想，俄国十月革命的道路才是正确的。

周恩来在英国居留的时间只有五个星期。二月上旬，又到法国。到法国的原因是：爱丁堡大学虽已同意他免去入学考试，只试英文，但考期在这年九月，开学在十月间，还要等待半年多时间，申请官费的事还没有头绪，而那时英国的生活费用在欧洲是最高的。在伦敦生活，每年约需费二百镑，合中国货币在千元以上，比巴黎的生活费用高一倍多。爱丁堡的生活费用虽稍便宜，也不低于千元。居留法国的生活费用就低得多，每月只要中国货币四十元就可以了。此外，当时留英学生只有两百人，而留法的勤工和俭学生在两千以上。这也是他去法国的一个原因。

回到法国后，周恩来先在巴黎郊区的阿利昂法语学校补习法文。不久，同天津的四名勤工俭学生一起，转到法国中部的布卢瓦城继续学习法文。在布卢瓦，他除学习以外，还进行社会调查，晚上常常通宵达旦地给《益世报》撰写通信，有时还翻译一些稿子。严修按期给他寄钱。由于周恩来的地址经常变动，严修就将钱交给李福景的父亲李琴湘，由他寄给李福景转给周恩来。因此，他并不在工厂做工。这是他同其他留法勤工俭学生不同的

① 天津《益世报》，1921 年 7 月 29 日。

地方。

周恩来对学习和工作非常认真，一丝不苟。平时出门，近距离的总是步行。他行动敏捷，走路很快。远距离的，乘地道火车，常把皮包放在膝盖上，利用这个时间来写信或读书。

在他的全部活动中，这时仍将“研究主义”放在第一位。用他自己的话说：他一到欧洲，便“对于一切主义开始推求比较”。①

战后的法国，社会矛盾尖锐，共产主义运动日趋高涨。一九二〇年，法国共产党成立，并参加第三国际。马克思主义的书籍和报刊在法国十分流行，很容易得到。这和国内是大不相同的。周恩来在这里如饥似渴地阅读英文版的《共产党宣言》、《社会主义从空想到科学的发展》、《国家与革命》等马克思主义的经典著作。他在阅读的时候，认真地画重线，写眉批，记笔记。现在保存下来的周恩来当年读过的《卡尔·马克思的生平与教导》一书中，他在马克思的下面一些话下画了着重线：“无论是发现现代社会中有阶级存在或发现各阶级间的斗争，都不是我的功劳。”“我的新贡献就是证明了下列几点：（一）阶级的存在仅仅同生产发展到一定历史阶段相联系；（二）阶级斗争必然要导致无产阶级专政；（三）这个专政不过是达到消灭一切阶级和进入无阶级社会的过渡。”

战后欧洲的思想界异常活跃。除了马克思主义以外，还有各种不同的思潮杂然纷陈，相互间展开着激烈的论争。这是很能启发人们深入思考的。周恩来对这种种不同的思潮曾经广泛地涉猎，经过冷静的观察和剖析，分别得出自己的结论：无政府主义的“自由作用太无限制”，处在旧势力盘踞的社会里，而要解除一切强迫，解除一切束缚，容易流为“空谈”；法国的工团主义

① 《周恩来书信选集》，中央文献出版社 1988 年 1 月版，第 41 页。

发源于无政府主义，在现今的欧美“不免等于梦呓”；英国的基尔特主义“近已见衰”，并且“在英国始终也没大兴盛过”。①

经过反复地学习和思索，周恩来终于作出自己一生中最重要的抉择：确立了共产主义的信念。

作出这个决定，对他来说，决不是轻易的。他在日本时就接触到马克思主义，以后经过五四运动风暴的洗礼和半年狱中的沉思，又到欧洲进行实际考察并对各种新思潮进行比较推求，前后经过三年左右时间的深思熟虑，才最后确定自己的选择。

正因为得来不易，在下定自己的决心后，他的心情格外喜悦，并且再没有任何的游移和反复。在给天津的觉悟社朋友的信中，他兴奋地写道：“觉悟社的信条自然是不够用、欠明了，但老实说来，用一个 Communism（即共产主义——编者注）也就够了。”“我们当信共产主义的原理和阶级革命与无产阶级专政两大原则，而实行的手段则当因时制宜！”原则问题上的坚定不移和实行手段的因时制宜，从此一直成为周恩来的重要特色。他在信中还说：“我从前所谓‘谈主义，我便心跳’，那是我方到欧洲后对于一切主义开始推求比较时的心理，而现在我已得有坚决的信心了。”②

那时，张申府和刘清扬已在一九二〇年十二月二十七日从国内来到法国。刘清扬是觉悟社的社员，五四运动中担任过天津女界爱国同志会会长，代表天津学联代理过全国学生联合会常务理事，她同周恩来本来十分熟悉。张申府这时同刘清扬结了婚。他原是北京大学的讲师，研究哲学，在五四运动中也很活跃，同周恩来在北京陶然亭聚会时见过面。他们的年龄都比周恩来大一些：张申府大五岁，刘清扬大四岁。周恩来在他乡同故知相遇，

---

① 《周恩来书信选集》，中央文献出版社 1988 年 1 月版，第 37 页。

② 《周恩来书信选集》，中央文献出版社 1988 年 1 月版，第 36、40、41 页。

自然十分兴奋，时常去他们的住处，同他们上下古今地对各种主义问题进行热烈的讨论。这时中国共产党已在国内筹建，北京最早的成员就是李大钊和张申府。一九二〇年秋在北京筹建组织时李大钊曾要刘清扬参加，刘清扬因为要准备赴法勤工俭学没有加入。他们出国时，陈独秀和李大钊委托张申府建立海外的组织。到法国后，张申府先介绍刘清扬参加。

就在这一年（一九二一年）经张申府、刘清扬介绍，周恩来加入了中国共产党。① 从此，他把自己的全部精力和才能毫无保留地献给了共产主义事业，直到生命的最后一刻。

一九二二年三月初，周恩来同张申府、刘清扬一起，从法国到德国，住在柏林南郊的一个小镇上。去德国的原因是：德国在战败后马克贬值，一日几变，用外币的外国人反而觉得生活费比较低廉。在巴黎一个月的生活费，在柏林可以用三个月。到德国后不久，周恩来从国内得到觉悟社社友黄爱被湖南军阀杀害的消息，使他十分愤慨。三月间他给国内觉悟社社友的信中，表达了他在成为共产党人后那种坚定的革命信念。他说："我认的主义一定是不变了，并且很坚决地要为他宣传奔走。"信中还附了一首诗《生别死离》，里面有这样的句子：

"壮烈的死，
苟且的生。
贪生怕死，
何如重死轻生！"
"没有耕耘，
哪来收获？
没播革命的种子，

---

① 《中共中央组织部关于重新确定周恩来同志入党时间的报告》（1985 年 5 月 23 日），《文献和研究》，1985 年第 4 期。

却盼共产花开!
梦想赤色的旗儿飞扬,
却不用血来染他,
天下哪有这类便宜事?”①

在对主义进行探索的同时，周恩来一直致力把旅欧学生、特别是勤工俭学生中的革命力量团结起来。

那时，在蔡元培、吴玉章、李石曾等人推动下，留法勤工俭学运动已形成热潮。周恩来到达欧洲时，留法勤工俭学生已近两千人，其中尤以湖南、四川两省为多。这些勤工俭学生大多家境贫寒，已在国内中学毕业，毕业后找不到出路，又不满国内政治和学校教育的腐败，想到国外学一点实在的本事。但到法国后却大失所望。大多数学生所带的钱，在三个月到半年间便花光了，必须自谋生路。战后法国的失业情况相当严重，有些工厂整个关闭，有些只能部分开工，有的每周停一两天工，往往一个厂一下辞退工人两三千人。勤工俭学生一般还没有很好掌握法语，又缺乏技术和强健的体力，难以找到工作。法国工人在经济萧条的情况下也不很欢迎中国人以低廉的工资夺去他们的位置。这些中国勤工俭学生即便找到工作，通常只能是杂工、临时工，工资只有普通法国工人的一半，劳动繁重而收入微薄，难以维持生活和求学两方面的需要。临时工也做不成时，就在工地上干零活，清扫市场，搬运东西，在车站和码头装卸货物，到后来甚至只能去收集垃圾，剥土豆皮，擦皮鞋等等。他们常常几个人合租一小屋作为住所，轮流用煤油炉做饭吃，生活十分窘困，求学的前途也很渺茫。

在这些留法勤工俭学生中，不少人是五四运动中的积极分

---

① 《周恩来书信选集》，中央文献出版社1988年1月版，第46、47页。

子。有些人在国内已受到马克思主义的影响。到法国后，就自己组织起社团，开展各种活动，并且形成了两个中心：

一个中心是巴黎以南卢瓦雷省的小城镇蒙达尼。一九二〇年到一九二一年，这里的中国学生有一百四十多人。其中包括蔡和森、李富春、李维汉、王若飞、张昆弟、萧子璋、向警予、蔡畅等，大多是蒙达尼公学和女校的学生。人们喜欢到蒙达尼来，除了某些历史原因以外，主要是因为这里靠近农村，学费和生活费都很便宜，两者合起来一个月有一百五六十法郎就过得去了。李维汉、李富春等人在这里组织了工学励进会，不久改名工学世界社，在社章中规定“以实行社会革命为宗旨”。蔡和森那时正在“猛看猛译”《共产党宣言》和其他马克思主义著作，没有正式参加工学世界社，但常参加他们的活动。在枫丹白露，一九二〇年上半年也有六七十名中国学生。

另一个中心是法国中部的重工业城市克鲁邹。这里的中国学生都在工厂里做工。其中有赵世炎、李立三、邓希贤（小平）、陈公培、刘伯坚、鲁易等人，大多是在该地施乃德钢铁厂做工的勤工俭学生。他们在巴黎成立了劳动学会，不久就把它移到克鲁邹。赵世炎是一九二〇年夏到法国的。他在出国前在上海见过陈独秀，就在这时成为共产党员。① 以后，一直同党中央保持通信，能够收到从国内寄来的党的文件，同张申府、刘清扬、周恩来也有密切的联系。

此外，在巴黎、里昂等地还有一批倾向于无政府主义的青年，他们中很快就发生分化。陈独秀的两个儿子——陈延年、陈乔年兄弟，就是从他们中分化出来、转而信仰共产主义的。

一九二一年二月中旬周恩来刚从英国回到法国时，留法勤工

---

① 访问陈公培谈话记录，1961 年 2 月 20 日；访问张申府谈话记录，1961 年 1 月 27 日。

俭学生的第一次大规模斗争正在进入高潮。爆发斗争的原因是：华法教育会当时突然宣布同勤工俭学生脱离经济关系，对没有找到工作的学生停发维持费。这部分没有找到工作的学生在留法勤工俭学生中占三分之二以上。一停发维持费，就使这些生活本已十分窘困的学生顿时陷入绝境。而且，又传出华法教育会职员大量侵吞国内汇来救济勤工俭学生款项的消息，使学生更加感到忍无可忍。二月间，蒙达尼学校当局以拖欠学费为名强制学生退学，促使学生采取激烈行动。二月二十八日，四百多名勤工俭学生在蔡和森等的领导下，来到巴黎中国驻法使馆前请愿示威，高呼争取"生存权"和"求学权"的口号。他们要求：由政府发给学生津贴来解决入学问题，里昂中法大学和比利时中比大学应该任便学生自由入校。请愿时，遭到法国警察和马队的驱散和毒打。

对这个事件，留法学生中出现了分歧的看法。这次请愿示威的骨干主要是从蒙达尼公学和女校来的蔡和森、王若飞、李维汉、向警予、蔡畅等人。而在克鲁邹等地工厂的赵世炎、李立三、陈公培、刘伯坚等人则认为：勤工俭学生应该坚持到工厂做工，用劳动的收入来维持自己的生活和学习，并通过做工来接近留法华工，进行工人运动。持有这两种看法的人的革命目标是一致的，只是在方法上有分歧。周恩来从英国到法国后，立刻对这次事件的前后经过进行详细的调查，写出长达二万五千字的长篇通信《留法勤工俭学生之大波澜》，在天津《益世报》上分十天连续刊载。他对参加斗争的学生的遭遇表示热烈的同情，而谈到他们提出的具体要求和做法时，也提出一些善意的批评。

在这次事件后，几支革命力量都深感有消除隔阂、团结起来的必要。赵世炎、李立三等发起成立勤工俭学会，填表参加的有七八十人，王若飞、陈延年、陈乔年等都参加了。接着，赵世炎给蔡和森、李维汉等去信，又赶到蒙达尼同他们面谈了两三天。

双方一致表示：争论已经过去，今后要共同研究问题，共同革命。不久，赵世炎又从克鲁邹给蔡和森去信，主张成立一个包括留法学生和华工中优秀分子的共产主义组织。蔡和森回信表示同意，并且主张采用“少年共产党”的名称。这是成立少年共产党的最初酝酿，时间大约在一九二一年四、五月间。

六月初，北洋政府派遣专使朱启钤、财政次长吴鼎昌到巴黎，同法国政府商谈秘密借款和购买军火事宜。由于法国统治集团内部有矛盾，这件事在十六日的巴黎各大报纸上报道出来了。正在巴黎的周恩来听到这个消息后，愤慨地写道：“是直一分赃之借款也，而担保品之重，又关系全国命脉。呜呼国人，尚在睡梦中耶?”“若是之借款，而欲吾国民之承认，吾国民苟非梦死，断无予以可字者。”① 他认为，这次斗争同二月二十八日事相比，两者都是为了对付官僚，但性质上却有很大差异：一个是为生活问题，一个是为国家问题。

周恩来和旅法华工中的工学世界社社员袁子贞等，联络华工会、中国留法学生联合会、国际和平促进会、亚东问题研究会、巴黎通讯社、旅欧周刊社六个团体，组成反对借款委员会，发表《拒款通告》，表示中法借款如果成立，中国人民决不承认。他们还将拒绝借款决议案用法文印刷一千份，分送法国各界，在法国报纸上也刊登出来。六月三十日，周恩来、赵世炎、李立三、陈毅、徐特立、刘清扬、袁子贞等三百多人在巴黎哲人厅举行拒款大会。会上宣读各地华人团体来函来电一百数十封。在舆论的压力下，法国政府被迫暂时中止对借款的讨论。但到七月底，法国报纸又传出消息，说中法借款合同草约已于七月二十五日秘密签字。八月十三日，旅法华人各团体在巴黎召开第二次拒款大会，到会的有三百多人。会上，迫使驻法使馆秘书长王曾思代表公使

① 天津《益世报》，1921年8月16日。

陈傧和使馆全体官员签字声明：反对此项借款；如此项借款成立或今后再举行类似借款，公使和全体职员立即辞职，以谢国人。在这次事件中，周恩来还先后写了《旅法华人拒绝借款之运动》、《中法借款之又一黑幕》、《中法大借款竟实行签字矣》、《中法大借款案之近讯》等四篇通信。

到这年九月，又发生留法勤工俭学生占领里昂中法大学的事件，把留法勤工俭学生的斗争推向高潮。

里昂中法大学是华法教育会创办的，校长是吴稚晖。长期以来，留法勤工俭学生一直要求进入该校学习。周恩来在这年一月二十五日致严修的信中说道："恩来居法约半月余，以事外之身来看，以为勤工生之救济，舍里昂大学外实无再善之所。"而校方却以"勤工学生程度太低"和"自费亦殊不易"[①] 为借口，不愿接受留法勤工俭学生入校。这年夏天，吴稚晖公然宣布在国内另行招生，并决定于九月二十五日开学。使馆方面，因对勤工俭学生发动拒款事件不满，在八月二十日布告：停发在二月事件后改由使馆发放的勤工俭学生生活维持费。八月二十一日，从国内招来的里昂大学学生在上海乘波尔多斯号轮船前来法国。九月十二日，里昂中法大学校部又拒绝克鲁邹勤工俭学生提出的入学要求。这就把很多勤工俭学生一步一步地逼上绝路。

怎么办？正在克鲁邹的赵世炎、李立三等经过商议，决定发动一个争取勤工俭学生到里昂中法大学入学的运动。他们一面通知巴黎的勤工俭学会，一面同蔡和森等联系，得到同意。商定：要在国内学生抵达法国前赶到里昂，先把校舍占领起来。九月二十日，由赵世炎、蔡和森、李立三、陈毅、陈公培、张昆弟、颜昌颐、罗学瓒等一百多人组成的"先发队"，分别从巴黎、克鲁邹、蒙达尼等地到达里昂。但学校早有准备，所有教室、宿舍的

① 《周恩来书信选集》，中央文献出版社 1988 年 1 月版，第 19 页。

大门都已上锁，无法进入。他们没有办法，只好在校内的草地上休息，并派代表继续同校方交涉。校方要求里昂市长以“逮捕匪类”的名义派警察前来镇压。第二天，法国政府出动大队武装警察，把这些“先发队”包围起来，押送到一座兵营内囚禁了二十多天。十月十三日，又派了武装军警二百多人将这批学生（共一百零四人）押送到马赛，强令他们登船回国。只有赵世炎在同志们帮助下逃了出来。

这次斗争虽然失败了，但它的影响是巨大的。一位留法勤工俭学生在回忆中说：这个事件“向我们说明，想学习一点搞实业的本领都不允许，在这样的世道里，要靠实业救国不是纯粹的幻想吗”？从此，接受马克思主义、要求进行社会革命来改造中国的人越来越多了。

周恩来一直积极地参加这场斗争。在激烈的斗争中始终保持冷静的头脑，这是周恩来的一个重要特点。当讨论派遣“先发队”到里昂去时，他提醒大家：斗争是复杂的，敌人逼我们陷入绝境。斗争要讲究策略，要做两手准备。他建议各团体留下一部分骨干，以便负责后方工作和准备以后的斗争。后来的事实证明：他这个提醒是十分重要的。

“先发队”被强行遣送回国后，他写了长达三万字的长篇通信《勤工俭学生在法最后之运命》，分十八天在《益世报》上连续刊出。他在叙述这场斗争的整个过程后，满怀激情地写道：“途穷了，终须改换方向。势单了，力薄了，更需联合起来。马克思同昂格斯（即恩格斯——编者注）合声嚷道：‘世界的工人们，联合起来啊！’他们如今也觉悟了：‘全体勤工俭学的同志们，赶快团结起来啊！’”①

“赶快团结起来”，确已成为勤工俭学生中先进分子的共同要

① 天津《益世报》，1921年12月23日。

求。为了把蔡和森、李立三等被押送回国后勤工俭学生中留下的先进分子团聚起来，周恩来、赵世炎在这年年底或第二年初托人带信约蒙达尼的李维汉到巴黎一个旅馆会面，商议成立旅欧青年中的共产主义组织的事。他们议定：分头进行筹备工作。一九二二年三月，周恩来到德国后，仍经常往来于柏林、巴黎之间，在勤工俭学生中作过多次讲演，积极推动共产主义组织的筹备工作。他曾和张申府、刘清扬等从柏林写信给留在法国的赵世炎，建议在五一节前完成这项筹备工作。但赵世炎有一个困难：他的证件在占领里昂大学事件中被没收了，一时无法在巴黎居住，只得避居法国北方，通过通信的办法同旅法、比的同志联系。而旅法同志中的认识在开始时并不一致，意见没有很快取得统一。所以，筹备工作到五月底才全部完成。

到这时，信仰共产主义的旅欧革命青年联合起来的条件就成熟了。

七、青年团旅欧之部

一九二二年六月，旅欧青年中的共产主义组织诞生了。

它的第一次代表大会是在巴黎西郊的布伦森林中举行的。出席会议的有来自法国、德国、比利时的代表十八人，其中包括赵世炎、周恩来、李维汉、王若飞、陈延年、陈乔年、萧子璋、刘伯坚、傅钟、佘立亚等。周恩来是从德国赶来参加会议的。会场布置在布伦森林中的一块空场上。一个经营露天咖啡茶座的法国老太太租给他们十八把椅子。周恩来对这个地点和环境很满意，说：这样的布置倒好，有人来了，我们不说话，谁也不知道我们在干什么。

会议由赵世炎主持。他报告筹备经过。接着，由周恩来报告组织章程草案。周恩来最初提议组织的名称是共产主义青年团，但多数人不赞成，主张叫少年共产党。周恩来还提议新团员入团时应当宣誓。也有人不赞成，认为这带有宗教色彩。周恩来作了解释，说：我们宣誓不是宗教信仰，是带有政治约束的。如袁世凯曾宣誓忠于民国，但他以后做了皇帝，人民就说他叛誓而讨伐他。会议开了三天。确定组织的名称为“旅欧中国少年共产党”。选出中央执行委员会委员三人：赵世炎为书记，周恩来负责宣传，张伯简负责组织(因为张在德国，先由李维汉代理，不久便由李正式接替)。

旅欧中国少年共产党的党部设在巴黎戈德弗鲁瓦街十七号一

座小旅馆内。赵世炎就住在这里。经常在那儿工作的有赵世炎、李维汉和陈延年。赵世炎和周恩来在旅欧革命青年中享有很高的威望。他们两人有不少相似的特点:坚定,机智,待人诚挚,富有组织才能。当时正在法国的蔡畅曾多次这样说过:“恩来和世炎全身都是聪明!”

旅欧中国少年共产党成立前一个月,中国社会主义青年团第一次代表大会在广州召开,通过中国社会主义青年团的纲领和章程,选出中央执行委员会。十月间,旅欧中国少年共产党举行总投票,决定加入中国社会主义青年团。十一月二十日,他们凑集了一笔路费,派遣李维汉为代表,归国向团中央正式提出:愿作为它的旅欧支部。正当他们等待答复的时候,又得到一个消息:参加共产国际第四次代表大会和少年共产国际会议的中国代表团已经到达莫斯科。他们立刻去信表示敬意,并声明已向国内提出加入中国社会主义青年团的请求。一九二三年一月,接到参加出席共产国际四大代表团的中共中央执行委员会委员长陈独秀的复信,建议将旅欧少年共产党改称为中国共产主义青年团旅欧支部,中央执行委员会改名为执行委员会,并对他们在欧洲的行动方略作了指示。

一九二三年二月十七日至二十日,旅欧少年共产党在巴黎租了一个礼堂召开临时代表大会,到会代表四十二人,在赵世炎主持下,讨论改组问题。当时旅欧少年共产党共有成员七十二人(其中旅法五十八人,旅德八人,旅比六人)。聂荣臻当时是留学比利时的学生,在这次会上第一次见到周恩来。他后来回忆这次见面,写道:“他(指周恩来——编者注)待人亲切,讲话精辟,思路敏捷,朝气蓬勃,给我留下了很深的印象。”①临时代表大会经过四天讨论,

① 聂荣臻:《学习恩来的优秀品德,继承他的遗愿》,《不尽的思念》,中央文献出版社 1987 年 12 月版,第 7 页。

通过由周恩来起草的章程，改名“旅欧中国共产主义青年团（中国社会主义青年团旅欧之部）”，要求入团的团员必须“对于共产主义已有信仰”，并明确说明“中国社会主义青年团中央执行委员会为本团上级机关。”会上选出周恩来等五人组成新的执行委员会，刘伯坚、袁子贞等三人为候补委员。新的执行委员会又推举周恩来为书记。

会议结束后不久，正式收到团中央一月二十九日同意他们加入的公函。三月十三日，周恩来给团中央写了第一号报告。他在报告中说：“我们现在已正式为‘中国社会主义青年团’的旅欧战员了，我们已立在共产主义的统一旗帜之下，我们是何其荣幸！你们希望我们‘为本团勇敢忠实的战士’，我们谨代表旅欧全体团员回说：‘我们愿努力毋违！’”①

旅欧中国共产主义青年团的活动是在中国共产党的领导下进行的。陈独秀一九二二年六月三十日给共产国际的报告中说：当时全国党员共一百九十五人，其中旅欧的除留俄八人外，共有十人，即留法二人、留德八人。② 周恩来入党后，在一九二二年十一月同张申府在德国介绍了朱德、孙炳文加入中国共产党。一九二三年三月十八日，旅欧中国共产主义青年团根据中共中央的指示，派赵世炎、王若飞、陈延年、陈乔年、熊雄等十二人第一批赴莫斯科东方劳动者共产主义大学（简称东方大学）学习。周恩来设法为他们办理了去苏联的入境手续。赵世炎到莫斯科后，参加中共旅莫支部工作。这年四月二十八日召开的支部大会上，支部负责人罗觉（亦农）首先说：“新从法国来俄的同志中有六位党员，除赵世炎同志是旧党员外，王若飞、陈延年、陈乔年是法

① 周恩来：《旅欧中国共产主义青年团（中国社会主义青年团旅欧之部）报告》第1号，1923年3月13日，手稿。

② 《中共中央执委会书记陈独秀给共产国际的报告》，《中共中央政治报告选辑（1922——1926）》，中共中央党校出版社1981年3月版，第1页。

共党员，熊雄、王圭是德共党员，照章程，凡属第三国际支部的均可为正式党员。”“王凌汉、袁庆云二同志将由赵世炎、王若飞、陈延年介绍入党，须在今天的会上讨论通过；当他们在法时，本党法国组书记赵世炎同志曾有介绍他们入党的动机。”经过讨论，多数通过王、袁两人入党。接着，由赵世炎报告党在西欧的活动的情况。他在报告中说：“本党在西欧的活动无非是宣传中国共产党的政策和主张，实际上都是在青年方面进行了工作。”“现在留在西欧的还有四五个党员。”① 聂荣臻在回忆中也说过：“在整个欧洲，也只有一个共产党的小组，附在团组织里面，一切公开活动，都用团的名义，党组织从不出面。”② 这是当时的实际情况。

周恩来担任旅欧中国共产主义青年团执行委员会书记后，在这年夏天返回法国，专门从事党团工作。他还是和以前一样，主要靠稿费为生。他同聂荣臻说过：不进工厂做工，可以扩大接触面，深入研究各方面的问题。这时他住在赵世炎原来的住处——巴黎戈德弗鲁瓦街十七号小旅馆三楼第十六号房间。这里也是执行委员会的办公处。这个房间的面积只有五平方米，除了一张单人床和一张小木桌外，容不下多少别的东西，真可以说是“身居斗室”。旅欧党团组织的事情都在这里办理。来的人多了，房间里容纳不下，就到附近一家咖啡馆里活动。聂荣臻说：每当我到恩来那里，总见他不是在找人谈话，就是在伏案奋笔疾书。吃饭常常是几片面包，一碟蔬菜，有时连蔬菜也没有，只有面包就着开水吃。

旅欧共产主义青年团的主要活动内容是什么？周恩来在给团

---

① 中共旅莫支部会议记录（1923 年 4 月 28 日），转引自《赵世炎烈士资料汇编》（油印本）上册，第 145 页。

② 《聂荣臻回忆录》上卷，战士出版社 1983 年 8 月版，第 29 页。

中央的报告中这样说："大体规定为共产主义的教育工作，换言之即是列宁所谓'学'，'学共产主义'。"① 他们成立了共产主义研究会，组织青年阅读马列主义著作，用马列主义理论和俄国十月革命经验来武装团员和青年，并在思想教育的基础上发展团员。他们积极地在留法勤工俭学生中进行工作，并通过袁子贞担任书记的华工总会对旅法华工进行工作。还出版理论刊物——《少年》。

《少年》创刊于一九二二年八月一日。编辑部也设在戈德弗鲁瓦街十七号那个小房间里。这个刊物最初是十六开本，每月一期，每期三十页左右。从第七号起，改为二十四开本，四十二页。第十号起，又改为不定期刊。它的主要任务是"传播共产主义学理"，发表过马克思的《历史要走到无产阶级专政》（《法兰西内战》的一部分）、列宁的《告少年》（即《青年团的任务》）等译文，还刊登过共产国际和少共国际的文件和消息。

他们这时正处在建党建团初期。因此，《少年》上发表不少文章来阐述共产党的性质和作用，解释马克思列宁主义的建党基本原则，宣传建党建团的意义。张申府在《胡适等之政治主张与我们》一文中，旗帜鲜明地写道："我们主张即刻要有的只是一个共产党，公开的共产党，强有力的共产党，极有训练的共产党，万众一心的共产党。""共产党的人必须是劳动阶级或同化于劳动阶级的，必须有死也不改的信仰，必须了然于同阶级人彼此利害的共同，且认除此共同的利害，别无利害。""必须由这样的人，当仁不让，造成强固的共产党，中国事乃可有为。"② 周恩

① 周恩来：《旅欧中国共产主义青年团（中国社会主义青年团旅欧之部）报告》第1号，1923年3月13日，手稿。

② 《少年》第2期，1922年9月1日。

来在《少年》上也接连发表《共产主义与中国》、《宗教精神与共产主义》、《告工友》、《十月革命》、《论工会运动》、《俄国革命是失败了么?》等文章，热情洋溢地赞美："共产主义之为物，在今日全世界上已成为无产阶级全体的救时良方。""资本主义的祸根，在私有制。故共产主义者的主张乃为共产制。私有制不除，一切改革都归无效。共产主义者决不作枝叶的问题，要大刀阔斧地来主张共产革命。""一旦革命告成，政权落到劳动阶级的手里，那时候乃得言共产主义发达实业的方法。"① 他指出：在马克思以前，社会主义只是一种清谈；自马克思出，本着科学的精神来研究现代的社会经济组织，并从人类历史中找出阶级斗争这条根本线索，这才能顺应社会变迁的客观趋势，得出"最公平的分配方法，最有效的生产制度，使生产者公有其生产品，而公同分享之"② 这样的科学结论来。他在详细研究了俄国十月社会主义革命的经验以后，着重指出了共产党领导的极端重要性。他斩钉截铁地说："俄国三次革命既都是劳动阶级为其中的主动力，为什么偏等到十月革命才成功呢？这不难回答，并且是很简单的回答：这是因为有了多数派——共产党——在其中做了忠实的指导，唯一的指导。"③

为了建立一个马克思主义的政党，在旅欧学生中需要排除的主要障碍是无政府主义思潮的影响。

无政府主义提出的那些"绝对平等"、"绝对自由"、"反对任何权威"等主张，都是以个人为中心的，很适合当时一些对黑暗现实极端不满、急于改变个人处境而又缺乏实际社会经验的青年人的口味。他们以为这才是最痛快、最彻底、最激进的新思潮。

---

① 周恩来：《共产主义与中国》，《少年》第 2 期。

② 周恩来：《宗教精神与共产主义》，《少年》第 2 期。

③ 伍豪（周恩来）：《十月革命》，《少年》第 5 期，1922 年 12 月 1 日。

因而在五四前后的进步青年中有着广泛的影响。它在冲击各种旧思想对人们的束缚时曾起过某些积极作用，但它要取消对个人的任何约束，这在现实社会生活中却是不切实际的空想，并且对集体起着严重的涣散作用。当它被用来反对共产主义思想的传播时，它的消极作用就表现得更明显了。因此，中国共产党建党初期曾以很大的力量来同无政府主义分子进行论战。在国内是如此，在旅欧青年中也是如此。

法国巴黎是中国无政府主义思潮的重要发源地之一。无政府主义刊物《新世纪》从一九〇七年六月到一九一〇年五月在这里连续出版一百二十一期，产生过巨大的社会影响。二十年代初，国内一些无政府主义者如区声白、华林、李卓，还有刘师复的两个妹妹刘抱蜀和刘无为，都相继来到法国。他们在一九二一年秋成立自己的团体“工余社”，第二年一月出版《工余》月刊，还在勤工俭学生和华工中印发一些宣传无政府主义的小册子如《无所谓宗教》等。有些要求进步的革命青年最初也受过他们的影响。因此，同无政府主义思潮作斗争，便成为《少年》的重要内容。

无政府主义反对受任何纪律的约束。这不仅是空想的，而且是有害的。被压迫群众在斗争中如果不能凝聚成一个有着共同理想和严格纪律的万众一心的巨大力量，只会使自己停留在一盘散沙和软弱无力的状态，再美丽的愿望最后也只能成为一篇空话。《少年》在论战中特别强调了这个问题。张申府在《今日共产党之真谛何在》一文中着重强调：“纪律是共产党之魂。失此，共产党是不能活的。”“有纪律，有共产党；无纪律，无共产党。共产党之所以强在此，共产党之能成功在此，共产党与其他政党之不同，此其重要点之一。”“不懂得这个的人，不配加入共产党，更不配组织共产党。”① 周恩来在刚到法国时，对无政府主义者

① 《少年》第2期，1922年9月1日。

那种浪漫主义的革命热情也曾有过某些同情，但很快就看清楚了。他在《少年》上发表的《共产主义与中国》一文中，辛辣地嘲笑那些无政府主义者，“只会高谈那空想的艺术，高谈几个‘真善美’的名词。论到实在的开发实业的方法，恐怕除掉毁坏大规模生产、反对集中制度外，竟无什么具体主张。也许有时候要提倡协作社，但消费协社是有助于工业家，而生产协社则不但在中国难有兴起之望，便在欧洲也都气息奄奄，无能为力，因为他断难与有钱有势的资本家相抗”。他指出：“无政府主义既这样空洞”，所以，“一遇到当前的政治经济问题，才会手忙脚乱，弄出与无政府主义相反的主张出来”。①

周恩来十分重视自觉的纪律，但又坚决反对盲目的迷信。他痛斥无政府主义者把共产党人的信仰比作宗教迷信的谬论，在《宗教精神与共产主义》一文中说：“教徒对于神父牧师只有迷信，即心知其非，口亦不敢言。至于共产党人一方服从领袖的指挥，一方实时时监督其行动。”“共产党当然不要‘既不能令又不受命’的自由论者，但共产党也决未曾想造出蠢如鹿豕、只知服从的党员。”②

对当时流行的其他一些错误思潮，如国家社会主义、工团主义、行会社会主义等，周恩来等也都作过研究，在《少年》上一一作了批驳。

周恩来在《少年》上的这些论文，说明他对马克思主义、对党都已有了明确而深刻的认识，有了为之献身的坚强决心；同时，也说明他当时的注意力还着重放在共产主义学理和建党基本原则的探讨上，没有来得及对中国革命的实际问题作更具体的研究。这正反映了中国共产党建党初期的历史特点。

---

① 周恩来：《共产主义与中国》，《少年》第2期。

② 周恩来：《宗教精神与共产主义》，《少年》第2期。

就在这时，国内的革命形势却发展得很快。它的重要标志就是第一次国共合作的实现。

第一次国共合作的实现不是偶然的。中国共产党成立后，在列宁关于民族殖民地革命理论的指导下，很快就认识到：在半殖民地半封建的中国，要取得无产阶级的阶级解放，先决条件是推翻帝国主义与封建势力在中国的统治，完成民主革命的任务。为了实现这个异常艰巨的任务，只靠少数人是不行的，应当联合一切爱国的民主的力量共同奋斗。

一九二二年六月，也就是旅欧中国少年共产党成立的同时，中共中央发表《中国共产党对于时局的主张》，正式提出要同以孙中山为首的“国民党等革命的民主派”“共同建立一个民主主义的联合战线”。① 同年八月，中国共产党中央执行委员会在杭州西湖召开特别会议，原则确定共产党员可以个人身份加入国民党，以实现两党的合作。九月一日，《少年》第二号上发表张申府的《中国共产党与其目前政策》，宣传国共合作的主张。一九二三年六月十二日至二十日，中国共产党在广州召开第三次代表大会，决定全体共产党员以个人名义加入国民党，以建立各民主阶级的统一战线。

这时，孙中山派王京岐到法国筹备组织国民党支部。王京岐原是留法勤工俭学生，曾经积极参加占领里昂中法大学的斗争，同蔡和森、李立三等一起被强行遣送回国。他重到法国后，周恩来立刻同他取得联系。一九二三年三月十日，旅欧中国共产主义青年团在巴黎举行常年大会。会上，大多数人同意加入国民党或与国民党携手合作。四月二十五日，王京岐致函国民党本部说：

---

① 《中共中央文件选集》第 1 册，中共中央党校出版社 1989 年 8 月版，第 45、46 页。

"旅欧共产主义青年团共八十多名。月来探其组织颇称完善，而其行动亦与吾党相差不远。"① 并报告了旅欧中国共产主义青年团要求加入国民党的事。这样，双方合作的条件已趋成熟。

六月十六日，周恩来等三人到里昂同王京岐达成协议：旅欧中国共产主义青年团团员全部以个人名义加入国民党。周恩来在给王京岐的一封信中写道："依我们的团体意识，我们愿在此时期尽力促成民主革命的一切工作，这是无可致（置）疑的事。"对如何实行合作，他提出了切实的建议："我们能和国民党人合作的，在现时在欧洲大约不外下列三事：一、宣传民主革命在现时中国的必要和其运动方略；二、为国民党吸收些留欧华人中具革命精神的分子；三、努力为国民党做些组织训练的工作。本着上述三种原则，我们可随着时势变迁而计划我们当前所要做的工作。"② 这以后不久，国民党本部委任周恩来为国民党巴黎分部筹备员。

由于旅欧中国共产主义青年团的加入，国民党旅法支部的成员扩及到法国以外的德国和比利时。因此，国民党本部将旅法支部改为旅欧支部。十一月二十五日，国民党旅欧支部在里昂举行成立大会。会上，选举王京岐为执行部部长，周恩来为执行部的总务科主任，李富春为宣传科主任，聂荣臻为巴黎通讯处处长。王京岐回国期间，由周恩来代理执行部部长，主持国民党旅欧支部的工作。

在这期间，旅法勤工俭学生和华工还开展过一场反对帝国主义列强企图"共同管理"中国铁路的斗争。七月八日，周恩来、徐特立、袁子贞、许德珩等代表二十二个旅法团体在巴黎聚会，

① 王章陵：《中国共产主义青年团史论》，台湾国立政治大学东亚研究所，1973年6月版，第82、84页。

② 王章陵：《中国共产主义青年团史论》，台湾国立政治大学东亚研究所，1973年6月版，第82、84页。

决定召开旅法华人大会，并成立旅法各团体联合会临时委员会，周恩来被推为中文书记。十五日，旅法华人大会在巴黎举行，到会的有六百余人。周恩来在会上发表演说。他强调指出：中国的事情败坏到今天这样地步，完全是由于我们受资本主义列强和军阀的双重压迫。“吾人欲图自救，必须推翻国内军阀，打倒国际资本帝国主义。”① 会上散发周恩来起草的《旅法各团体敬告国人书》。里面写道：“看啊！国民革命的热潮在中国各地，至少在中国各大都市中，已涨得那般高了。我们现在立在这个国民团结大运动旗帜之下，凡是具有革命新思想而不甘为列强奴隶、军阀鹰犬的人，不论其属于何种派别，具有何种信仰，都应立即联合起来，统一此国民革命的前敌啊！”②当晚，各团体代表三十多人集会，决定正式成立中国旅法各团体联合会，周恩来仍被选为中文书记。这样，他们所团结的爱国民主力量就更为广泛了。

随着国内革命运动的迅速发展，旅欧中国共产主义青年团的机关刊物《少年》也在一九二四年二月改组为《赤光》。

《赤光》同《少年》比较起来，最显著的特点是：更着重于揭露帝国主义列强和封建军阀压迫中国的黑暗事实，阐述现阶段中国革命的任务和方针，推动国民革命运动的发展。用他们自己的话来说，就是“改理论的《少年》为实际的《赤光》。”这反映了他们在新的历史条件下认识的进展。《赤光》是半月刊，十六开本，每期十二页左右，出版起来比较灵活而迅速。它的印刷份数比《少年》多，发行范围也比《少年》广。周恩来负责编辑、发行，并担任主要撰稿人。李富春、邓小平、傅钟、李大章等也曾先后参加这里的工作。邓小平负责刻蜡版，还为此得到“油印博士”的称号。周恩来和邓小平从这时起建立了深厚的革命感情。几十年后，邓小平的女儿毛毛问父亲：“在留法的人中间，

①② 《少年中国》第4卷第8期，1923年12月。

你与哪个人的关系最为密切?”邓小平沉思了一下回答说:“还是周总理，我一直把他看成兄长，我们在一起工作的时间也最长。”①

《赤光的宣言》写道:“我们所认定的唯一目标便是:反军阀政府的国民联合，反帝国主义的国际联合。”“我们知道，我们远处欧洲的中国国民，对于我们故乡的政治经济现状常有隔膜而不谙内情的苦闷。为要使大家解此苦闷，我们不但要评论中国时事，且更愿为大家指出他的乱源所在和他的解脱之方。”②

这时在留法勤工俭学生中，曾琦、李璜为首的国家主义派代替无政府主义者成为同共产主义者论战的主要对象。他们在一九二三年十二月在巴黎秘密成立中国青年党，对外用中国国家主义青年团的名义活动。机关刊物是《先声周报》。他们标榜“国家至上”，否定阶级斗争，破坏共产党和国民党的合作关系，反对建立反帝反封建的爱国统一战线和国际统一战线。《赤光》发表了不少文章，对他们进行了有力的批驳。

周恩来在《赤光》上共发表三十多篇文章。其中有:《军阀统治下的中国》、《列强共管中国的步骤》、《革命救国论》、《国际帝国主义乘火打劫的机会又到了》、《救国运动与爱国主义》、《北洋军阀与外交系》、《华府会议的又一教训》、《这才是一个确实的“进兵”中国》、《再论中国共产主义者之加入国民党问题》等。

从这些文章中可以看到，对中国社会各阶级的关系、中国革命的当前任务和远景等一系列现阶段中国革命的基本问题，周恩来都已有了比较明晰而实际的认识。这比起他在《少年》上发表的文章又大大跨前了一步。

在一九二四年二月十五日所写的《革命救国论》中，他尖锐

① 毛毛:《我的父亲邓小平》上卷，中央文献出版社 1993 年 8 月版，第 122 页。

② 《赤光》第 1 期，1924 年 2 月 1 日。

地提出了一个问题："革命是无疑而且确定了！但我们须看清我们的敌人和我们国民革命的势力究竟何在，且谁又是我们真实的友人。"① 也就是说，要首先弄清革命的敌、我、友问题。

谁是我们的敌人？他认为："帝国主义的列强——特别是英、美、日、法——自是我们最大的仇雠。""但不有内贼，外贼何能张牙舞爪的一无忌惮！"② 从而得出结论："非内倒军阀，外倒国际帝国主义，不足以图存。"③

那么，国民革命所依靠的力量是什么？他认为："所可恃者以救中国的只有全中国的工人、农民、商人、学生联合起来，实行国民革命。"④ 他指出：中国的工人运动，在一九二二年香港海员罢工和一九二三年"二七"京汉铁路工人大流血后，正在发展起来，"终将为国民革命中一派最可靠的主力，这是毫无疑义的"。⑤ 中国的农民原来素称驯良，近来因为迫于军阀的祸害，也渐渐知道团结反抗了。广东海丰的农民运动，湖南衡山的岳北农会，这两件事实都证明"中国农民是可以在不久的将来走上革命战线的"。⑥ 中国的知识界，正呈现出蓬蓬勃勃的朝气，"其中尤以青年学生为最能无所忌惮的反对列强，反对军阀"。中国的工商业家，"依他们现时的阶级地位说，自然很难单独去号召一种革命"，但"他们也渐觉悟到军阀不打倒，列强不赶开，他们的工商业是万难独立振兴的"，"不久的将来终会有一部分人来走入救国的革命队中"。⑦ 他在作了这样的全盘考察以后，满怀信

① 周恩来：《革命救国论》，《赤光》第 2 期，1924 年 2 月 15 日。
② 周恩来：《革命救国论》，《赤光》第 2 期，1924 年 2 月 15 日。
③ 周恩来：《救国运动与爱国主义》，《赤光》第 3 期，1924 年 3 月 1 日。
④ 周恩来：《军阀统治下的中国》，《赤光》第 1 期。
⑤ 周恩来：《革命救国论》，《赤党》第 2 期，1924 年 2 月 15 日。
⑥ 周恩来：《军阀统治下的中国》，《赤光》第 1 期。
⑦ 周恩来：《革命救国论》，《赤光》第 2 期，1924 年 2 月 15 日。

心地写道："好了！如许多的革命潮头已渐涌起于冷静无波的中国民众海中，我们相信不久全中国的工人、农民、商人、学生均将会冲上前锋来做弄潮人！"①

他充分肯定孙中山所领导的国民党在国民革命中的地位和作用，又针对它的弱点提出了恳切的希望："今后当注意于国民运动中五派（文中指海外华侨、劳动阶级、知识界、新兴的工商业家、农民阶级——编者注）可靠的革命势力之发展团结和引导，千万再不要误认新旧军阀的四派（文中指袁世凯、段祺瑞、曹锟、吴佩孚、陈炯明——编者注）势力之调和可以得到那骗人的和平统一！"②

共产党人不是信仰共产主义吗？为什么又要同国民党人合作进行国民革命呢？为了回答国家主义派在这个问题上所作的种种恶意攻击，周恩来一九二四年六月一日在《再论中国共产主义者之加入国民党问题》一文中，有一段精彩的论述：

> "不错，我们共产主义者是主张'阶级革命'的，是认定国民革命后还有无产阶级向有产阶级的'阶级革命'的事实存在。但我们现在做的国民革命却是三民主义革命，是无产阶级和有产阶级合作，以推翻当权的封建阶级的'阶级革命'，这何从而说到'国民革命'是'阶级妥协'？且非如此，共产主义革命不能发生，'打破私有制度'、'无产阶级专政'自也不能发生。不走到第一步，何能走到第二步？"③

"不走到第一步，何能走到第二步？"周恩来用这样明确的语言，概括了民主革命和共产主义革命的相互关系。在建党初期的

① 周恩来：《军阀统治下的中国》，《赤光》第 1 期。

② 周恩来：《革命救国论》，《赤光》第 2 期，1924 年 2 月 15 日。

③ 周恩来：《再论中国共产主义者之加入国民党问题》，《赤光》第 9 期，1924 年 6 月 1 日。

一九二四年，年轻的周恩来对中国革命的这个基本问题能有如此深刻的认识，是难能可贵的。

在旅欧期间，周恩来同留在国内的觉悟社社友一直保持着通信联系。一九二三年春，邓颖超和其他觉悟社社友在天津《新民意报》办了一种不定期的副刊《觉邮》。第一期上，发表了周恩来给邓颖超的信《德法问题与革命》和其他几封信。第二期上，又发表了他的两封来信《西欧的赤况》和《伍的誓词》。

他和邓颖超的爱情关系也是在这个时期内确定的。

邓颖超原名邓文淑，祖籍河南光山县，一九〇四年二月四日出生于广西南宁。她幼年就失去了父亲，靠母亲杨振德行医和当家庭教师的收入来维持清贫的生活。一九一三年至一九二〇年在北京、天津受小学和师范教育。她和周恩来相识是在一九一九年的五四运动中。那时，周恩来二十一岁，邓颖超才十五岁，是个小妹妹，所以大家都叫她“小超”。邓颖超后来回忆说：“就在这次运动高潮中，我们相见，彼此都有印象，是很淡淡的。在运动中，我们这批比较进步的学生，组织了‘觉悟社’，这时候，我们接触得比较多一点。但是，我们那时都要做带头人。我们‘觉悟社’相约，在整个运动时期，不谈恋爱，更谈不到结婚了。那个时候，我听说你（指周恩来——编者注）主张独身主义，我还有个天真的想法，觉得我们这批朋友能帮助你实现你的愿望。我是站在这样一种立场上对待你的。”①

他们的爱情关系是周恩来旅欧期间由通信确定的。三十多年后，周恩来在教育他的侄女正确对待恋爱和婚姻问题时，讲到过这段经历：在旅欧初期，他曾经有过一个比较接近的朋友，那是个美丽的姑娘，对革命也很同情。周恩来说：“当我决定献身革

① 邓颖超：《从西花厅海棠花忆起》，《人民日报》1997年3月5日。

命时，我就觉得，作为革命的终身伴侣，她不合适。”他所需要的是“能一辈子从事革命”、能经受得了“革命的艰难险阻和惊涛骇浪”的伴侣。“这样，我就选择了你们的七妈（指邓颖超——编者注）。接着和她通起信来。我们是在通信中确定关系的。”① 邓颖超也回忆说：“在通信之间，我们增进了了解，增进了感情，特别是我们都建立了共同的革命理想，要为共产主义奋斗。三年过去，虽然你寄给我的信比过去来得勤了，信里的语意，我满没有在心，一直到你在来信中，把你对我的要求明确地提出来，从友谊发展到相爱，这时我在意了，考虑了。经过考虑，于是我们就定约了。但是，我们定约后的通信，还是以革命的活动、彼此的学习、革命的道理、今后的事业为主要内容，找不出我爱你、你爱我的字眼。”②

从这时起，周恩来和邓颖超结成了生死不渝的战斗伴侣。在半个多世纪的革命岁月里，他们共同经历了常人难以想象的“艰难险阻”和“惊涛骇浪”，给后人留下了值得永远传诵的佳话。

一九二四年，在国共合作下以广东为根据地的国内革命运动发展得很快，急需大批干部。旅欧中国共产主义青年团根据这个情况，在这年七月十三日至十五日召开第五次代表大会，改选执行委员会，为选送干部回国做了准备。这些选送回国的干部，大多是先到莫斯科东方大学学习一段时间，再回国参加斗争，他们中有聂荣臻、李富春、邓小平、傅钟等；少数就直接回国。周恩来没有到莫斯科去。由于国内斗争的迫切需要，也由于旅欧党、团组织要他回国后向中央汇报情况，他是从法国直接坐船回国的。和他同行的有刘伯庄、周子君、罗振声三人。动身的时间是

① 周恩来同侄女周秉德的谈话记录，1956 年。

② 邓颖超：《从西花厅海棠花忆起》，《人民日报》1997 年 3 月 5 日。

一九二四年七月下旬。①

在他回国的时候，带回旅欧中国共产主义青年团执行委员会给团中央的一份报告。里面写着对他的评语：

“周恩来——浙江，年二十六，诚恳温和，活动能力富足，说话动听，作文敏捷，对主义有深刻的研究，故能完全无产阶级化。英文较好，法文、德文亦可以看书看报。本区成立的发启（起）人，他是其中的一个。曾任本区三届执行委员，热心耐苦，成绩卓著。”②

再见了，欧洲！周恩来在那里度过了他从二十二岁到二十六岁将近四年的岁月。四年中，在他身上发生了多么巨大而深刻的变化！当他来到欧洲时，还是一个正在追求革命真理的青年学生；而到他走上归国征途的时候，已经是一个对马克思主义有相当研究的共产党人，一个走向成熟的职业革命家了。

现在，等待着他的是波澜壮阔的中国大革命的洪流，是他以前没有担负过的艰巨繁重的革命重担！

① 《旅欧共青团执委会向团中央的报告》，1924 年 7 月 20 日。

② 《旅欧共青团执委会向团中央的报告》，1924 年 7 月 20 日。

八、黄埔军官学校

经过一个多月的海上航行，周恩来回到已经别离四载的祖国。

一九二四年九月一日，他从香港给团中央写信。信中说：他和罗振声两人准备前往广州。“我们在广州耽搁的日期，我须俟C.P.（即中国共产党）中央命令而定。”“我在广的通信地址，可由平山同志处转。”① 这里说的“平山同志”指谭平山，那时是中国共产党的驻粤中央委员，也是中共广州地委的负责人。九月初，周恩来坐佛山号轮船到达广州。中国社会主义青年团广州地委委员阮啸仙（秘书）、彭湃（农工委员）两人到长堤码头迎接，把他们迎到彭湃在贤思街的住处居住，并在国民党中央青年部主办的平民教育委员会找了一间房子临时办公。

周恩来离国只有四年，国内的政治局势已发生巨大的变化。在国共合作实现后，广东已成为全国人民希望所系的革命根据地。孙中山在广州成立陆海军大元帅大本营，成为事实上的革命政府。苏俄顾问鲍罗廷被孙中山聘为国民党组织训练员，帮助国民党进行改组。各地的革命青年从全国纷纷涌向广州。这里的工人运动和农民运动获得了国内其他地方难以得到的合法权利，正

---

① 周恩来致中国社会主义青年团中央的信，1924年9月1日，手稿。

在蓬勃向前发展。广州的街头上经常可以看到红色的革命标语牌，看到高呼革命口号行进的游行群众，使初到广州的人感到耳目一新。

但如果细细地观察，不难发现：广东的政治风云又异常险恶。孙中山领导的大元帅府所能管辖的地区其实只占广东全省的三分之一，也就是珠江三角洲和粤汉铁路从广州到韶关那一段。富庶的东江流域仍然控制在背叛了孙中山的陈炯明手里。广东的西南部则控制在陈炯明旧部邓本殷手中。孙中山是依靠杨希闵部滇军和刘震寰部桂军的支持，才把陈炯明逐出广州的。杨、刘两部虽然挂着孙中山的招牌，其实却是不折不扣的军阀部队。他们盘踞广州市区，各自为政地向当地百姓收税，横征暴敛，为非作歹，激起人们极大的愤怒。孙中山曾经沉痛地对他们说：你们打着我的招牌，却在蹂躏我的家乡。

更加严重的问题是商团。它是民国初年因为地方混乱、当局允许商人置械自卫而逐渐发展起来的，在广州有一万二千人，在全省有近五万人。它的首领是英国汇丰银行买办、广州商会会长陈廉伯。在英帝国主义的指使下，商团正密谋以武力推倒孙中山的政府。这年八月下旬，他们准备将枪支一万多支、子弹四百多万发私自运入广州。孙中山得知后，电令将这些枪支弹药全部扣留。商团立即宣布罢市。这时，孙中山所能指挥的主力部队已开往粤北，分路向江西、湖南推进，进行反对当时统治北京政府的直系军阀的北伐战争。社会上到处盛传：商团即将暴动，陈炯明部即将向广州反攻。而杨希闵、刘震寰的态度却十分暧昧。爆炸性的突然事件随时可能发生。笼罩着广州上空的政治气氛异常紧张。这便是周恩来到达广州时面对的现实状况。

商团是当时对广东革命政权威胁最大的敌人。如果不把这个心腹之患铲除，要巩固广东革命政权是不可能的。但国民党内部那时却有不少人幻想同商团实行和缓和妥协。周恩来一到广州，对这个问题极为关心。他在九月七日写的《辛丑条约与帝国主义》一文中写道：

“中国民族既与帝国主义不两立了，我们便当将帝国主义敌人认清，不容有丝毫和缓和妥协的希冀存在我们的心理中。”“国民革命的涵义有二：一联国际无产阶级及弱小民族作反帝国主义的进攻；一联国内被压迫民众作推翻帝国主义走狗之中国军阀的革命。前者应勿忘苏俄是我们弱小民族的好友；后者应切记阻碍革命发展的一切势力，都是帝国主义直接间接的御用人（如陈廉伯之流的买办阶级等）。这是‘九七’纪念中最重要的一个主义。”①

这年十月十日，是辛亥革命十三周年，当时称作“国庆”。广州人民在观音山下第一公园举行盛大集会。到会的有三十多个团体，约三四万人。周恩来以广东民族解放协会代表的名义，在会上发表热情洋溢的讲话。他说：

“不论帝国主义者，军阀政客，官僚或是买办与洋货商人，他们统都是革命的对头。”“我们不要以为反革命派的势力极大，反革命派的气焰日张，我们只要下我们团结的决心，我们有工人可以武装，有农民可以自卫，有兵士可以作先驱，有学生可以作宣传，有商人可以作后盾，我们的实力便在此处。号召我们的实力，复活辛亥革命的精神！打倒帝国主义！打倒南北军阀！打倒一切反革命派！全场的革命民众啊！我们团结起冲出公园去向反革命派做示威运动！”②

下午三时，参加这次集会的群众举行示威游行。当游行群众

---

① 《中央局报告》，《中共中央政治报告选辑（1922—1926）》，中共中央党校出版社1981年3月版，第24页。

② 《民族解放协会代表周恩来演说词》，《双十屠杀特刊号》，农工旬刊社，1924年10月10日。

行进到太平路至西濠口之间的时候，同全副武装的商团相遇。突然，商团向集结的徒手人群施放排枪，当场打伤二十多人，强行捕去一百多人。油业工人黄驹中枪死后，又被商团残忍地剖腹示众。接着，商团连续逮捕许多工农群众，进行严刑拷打，并派出分队在广州街道上武装巡行，强迫商店罢市，对广东革命政府进行威胁。恐怖的局面持续了三四天。

远在广东北部韶关督师北伐的孙中山，听到这个消息后，决定成立革命委员会，从北伐军中抽调一部分军队回师广州，讨伐商团的叛乱。并由胡汉民下令将广州商团机关一律缴械解散。十四日，从粤北回师的警卫军和粤军第二师等迅速包围广州的商团总部。商团团员大多是当地纨绔子弟，平时横行乡里，鱼肉居民，真打起仗来却没有什么战斗力，不堪一击。原来抱着观望态度的杨希闵部滇军，在战斗开始后看出商团败局已成，也随着参加对商团的作战。这样，经过一夜激战，于十五日下午将商团全部缴械。

这一个回合的斗争取得了胜利，但广东革命政权内部的危机仍然是严重的。周恩来对这一点有着清醒的认识。十月三十日，他在《最近二月广州政象之概观》中写道："我们从广东政府实际工作上看出广东政府是在受南方军阀挟持，向帝国主义英吉利、洋行买办及一切反革命派常常表示退让，并且时时有压迫工人、农民解放运动的事实出现。在这些南方军阀中要以滇军为最骄横，李福林等的军队次之。""我们希望明达而革命的国民党人都要认定国民党当前急务是'肃清内部'，界限便是革命与反革命。"①

处在这样严峻的时刻，中国共产党在广东的组织状况怎样呢？

---

① 《帝国主义与中国》，1925 年 7 月版。

虽然广东已成为全国的革命中心，广东党组织的状况却远远不能同它应该担负的任务相适应。它的负责人谭平山那时正担任着国民党中央组织部部长，对其他方面的工作几乎没有顾及。在广州的共产党员只有二十人左右，大多随谭平山在国民党中央组织部工作。党在广东原先设有区委。由于它的实际工作只限于广州一地，到一九二三年十二月就取消了，只保留一个广州地委，力量既薄弱又涣散。①

十月间，中共中央决定重新建立广东区委，由周恩来担任委员长，并兼任宣传部部长。② 广东区委的工作范围不只是广东一省，而是负责领导广东、广西、厦门和香港等地的党的工作。所以，人们通常把它称为两广区委。

周恩来担任中共广东区委委员长的时间共三个月左右。在这段时间内，广东区委做了两件重要的工作：一件是支持孙中山北上。这年十月，第二次直奉战争正进行得十分激烈时，冯玉祥在北京发动政变，囚禁了北洋政府总统、直系军阀首领曹锟，欢迎孙中山北上。十一月十三日，孙中山离粤北上。后来的事实证明：孙中山的北上扩大了国民革命运动在全国的影响，广东区委支持孙中山北上这个主张是正确的。另一件事，是这年十一月初商得孙中山的同意，筹组大元帅府铁甲车队。铁甲车队以徐成章、周士第为正副队长，廖乾吾为党代表，他们三人都是中国共产党党员。这是第一支由中国共产党人直接掌握的武装力量，是以后叶挺独立团的前身。

广东革命形势的迅速发展，使掌握革命武装的问题变得越来

① 陈延年致陈乔年、王若飞、王一飞、罗觉同志的信，《广东革命历史文件汇集》1925 年（1）。

② 《向导》周报第 92 期，1924 年 11 月 19 日。

越突出了。

周恩来对掌握革命武装的问题历来十分重视。一九二二年十二月他在《少年》上发表的一篇文章中说过："真正革命非要有极坚强极有组织的革命军不可。没有革命军，军阀是打不倒的。"① 到广东后不久，他就兼任开办不久的中国国民党陆军军官学校（通常称为黄埔军官学校）的政治教官，给第一期学生讲授政治经济学。② 这年十一月，他除继续担任中共广东区委委员长兼宣传部部长外，又兼任黄埔军官学校的政治部主任。③ 刚从苏联归国、被派到广东担任团中央驻粤特派员的陈延年，调任广东区委秘书、组织部长兼宣传委员会负责人，协助周恩来处理区委的日常工作。

黄埔军官学校在当时的广东革命根据地，地位特别重要。它是孙中山接受共产国际代表的建议，为建立一支真正的革命武装而创办的。过去孙中山因长期依靠地方军阀而吃尽苦头。这时一些打着国民党旗号的军队其实仍同军阀武装没有多大区别。所以，孙中山把创建这所军官学校看作建立党军的起点，对它抱着很大希望。他亲自担任这所学校的总理，以蒋介石为校长，廖仲恺为党代表。

一九二四年六月十六日，黄埔军官学校举行隆重的开学典礼，孙中山到校发表演说。他说："我们今天要开这个学校，是有什么希望呢？就是要从今天起，把革命的事业重新来创造，要用这个学校内的学生做根本，成立革命军。"④ 为了创办这所学校，苏俄政府资助二百万元现款作为开办费，派了一批军事干部

---

① 飞飞（周恩来）：《评胡适的"努力"》，《少年》第 6 期，1922 年 12 月 15 日。

② 王逸常：《中共黄埔特别支部的领导和主要成员》，《黄埔军校史料》，广东人民出版社 1982 年 2 月版，第 116 页。

③ 《一年来政治部之概况》，《黄埔潮》第 24 期，1925 年。

④ 《孙中山选集》，人民出版社 1956 年 11 月版，第 917 页。

来担任军事教育工作，并运来八千支步枪和五百万发子弹。学校的学生是从全国各地招收的。由于当时广东以外的绝大部分地区处在军阀的统治下，无法公开招生，就委托国民党第一次全国代表大会的代表回省后代为招收。各省送来的大多是各地的进步青年。第一期学生最初有四百九十多人，后来把军政部所办的讲武堂也合并进来，共有学生六百四十五人。其中共产党员和青年团员约五六十人，占学生总数的十分之一。徐象谦（向前）、陈赓、左权、蒋先云、许继慎、王尔琢、周士第、蔡升熙、宣侠父等都是黄埔第一期的学生。这一期的学生里，也有胡宗南、杜聿明、宋希濂、郑洞国、范汉杰、李默庵、李仙洲、关麟征、侯镜如、黄维、王敬久、孙元良、黄杰、张镇、贺衷寒等。黄埔军校开办后，学校内确有一番蓬蓬勃勃的新气象。平定商团叛乱时，黄埔军官学校曾派出两队学生，到市区惠州会馆充当革命委员会的卫队。

但军校政治部的机构最初却极为简单。除了主任和仅能到校讲课的教官外，几乎没有什么别的人。第一任主任是戴季陶，副主任是张申府。张申府只呆了一个月就走了，戴季陶不久也离校去沪。中间有几个月没有负责人，只有两个担任记录的书记，再没有其他具体组织。后来，由邵元冲代主任。邵元冲是个官僚，根本不懂政治工作的内容和方法。他平时住在广州，每隔一两天到军校政治部去一次，办办例行公事。除了举办过两次政治讨论以外，没有做什么事。他这样搞了一两个月的光景，把政治部办成一个死气沉沉、毫无作用的机构。因此，学校师生十分不满，提出“加强政治部的工作，撤换邵元冲”的要求。十一月间，邵元冲随孙中山北上。原已兼任该校政治教官的周恩来，这时就接任了政治部主任的职务。

出任黄埔军官学校的政治部主任，对二十六岁的周恩来说来，责任是够重的，又是一项完全陌生的工作。但他一到任，立刻显露出引人注目的才华，井井有条地而又富于创造性地开始了工作：

第一，建立起政治部的正常工作秩序和工作制度。设立指导、编纂、秘书三股，从黄埔第一期毕业生中选调共产党员杨其纲、王逸常等分别担任各股主任。明确各股的任务，规定工作细则。制订对学生、官长、士兵的各种调查表。出版《士兵之友》，每日油印发给学生和士兵。

第二，加强对军校学生的政治教育。突出地进行两方面的教育：一是为什么要革命？是为了打倒帝国主义、军阀和贪官污吏。二是军民关系，要救国卫民，严守纪律。每周组织一两次对学生的政治讲演。举行政治讨论和政治问答。统计学生成绩。扩大图书室，增购书报。创立体育会，备办各种体育用具。

第三，指导新成立的校军教导团的政治工作。第一期毕业生中的共产党员蒋先云、许继慎等被选派到各连担任国民党的党代表。规定了士兵的政治训练计划。在对学生继续进行政治教育的同时，担负起对教导团士兵进行政治训练的任务。

第四，指导建立中国青年军人联合会。那时，广州除黄埔军官学校外还有粤军讲武学校、桂军军官学校、滇军军官学校、军用飞机学校等军事学校。成立这个联合会的目的，是广泛地联合这些军事学校中已毕业和未毕业的青年军人。一九二五年二月一日，联合会举行成立大会。黄埔军校学生集体加入为会员。入会的除上述几个军事学校的学员外，还有海军三舰和铁甲车队的成员。联合会以蒋先云为负责人，出版机关刊物《中国军人》。到四月间，会员已发展到二千多人。

经过这样一番整顿，黄埔军校政治部的工作很快纳入正轨，出现了新的气象。当时担任黄埔军校政治部指导股主任的王逸常回忆说："从此以后，黄埔军校的政治工作蓬蓬勃勃地开展起来了。周恩来同志每日除了用少量时间浏览我们为他准备的报纸剪辑、工作日记，批阅来往函件外，大量的时间都花在找人谈话和抓工作落实上。他思考事物周密，处理问题敏捷，原则性和灵活性掌握适度。他经办的事没有不水到渠成的。”①

在这段时间内，黄埔军校的共产党员发展到四十三人。军校的党支部由周恩来代表广东区委直接领导。

一九二五年一月十一日至二十二日，中国共产党在上海举行第四次全国代表大会。出席代表二十人，代表党员九百九十四人。这次大会是在国共合作已经实现了一年多、革命运动在全国范围内迅速高涨的新的历史条件下召开的。大会分析了中国社会各阶级在革命运动中的地位，总结国共合作以来的经验教训，指出无产阶级领导权和工农联盟这两个问题的重要性。广东区由谭平山等两人代表出席。周恩来代表留法组出席这次大会。他在这次会上见到中共北京区委委员高君宇（曾任中共第二届中央执行委员），并托他给远在天津的邓颖超带了信。②

四大一开完，讨伐陈炯明的第一次东征便开始了。

那时候，孙中山在北上后病倒，由胡汉民代理大元帅职务，广东革命政权内部比较混乱。虎视眈眈地盘踞东江、时刻准备卷土重来的陈炯明，在北洋军阀支持下自称救粤军总司令，准备进犯广州。广东革命政府在一九二五年一月十五日发表《东征宣言》，决定讨伐陈炯明。

广东革命政府的东征计划分为三路：右翼，许崇智所部粤军，约一万人，经海丰、陆丰直指潮汕，对手是陈炯明的嫡系洪兆麟部；中路，刘震寰所部桂军，约六千人，进攻扼守惠州的陈军杨坤如部；左翼，杨希闵所部滇军，约三万人，对手是驻防在

① 王逸常：《周恩来与军校政治部》，《黄埔军校史料》，广东人民出版社 1982 年 2 月版，第181 页。

② 邓颖超：《为题〈石评梅作品集〉书名后志》，《石评梅作品集》，书目文献出版社 1983 年 8 月版，第 1 页。

河源、五华、兴宁一带的陈军林虎部。

那时黄埔军校已成立教导团第一团和第二团，团长分别由何应钦和王柏龄担任，连以下军官由刚毕业的第一期学生充当，士兵是新招募来的；第二期学生已经入学，编为学生总队，随军行动。这两部分合称校军，共约三千人。教导团第一团成立才三个月，第二团成立不过六七个星期，训练时间很短。在许多人看来，他们只是些未经战阵的新兵和初出学校的下级军官，因此，很不为人所看重。蒋先云说过："我校开办后，外界很不相信我们能真正去杀贼，未必能杀得贼死。非独外界如此，即我们自己也不敢十分过于自信。""这算是我们革命军第一次对敌，第一次实行为主义而奋斗。"① 由于蒋介石兼任粤军参谋长，这支校军就同粤军第二师（师长张民达、参谋长叶剑英）和第七旅（旅长许济）编在一起，共同组成右翼军。

东征，是当时广东政治生活中万众瞩目的大事。周恩来作为黄埔军校政治部主任，随军东征，需要集中力量领导军事工作，难以兼顾中共广东区委的全面工作，就改任广东区委常委兼军事部长，而由他原来的助手陈延年接任广东区委书记。②

东征的结果，大大出乎人们意料。

号称实力雄厚的杨希闵部滇军和刘震寰部桂军都按兵不动，坐山观虎斗。而被人轻视的校军却同粤军第二师和第七旅一起，以破竹之势，长驱直入，直捣潮汕，取得了赫赫战果。二月十五日拂晓，以校军教导第一团为主力，进攻城坚壕深并有二千守敌的淡水。只用一个多小时，就在猛烈炮火掩护下爬城而入，攻克淡水。接着，右翼军又东下平山。二十八日，进克陈炯明的家乡

---

① 蒋先云：《由前敌归来》，《中国军人》第 2 期，人民出版社 1983 年版（影印），第 26 页。

② 1945 年 4 月周恩来填写的简历表。

海丰。三月一日，海丰举行各界联欢大会，参加的群众有三千人，周恩来、彭湃在会上讲话。六日，东征军分别攻克陈炯明在东江的主要据点——潮州、汕头。右翼的战事很快告一段落。

在陈炯明所属各部中，最强悍善战的是盘踞粤东北的林虎部。林虎不是陈炯明的嫡系，同洪兆麟之间存在着派系的矛盾，所以最初抱着袖手旁观的态度。没想到洪兆麟部那么快被击溃了。于是，林虎迅速集中主力从兴宁、五华南下，直抄右翼军的后路，企图将它一举包围全歼。右翼军得讯后留下粤军第二师守潮汕，学生总队守揭阳，其余各部立刻回师迎击，而以教导第一团充当正面。蒋介石、何应钦、周恩来等随军回师。三月十三日，教导第一团在棉湖同林虎部主力突然遭遇。当时，敌军五六千人已抢先占领有利阵地，居高临下，以轻重机枪猛烈射击。教导第一团在炮兵掩护下奋勇仰攻，冲入敌阵，以白刃格斗，战斗十分激烈。坚持到中午，教导第二团和粤军第七旅相继赶到，加入进攻，终于把号称劲旅的林虎部主力击溃。这便是关系到东征战争胜败全局的棉湖战役。这次战斗的激烈，在东征史上是仅见的。在战斗中，教导第一团的九个连长阵亡六人，负伤三人，他们都是黄埔第一期毕业生。从此，黄埔校军英勇善战的威名震惊远近。

接着，广东革命政府又派出陈铭枢、吴铁城两旅加入右翼作战。右翼军先后攻克五华、兴宁。陈军残部退入江西、福建境内。株守惠州的杨坤如部被迫向广州革命政府投诚，同意接受改编。四月间，第一次东征结束。它对巩固广东革命根据地起了重大的作用。

第一次东征是国共两党合作下取得的巨大胜利。为什么黄埔校军这支组建不久、训练时间很短、人数不多的新军，能够出人意料地屡摧强敌，建立赫赫的战功？一个重要的原因是：这支军队是以革命精神武装起来的，士气高，纪律严明，并能得到民众

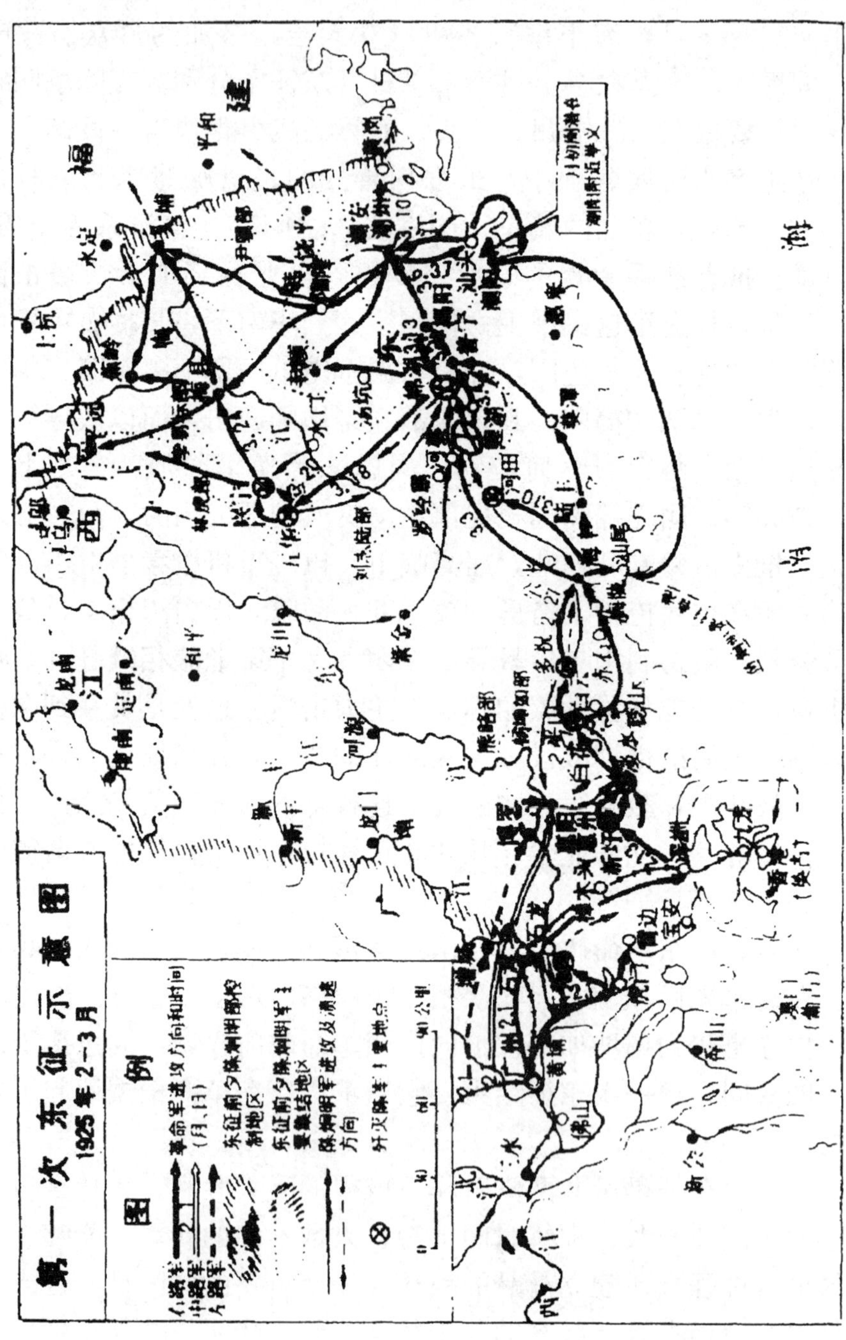
第一次东征示意图
1925年2—3月
图例
右路军
中路军
左路军
革命军进攻方向和时间（月.日）
东征前夕陈炯明军控制地区
东征前夕陈炯明军主要集结地区
陈炯明军进攻及溃退方向
歼灭陈军主要地点

的帮助。这自然同周恩来主持下的黄埔军校政治工作难以分开。

怎样建立起革命军队在行军作战中的一整套政治工作制度？它同军校在教育训练中的政治工作不完全相同。这对革命军队的建设又是一个新的重要的课题。周恩来在这方面的工作同样有着很大的成效。

第一，在军队中有很好的政治教育工作。政治教育的基本内容是使军官和士兵提高革命的自觉性，时刻牢记自己是“革命军”，是为推翻帝国主义列强和军阀的压迫、解除人民痛苦而作战的。有了“革命军”这三字深深地印在脑中，就使这支军队的精神面貌、战斗意志和纪律都同以往的旧军队截然不同。二月六日，周恩来在东莞商务分会及市民联欢大会上的演说词中，对这一点作过明确的阐述。

本着这种精神，周恩来在东征誓师大会上作了政治动员。出发之日，政治部印发《敬告士兵同志们》的传单。在各团、营、连，除了军事指挥员外都设有国民党的党代表，不少是由共产党人担任的，负责行军和作战时的政治工作。军队一面行进，一面高唱《国民革命歌》、《杀贼歌》和《爱民歌》等，士气十分旺盛。

第二，要求军队保持严明的纪律。校军一律颈系红巾，军服整齐。军校政治部提出：不蛮横无理拉夫役；付价购物，不用军用票；保障人民。《爱民歌》中唱道：“扎营不要懒，莫走人家取门板，莫拆民房搬砖石，莫踏禾苗坏田产，莫打民间鸭和鸡。”需要由民间担任挑夫、向导时，归政治部统一办理，每十里给资四毫。购物都用现金支付，决不赊欠短少。宿营不住民房，只住庙宇祠堂。住地以及所需的稻草、米、菜等，由政治部安排。部队离开时，须把驻地打扫干净，稻草捆好，借物归还。政治部还发布《告百粤父老兄弟姊妹》书，宣布：“有违反我们所宣告的行为者，请不必客气，具实向我们的官长报告，定必依法惩办。”

广东人民历来受尽了横行不法的军队（包括打着国民党旗号的滇、桂等军）的欺压和蹂躏，对军队早已谈虎色变。校军的所作所为，使人耳目一新。当时的《商报》在三月二十七日有一篇报道说：

“军行所至不扰民间一草一木，老妪妇孺，喜而挤观。鸡犬不惊，商市安堵。入夜无公家空房，则扎篷营露宿。东江人民父老，谓民国以来仅此次所见，乃是真正革命军，真正卫国保民之革命军。”

第三，向民众展开政治宣传。方式主要是：组织战时宣传队，举行各种平民联欢大会。东征出发前，周恩来先从第二期学生中挑选出能讲广州话、客家话、潮州话的约二十人，组成武装的宣传队。在军队到达前，先往沿途村镇到处演讲，张贴红绿标语，散发传单，教村里的小孩们唱“打倒列强，除军阀”的《国民革命歌》，向村民宣传东征的目的和意义。政治部还准备了告敌军士兵的传单，由飞机在敌军阵地上空散发。这样的战地宣传工作，是过去的中国军队中所没有的。当军队攻占东莞、海丰等县后，政治部又在当地召开有上千人参加的各界联欢大会。周恩来在会上发表演说。他在东莞的演讲中说：“此次军校出发，是为人民解除痛苦而来，但全恃本校军队，力量太小，若无人民援助，仍不足负重大责任。故本校极希望东莞人民通力合作，以促革命成功。”① 各地民众在协助军队运输、充当向导并刺探敌情等方面都做了不少工作，有力地配合了东征军事的发展。

第四，加强民众的组织工作。校军所到之处，都帮助当地民众组织工会、农民协会、学生会、教职员联合会等。周恩来在东莞的演讲中说：“本校希望东莞同胞者约有三事：（一）为革命军向人民宣传解释，使之了解人民与革命军之关系；（二）实行民

① 《上海民国日报》，1925 年 2 月 18 日。

治，县长民选；（三）各界团体宜有强固之组织。”他特别重视民众组织的问题，说：“人民如有强固之组织，则军队不敢横行，请各界注意此点。”① 东征军占领海丰后，任命军校学生李劳工（共产党员）为后方办事处主任，吴振民为海丰县农民自卫军大队长兼教官，将武器发给海丰农民自卫军，并恢复了被解散两年多的海丰农会。三月间，国民党中央执行委员会任周恩来为东江各地党务组织主任，校军各团、营、连等党代表为组织员，在东江各地发展国民党的组织。

第五，打击各地的土豪劣绅。周恩来在揭阳的各界欢迎会上宣布：要“打倒列强，打倒军阀，打倒土豪劣绅，打倒一切贪官污吏”。“政府为你们作后盾，有话尽管说。”并且点名批评当地英商代办林逸才的罪行。在五华，他和县长温屏南一起，经过调查核实后，传讯有不法行为的当地大地主张谷山、陈卓人等，责令张谷山印发忏悔录，向全县人民悔过，勒令陈卓人将霸占的公地退交五华中学作体育场。四月，周恩来又兼任黄埔军校的军法处处长。②

这次东征中校军的军队政治工作所取得的成就，是有目共睹的。像这样有着良好的政治教育和宣传工作的军队，在中国历史上还不曾有过，是中国共产党在领导军队政治工作方面所作的最早的尝试，并且取得巨大的成功。这个传统，对以后中国人民军队的建设有着深远的影响。毛泽东说过：“那时中国共产党和国民党合作组织新制度的军队，在开始时候不过两个团，便已团结了许多军队在它的周围，取得第一次战胜陈炯明的胜利。往后扩大成为一个军，影响了更多的军队，于是才有北伐之役。那时军队有一种新气象，官兵之间和军民之间大体上是团结的，奋勇向

① 《上海民国日报》，1925年2月18日。

② 《中央陆军军官学校史稿》第3篇（“组织之沿革”），1936年版。

前的革命精神充满了军队。那时军队设立了党代表和政治部，这种制度是中国历史上没有的，靠了这种制度使军队一新其面目。”① 而周恩来在领导这项工作中表现出来的那种富有创造性而又周密干练的才能，由此在国共两党内、特别是黄埔师生中受到广泛的尊敬和推重。

第一次东征结束后，中共中央曾在五月间决定成立广州临时委员会，由谭平山、罗觉（亦农）、周恩来、陈延年、鲍罗廷五人组成。这个委员会并没有存在多久，周恩来也没有参加它的实际工作，以后就无形取消了。②

从第一次东征结束到第二次东征开始，中间不到半年。这半年里，发生了三件大事：第一件是回师讨伐杨希闵、刘震寰所部滇、桂军，第二件是沙基惨案，第三件是廖仲恺遇刺。

在第一次东征的过程中，发现了盘踞广州的杨希闵、刘震寰阴谋叛乱的证据。陈炯明在东江余部被击溃，使杨、刘更不自安，蠢蠢欲动。孙中山在北京逝世，又被他们看作有机可乘。广州的局势日趋紧张，已有一触即发之势。四月十三日，根据廖仲恺的建议，国民党中央决定由黄埔军校教导一、二团组成党军第一旅，仍由军校节制。五月十三日，廖仲恺从广州赶到汕头同东征军共商讨伐杨、刘的计划，决定放弃潮梅，于二十日回师广州。

回师途中，周恩来在六月二日向军校学生作了题为《军队中政治工作》的讲演。这个讲演系统地分析军队的来源、军队的阶级性、革命军队同军阀武力的根本区别。指出：“军队不是阶级，

---

① 《毛泽东选集》第 2 卷，人民出版社 1991 年 6 月第 2 版，第 380 页。

② 蔡和森：《关于中国共产党的组织和党内生活向共产国际的报告》，《中央档案馆丛刊》，1987 年第 2 期，第 20 页。

是一种工具。”“军队是压迫阶级的工具，而也可以作为被压迫阶级的工具的。”“这军队便是实现我们理论的先锋！”①

六月十二日，由东江回师的党军迅速向广州市区的杨、刘军队发动猛攻。革命政府统辖的其他军队也先后从北江、西江、河南三面发动进攻。广州人民素来对杨、刘军队恨之入骨，纷纷起来破坏交通，断绝水电供应，配合革命军作战。杨希闵原来十分骄横，自恃所部滇军有三万多人、步枪二万五千支，饷糈弹药都很充足，根本不把革命政府所辖各军放在眼里。他甚至扬言：“请代帅（指代理大元帅职务的胡汉民——编者注）命令先攻打我们三天，然后我们再回手。”但他的军队是雇佣军队，盘踞广州后对民间大肆搜刮，军官身边都有了不少钱，日益腐化，士兵更无斗志。在士气十分旺盛的革命军进攻下，只经过一昼夜的战斗，就全面崩溃。战斗过程中，滇军司令部被飞鹰号军舰发炮击中，滇军前敌总指挥赵成梁当场毙命，杨希闵只身逃往沙面租界。杨、刘所部滇、桂军被革命军全部缴械。一场乱事就这样迅速被削平，多年的心腹之患被干净利索地拔除了。

正当东征军从东江回师的过程中，在上海发生了震惊中外的“五卅惨案”。英国警察在上海南京路上对示威群众用排枪射击，打死十三人，伤者不计其数。这期间，汉口等地又相继发生帝国主义军队屠杀中国民众的惨剧。为了声讨帝国主义的暴行，工人运动、学生运动、农民运动反对帝国主义的怒潮席卷全国，规模之大是中国近代历史上前所未有的。

六月二十三日，广州群众和香港罢工工人七八万人，在广州举行反英示威大会和游行。周恩来亲自率领军队中两个营、学校里一个营，共约二千人去参加。上午十一时，各界群众在东校场集合，随后依工、农、商、学、军的次序出发。每人手执写有

---

① 《政治工作须知》，国民革命军总司令部，1926 年版。

“打倒帝国主义”、“为死难者报仇”等口号的小旗，四人一列，沿途高呼口号，情绪十分激昂。当游行队伍经过沙面租界对河的沙基时，驻在沙面的英军突然用步枪向游行群众射击，接着就以机枪扫射。这是全副武装的帝国主义军队对和平示威的中国军民的疯狂大屠杀。游行队伍那时正密集在对岸的街道上，面前是河流，背后是高楼，路狭人稠，事起仓猝，连散开躲避的地方都没有。周恩来身旁同他并排前进的两个人都中弹身亡，这是他一生中第一次遇到的险情。① 在枪林弹雨下，当场死亡的达五十多人，受伤的一百多人。其中，黄埔军校的学生和士兵死难的有二十三人，受伤的有五十三人，一团三营营长曹石泉（共产党员）也中弹牺牲。② 这便是“沙基惨案”。

沙基惨案激起广东和香港人民更大的愤怒。早在六月十九日，由共产党员苏兆征、邓中夏等领导举行的规模空前的省港大罢工罢工人数增至二十五万人。七月一日，周恩来在黄埔军校第三期开学典礼上发表抗议沙基惨案的演说。三十一日，他在省港罢工工人第六次代表大会上作政治报告。他说：现在中国工人、农民、士兵的生活都十分痛苦。“这些痛苦是帝国主义给予我们的。”解决这个问题的“唯一的方法就是要工农兵大联合起来，以打倒同一的敌人——帝国主义。”他总结东征和平定杨刘的经验，指出：“打平东江，不是军队的能力，是工人、东江农民，与革命军联合的势力；打倒杨刘，亦不是军队的能力，亦是广州工农与革命军联合的势力。工农兵联合的势力，已能打倒军阀，犹如摧枯拉朽，现在更要进一步而打倒军阀赖以生存的帝国主义！”周恩来最后着重强调工人阶级在国民革命中的领导作用，高呼：“工人是国民革命的领袖，要领导农人兵士而为工农兵的

---

① 访问邓颖超谈话记录，1989 年 4 月 5 日。

② 《鹰犬将军——宋希濂自述》，中国文史出版社 1986 年 7 月版，第 42 页。

大联合，共同来打倒帝国主义!”① 他并且选调铁甲车队队长、共产党员徐成章去担任省港罢工的工人纠察委员会委员长兼纠察队总教练，黄埔一期毕业的共产党员陈赓等去担任工人纠察队的教练或干部，加强对工人纠察队的领导。

八月初，邓颖超从天津调到广东工作。她是天津最早的共青团员之一，一九二五年初转为共产党员，任中共天津地委妇女部长。周恩来同她已经有五年没有见面了。虽然一直保持着密切的书信往来，但由于严格遵守党的纪律，彼此都不曾在通信中把自己入党的事告诉过对方，直到这时才知道。八月，周恩来和邓颖超在广州结婚。② 那时周恩来的工作十分忙碌，经常一早就要从广州天字码头乘船到黄埔军校，晚上才赶回广州，还要参加广东区委的会议，或向干部讲课、作报告。邓颖超也在广东区委担任区委委员兼妇女部长，负责妇女运动。在广州的这段生活给周恩来和邓颖超留下了难忘的印象。将近三十年后，当周恩来又一次去广州时，邓颖超在给他的信中写道：“羊城(广州)，是多么值得纪念和易引起回忆的地方！它是我们曾和许多战友和烈士共同奋斗过的地方，又是你和我共同生活开始的地方。卅年前你和我是天南地北害相思，这次我和你又是地北天南互想念。卅年来我和你的共同生活，多是在患难与共，艰苦斗争，紧张工作中度过的。”③

革命的胜利发展，使帝国主义和国民党右派更急于对广东革命政府进行破坏。八月二十日，他们指使凶手在国民党中央党部门前暗杀了国民党左派领袖廖仲恺。事情一发生，周恩来就得到消息。他立刻从家里赶到医院去探望，整整两天两夜没有回家。当他回家的时候，仅有的一套西装上染满了血迹。原来，他们本

---

① 《工人之路》特号，1925 年 7 月第 37 期。
② 访问邓颖超谈话记录，1985 年 4 月 5 日。
③ 邓颖超致周恩来的信，1954 年 11 月 16 日。

在蒋介石处商定当晚十一时动手搜捕廖案凶手，而戒严却比他们原来商定的时间提前两小时实行，口令也临时改了。周恩来驱车到司令部去时，门前的警卫突然喝问口令，随即开枪射击。司机头部中弹，当场牺牲。周恩来机警地卧倒在车座下。司机的鲜血溅满了他的全身。车一停，他立刻跳出车外，高声宣布自己的身份，警卫才不继续开枪。① 这是他一生中无数回出生入死的经历中的一次。同月，他写了一篇题为《勿忘党仇》的纪念文章，痛斥帝国主义和国民党右派的罪恶行为，愤怒地指出："我党自改组后，最显著的革命势力便是革命军之组织和工农群众之参加国民革命，这两种伟大事业的做成，多部分的功绩要属之于廖先生。廖先生亦因此而愈加见忌、见恨于反革命反工农群众的分子。""我们要勿忘党仇，誓报党仇!"②

那时，在广州已成立国民政府。以国民党左派面目出现的汪精卫被推举为国民政府主席，汪精卫、胡汉民、谭延闿、许崇智、林森五人为常务委员。廖案发生后，蒋介石乘机逼走胡汉民和许崇智。许崇智是蒋介石的老上级，当时担任国民政府军事部长、广东省政府军事厅长、粤军总司令。蒋介石将粤军的一部分包围缴械，一部分强行收编。二十四日，他被任为广州卫戍司令。于是，广东革命政府的军事领导权逐渐转移到蒋介石手中。

八月二十五日，黄埔校军改编为国民革命军第一军，在组织上同黄埔军校分开了。九月下半月，周恩来被任命为第一军少将政治部主任兼第一师党代表。一九二六年一月下旬又被任命为第一军副党代表（第一军军长是蒋介石，党代表由汪精卫兼任，第一师师长是何应钦）。

周恩来离开黄埔军校后，军校政治部主任由邵力子接任，副

---

① 访问邓颖超谈话记录，1985 年 4 月 5 日。

② 《革命军》第 8 期，1925 年 8 月版。

主任是从法国回国的共产党员鲁易。九月中旬，中共中央又调派刚从苏联归国的熊雄、聂荣臻等到黄埔军校工作（熊雄在一九二六年初接任军校政治部副主任）。周恩来叮嘱他们：在工作中要利用一切机会，积极开展党团活动。他说：蒋介石要限制我们，我们要教育党团员，开展各种活动，争取进步青年，以反对他的限制。第二年一月，恽代英到广州参加国民党二大后，也留在黄埔军校，担任政治总教官。黄埔军校的政治工作仍由中国共产党人负责，并继续受担任中共广东区委军事部长的周恩来领导。周恩来在黄埔军校工作的这一年，正是国共两党结成统一战线后合作得比较好的时候。这种合作是富有成果的，无论对国民党还是共产党都是有益的，从而给正在兴起的国民革命运动注入了巨大的活力。邓颖超后来说过："国民党第一次全国代表大会的成功，国共合作的实现，带来了什么？我们这些当时亲身经历过来的人，都清楚地记得，它带来了广东革命根据地的巩固和发展，它促进了工农运动在全国特别是在南方各省的蓬勃高涨。它带来了新的革命武装的创立，国共两党共同努力下的黄埔建军成了这种新的革命武装的核心和中坚。它还带来了国民革命思想在全国范围内空前规模的广泛传播。那时候，到处热气腾腾，形成了一股浩浩荡荡向帝国主义和军阀势力猛烈冲击的革命洪流。"①

周恩来在这个时期做出的贡献是得到人们公认的。统一战线问题，武装斗争问题，党的建设问题，是中国共产党在中国革命中的三个基本问题。周恩来在广东革命根据地工作期间，在这三个基本问题上都作了创造性的探索和尝试，取得了可贵的经验。这些经验，无论对周恩来自己还是对中国共产党的以后发展，都有着不可忽视的影响。

---

① 邓颖超在纪念国民党"一大"60周年学术讨论会暨孙中山研究会成立大会上的讲话，《人民日报》，1984年1月17日。

九、从统一广东到北伐

东征军回师讨伐杨刘后，东江地区重新被一度退入福建、江西的陈炯明余部占领。九月间，原已归附广东革命政府的刘志陆、杨坤如等也相继叛变，联络在南路的陈炯明旧部邓本殷准备会攻广州，对革命政府造成严重威胁。九月二十一日，国民政府决定发动第二次东征。

这次军事行动，以蒋介石担任东征军总指挥，率领国民革命军第一、二、三军和四军一部分共三万多人，分为三个纵队，于十月六日出发，向东推进。东征军设立总政治部，由第一军政治部主任周恩来兼任总政治部主任。同时，以李济深所部第四军为主力，组织南征军，讨伐邓本殷，由刚从苏联归国的共产党员张善铭任政治部主任。南征军出发前，周恩来邀集张善铭等开会，对该军的政治工作作了部署。

这次东征，比起第一次东征来，客观条件要有利得多：由于杨刘等部已被削平和工农运动进一步发展，广州革命根据地较前更为巩固；国民政府所辖军队编成五个军，兵力已超过对方；陈炯明部经过第一次东征的沉重打击后，战斗力和士气都大不如前。这确是统一广东的大好时机。

第二次东征中，具有决定意义的一仗是惠州之役。惠州东、北、西三面环水，南面又有飞鹅岭作为屏障，城墙坚固，夙称天险，易守不易攻。前人曾有诗："铁链锁孤舟，白鹅水上浮，任凭天下乱，此地永无忧。"驻守在这里的是叛军杨坤如部一个师，凭险固守。东征军在十三日发起总攻。战事持续了三十小时，打得十分激烈，第一军团长刘尧宸阵亡。以后，由蒋先云等组织敢死队，在炮火掩护下强行攀登城墙，在十四日傍晚攻克惠州。

东征军乘胜追击。十月下旬，由粤军改编的谭曙卿师在华阳被林虎部包围，蒋介石赶去督战，当敌人逼近时，他已走不动路了，是陈赓连拉带背地将他救出来的。后来，第一、二纵队在安流墟合力包围林虎部主力和洪兆麟残部。经过一天激战，毙伤和俘获敌军一万多人，缴枪六千多支。十一月四日，何应钦率第一军两个师向潮州进发，周恩来率政治部人员进入汕头，欢迎者达数万人。八日，东征军总指挥部入闽追击陈炯明残部，后方任务统由总政治部主任周恩来主持。十四日，东征军在福建永定全歼逃敌刘志陆部。第二次东征至此胜利结束。接着，在李济深指挥下，南征军于十二月下旬肃清雷州半岛，第二年二月收复海南岛，全歼邓本殷部。

这样，统一广东的战争就胜利完成。这个胜利，巩固了广东革命根据地，解除了革命政府的后顾之忧，为胜利地开始北伐战争创造了重要的前提。

第二次东征中，周恩来主持下的总政治部做了大量工作，军队的政治工作比上次东征时又有许多新的发展：

第一，组织更加严密。在总政治部下组织一百六十三人的政治宣传队，并且抽调几十名军队中的共产党员到总政治部工作。

第二，内容更加充实。总政治部发布《战事政治宣传大纲》，规定军队中的政治宣传工作应包括三个方面：对本军的，对敌军的，对民众的。以对本军的政治宣传工作为例，规定有七项具体内容：1. 解释本军此次作战之意义；2. 解释本军实力之准备程度，以固信心；3. 说明敌军弱点及其实力之比较，使兵士了解敌情，增高自信力；4. 激动兵士感情，鼓励兵士勇气；5. 引导兵士与民众发生密切之关系；6. 殷勤慰劳伤兵；7. 于行军宿营时，尽可能限度组织各种娱乐。这七项内容的中心是：尊重士兵，努力提高士兵在作战中的自觉性，改善军民关系。这无疑是正确的。

第三，方法更加周密。总政治部向军队政治工作人员提出注意事项：1. 休息和宿营时，利用时间作宣传；2. 十分注意纠正兵士越轨行动，自己以身作则，诚恳指导，不要引起反感；3. 饷械缺乏时，要多方安慰军心，切忌惊恐、焦急或恼怒；4. 战败军心摇动时，力持镇静，鼓其勇气，并身先士卒，力谋补救。这些都是在实践中总结经验，从而使工作越做越细，越做越切合实际。

周恩来在东莞、石龙、惠州、海丰、汕头等地的军民联欢大会上先后讲演，宣传这次东征的意义和革命政府的政策，呼吁当地人民起来协助东征军巩固革命成果。

第二次东征的军队政治工作取得了显著的成效。东征军参谋团邓演存等四人当时所写的《东征参战报告》中说：

> “陈逆部队，久驻东江，对于国民政府及革命军，为极端之诬捏，作普遍的宣传，以致民众深信谣言，咸怀疑虑。当东征军开抵石龙等处，各界民众（尤其是商民）多相率逃避，使我军出发需要之夫役，及各种物品均无从雇佣。于是由政治部召集当地民众，开军民联欢大会，宣布我国民政府之政策，及本军东征之意义。并张贴各种图画、标语，使人民咸了然本党之策略，我军之真相。经此种宣传工作后，各界得真确之认识，及目睹本军之纪律，始各安心来归，与我合作。”“此次东征军组织政治宣传部，对于军行地域，先期出发，召集各界人民演讲，使咸了然于我军东征之意义，与军队纪律

之迥异于前。军行所至，人民均箪食壶浆以迎义师。关于给养及运输，遂感莫大之便利。”①

《政治周报》在一九二六年三月发表的《东征纪略》中也说：

“革命军与别的军队的最大不同点，就是他军队内面的政治宣传，这是革命军打胜仗的根本原因。这种政治宣传工作，在平时要紧，在战时更发要紧。在战时要使人民与军队合作以协力对付敌人，全靠这种工作做得好。此次东征，组织了伟大的政治宣传队，设立东征军总政治部为之统率，以第一军政治部主任周恩来为总政治部主任。”

第二次东征的胜利，把建立东江地区革命政权的问题突出地提到人们的面前。

东江地区，是陈炯明、林虎等军阀势力盘踞多年的老巢，又同香港的帝国主义势力有着千丝万缕的联系。怎样才能巩固革命政府在这个地区的统治，是一个并不容易解决的问题。第一次东征时，由于迅速回师讨伐杨刘，军事倥偬，这个问题来不及认真提出来。第二次东征已把陈炯明的势力削平，局面稳定下来，建立新政权的问题就不能不提到重要的日程上来。

这个任务，落到周恩来的肩上。

一九二五年十一月，东征军进入汕头后，国民政府任命周恩来兼任东江各属行政委员，负责惠、潮、梅、海陆丰二十五县的地方行政工作。由于当时军事行动尚未结束，周恩来没有立刻就职，而是继续以东征军总政治部主任的名义，处理地方行政事务。

当时，他进行的主要是两方面的工作：

一方面，在东江地区着手建立新的政权机构和群众组织。在

① 《军事政治月刊》第 2 期，1926 年。

东征进军过程中，有些县长由周恩来电请广东省政府任命。到汕头后，他选派国民党左派陈卓凡等担任揭阳等县县长。接着，又委派东江各县的检察官。他还在各县遣派特派员，负责领导当地的群众组织，如农会、工会、妇女协会等。特派员直接向他报告工作。这些特派员大多是共产党员或国民党左派。周恩来指示他们：如果县长是左派，就同他合作；是右派，就各干各的。他还派国民党左派李春涛接管了汕头的《平报》，把它改名为《岭东民国日报》；并为该报副刊《革命》题写了刊头（毛泽东在这个副刊上发表了《国民党右派分离的原因及其对于革命前途的影响》的文章）。由于周恩来兼任国民党东江各地党务组织主任，他派特派员到潮安、揭阳、普宁、潮阳、惠来等县去改组国民党县党部，并参加了潮、梅、海陆丰各属县党部在汕头召开的代表大会。

另一方面，雷厉风行地同当地的旧势力作斗争。他先后下令，将有贪污行为的揭阳县长曾靖圣、五华县税务局长张谷山等撤职查办；整顿教育，将梅县师范校长黄柏声撤职；制裁毒害东江人民的鸦片商，宣布查办陈有利、陈坚夫贩卖烟土案；取缔各县劣绅把持的县议会；改组由工贼控制的人力车工会和小贩工会。

与此同时，周恩来又向中共广东区委建议成立中共潮梅特委（一九二六年三月改为中共汕头地委），统一领导这一地区的党的工作。十二月间，中共潮梅特委成立，由原共青团广东区委书记赖玉润（先声）任书记，彭湃负责农运，杨石魂负责工运，邓颖超负责妇运。赖并兼任国民党潮梅特别委员会的主席委员，彭、杨、邓等兼委员。①

---

① 赖先声（玉润）：《在广东革命洪流中》，《广东党史资料》第1辑，广东人民出版社1983年7月版，第122页。

第二次东征的军事行动结束后，东征军总指挥部撤销，成立潮梅绥靖公署，由何应钦任主任，负责军事工作。二月一日，周恩来就任东江各属行政委员，正式设立行政委员公署，负责东征军总政治部原来担负的地方行政工作。这是历史上第一次由中国共产党人在一个地区范围内担任主要领导职务的地方政权机构。它是在国共合作的特定历史条件下出现的。

这时，东江地区的军事行动刚刚结束，地方行政百废待举。千头万绪，应该从哪里做起？周恩来在就职通电中明确地提出两条：第一，“限期召集各种行政会议，引导人民参加政治，聊期实现总理训政主张之初期，立潮梅革命之基础。”这是政权建设方面的。第二，“至于建设计划，一以总理建国方略为依归，首重物质建设，疏河筑路，开港筑堤，先谋交通方便，再期实业之发展。”① 这是经济建设方面的。

当晚，他在汕头各界代表大会上发表演说，说明现在“革命基础已稳固，如教育、实业、水利、交通诸大端已定计划，从事建设。惟政府之力仍恐有所未逮，尚望各界加以督促与援助，俾建设计划均得实施”。②

就这样，周恩来开始了他主政东江的工作。

他选择的着手方法，是召开东江各属行政会议。为什么要召开这样一个会议？周恩来在给国民政府和广东省政府的报告中说：“职以训政开始，头绪纷繁，徒恃一纸公文，终嫌隔阂，爰定于二月二十日，在汕举行行政会议，召集所属各县长、各教育局长，届时亲自出席，农工商学妇女各界之有组织者，每县得各派代表一人参加。”显然，他是决心要一扫旧衙门那种“徒恃一纸公文”的官僚习气，代之以一种新的工作方法和工作作风：同

① 《广州民国日报》，1926 年 2 月 10 日。
② 《广州民国日报》特刊，1926 年 2 月 12 日。

各县负责人以及群众团体代表当面商议，综合地来解决全盘工作的问题。而从更长远的意义来说，这样做是为了“引导人民参加政治”，“立潮梅革命之基础”。①

二十二日，东江各属行政会议在汕头开幕。到会的有各县、市代表九十五人，特聘代表二十四人。收到各代表的提案及计划书一百七十七份，调查报告、统计资料一百八十份。二十三日上午，周恩来向会议作政治报告，共产党人恽代英作国民党第二次全国代表大会的报告。周恩来在报告中强调指出：“中国的政治很显明是一部分帝国主义者在里面捣鬼，压迫至于极点。”“而军阀却压迫各个阶级，买办却压迫工人，土豪却压迫农民，最后是官僚政客来作弊骗人。中国这几年政治的腐败，都是这班官僚政客在里面播弄。”他又指出，广东的工人农民运动正在发展，商人也渐渐与政府合作，这是政府的主张能够实现的力量所在。他提出要肃清奸商、买办，惩办贪官污吏，“向外发展，同时亦整顿内部，并对工商联合，进行封锁香港，以及注意政治”。②

二十三日下午和二十四、二十五日两天，各县、市长及群众团体代表报告，并通过致电慰劳香港罢工委员会。二十六日起，分专题讨论代表所提提案，其中包括：绥靖，行政及增加行政经费，划定行政、司法、建设、教育、农工、商务与财政等。并作出相应的决定。例如，在建设方面，决定推行修筑省路公债，治河，安设电话，疏浚海口，拆城，造林；商务方面，决定划一度量衡，收回土毫（指当地流行的一种地方性货币——编者注），禁绝私运铜币进口，提倡国货，多设商场、商品陈列所，减轻出口税。会议共开了九天，到三月三日闭幕。

正当周恩来准备在东江地区有计划地推行各项改革的时候，

---

① 《广州民国日报》，1926年2月17日。

② 《广州民国日报》，1926年3月3日。

三月十六日，广州国民政府突然表示接受周恩来曾多次提出的同时担任东江各属行政委员和第一军党代表“事繁责重，不能兼顾”的请求，宣布免去他的东江行政委员的职务，后以徐桴继任①。但周恩来还担任着国民革命军第一军的副党代表兼政治部主任的职务，他在十七日从汕头回到广州。

这时，已到三月二十日中山舰事件的前夜了！

中山舰事件是蒋介石实行反共的一个重要步骤。

通过两次东征和讨伐杨刘等战役的胜利，蒋介石逐步成为广东革命政府军事方面举足轻重的人物。他的起家本钱就是由国共合作建立起来的黄埔军官学校。因此，在一段时间内，他表面上同共产党合作，表示赞成革命，实际上却随时在提防和限制共产党，是右派势力的保护者和组织者。

以后，随着他的实力逐渐增长，他的反共面目越来越明显地暴露出来。一九二五年十一月在东征途中，他召集连以上的军政人员联席会，公开表示他的黄埔军校不可分裂，要求把所有在黄埔军校以及在军队中的共产党员的名字都告诉他，所有国民党员加入共产党的名字也都要告诉他。当时周恩来以此事关系两党，须请示中共中央才能决定，搪塞过去了。后来蒋介石同周恩来个别谈话中进一步提出，为了保证黄埔军校的统一，共产党员或者退出共产党，或者退出黄埔军校与国民党，并假惺惺地表示后者是他所不愿意的。②

一九二六年一月国民党第二次全国代表大会前夕，周恩来从汕头回到广州，同陈延年和苏联顾问鲍罗廷商量。他们商定：应该采取打击右派、孤立中派、扩大左派的政策。计划给蒋介石以

① 《广州民国日报》，1926 年 3 月 16 日。

② 《周恩来选集》上卷，人民出版社 1980 年 12 月版，第 118 页。

回击，把共产党员完全从蒋介石部下撤出，另外与汪精卫成立国共两党合作的军队。周恩来带着这个意见回到汕头，准备在接到中共中央回电后立即向蒋介石正式提出。等了好久，中共中央却来电不同意。① 这是陈独秀右倾机会主义对蒋介石的一次大让步。

三月二十日事变前几天，蒋介石打电报要周恩来回广州。周恩来十七日回广州后，发现蒋介石同右派来往密切，并且察觉他的神色不对。周恩来把这种情况告诉了当时给苏联顾问兼当翻译的广东区委宣传部长张太雷。但苏联顾问季山嘉仍不重视这件事，把一个大问题当作小问题，视同儿戏。陈延年在事变前一两天才从上海回到广州。所以事变发生时，共产党人完全处在没有戒备的状态下。

三月二十日这天，蒋介石散布一个谣言，说是中山舰要炮轰黄埔军校，共产党要把他赶走。以此作为借口，突然翻脸，逮捕了代理海军局长的共产党员李之龙，下令黄埔戒严，监视各师党代表，包围苏联领事馆，监视苏联顾问，解除省港罢工工人纠察队的武装。周恩来得到消息后，立刻赶往蒋介石那里，向他提出质问，也被软禁了一天。

当时，蒋介石提出两个条件：第一，共产党员退出第一军；第二，不退出的要交名单。怎么办？是进行反击，还是继续退让妥协？周恩来和正在广州的毛泽东等主张给予反击。周恩来、陈延年、聂荣臻、黄锦辉等曾在一起议论。周恩来对情况作了分析。他说：二月份蒋介石驱逐了一名左派师长，就有反共苗头，他曾向组织报告过，但没有引起重视。现在的情况是，国民革命军六个军中，只有第一军是直属蒋介石指挥的，其他五个军都不会听他的，有的还想乘机搞掉蒋介石。而在第一军的三个师中，

① 《周恩来选集》上卷，人民出版社 1980 年 12 月版，第 118—119 页。

有两个师的党代表是共产党员，九个团的党代表，我们占了七个，团长中金佛庄、郭俊是共产党员，营以下各级军官和部队中的共产党员也不少，至于同情左派的革命力量就更大了。第一军又是以黄埔军校教导团为底子的，党的传统影响很大，我们是完全有能力反击蒋介石的。一起议论的人都同意周恩来的分析，但大家又觉得存在一个问题：要是把蒋介石搞下台，其他几个军长同样是些军阀，只要革命侵犯到他们的利益，他们也会反共反人民的。周恩来说：究竟怎么处理，要由党中央决定。过了几天，陈独秀为首的中共中央却决定接受蒋介石的条件。于是，已暴露身份的二百五十多名共产党员被迫退出国民革命军第一军和黄埔军校（退出共产党的只有三十九人），周恩来也被免去第一军副党代表兼政治部主任的职务。① 陈延年因为这件事，气得大骂他的父亲陈独秀是“老糊涂”、“混蛋”！这是陈独秀右倾机会主义对蒋介石的又一次大让步。

三月三十日，中共广东区委针对反动势力对共产党的造谣诬蔑，发表《给国民党中央、国民政府、国民革命军及广东人民的一封公开的信》，指出：“因为现在帝国主义者与反革命派对于共产党造谣诬蔑更加紧了，并且将影响到广东时局。”“共产党要求革命领袖与一般革命的群众起来打破敌人此种阴谋，并且一致团结起来共同奋斗，以达到我们共同的目的——打倒帝国主义与军阀，建立统一全国的国民政府。”②

被迫撤离国民革命军第一军和黄埔军校的二百多名军队干部和政治工作人员，由军事委员会政治训练部在广州大佛寺举办一个特别政治训练班，组织他们学习。周恩来担任这个训练班的主

① 《聂荣臻回忆录》上卷，战士出版社 1983 年 8 月版，第 48 页；聂荣臻：《学习恩来的优秀品德，继承他的遗愿》，《不尽的思念》，中央文献出版社 1987 年 12 月版，第 13 页。

② 《广东区党、团研究史料》，广东人民出版社 1983 年 2 月版，第 239—241 页。

任，并先后向学员作了《反吴（佩孚）与反帝国主义》、《中国政治军事的观察》、《政治工作的设施及运用》等演讲。在这中间，他曾在四月二十三日乘轮船到汕头，办理东江行政委员和第一军政治部的交替事宜，在汕头停留约一星期后回广州。政治训练班的学员经过两三个月的学习，结业后，分配到国民革命军其他部队中工作。

周恩来离开国民革命军第一军后，集中力量主持中共广东区委军委的工作。军委设在广州万福路南华银行二楼，干部很少，只有聂荣臻和黄锦辉。南华银行二楼中间是一个大厅，入门右边有一张办公桌和几把椅子，是周恩来办公用的，左边有两张桌子，是聂、黄两人办公用的。西边的屋子是周恩来和邓颖超的住处，东边的是聂、黄两人的住处。军委机关机密性比较大，只有比较高级的干部才到那里同他们直接联系，一般人都到文明路的广东区委联系工作。

那时两广已经统一，已处在大举讨伐北洋军阀的北伐战争前夜。放在广东区委军委面前最重要的课题，便是为北伐战争做好准备。

在北伐的准备工作中，广东区委军委起着特别重要的作用。这是因为：第一，对北伐战争的态度，中国共产党内部最初是有争论的。陈独秀和当时在上海的中共中央对北伐并不赞成，认为国民革命军力量还不足，暂时只宜处于防御的地位；又担心革命分子的大批北上会使广东的革命根据地难以巩固，因而对北伐的准备采取消极的态度。而广东区委和在广州的苏联顾问鲍罗廷，对北伐战争却一直持积极的态度，认真地进行着准备。第二，中共中央在早期并没有领导军事工作的部门。一九二五年十月，在北京召开的中共中央扩大的执行委员会会议提出，应在中央委员会之下设立“军事活动委员会”（后改称军事部）。不久，军事部逐渐建立起从中央到地方的组织，中共中央军事部最初由张国焘负责同各地联络。但张国焘当时担任的职务很多，又经常往来沪粤之间，对军事工作并没有怎么过问。用他自己的话来说：“那时军事部等于一个空职，只有两个年轻同志，在那里做些从报纸上搜集军事情报的琐碎工作。”① 而广东却是当时大革命风暴的根据地，集结在广东准备出发北伐的国民革命军各军中的党的工作历来是由广东区委军委直接领导的。

在这种情况下，中国共产党对北伐战争的各项准备工作的重担，不能不落在周恩来所领导的广东区委军委肩上。

当时广东区委军委直接领导的有七个单位中的党的工作：国民革命军第一、二、三、四、六军，黄埔军校本部和入伍生部。周恩来每星期都要召集他们开一两次会议，听取他们的汇报，部署各项工作。聂荣臻、黄锦辉同这些单位经常联系，向这些单位派遣干部，向军中的共产党员传达党的方针政策，积极为北伐战争做准备。

作为广东区委军委的负责人，周恩来还帮助过广州国民政府军事总顾问加伦将军制订北伐的军事计划。

五月一日，叶挺率领的国民革命军第四军独立团作为北伐先遣队，从肇庆、新会出发，开赴湖南前线。叶挺是著名的粤军将领，担任过孙中山警卫团的营长，一九二四年孙中山派他到苏联去学习，同年十二月在莫斯科参加中国共产党，一九二五年九月回到国内，十一月担任第四军独立团团长。共产党员周士第、卢德铭等都在这个团内工作。刚成立时，全团有共产党员二十人左右，建立了党的支部。这是一支中国共产党人掌握的革命军队。独立团出师经过广州时，周恩来在叶挺家里召集团内连以上党员干部开会，向他们分析国内外形势，北伐的有利条件，湖南、湖

① 张国焘：《我的回忆》第2册，现代史料编刊社1980年12月版，第137页。

北的工人、农民、学生运动的情况，唐生智部的情况，广东各军的情况，说明独立团担任北伐先遣队的任务。并且提出几点要求：一、加强党的领导，加强政治工作；二、注意发动群众，组织群众；三、注意统一战线工作，很好与友军团结；四、作战要勇敢，要有牺牲精神，要能吃苦耐劳；五、要起先锋作用、模范作用、骨干作用；六、现在有些军都不愿意派部队先出去，只要你们打了胜仗，他们就会跟上来。最后，他用“饮马长江”这四个字来鼓励大家。临走时，同每个同志一一握手，说：“武汉见面。”

独立团党支部决定，把周恩来这些指示分别在党内和党外、干部和战士中进行普遍的传达讨论，把它作为从广州出发到湖南行军中政治教育的主要内容，利用行军中休息和到达宿营地后的时间进行讨论。这个讨论，对全团起了巨大的鼓舞作用。从进入湖南到攻克武昌，独立团一直充当前锋，长驱直入，第四军因而博得“铁军”的声誉。

周恩来还在国民革命军总政治部举办的战时政治训练班上作了题为《国民革命军及军事政治工作》的讲演。他在这篇讲演中系统地总结军队政治工作的经验，指出：“我们做政治工作的使命，对于官长官佐要巩固其革命观念，对于士兵要使之有革命常识。”“最近国民革命军唯一的使命就是反帝国主义。这个问题解决，就可消灭军阀及平息社会上一切不安的现象。所以，我们在革命军里做政治工作，最要紧的是使广大的群众明了帝国主义的罪恶，这是政治工作最近的目的。”他具体地论述了军队中政治工作的范围和方法，并且指出：“我们是为主义为党国而奋斗的。我们在军队里做政治工作，要以身作则，严守纪律，常常表示勇敢的态度，比士兵更要勤苦。”① 他指出，这样才能鼓起士兵们

① 王铁猛的笔记，《中央军事政治学校笔记簿》，1926 年。

作战的勇气，得到人民的支持，巩固革命的基础。当北伐军准备出发的时候，周恩来所作的这个系统的讲演，对北伐军中的政治工作人员弄清楚自己工作的要求和方法是有帮助的。

一九二六年七月九日，国民革命军北伐誓师阅兵典礼在广州隆重举行。各路大军在“打倒列强，除军阀”的雄壮歌声中出师北伐，首先讨伐盘踞湖南、湖北、河南等省的直系军阀首领吴佩孚。在各地群众的热烈响应下，轰轰烈烈的北伐战争开始了。

北伐开始后，广东区委军委决定以聂荣臻为军委特派员，到北伐军中做联络工作，任务是向带兵的共产党员传达中央和军委的指示；帮助他们解决遇到的困难问题，或反映给军委；并沟通军队同各地党组织的关系。叶挺独立团占领湖南浏阳后，就接到广州来的指示信说：“革命形势的发展可能很快，你们的战斗任务更加繁重了，要争取在独立团里增设一个特别大队和一个补充营。”① 并从广州派来许继慎（黄埔一期毕业生，共产党员）等三十多个营、连、排干部到独立团工作。叶挺立刻坚决执行这个指示，在湖南党组织的帮助下很快招足了新兵，配备了干部，把特别大队和补充营建立起来。张发奎后来对叶挺说：“你们真是独立的，总是先斩后奏的。”② 九月间，北伐军在围攻武汉的同时分兵向江西进发，讨伐控制东南五省的另一个直系军阀首领孙传芳。广东区委军委又决定在开往江西的军队中成立军事的党团，制订组织大纲，并规定地方的政治问题应受当地党委的指导。大量这类工作，都是在周恩来主持下的广东区委军委的领导下进行的。

随着北伐战争的节节胜利和工农群众运动的迅猛发展，国民政府和国民革命军内部原来存在的矛盾越来越尖锐地表现出来。

①② 《周士第回忆录》，人民出版社 1979 年 4 月版，第 62 页。

国民党右派势力在这时加紧进行反革命活动，掀起一股制造分裂、反对国共合作和工农运动的逆流。已就任国民革命军总司令的蒋介石反对革命的面目也更加清楚地暴露出来。周恩来清醒地看到这一切。国民革命军攻克武汉后，蒋介石为了拉拢他，曾表示准备任他以战地政务委员会主任委员或战地财政委员会主任委员的重要职务，征求他的同意，被周恩来拒绝。一九二六年底，周恩来在中共广东区委的机关刊物《人民周刊》上接连发表三篇文章：《国民革命及国民革命势力的团结》、《现时政治斗争中之我们》、《现时广东的政治斗争》。

周恩来在这些文章中反驳国民党右派制造的所谓目前民众运动“超过国民革命的要求，违反了国民革命的方式”的谬论，指出：“工农运动并未超过国民革命的要求，而只是国民革命的初步要求：工农的集会自由，工人罢工权，工农生活改善，生命保障等等。”“现时方是国民革命的起首，离成功的途程还很辽远。所以这时候我们希望民主政纲之实现，比任何人都感觉急切。”①

他又驳斥国民党右派所谓“有了共产党的存在和活动，便定会与国民党发生冲突和分裂”的谰言，指出：“各被压迫阶级的共同目的虽在国民革命，但在革命的长期争斗中，民族资产阶级总是富于妥协性，小资产阶级也常摇摆不定，只有无产阶级是最不妥协的革命阶级。要靠他携同农民、手工业工人督促小资产阶级、民族资产阶级不妥协地与敌人争斗，才能达到国民革命的真正目的——民族解放和民主政治的实现。所以为工农阶级奋斗的共产党的活动，当然不外领导工农群众的革命力量推进国民革命，以防止其他阶级的妥协性在革命中发生不良影响。这种活动，只有于领导国民革命的国民党有利，使他革命成份更加充实，决无与他有冲突和分裂的危险。因为要有冲突，必是革命的

---

① 《人民周刊》1926年第34期。

工农群众与和帝国主义敌人妥协的资产阶级冲突；要有分裂，必是革命的国民党左派和共产分子与不革命的右派分子分裂。”

他以明白的语言指出国民党右派势力存在这个客观事实。写道：“我们很希望国民党能成为一个无左右之分的革命的中国国民党，但事实上不能尽如我们所想。国民革命是各阶级联合的革命，不同的阶级性反映到国民党内自也形成了各派。过去，右派很显然地做了许多反共、反俄、反工农以及勾结旧势力的工作。”因此，共产党人自然需要“时时刻刻帮助左派同右派作理论上和事实上的争斗”。最后，他响亮地提出：“一切革命分子团结起来！一切被压迫阶级团结起来！”①

这是一个严峻的历史时刻。以蒋介石为首的国民党右派势力已在恣意践踏并破坏第一次国共合作，反动逆流正在汹涌高涨，政治风云异常险恶。一些右倾机会主义者被这股反动逆流吓倒了，对国民党右派一味迁就退让。在这个历史关头，周恩来表现出一个无产阶级革命家的大无畏气概和光明磊落的胸怀，坚定不移地维护革命力量的团结，旗帜鲜明地回击了国民党右派的污蔑和攻击。

这年年底，周恩来奉命调中共中央工作，离开他工作了两年多的广州。

---

① 《周恩来选集》上卷，人民出版社 1980 年 12 月版，第 1—4 页。

十、上海工人武装起义

上海是中国最大的对外通商口岸和工业城市。在这里，有着被称为“国中之国”的公共租界和法租界，作为帝国主义在中国实行经济侵略的大本营。租界以外的地区，控制在孙传芳部的军阀势力手里。这里又是中国工人阶级最集中的地方，席卷全国的五卅运动便从这儿开始。处于秘密状态下的中共中央当时也设立在上海。周恩来在一九二六年的九月和十月，曾两次从广东来上海。[①] 十二月间，调到中共中央，担任中央组织部的秘书，并兼任中央军委委员。[②]

为什么在这个时候要把周恩来从广东调到中共中央来工作呢？这同形势的发展有关。

北伐战争开始后进展得很顺利。在湖南、湖北击破直系军阀吴佩孚的主力以后，又在江西、福建大败孙传芳的军队，西南许多省份纷纷归附，国民政府管辖的地区迅速扩展到十个省。两湖等地区的工农运动正在蓬勃高涨。共产党在全国的政治影响越来越大。党员的人数，一九二五年一月四大开会时还只有九百九十四人，一九二六年十二月已增加到一万八千五百二十六人，两年

① 访问邓颖超谈话记录，1984 年 12 月 2 日。

② 1945 年 4 月周恩来填写的简历表。

间猛增了近十九倍。

可是，作为领导机构的中共中央的组织状况却同这种迅猛发展的形势很不相应。中央局委员那时共有五人：蔡和森正在苏联，瞿秋白和张国焘到广东去参加联席会议后没有回到上海，留在上海主持工作的只有陈独秀和彭述之两人。彭述之主管宣传方面的事。组织部主任由陈独秀（仲甫）兼任，后来他因病住院，对组织部的工作几乎没有过问。一九二六年七月中旬，中共中央在上海召开扩大的执行委员会会议。周恩来出席了会议。这次会议专门作了一个《组织问题议决案》，指出："一个好的政策，是要有好的组织才能实现的。""但是本党在组织上仍是非常幼稚，有许多大的缺点。"① 这年九月的《中央局报告》中更写道："中央组织部尚无专人切实负责工作。""虽仲甫同志在病中仍管理一切工作，但总有许多事情因而停顿。"② 周恩来这次调来中央，名义虽是组织部的秘书，实际上是要他负责整个党的组织工作。

周恩来接到调令时，邓颖超已有了几个月的身孕，留在广州。因为秘密工作的关系，这以后他们间连音讯都不通。

周恩来在组织部工作的时间很短。过了两个来月，上海工人第三次武装起义开始准备。周恩来是当时党内公认的富有军事工作领导经验的人，又被调去负责这次起义的军事工作。陈独秀在党的五大的报告中，特地说到这件事："第四次代表大会以后，由我来主管组织部的工作。后来，组织部实际上已不存在了。因为不论是我还是其他人都没有在组织部里工作过。不久以前，中央指派周恩来做组织部的工作，可是上海事件爆发了，周同志又

① 《中共中央文件选集》第2册，中共中央党校出版社1989年8月版，第180页。

② 《中央局报告》，《中共中央政治报告选辑》（1922—1926），中共中央党校出版社1981年3月版，第87页。

转做军事工作，因而组织工作又停顿下来了。”①

上海的工人武装起义共有三次。第一次是一九二六年十月。周恩来那时还在广东，没有参加。第二次是一九二七年二月，周恩来没有参与准备这次起义的领导工作，临时被派去指挥南市区的行动。到那里后，没有见到群众，只找到几个负责人。整个起义很快就失败了，在南市区没有能行动起来。第三次在一九二七年三月，周恩来是这次起义的主要领导人之一。

第三次武装起义的开始准备同第二次武装起义的停止是紧相衔接的，中间没有间歇。二月二十三日晚，中共中央和上海区委召开联席会议，作出决定：“一、停止今天的暴动。二、经过商界调和由上总（指上海总工会——编者注）发令复工。”同时也就决定：“扩大武装组织，准备暴动。”② 前两次上海工人的武装起义，是由上海区委领导的，由区委书记罗亦农、区委组织部长赵世炎负责指挥。这次联席会议上决定：成立一个特别委员会来指导工作，由陈独秀、罗亦农、赵世炎、何松林（即汪寿华）、尹宽、彭述之、周恩来、萧子璋八人组成；并成立特别军委，由周恩来、顾顺章、颜昌颐、赵世炎、钟汝梅五人组成。这个军委，同时也就是上海区委的军委，以周恩来为书记。以后，又确定周恩来担任武装起义总指挥。这样，他就担负起这次工人武装起义的军事领导责任。

第三次起义前夜的客观形势同第二次起义时相比，有了两个重要的变化：

第一，北伐军已经胜利地控制了江西、浙江两省和安徽大部

① 《陈独秀在中国共产党第五次全国代表大会上的报告》，《中共党史资料》1982年第2辑，中共中央党校出版社1982年6月版，第53页。

② 中共中央、上海区委联席会议决议，《上海工人三次武装起义》，上海人民出版社1983年2月版，第136页。

分地区，前锋从南、西两面逼近江苏南部，上海各界人民已在欢欣鼓舞地准备迎接北伐军。但是，随着北伐战争的胜利发展，国民革命军总司令蒋介石认为自己已经有了足够的本钱，可以把昔日的盟友一脚踢开。他的反共面目毫不掩饰地暴露出来。三月六日，他在江西指使杀害了赣州总工会委员长陈赞贤。这是一个重要的信号。十五日，罗亦农在上海区委活动分子大会上的报告中指出："蒋介石已被一切反革命势力所包围，根本丢弃了中山三大重要政策——联俄、联共、扶助工农运动——而反对联俄、联共及压迫工农运动，且将与一切反革命的势力妥协，将使整个的革命运动右倾而倒败。""因此东南民众革命运动的发展，与全国革命运动的前途，实有非常密切而重大的关系。"他强调：党在上海必须很自信地去领导革命的民众，积极地向一切反革命势力进攻，建立民众政权；要打破那种"不相信自己的力量，不懂得民众政权的意义，只是专门等待北伐军到来"的错误观点。"上海实为民众与北伐军合作的问题，而不是民众欢迎北伐军的问题，如果是民众欢迎北伐军，上海必仍为一个反动的局面。"① 这就使中国共产党独立领导上海工人武装起义取得胜利具有更重要而紧迫的意义。

第二，原来盘踞苏、浙、皖、赣、闽五省的军阀孙传芳，经过北伐军多次沉重打击后已支撑不住，只得投靠统治着东北和华北的奉系军阀张作霖。二月底，张作霖派遣鲁军毕庶澄部南下，而原来驻守在这里的孙传芳系统的李宝章部撤离上海。毕庶澄部只有三千人，加上当地警察共五千人左右，兵力并不强，军心又严重不稳。他们刚到上海，对环境很不熟悉，同地方上各种势力缺少联系。毕、李两部换防之际，防守上也露出漏隙。这对工人

① 罗亦农在上海区委活动分子大会上的报告记录，《上海工人三次武装起义》，上海人民出版社 1983 年 2 月版，第 319、326 页。

的武装起义是有利的。

为了领导好这次起义，周恩来认真地总结了第二次武装起义的经验和教训。三月三日，他在军委会议上作了《关于上海的武装起义》的报告。他充分肯定第二次武装起义具有很大的意义：这是一次“名符其实的起义”，“尤其是经过这次起义，工人们懂得了很多”，“应该把这次起义看作是为将来起义作准备”。同时明确地指出了这次起义的两条主要教训：“问题全在于没有准备，在于党的领导人在事变中缺乏果断。”

针对这两条教训，周恩来在领导上海工人第三次起义的军事准备工作时，始终紧紧抓住两个要点：第一，起义前，做好切实周密的准备工作；第二，正确选择起义时机，在条件成熟时坚决果断地发动起义。

他对起义前的准备工作特别重视。周恩来作风中的重要特点是每当确定一个工作目标后，总是进一步弄清实际情况，周密地落实为实现这个目标所必需的措施，有条不紊地付诸行动，把事情做得很彻底，决不草草了事或半途而废。

中央和上海区委联席会议是二月二十三日夜间决定成立特委和军委的。时间已很紧迫。第二天上午，周恩来立刻参加上海区委各部（即各区）书记会议，详细地了解各区工人纠察队的力量配备，研究敌方军警的据点和力量分布，并在会上指出：“军事准备工作，继续进行，组织要特别严密。”① 下午，他同各区的军事专员分批开会商议。当晚，在特委会议上作军事准备工作的报告。他分析敌我双方力量对比的状况，说明起义的依靠力量有三支：一、纠察队，目标是五千，先组织三千人；二、自卫团，能用手枪，现有三百人，目标是五百人；三、特别队。

---

① 周恩来在中共上海区委各部书记联席会议上的发言记录，《上海工人三次武装起义》，上海人民出版社 1983 年 2 月版，第 141 页。

他在这次会上提出军事准备工作的五项具体意见：第一，建立领导机构。军委除原有五人外，再增加罗亦农（以后又增加了王一飞）。各部委（即各区委）分别组织军委。第二，加强队伍的训练。对纠察队先着重形式，编符号。自卫队从事训练，考查人数，发宣传大纲，教授巷战等。第三，加强敌军工作。在周恩来直接指挥下成立海军委员会，从事策反，每天接洽一次。第四，武器准备。他从当天的调查中得知，现有枪支一百，其中还有不少是坏的。需要集中起来，再设法添买，运输也要预先准备好。第五，情报工作。这时，北伐军正沿南京和杭州这两个方向进逼上海。因此，情报工作先分三路：一写信给杭州，二派人到上海和杭州间的松江、龙华一带，三到南京与无锡。

为了落实各项措施，周恩来亲自到商务印书馆、法商电车公司、沪东工厂等党的力量较强的重点单位去了解起义的准备情况；到浦东、引翔港等处察看地形，解决有关实际问题，从工人中选调当过兵、有过实际作战经验的党员做教员，在闸北宝兴路一座石库门房子中举办了两个星期的军事训练班，由各部委和大厂工人纠察队负责人参加，训练武装起义的骨干。他还从到达浙江的北伐军中调来共产党员、黄埔第一期毕业生侯镜如，让他分管起义前上海工人纠察队的训练工作，以后还担任部分军事指挥工作。侯镜如回忆说："我秘密地到各训练地点训练各区纠察队的干部们，给他们讲授枪械构造和使用方法，《暴动须知》和巷战战术，并进行战术运动、射击刺杀等军事训练。"① 经过二十五天的训练，有一千八百名纠察队员可以使用武器了。在武器准备方面，购买了二百五十支手枪，并从租界内秘密地偷运出来。

那时，闸北商会会长组织保卫团。周恩来问商务印书馆的工人："我们是不是要参加？"有的工人说："我们参加保卫团？难

① 访问侯镜如谈话记录，1982年9月11日。

道去保卫资本家?”周恩来哈哈一笑，问道：“我们缺什么?”工人说：“缺长枪。”周恩来说：“保卫团有枪，又有制服。我们打进去，是为了把枪掌握在我们手中。”经过他的启发教育，商务印书馆有二十多个工人参加保卫团，占保卫团总数的三分之一。保卫团发给每个团员一支枪、一套制服、三十发子弹，平时可以把枪放在家里，到执行任务时再带枪出发。上海工人第三次起义时，这些参加保卫团的工人就把枪带出来，成为攻打北火车站的一支很有战斗力的武装队伍。

三月初，北伐军分两路进逼上海：一路由西向东，经宜兴取常州；一路从南向北，由嘉兴攻松江。整个局势越来越紧迫了。五日晚的特委会议上，周恩来作了报告，宣布：“各方面动作已预备好。”并且说明：行动分为引翔港、杨树浦、闸北、小沙渡、南市五个区。由于军阀的兵力集中在闸北，起义队伍也“集中力量在闸北”。①

怎样选择发动起义的时机？会上展开了热烈的讨论。陈独秀最初提出“不要太早”，认为要有两个标准：一是上海已没有驻兵；二是北伐军到松江后仍继续前进，或者等它到上海南郊的龙华。② 周恩来不同意陈独秀的意见，主张：“假使松江下，必可动，因毕（庶澄）决不致再守上海。苏州下，也必可动，因他也不能枯守上海，同时他的兵队必有一部分溃散。”③最后，陈独秀接受了这个主张，确定：“一、松江下。二、苏州下。三、麦根路与北站兵向苏州退。三条件有一个就决定发动。”④会上还对起义的指挥机构进行了讨论，决定整个行动由特务会议指挥，紧急情况下由罗亦农、周恩来、汪寿华、陈独秀四人负责。

---

①③ 周恩来在特委会会议上的发言记录，《上海工人三次武装起义》，上海人民出版社 1983 年 2 月版，第 281、282 页。

②④ 陈独秀在特委会会议上的发言记录，《上海工人三次武装起义》，上海人民出版社 1983 年 2 月版，第 282 页。

起义的时机越来越迫近了。周恩来对军事准备工作做得十分细致。在他的领导下，闸北、南市、沪东、沪西等区分别制订出书面的作战计划。内容都包括：进攻的主要目标、各路的人力和武器配备、进攻方法、时间、注意事项、治安、通信联络等。对这些问题，预先都有周密的考虑和规定。

三月十九日，也就是起义前两天，清晨八时，上海区委主席团开紧急会议。会议一开始，就由周恩来报告："昨晚消息，松江大战，宜兴确下。""毕（庶澄）有败退可能，同时有暂时压迫我们的可能。所以今天罢下（指罢下工来——编者注）而无动作，必受压迫。"根据这些情况，周恩来果断地提出必须采取行动。他说："我意今天都准备好，如果十二点以前，有毕军溃退消息，即一面下令罢工，一面今晚动作。"① 下午，罗亦农在上海区委各部委、各产总联席会议下预备动员令。并颁布《行动大纲》，规定："此次上海革命民众的广大动作，中心思想是民众与武力合作，中心目的是建立上海革命民众的政权——民选市政府。"② 当晚，起义领导机构作出"假定后天（二十一日）一致动作"的决定。第二天，上海罢工工人已达到二十八万人。当天，北伐军攻克松江，前锋在傍晚推进到上海南郊的龙华。上海工人第三次武装起义的条件成熟了。

事前做好切实周密的准备工作，条件成熟时果断地选定起义的时机，这两条都做到了。三月二十一日上午九时，中国共产党最后作出发动起义的决定。

行动的时刻到来了！中午十二时，全市约八十万工人宣布总

---

① 周恩来在中共上海区委主席团会议上的发言记录，《上海工人三次武装起义》，上海人民出版社 1983 年 2 月版，第 335、336 页。

② 《中共上海区委行动大纲》，《上海工人三次武装起义》，上海人民出版社 1983 年 2 月版，第 347 页。

罢工。按照周恩来预先所作的规定，四郊几处大工厂的汽笛同时长鸣。这是工人纠察队行动的信号。中午一时起，起义队伍系着白底黑字“工人纠察队”的臂章，领取武器，到预定地点集合。租界内的工人也涌向华界。还有人在煤油桶内燃放鞭炮助威。

等待已久的上海工人第三次武装起义终于在各方面都做了周密准备后开始。

起义的行动，分南市、闸北、虹口、浦东、沪西、沪东、吴淞七个区。参加行动的工人纠察队队员有五千多人。在前线负责指挥的是周恩来和赵世炎。前线总指挥部设立在宝山路横浜桥南的商务印书馆职工医院内。当天清晨，周恩来和赵世炎进入总指挥部。据当时在场的中共闸北区委委员黄澄镜（逸峰）回忆：“周恩来同志身穿一身灰布棉袍，头戴一顶鸭舌帽，围了一条深灰色围巾，西装裤子黑皮鞋，完全是一个地下工作者的形象。”①他在总指挥部的西厢房里，和赵世炎一道，一会儿伏在桌子上，对着上海市区地图，边指画边商量，一会儿和外面进来的联络员交谈，听取报告，指示行动。他还亲临现场，往返于火车站、东方图书馆、商务印书馆三路指挥战斗。

起义发展得十分迅速。当时毕庶澄部的鲁军为了便于撤退，主要集中于火车站所在的闸北区。所以，其他地区的战斗都比较顺利。南市最早打下，工人纠察队先取下警察局，再占领高昌庙和南火车站，把警察的枪都缴了。浦东在两小时内也拿了下来。吴淞由铁路工人和纱厂工人占领。他们缴获了大量武器，武装徒手的工人纠察队员。到下午四时，闸北以外的各区先后取得胜利。

这时，斗争焦点集中到敌军兵力厚集的闸北区。敌军在闸北共设有二十多个据点，其中主要的是：北火车站、商务印书馆俱

① 访问黄逸峰谈话记录，1979年12月19日。

乐部（东方图书馆）、湖州会馆和三处警察署。当天四时前，湖州会馆和三处警察署的敌人先被解决。周恩来把指挥机构迁到第五区警察署。

四时左右，吴淞部委送来一个重要情报：敌军毕庶澄部五百人左右，全副武装，并有轻机枪数挺，于早晨乘一列铁栅车开往吴淞，准备从海上逃跑；列车到达吴淞附近时，发现吴淞已被工人纠察队占领，即掉头返回上海，要上海方面注意。周恩来接到这个情报后，立刻召集会议研究。在会上，他当机立断地说："不能让这一列车进入上海。如让他进来，第一，会冲破我们的虬江路防线；第二，列车上的武装进入北站（指北火车站——编者注），将增加我们攻击的困难。"① 他指着地图宣布：选择接近市区的天通庵车站附近组织伏击。并亲自率领工人纠察队第一中队和第四中队一个小队到天通庵勘察地形，布置兵力。他经过仔细观察后，找到住在那里的老扳道工鲁大爷和他的儿子把路轨的道钉拔掉，又将队伍分为两支，选择有利地形，埋伏在铁路两侧。

黄昏前后，列车进入伏击圈，火车因道钉被拔而突然出轨翻倒。埋伏在铁路两侧的工人纠察队，立刻以密集火力猛烈射击。列车上的敌人毫无准备，又因车门被关闭反锁，无法打开，只能在窗口抵抗。不久，沪东和虹口的工人纠察队也赶到，投入战斗。天黑后，敌军一部分士兵下了车，坚守待援。周恩来又命令一部分学生纠察队投入战斗，并发动政治攻势，高喊"缴枪不杀"，"赶快投降"。经过一夜战斗，敌人军心逐渐涣散，火力转弱。到第二天中午，除少数人溜走外，其他四百多人挂起白旗，丢出枪支，全部被俘。周恩来命令用缴获的武器弹药来武装徒手的纠察队，并将其中的轻机枪调拨给正在围攻北站的纠察队，以

① 黄逸峰：《周恩来同志指挥我们战斗》，《文汇报》，1979年1月8日。

增强战斗力。

东方图书馆是敌人军需处所在地。这里又处在宝山路中段，是总指挥部和北火车站间必经的要道，地理位置十分重要。驻守的敌军虽只有一个排的兵力，但凭借四层楼的钢筋水泥建筑，并配备有两挺轻机枪，子弹充足，易守难攻。起义前，工人纠察队先去察看，已引起敌人注意。总攻一开始，敌军以密集火力顽强扼守。工人纠察队牺牲三人，受伤一人。许多工人急了，准备利用梯子和搭起的桌椅爬越围墙，向里硬冲。这时，周恩来赶到了。他立刻加以制止，说：你们这样上去跳墙，容易暴露，牺牲太大。他细心地察看地形后，决定为了减少伤亡，改用“围而不打”的办法。在它对面的商务印书馆三楼上部署火力，严密监视。敌人一露头，立刻猛烈射击。并要纠察队在东方图书馆东侧另挖一条一百多米的交通壕，来保护总指挥部同北火车站之间的交通线。他说：我们打下北站，这个孤立的据点，敌人自会放弃的。这样坚持了一天。到天通庵战斗结束后，原在那里参加战斗的工人纠察队开到东方图书馆来。指挥部用广播喇叭宣传天通庵的战斗已经结束，劝告守军投降，否则要用炸药爆破了。下午四时半，敌军用白毛巾扎在竹竿上伸出墙外，表示投降，并停止射击。工人纠察队由于缺乏经验，没有懂得对方悬挂白旗的含义，仍在继续进攻，又牺牲了六个人。这时，周恩来又来了。他立刻命令停止战斗，接受对方投降。总指挥部随着也迁入东方图书馆。

这时，敌人在上海只剩下最后一个、也是最强固的据点——北火车站。敌军在这里的守备力量很强。北站的屋顶上设有重机枪阵地。西面铁路上停着白俄雇佣军的装甲火车，配备有迫击炮两门。在宝山路和北河南路交界处，还有帝国主义租界当局设下的重机枪阵地。周恩来在起义队伍占领第五区警察署后，就开始指挥对北站的围攻。为了尽可能减少伤亡，他作了周密的部署，在虬江路到北站间修起三道防御工事，以便逐步接近并包围敌人。黄昏后，敌人的炮火射击，引起宝山路东侧的居民住屋着火。火借着风势延烧开来。居民扶老携幼，纷纷抢救衣物，一片号哭。周恩来考虑到居民的安全和敌人可能乘机出击，立即赶到现场，一方面组织工人救火，帮助居民抢救物资，有秩序地转移，另一方面加强前线火力配备，严密监视敌人的动向。果然，敌军乘这个机会发动出击，准备突围，工人纠察队被迫后退。在这千钧一发的时刻，周恩来亲自指挥一支突击队冲上去，会合前线的纠察队猛烈回击，把敌人打回北站，夺回了防御工事。在火力掩护下，救火工作也顺利地完成了。

第二天，周恩来又到前沿检查工事，并同纠察队员们一起扛木料，修工事。突然，一颗炮弹落在附近。周恩来立刻卧倒，全身溅满了泥灰。他毫不在意，掸去身上的泥灰，继续帮助整修工事。一个纠察队员对他说：总指挥，这里是前线，你的指挥位置不在这里。周恩来笑着说：当指挥的怎么能不来？你们不是同样很危险吗？

这是周恩来历来的作风：在重要行动的关键时刻，他总是亲自到第一线现场来直接观察和指挥。

二十二日下午，毕庶澄看到大势已去，悄悄地换上便服，逃进租界。敌人的残余部队军心涣散，已近土崩瓦解。五时，按照总指挥部发出的紧急通知，沪东、沪西、闸北的工人纠察队分三路到虬江路宝山路口集合。队伍会合时，周恩来站在三岔路口的高地上，对他们讲话。他叙述了各区敌人已先后被消灭的情况，接着说：现在敌人二千多人集中在这里，被包围了，逃不掉了！他们坐火车也不行，因为火车头早开走了。若想从吴淞口出去也不行，因为天通庵的敌人也被我们解决了。他向全体纠察队员下了发动总攻的命令，要求在六时以前攻占北站，结束战斗。各路纠察队员士气高涨，立刻向北站发动猛攻。六时，攻下了敌人的这个最后据点——北火车站。当天，上海人民代表会议选出了有共产党人罗亦农、汪寿华等，还有钮永建、杨杏佛、虞洽卿、王晓籁等组成的上海特别市临时市政府。

经过连续三十小时的战斗，上海工人第三次武装起义终于取得辉煌的胜利。五千多名工人纠察队员，开始时虽只有一百五十杆破旧枪支和少量手榴弹，但由于事前做了周密的部署和准备，包括军事训练和武器补充，又抓住有利时机坚决果断地发动起义，不断夺取敌人的武器来武装自己（前后共缴获步枪三千多支），有计划地扩大胜利成果，终于打败五千反动军警，依靠工人阶级自己的力量解放了上海。这是中国革命史上的光辉一页，也是世界工人阶级武装起义史上有数的成功记录之一。作为这次起义的总指挥，周恩来坚决果断、细致周密、从容沉着、指挥若定的领导才能由此也为更多人所了解。

十一、从四一二到七一五

正当上海工人阶级沉浸在胜利的欢乐中，反动派的阴谋活动却在悄悄地加紧进行。他们决心在取得上海、南京后就实行“清党”，已开始磨刀霍霍了！

国民革命军东路军前敌总指挥白崇禧统率下的北伐军，在上海工人同军阀部队浴血搏战时已推进到上海南郊的龙华。可是，他们一到那里就停住了脚步。上海总工会派出代表，要求他们迅速进兵，援助苦战中的工人起义队伍。白崇禧却奉蒋介石的密令，借口“军队初到，很疲困”，按兵不动，作壁上观。直到工人起义队伍占领北火车站，胜败的大局已定，他才挥兵北上，进驻上海，由薛岳指挥第一师在麦根路车站将毕庶澄的一部分溃兵缴械，并把具有重要军事价值的江南兵工厂迅速抢占在手里。东路军前敌总指挥部也设在兵工厂内。

这时发生了震动中外的南京惨案。三月二十四日，程潜指挥下的江右军（第二军和第六军）从安徽东进，占领南京。当晚，英美帝国主义借口侨民和领事馆受到“暴民侵害”，突然下令停泊在下关江面的军舰向南京市区开炮轰击，中国军民死伤惨重，财产损失不计其数。二十六日，蒋介石坐楚同号军舰从江西赶到上海。他一到上海，就把注意力集中在工人纠察队的问题上，拿“外人说话”作口实，要求上海总工会解除工人纠察队的武装，后来又要求把纠察队改归他指挥调动。上海总工会以“纠察队不同于军队，性质完全是工人自己组织”为理由，加以拒绝。对上海特别市临时市政府，蒋介石也不予承认，下令要它停止活动。但为了麻痹工人，他又派人带了军乐队，以十分友好的姿态，给上海总工会和工人纠察队送来锦旗。

工人纠察队经过连日苦战，实在太疲劳了。罗亦农在二十三日的特委会议上说：“纠察队现在疲劳已极”，“恩来困苦万分”。① 但到二十五日，周恩来从各种信息中已敏锐地察觉到有一些不正常的动向，并向中共中央报告：白崇禧将薛岳师调开，将刘峙师调来闸北，“即将谋解决我们的纠察队”。同天又决定：上海工人纠察队正式改编为八个大队，一切武器集中由总工会掌握。三十日，周恩来在特委会议上报告：“整个的情形，他们对付我们已有准备。”断言：“将来他们对付武汉及解决上海只有凭武力。同时，对付民众只有如江西雇佣流氓。”② 后来事情的发展，确实如他预计的那样。可是，言者谆谆，听者藐藐。共产国际的代表和陈独秀为首的中共中央，在南京事件后正强调发动反英运动，醉心于对蒋介石持缓和态度。周恩来发出的警报，并没有得到应有的反响。

四月初，政治风云更加险恶了。蒋介石在得到帝国主义列强和江浙大资产阶级在经济上和政治上的支持后，加紧进行反共的秘密策划。四月二日下午，蒋介石、李宗仁、白崇禧、何应钦、吴稚晖等，同特地从广西悄悄赶来的李济深、黄绍竑，在东路军前敌总指挥部召开秘密会议，决定“早日清党反共”。五日上午，他们又举行一次秘密谈话会，决定用国民党中央监察委员会的名

① 罗亦农在特委会会议上的发言记录，《上海工人三次武装起义》，上海人民出版社 1983 年 2 月版，第 377、378 页。

② 周恩来在特委会会议上的发言记录，《上海工人三次武装起义》，上海人民出版社 1983 年 2 月版，第 436 页。

义，咨请有关当局对共产党人作“非常紧急处置”。[①] 同天，蒋介石下令将刚由孙传芳方面投降过来的国民革命军第二十六军周凤岐部调来上海，充当屠杀上海工人的刽子手。他又限令不完全听命于他的第二、六两军在六日前全部撤出南京，渡江北上。九日，吴稚晖等八人公开发表反共的“护党救国”通电。同天，蒋介石赶往南京，颁布战争戒严条例十二条，严禁集会、罢工、游行，任命白崇禧、周凤岐为上海戒严司令部正、副司令。第二天，江苏的共产党领导人侯绍裘等十余人惨遭杀害。锣鼓越敲越紧，周围已是一片“黑云压城城欲摧”的肃杀景象了。

这时，中共中央总书记陈独秀仍醉心于妥协，以为这样便可以避免国共之间的破裂。五日，他同刚由国外归来的汪精卫发表一个《汪陈联合宣言》，说：“国民党最高党部最近全体会议之议决，已昭示全世界，决无有驱逐友党摧残工会之事。上海军事当局，表示服从中央，即或有些意见与误会，亦未必终不可解释。”[②] 但是，蒋介石反共的决心已下。这篇宣言，客观上只能帮助掩盖蒋介石的真实面目，对上海工人阶级起了解除精神武装的恶劣作用。

四月十一日深夜到十二日凌晨，蓄谋已久的反动派终于下毒手了！

国民党右派是富有反动政治经验的。他们在这个事件中使用了极端阴险和卑劣的手段。那时，总工会的纠察队总数共有二千七百人，分驻闸北、吴淞、浦东、南市四地。刘峙部第二师调驻闸北时，同工人纠察队的关系相当紧张，大有一触即发之势。刘峙师一走，新调来的二十六军周凤岐部却改变了姿态，对工人表

① 黄绍竑：《四一二政变前的秘密反共会议》，《文史资料选辑》第45辑，中华书局1964年版，第11—15页。

② 《中共中央文件选集》第3册，中共中央党校出版社1989年8月版，第594页。

示绝无恶意，局势在表面上仿佛松弛下来。到十一日深夜至十二日凌晨，突然有上海青红帮流氓黄金荣、杜月笙、张啸林的大批便衣党徒，臂缠白布黑“工”字标志，手持盒子炮等，从租界冲出，向上海总工会会所（湖州会馆）、工人纠察队总指挥处（商务印书馆俱乐部）、商务印书馆印刷所、华商电车公司等处冲锋放枪。工人纠察队立刻奋起抵抗，英勇还击。正在这时，大批二十六军部队开到。先将前来攻打总工会的流氓完全缴械，有的并用绳索捆绑。工人纠察队看到这种情形，不再怀疑，开门将二十六军迎入。谁知军队一进门，领队军官就变了脸色，说：“他们的枪械已经缴了，你们的枪械也应该缴下才好。”这时机关枪已经架起，猝不及防的工人纠察队被迫缴械。几处的情况，大同小异。

周恩来原来住在商务印书馆俱乐部，领导工人纠察队的整编和教育工作。十一日晚上，反动派动手前，先由二十六军第二师师长斯烈出面，装作没事似地邀请周恩来到师部去商议一些事情。周恩来考虑到要做二十六军的工作，就去了。后来他总结这次教训时说过：“敌人是怎样骗我们的呢？一个驻在闸北的国民党师长叫斯烈，他的弟弟斯励是黄埔军校出来的，是我的学生。斯烈就利用这个关系和我们谈判。我们就迷糊了，认为可以利用他。我们认为他不会对我们动手。其实我们这时重点放错了，重点应该放在保持武装。当时斯烈写了一封信给我，要我去谈一谈，我就被骗去了。当时我的副指挥也去了。”① 他们一去，斯烈的态度仍然很客气，但拖着不让他们再离开，同时就对工人纠察队下了手。十二日凌晨，罗亦农得知周恩来被扣的消息后，立刻要原来同二十六军党代表赵舒保持联络的共产党员黄澄镜找赵

① 周恩来在参加上海工人三次武装起义的老工人座谈会上的讲话记录，1957年12月22日。

舒营救。黄澄镜在回忆中说：

“我们到了宝山路天主堂第二师司令部。我看到周总指挥双眼怒视斯烈，抗议他们的反动行为。这时，房间里的桌椅已被推翻在地，茶杯、花瓶散碎在地上。我听到周总指挥义正辞严地对着斯烈谴责道：‘你还是总理的信徒呢。你们公然叛变革命的三民主义和三大政策，反对共产党、反对人民，你们这样是得不到好下场的。’斯烈在周总指挥愤怒的训斥下，不得不低着头说：‘我也是奉命的。’”“经过赵舒同斯烈个别谈话，斯烈开始改变主意，向周总指挥表示事情‘已过去了，请您来谈谈，并无其他意思。’多次声明是误会，表示道歉。周总指挥根本不理睬他，转头同我一起坐上汽车，冲过重重关口，回到了北四川路东四卡子桥附近罗亦农同志办公所在地。”①

这时各处的工人纠察队已被缴械，局面已无法挽回。多年后，周恩来还痛心地谈到这件事。他说：那时我们年轻，经验还不足，被骗到二师师部后，“商务印书馆因为没有人指挥，就松动了，一下子被缴去了”。当然“不出去也要失败，但不至于一下子就失败”，“这是一个教训”。他又说：“我们那时做了一些工作，但不深入。最主要的是没有精神准备，没有下一步。”② 周恩来那年是二十九岁。他后来说：“青年人革命热情很高，但我们那时好像天下大事就那么容易，青年稍微有一点成功就容易骄傲，至少是头脑发昏，结果给敌人骗了。”③

十二日清晨起，各厂工人听到纠察队被缴械的消息后，纷纷

① 黄逸峰：《周恩来同志指挥我们战斗》，《文汇报》，1979年1月8日。

②③ 周恩来在参加上海工人三次武装起义的老工人座谈会上的讲话记录，1957年12月22日。

集会抗议。中午，闸北和南市的群众分别召开有数万人参加的市民大会。会后，闸北工人数万人拥往湖州会馆，夺回了上海总工会会所；南市群众冒着大雨到东路军总指挥部请愿，要求立即恢复工人武装，保护上海总工会，取缔反动团体。

十三日上午十时，在闸北青云路广场召开有十万人参加的群众大会。会后，整队赴宝山路二十六军二师师部请愿，要求立即释放被拘工友，交还纠察队枪械。游行队伍长达二里。周恩来、赵世炎等参加了这次大会，并同群众一起游行。当游行队伍行进到宝山路三德里附近时，埋伏在里弄内的二十六军士兵突然奔出向群众开枪，接着又用机关枪向密集在宝山路上的游行群众扫射，前后达十五六分钟。群众因大队拥挤，无法退避，当场被打死的有一百多人，伤者不计其数。这就是惨绝人寰的宝山路血案。

疯狂的搜捕和屠杀立刻开始了！昔日的盟友突然翻过脸来，变成冷酷凶残的刽子手。十三日下午，上海总工会会所被封闭。十四日下午，上海特别市临时市政府被强行解散。中国共产党的组织被迫全部转入地下。周恩来在十四日转移到吴淞附近徐家宅一处工人住家的小阁楼上继续工作。这里离市区远，偏僻荒凉，巷子狭小，房屋破旧，附近居住的大多是吴淞机器厂的工人，是一处很合适的秘密据点。

四一二事变发生前不久，中共中央在武汉召开的中央局会议通过了一个《中央关于沪区工作的决议案》，派李立三、陈延年和共产国际东方部派驻中国的代表维经斯基到上海督促执行，并决定由他们三人加上周恩来、赵世炎组成特务委员会。李立三等过南京时，四一二事变已发生，局势已严重恶化。他们到上海后，先找到赵世炎的秘密住处，随后又找到周恩来、罗亦农等，并决定将罗亦农和三个俄国同志增入特务委员会。

特务委员会在四月十六日和十八日举行了两次会议。十六日的会上，李立三传达他们来上海的任务。他说道：“武汉对于老蒋之决心打击已为事实，毫无问题，所最困难者为军事问题，所以还在犹移。现在不但是军事上犹移，已发生政治上的犹移，因为奉方（指张作霖部——编者注）进攻甚烈。所以决定如果蒋尚不十分反动，还可姑予敷衍，尤其是接到仲甫等来电表示反对打蒋，大家益发摇动。”①

周恩来在会上作了一个十分愤激的发言。他说：“我们致电武汉应指出两点：一、政治上，要指明上海暴动后有右倾错误，如继续非常危险。我们在此次屠杀中可以看出老蒋只是对我们表面和缓，实际是准备整个打击，但我们事前太和缓，以致无好好反蒋宣传，以致在民众中有不好影响……致使此次大受其亏。国共联合宣言毫无积极意味，此种和缓空气，如果武汉方面仍继续下去，各方面损失很大。”“二、军事上，武汉方面对于老蒋无积极对付的方策，而主张先北伐，并怕老蒋军事力量太大，完全自己站于弱点，是很不好的。照我们观察，对于老蒋军队并不无法（指并不是没有办法——编者注），且应先解决老蒋然后可以北伐。现在我们应打一电报给武汉提出抗议，要求赶快决定打东南的方策，马上派得力人员来东南准备军事活动。”②

会后，周恩来起草致中央的电报，与赵世炎、罗亦农、陈延年、李立三、尹宽联名发出。这便是《迅速出师讨伐蒋介石》。电文强调必须坚决讨伐蒋介石，提议：“蒋氏之叛迹如此，苟再犹豫，图谋和缓或预备长期争斗，则蒋之东南政权将益固，与帝

---

① 李立三在特委会会议上的发言记录，《上海工人三次武装起义》，上海人民出版社 1983 年 2 月版，第 459 页。

② 周恩来在特委会会议上的发言记录，《上海工人三次武装起义》，上海人民出版社 1983 年 2 月版，第 458 页。

国主义关系将益深。”① 电文并针对陈独秀主张对蒋缓和妥协的右倾主张，指出：“为全局计，政治不宜再缓和妥协。上海于暴动后，已曾铸此大错。再不前进，则彼进我退，我方亦将为所动摇，政权领导尽将归之右派，是不仅使左派灰心，整个革命必根本失败无疑。”

十八日，特务委员会举行第二次会议，讨论中央对沪区工作的决议案。先由李立三作传达，然后进行讨论。周恩来在讨论时说：“我主张我们要有一个结论。”他着重指出：“中央政策动摇，指导无方，对于前次广东与上海都如此，中央对于争领导权没有决心。”“特委的政策有错误，起头是模糊，后来是妥协。”他认为，这些问题应该提到将要召开的中国共产党第五次全国代表大会上去，“此次大会，应提出上海与广东两次的错误，中央完全承认才能指导全国”。他还批评：“此次运动（共产国际的）东方局也要负责，大会也要提出讨论，并要注意以后整个党的统一指导问题。”②

中共中央原要周恩来和李立三、罗亦农等一起，在二十五日前赶到汉口参加党的第五次全国代表大会，留下陈延年代理上海区委书记。但周恩来因为上海工人纠察队的善后问题还需要处理，没有立刻成行。他请同李立三一起赶到上海的聂荣臻帮他整理工人纠察队，以减少损失。他们共同拟定了计划，将留下的工人纠察队转入秘密状态，把枪支弹药隐蔽起来。他还找徐梅坤等安排了江浙一带的地下武装斗争；给流散在外、经济上有困难的工人纠察队员以救济；还设法营救被捕的人员。三十年后，他谈道：“那时候，按理应该把工人运动和农民运动结合起来。”“如

① 《周恩来选集》上卷，人民出版社 1980 年 12 月版，第 6—7 页。

② 周恩来在特委会会议上的发言记录，《上海工人三次武装起义》，上海人民出版社 1983 年 2 月版，第 466、477 页。

果那时我们把力量暂时撤退到农村中去，那就会保持很大的干部力量。”“当时江浙两省农民运动已有相当发展（当然比两广，比湖南、江西要差一点），如果我们工人武装和农民结合起来，无论如何是可以保持力量的，当然长期坚持还是有困难的。”①

他在谈了四一二事变前后的教训后说：

“如果不犯这些错误，城市是否会大发展？也不会的。因为必然是这么一个规律，因为我们革命运动是先从城市起来，集合了很多工人、学生（就是革命知识分子），然后派到农村里去，同农民结合起来，然后做一些军事运动、军队运动，工、农、兵、知识分子结合起来，把革命高潮搞起来以后，说是能够一下子一帆风顺了，武汉就取得全国政权，共产党的领导权就确立了，这也是不大容易的。尽管我们不犯路线错误，恐怕也还要受一些挫折，因为终究全党缺乏经验，不是一个人缺乏经验。少数有深刻的思想的人，也还要有群众才行。个人离不开群众，群众的觉悟还没有那么深刻，所以免不了要犯些错误，受些挫折。俄国革命经过一九〇五年的锻炼，中国的一九二四年至一九二七（年）这个阶段完全成功也比较难。但是不犯这个错误也可能收获更大一些，保留更多一点。”②

四一二事变后三天，广州发生了四一五的清党事件，开始大规模逮捕并屠杀共产党员。周恩来在广州时居住的广东区委军委机关被搜查。住在那里的三个同志（麻植、穆济世、朱凯）被捕后，一人在第二天被枪杀，两人死于狱中。邓颖超那时因难产后

① 周恩来在参加上海工人三次武装起义的老工人座谈会上的讲话记录，1957年12月22日。

② 周恩来在参加上海工人三次武装起义的老工人座谈会上的讲话记录，1957年12月22日。

身体没有恢复，住在医院里。她怀的男孩没有活下来。陈铁军化装去找她，要她赶快离开。周恩来去上海后，他们之间长期音讯不通。上海第三次武装起义，她也不知道是周恩来参加领导的。这时，接到周恩来的通知，要她赶快到上海，用化名登报找他。当时局势已十分严重。医院里的医生和护士出于对革命者的同情，连夜把她转移到另一个地方。然后由护士送她上了去上海的轮船。到上海那天，正好是五月一日。那时，“伍豪”这个名字，国民党还不清楚，就由邓颖超的母亲杨振德署名，登报找寻伍豪。周恩来看到后，立即派人去把她们接走。邓颖超先在一个医院内躲了两个星期。以后找了所房子，周恩来在那里一起住了几天，就先动身去武汉了。①

由于上海正处在严重的白色恐怖下，周恩来是晚上九点钟走的，只由一个交通员悄悄地带他到虹口码头搭上一艘英国轮船。周恩来化装后，躲在三等舱里，两天没有出来。同船的有带着武器的保卫人员。船过芜湖时最为紧张。到了九江，才算松下一口气，周恩来也可以换上便装，到甲板上同别人见面了。到汉口的时候，恽代英开汽车到码头来迎接，把周恩来接到中央军官学校武汉分校居住。

周恩来到达武汉，已是五月下旬。

在四一二事件后，中国共产党内对“东征讨蒋”的问题有过一场激烈的争论。苏联顾问鲍罗廷和陈独秀都反对立即东征，而主张先举行第二期北伐，进攻已进入河南、威胁武汉北面的张作霖部。他们认为，帝国主义在东南的势力太大，并正准备实行武装干涉，东征难以取胜；而北伐则可以把当时还表示联俄联共的冯玉祥的国民军从陕西迎出来，使武汉同西北连成一片，打通同

① 访问邓颖超谈话记录，1985 年 6 月 5 日。

共产国际之间的直接联系。国民党的汪精卫、谭延闿、唐生智等也力主北伐，反对东征。这样，立即东征的主张被放弃了。

四月十九日，武汉政府举行第二次北伐誓师大会。北伐军在河南取得了重大的胜利。可是，由于中外反革命势力的包围，武汉政府管辖的地区同外地的联系被截断，在政治上和经济上都遇到越来越大的困难。金融阻滞，汇兑不通，物价高涨，日用品缺乏，厂店停闭，工人大批失业，人心浮动，资产阶级和上层小资产阶级发生严重动摇。一些由于各种原因而暂时投身革命的反动分子，更在积极准备叛变。五月中旬，也就是周恩来抵达武汉的前夜，这种危机终于表面化了。十三日，师长夏斗寅在武汉和长沙之间的湖北嘉鱼公开叛变，叛军先头部队推进到离武汉南面只有六十至八十公里的地方。二十一日，驻军长沙的团长许克祥又发动了反革命的“马日事变”，残酷屠杀大批革命群众。反共声浪甚嚣尘上，武汉的政治局势迅速恶化，已处在风声鹤唳之中。

周恩来一到武汉，就参加了中共中央的工作。那时，党的第五次全国代表大会已在十多天前结束。周恩来在广东领导军事工作和在上海领导第三次工人武装起义中表现出来的才能，已得到全党的了解和承认。这次会上，他被选为中央委员。在中央全会上，又被选为中央政治局委员，并任中共中央秘书长。因为他还没有到武汉，秘书长一职由蔡和森代理。周恩来到武汉后，五月二十二日列席了第九次中共中央常委会议。二十五日，又列席第十次会议。这次会议决定：中央秘书长一职改由李维汉担任，周恩来转任中央军事部长（当时又叫军人部长）。会上并规定：军事部长在必要时参加常委会议。那时的中央常委，只有陈独秀、张国焘、李维汉三人。李维汉还在湖南，没有回到武汉。张国焘不久又要去河南。二十九日，常委会议决定周恩来代理张国焘的中央常委职务，参加中共中央的核心领导。这段时间内，常委会议几乎每天都要举行一次，处理各项紧急事务。六月三日，增选瞿秋白为常委。四日起，中央常委由陈独秀、瞿秋白、周恩来、蔡和森四人轮流值日。这种状况一直继续到六月下旬。

除了中央常委的事情以外，周恩来还直接负责中央的军事工作。中央军事部的班子，是以湖北省委军委为基础建立起来的。原来人手很少，只有聂荣臻、欧阳钦等五六个人。周恩来到后，增加了几个黄埔四期的学生，但机关仍很精干，总共不到十个人。那时的中央军事部不指挥军队，只进行组织和联络工作。他们抓紧军队的政治宣传工作，派人到河南慰劳伤兵，在武汉宣传北伐的胜利；同时，向军中陆续派去不少党员，包括朱德、陈毅、刘伯承等；还负责指导武汉的工人纠察队和湖南、广东的农军。

进入六月，局势更加紧急了。六日，朱培德在江西宣布"礼送"共产党员出境。十三日，汪精卫从郑州同冯玉祥会谈后回来，宣布唐生智部主力全部从河南回师武汉。二十日，冯玉祥同蒋介石在徐州会谈后，公开地向右转，要求驱逐共产党员出国民党。四一二事变以后，汪精卫、唐生智支配下的武汉国民党中央在表面上仍维持同共产党的合作，这时也准备转向公开反共。国共两党的全面破裂，已如箭在弦，到了很快就要摊牌的最后时刻。

周恩来等曾经尝试过进行一次最后的努力来挽救革命——发动湖南农民暴动。那时，湖南农民运动的力量很大，并且拥有不少武装。由共产党人掌握的叶挺部队，击败夏斗寅部后正驻军湘鄂边境。而唐生智主力的三分之二还在河南，没有来得及回师两湖。这是一个稍纵即逝的良机。六月十七日和二十日，周恩来两次在中央常委会议上提出湖南暴动计划的报告。他指出：现在浏阳、平江一带农军还有八千支枪，军事部已派了军事干部十人（其中有营长三人）到那里去。计划先取湘潭，集中浏阳、平江，全力攻下反动势力薄弱的城池，而在反动势力较强的地方则到各处打土豪劣绅，在可能范围内成立乡村的临时委员会。周恩来准备在人齐后亲自到湖南去指挥这次暴动。但这个计划最后遭到国际代表反对而没有实现。蔡和森也谈到过这件事。他说：

> “此时中央政治局有点‘进攻’的新空气。”“开始宣传反对反动的国民党中央。同时派去大批军事同志赴湘发展农民暴动，推翻许克祥。这些军事同志去时，中央常委出席说明是要准备对付整个的唐生智的反动之到来。于是中央与国际代表之间，组织一湖南特别委员会，专为指挥湖南暴动。后来此会开会数次，外国同志将暴动计划改了又改，同时所决定之款项迁延不发，而我们已派去大批军事同志前去，须要计划与款项异常之急；最后外国同志听了一个不关重要的报告，认为我们自己在湖南的势力已完全瓦解，暴动为不可能，对于前次所决定之款完全翻腔。于是军部周恩来同志与（国际代表）鲁（罗）易大闹一场，取消此委员会。”①

其实，武汉政府随时可能背叛革命已是再清楚不过的事情了。他们已在许多地方肆无忌惮地屠杀共产党人和革命群众。幕后策划的阴谋更在加紧进行。分裂已不可避免，并且迫在眉睫。放在中国共产党面前的唯一正确抉择，只有义无反顾地举行武装起义，来反抗国民党的屠杀政策，以对付即将到来的黑暗局面。这样，才能保存更多的革命力量，求得一条生路。在这种时刻，取消周恩来等提出的湖南暴动计划，就无异束手待毙，并且丧失了良机。

湖南暴动计划被取消后，陈独秀主持下的中共中央再也拿不出什么好的主张来，完全处在不知所措的慌乱境地。政治局对每个问题都是动摇的、犹豫的、不一致的，对下一步该怎么办也感

① 《中共党史报告选编》，中共中央党校出版社 1982 年 9 月版，第 117—118 页。

到迷惘。在这种沉闷空气下，人心更加涣散。可是，局势却在加速地恶化。六月底，反共最力的何键率领第三十五军从河南前线开回汉口，杀气腾腾地发出了反共的训令。汪精卫等也公开煽动“分共”。

五月下半月，共产国际执委第八次全会通过《关于中国问题的决议》，不指名地批评了陈独秀。以后，又派出罗米那兹作为共产国际代表前来中国接替鲍罗廷、罗易、维经斯基的工作（他是在七月二十三日到达汉口的）。七月中旬，中共中央根据共产国际的指示进行改组，成立临时中央常务委员会，陈独秀离开领导岗位，临时常委会由张国焘、周恩来、李维汉、张太雷、李立三五人组成。这次改组虽然晚了一点，仍然是一个重要的转折。经过这个改组，主张武装反抗国民党屠杀政策的力量在中央取得了领导的地位，从而为南昌起义、秋收起义的发动和八七会议的召开开辟了道路。

七月十三日，中共中央发表了《中国共产党中央委员会对政局宣言》，宣布撤回参加国民政府的共产党人。《宣言》明确指出：“最近几月的政局，使中国一切革命人民大大的失望。”“国民党的许多领袖消极动摇犹豫得不堪言状”，“其结果，使反革命在武汉首都，也筑下巩固的基础。近日已在公开的准备政变，以反对中国人民极大多数的利益及孙中山先生之根本主义与政策”。“因此一切，中国共产党中央委员会决定撤回参加国民政府的共产党员。”①

为了准备应付突然事变的到来，需要紧急地撤退大批共产党员，把大革命时期处在公开状态的共产党组织迅速转入地下。这是一项极其繁重而艰巨的组织工作。在五人临时中央内，李立

---

① 《中共中央文件选集》第3册，中共中央党校出版社1989年8月版，第202、203、204、205页。

三、张太雷已去江西九江，李维汉刚从湖南来到武汉，张国焘又是一个爱说大话、少干实事的人。这副重担自然落在周恩来的肩上。尽管留下的时间已那样匆促，人心那样动荡不安，周围的环境又那样险恶，周恩来始终沉着地、有条不紊地工作，夜以继日地处理着各种棘手的问题，完成了把党转入地下的任务，使各项工作在新的条件下又能较有秩序地进行了。

这时，武汉政府的反共态度急转直下地明朗起来。它的首脑人物汪精卫在以前很长时间内，曾把自己打扮成“左派”。四月间，他到武汉的第二天给《中央副刊》写了题词：“中国国民革命到了一个严重的时期了，革命的往左边来，不革命的快走开去”。蒋介石发动四一二事变后，他发电痛斥蒋“丧心病狂，自绝于党”。但在这以后，他的反动倾向就越来越明显地暴露出来。七月十四日晚间，他在武汉召开秘密会议，确定分共计划。七月十五日，又召集分共会议，并公布《统一本党政策案》，正式宣布同共产党决裂，公开背叛革命。轰轰烈烈的大革命失败了！

正是在这种形势下，中共中央断然作出由周恩来领导发动南昌起义的决定。

十二、南昌起义

南昌起义的决定是在大革命失败那种异常严峻的时刻作出的，是在极端危急的情况下挽救中国革命的伟大壮举。

那时候，中国共产党所能掌握或影响的军队主要集中在张发奎统率的国民革命军第二方面军中（第二方面军统率着第四军、第十一军、第二十军这三个军和一些其他部队。叶挺担任着第十一军二十四师师长。第四军二十五师是以原叶挺独立团为骨干扩编而成的。贺龙担任着第二十军军长）。七月间，他们在“东征讨蒋”的口号下，已陆续向长江下游移动，分驻江西九江和九江、南昌之间。朱德曾担任国民革命军第三军军官教育团团长兼南昌市公安局局长。云集在这个地区的革命武装力量达两万人以上。七月十五日武汉政府公开宣布“分共”后，调动第三、六、九等军对这个地区取包围之势。张发奎也已有“在第二方面军之高级军官中的 C. P. 分子如叶挺等须退出军队或脱离 C. P. ”①之表示。局势已到千钧一发的关头。再不当机立断而稍有迟疑，仅有的这点革命武装力量必将被完全断送。

七月中旬，事情终于作出决定。聂荣臻在他的《回忆录》中

① 《李立三报告——“八一”革命之经过与教训》，《中共中央文件选集》第 3 册，中共中央党校出版社 1989 年 8 月版，第 406 页。

写道：

> “举行南昌起义，是七月中旬中央在武汉开会决定的。我没有参加那次会议。那天晚上，恩来同志在会后到了军委，向在军委工作的几个同志进行了传达。他传达的大意是，国共分裂了，我们没有别的办法，只有起义。今天，中央会议上作了决定，要在南昌举行起义。恩来同志还说，会议决定组织前敌委员会，指定他为书记。他传达完后，就指定贺昌、颜昌颐和我，组成前敌军委，我为书记。任务是先到九江去，通知我们的同志，叫他们了解中央的意图，做好起义的准备。但什么时候发难，要听中央的命令。”①

他在另一篇回忆文章中又写道：“七月中旬，在一次中央常委会议后，恩来回军委连夜召集我们开会。他说，共产国际指示，我们党要组织一支五万人的军队，要用革命的武装反对反革命的武装。据此，结合当前的形势，中央已经决定组织武装起义。”“他说话时态度严肃，语调坚定，给人以强烈的紧迫感。”②

这个决定还只是初步的。起义的大体设想已经有了，但有关怎样发动起义的一系列具体问题，还有待根据实际情况进一步商定。当时，中共中央不少负责人因武汉形势紧张，已先后转移到九江。聂荣臻大约在周恩来之前一个星期到达九江。七月二十日，谭平山、李立三、恽代英、邓中夏、叶挺等同聂荣臻一起在九江举行谈话会。会上提出：“在军事上赶快集中南昌，运动二十军与我们一致（贺龙当时还没有参加中国共产党，但受着党很大影响——编者注），实行在南昌暴动解决三、六、九军在南昌

---

① 《聂荣臻回忆录》上卷，战士出版社 1983 年 8 月版，第 60 页。

② 聂荣臻：《学习恩来的优秀品德，继承他的遗愿》，《不尽的思念》，中央文献出版社 1987 年 12 月版，第 15 页。

之武装。在政治上反对武汉南京两政府，建立新的政府来号召。"① 并把这个意见再向中央报告。

这时形势已更加紧急。对九江谈话会提出的这些意见，中共中央常委和国际代表立刻表示同意。二十四日（或二十五日），罗米那兹、加伦、张国焘、周恩来在武汉举行会议。周恩来在会上要求中央从速决定南昌暴动的名义、政纲和策略，切实计划发动湘鄂赣和广东东江一带工农势力，并要求共产国际经由汕头迅速予以军火和物资接济。会议决定在南昌举行起义。并根据加伦的提议，规定起义后部队的行动方向：立即南下，占领广东，取得海口，以取得国际援助，再举行第二次北伐。这样，南昌起义的部署就正式确定下来。

这次行动是极端机密的。严格遵守纪律，已是周恩来的习惯。临行前，他对邓颖超同样守口如瓶。邓颖超后来回忆道：周恩来直到"要离开武汉的时候，在晚饭前后才告诉我，他当晚就要动身去九江。去干啥，呆多久，什么也没有讲。我对保密已成习惯，什么也没有问。当时，大敌当前，大家都满腔仇恨。我们只是在无言中紧紧地握手告别。这次分别后，不知何日相会？在白色恐怖的岁月里，无论是同志间、夫妇间，每次的生离，实意味着死别呀！后来还是看了国民党的报纸，才知道发生了南昌起义"。②

当南昌起义的计划确定时，贺龙虽还没有参加共产党，但他六月间在武昌就对周恩来明确表示过："只有共产党才能救中国，只有马列主义才是救国救民的真理。我听共产党的话，决心和蒋

---

① 《李立三报告——"八一"革命之经过与教训》，《中共中央文件选集》第 3 册，中共中央党校出版社 1989 年 8 月版，第 406 页。

② 邓颖超：《一个严格遵守保密纪律的共产党员》，《不尽的思念》，中央文献出版社 1987 年 12 月版，第 599 页。

介石、汪精卫这班王八蛋拼到底。”① 七月二十三日，贺龙从鄂东到九江，谭平山把起义的打算告诉他，征求他的意见，他立刻作了热烈同意的表示。

接着，谭平山、李立三、邓中夏、恽代英等在九江又进行第二次会商。二十六日，周恩来在陈赓陪同下赶到九江。他向会议报告了中央的意见。会上原来对起义后要不要没收大地主土地的问题存在很大的争论。周恩来明确指出：应该以土地革命为主要的口号。会议同意周恩来这个意见，并作出了决定。会后，周恩来又交代聂荣臻：到九江、南昌之间的马回岭，将第四军的第二十五师拉到南昌，参加起义。（南昌起义失败后随朱德上井冈山的，主要就是这支队伍。）

七月二十七日，周恩来从九江秘密来到还处在国民党控制下的南昌，住在朱德的寓所。同一天，叶挺、贺龙的部队乘火车通过抢修恢复的铁桥，先后开到南昌。也是这一天，在南昌城内的江西大旅社正式成立了党的前敌委员会。根据中央决定，前敌委员会由周恩来、李立三、恽代英、彭湃四人组成，负责指挥前敌一切事宜（张国焘、谭平山两人以后也参加前委的会议）。这次会议还决定在三十日晚举行起义。

第二天，周恩来到设在子固路的第二十军指挥部去看贺龙，把行动计划告诉他。贺龙毫不迟疑地回答：“我完全听共产党的话，要我怎样干就怎样干。”②

正当起义各项准备工作着着进行的时候，突然在二十九日上午接连收到中央代表张国焘发来的两份密电，说：暴动宜慎重，无论如何要等他到后再作决定。周恩来同前委其他成员商议后果

---

① 廖汉生：《沧海横流，方显出英雄本色》，《怀念贺龙同志》，湖南人民出版社1979年11月版，第32页。

② 《周恩来亲笔修改的“八一”起义宣传提纲》，《南昌起义资料》，人民出版社1979年7月版，第2页。

断地决定：暴动决不能停止，继续进行一切准备工作。

三十日早晨，张国焘到了南昌。前委立即召开紧急会议。张国焘在会上提出：起义如果有成功的把握，可以举行，否则不可动；应该征得张发奎的同意，否则不可动。李立三一听，就对他说："什么都预备好了，哈哈！哪里现在还讨论。"周恩来也明确表示："还是干。"前委几个成员都指出："暴动断不能迁移，更不可停止，张（指张发奎——编者注）已受汪之包围，决不会同意我们的计划。在客观应当是我党站在领导的地位，再不能依赖张。"① 张国焘一看受到那样强烈的反对，就说这是国际代表的意见。平时对人很温和的周恩来这时再也忍不住了，激动地说："国际代表及中央给我的任务是叫我来主持这个运动，现在给你的命令又如此，我不能负责了，我即刻回汉口去吧！"② 说话时还气得拍了桌子。二十多年后，他对人说到："拍桌子这个举动，是我平生仅有的一次。"这样激烈的争论持续了几个小时，因为张国焘是中央代表，不能用多数来决定，问题没有得到解决。谭平山十分气愤，在会后主张把张国焘绑起来。周恩来制止了，说：张国焘是党中央的代表，怎么能绑呢？三十一日早晨，再开会，又辩论了几个小时。最后张国焘屈服了，表示服从多数。于是，决定在当晚行动。

三十一日下午，起义的准备进入最后阶段。起义部队以军、师为单位召开团以上干部会议。周恩来、贺龙、叶挺等分别在会上传达党中央和前委的决定，宣布起义的命令，并给各团、营明确了战斗任务和有关规定。

这时发生一件意外的情况：第二十军第一团一个姓赵的副营

---

① 《李立三报告——"八一"革命之经过与教训》，《中共中央文件选集》第3册，中共中央党校出版社1989年8月版，第407页。

② 叶挺：《南昌暴动至潮汕的失败》，《南昌起义》（资料选集），中共中央党校出版社1981年1月版，第81页。

长跑到敌人指挥部告密。这个军的一个士兵发现了，立刻向贺龙报告。前敌委员会当机立断，把起义提前两小时发动。

行动开始了！八月一日凌晨，一声枪响划破了长夜的静寂。激烈的战斗进行了一个整夜。到清晨六时，城内的敌军全部肃清，共歼敌三千多人，缴枪五千多支，子弹七十多万发，还有大炮数门。起义成功了。

起义者按照中央事先的决定，仍使用国民党革命委员会的旗号。一日上午九时，在原江西省政府召开有中国共产党人和国民党左派人士参加的联席会议，由叶挺报告起义经过，选举产生革命委员会。革命委员会有委员二十五人，其中少数人不在南昌，如宋庆龄、邓演达和何香凝。周恩来等担任了革命委员会的委员。在讨论名单时，周恩来、李立三认为不应该列入张发奎，由于张国焘、谭平山坚持，最后还是列入了。二日，革命委员会任命吴玉章为秘书长，刘伯承为参谋长，贺龙代第二方面军总指挥（仍兼第二十军军长），叶挺代前敌总指挥兼代第十一军军长，朱德为第九军副军长，郭沫若为总政治部主任。

同一天，聂荣臻、周士第率领在马回岭起义的第四军二十五师两个团三千人赶到南昌。这是一支有着很强战斗力的队伍。周恩来见到他们后十分高兴，说："行动很成功！我原来没想到这样顺利，把二十五师大部分都拉出来了。"① 再加上临时参加的蔡廷锴（他不是共产党人）部第十一军第十师，起义军的兵力达到二万零五百人。

起义后怎样行动？中共中央早有决定：部队立即南下，占领广东，取得海口，以求得到国际援助，再举行第二次北伐。中共中央八月四日致广东省委的信中也说到："我们原定计划是攻击

① 《聂荣臻回忆录》上卷，战士出版社 1983 年 8 月版，第 66 页。

朱军（指朱培德军——编者注）后直奔东江。中央昨日会议议决令粤省委即刻以全力在东江接应。”因此，怎样按照中央这一战略方针早日到达广东，是周恩来和前敌委员会放在第一位来考虑的问题，别的就顾不上了。起义军没有休息，没有得到整顿，也来不及等候一些正在赶来的部队到达（包括中央军事政治学校武汉分校、第二方面军警卫团等），就在起义的第三天即八月三日，匆忙地从南昌启程南下。

南下走哪一条路线？当时有两种意见：一种主张沿赣江南行，经过樟树、吉安、赣州等比较富庶的地区，取道韶关，直下广东。这是一条大路。另一种是周恩来等所主张的，那就是由赣东经寻乌直取东江。他们为什么选择这条路线？主要有两个原因：第一，前一条虽是大路，却也是敌军重兵驻扎的地区。朱培德的第三军在吉安。钱大钧部在赣州。李济深可利用粤汉路的方便，集中兵力在粤北与我决战。张发奎余部一万多人也可能沿这条路尾追而来。走这条路，势必会陷入腹背受敌的苦战之中。而赣东敌军的力量则较薄弱。第二，东江是广东农民运动发达的地区，周恩来对这里是很熟悉的。直取东江，可以较快地取得当地群众的支持，使兵力得到补充；汕头又是重要的海口，可以取得国际的接济。周恩来等的这个主张得到多数人的支持。起义军撤离南昌后，就取道这条路线南下。

出发前，周恩来会见了当地党的负责人，向他们了解江西各县农民运动发展的状况，特别是由南昌到临川（抚州）再经寻乌到广东这一路上各县农民运动的状况、地方反动武装的情况、宗族封建势力的情况，以及沿途居民有多少、有什么特殊的风俗习惯等等。他了解到，当时赣南的农民运动还没有很好地发动起来。

八月三日至七日，起义军分批撤离南昌。周恩来在五日向中共中央写信报告南昌起义的情况，然后离开南昌。这以后，前委和中央的联系就中断了。七日，中共中央在汉口召开紧急会议。会议总结大革命失败的经验教训，批判陈独秀右倾机会主义的错误，确定了土地革命和武装反抗国民党反动派的总方针。周恩来没有出席这次会议，被会议选为中央政治局候补委员。九日，中央政治局第一次会议决定周恩来任中共中央军事部部长，因为他正在前线，暂由秘书王一飞代理部务。十日，中央常委第一次会议决定由周恩来、张太雷、恽代英等六人组成南方局，以周恩来为主任；起义军未到前，由张太雷等三人组织临时局；南方局的职权是管理广东、广西、闽南等地党的工作；起义军到达目的地时，前委取消，张国焘回中共中央工作。而在十一日中央给广东省委等的信中，宣布张国焘为南方局书记，周恩来为南方局军事委员会主任。

起义军踏上南征的道路后，意外的艰难和挫折相继而来。在左翼行进的蔡廷锴部第十师，四日到进贤时，突然脱离起义部队，折往浙江，一下拉走了全军将近四分之一的兵力。八月的江西，酷暑笼罩，天气热得使人难以忍受。起义军南下后所走的多是山路。因为要多带子弹，每人背负二百五十至三百发，还要自扛机枪、大炮。由于反动派的造谣，沿途居民大多逃散，连食物和茶水也难以买到。许多战士又得了赤痢。路上病倒的、脱队的非战斗减员十分严重。军行三日，人困马乏，实力损耗近三分之一。在南昌缴获的武器弹药，因运输困难，也大多被抛弃。

但是，大多数起义者的士气仍然很高，表现出了顽强的斗争意志。一个从南昌出发后一直在周恩来身边的战士这样描写：

> “每天，当行军休息下来的时候，因为过度疲劳，我们总是一倒地就呼呼入睡。往往一觉醒来，睁眼还看见周恩来同志在豆油灯下工作，或是踱着步子，默默沉思。”“我们对待周恩来同志的命令是绝对服从的，从不敢懈怠。这是因为周恩来同志对部下要求非常严格，而

他对自己的要求尤其严格。”①

七日起，起义军陆续到达临川（抚州）。这里距南昌已有一百公里。在临川停留了几天，部队得到一次休息和整顿，还发给当地农民协会一些武器。这时，军饷一天天困难起来。在周恩来等的坚持下，改变了原来派款、提款、借款的办法，实行征发（如征发地主的粮食）、没收（没收豪绅反动派的财产）和对土豪劣绅罚款的新政策。十二日，起义军进抵宜黄。周恩来指示总政治部起草《土地革命宣传大纲》，油印分发。这时，赶来参加南昌起义的原中央军事政治学校武汉分校党委书记陈毅在这里赶上了队伍。周恩来分配他担任第二十五师主力团七十三团的指导员，笑着对他说：“派你干的工作太小了，你不要嫌小。”陈毅爽快地回答：“什么小不小哩！你叫我当连指导员我也干，只要拿武装我就干。”② 离开宜黄后，在广昌又休息一天，再向前推进，就同敌人遭遇了。

正面的敌军是钱大钧所部的两个师和两个团，分驻瑞金、会昌一线，前哨在离瑞金十五公里的壬田市。还有黄绍竑部十个团正从赣州赶来增援。二十五日，第二十军在壬田同钱部两个团接触。这是起义军离南昌南下后所打的第一仗。战斗持续到第二天清晨，钱部被击溃，经瑞金向会昌退却，起义军乘胜进占瑞金。

在瑞金，缴获敌人许多文件，得知钱大钧、黄绍竑两部准备在会昌集结十八个团。起义军领导人担心部队继续南下时，集结在会昌的强大敌人会从背后袭击。为了免除后顾之忧，周恩来、贺龙、叶挺、刘伯承等都主张乘黄绍竑的部队没有赶到、敌人兵力尚未集中之时，先击破会昌的钱大钧部，再行南下。三十日，

① 转引自张侠：《南昌起义研究》，上海人民出版社 1982 年 3 月版，第 344、345 页。

② 粟裕：《激流归大海》，上海人民出版社 1979 年 5 月版，第 13 页。

起义军发动进攻，周恩来等都在前沿阵地指挥。第二十五师因夜间走错了路，最后才赶到。周恩来对他们说："部队是很疲劳，可是会昌一定要打下来。你们有没有把握呀?"师长周士第、党代表李硕勋都表示："我们向党保证，一定打下会昌。"他们和第二十四师担任主攻。到下午五时占领会昌，并派兵尾追到筠门岭。这是一场恶战，也是起义军在南征途中取得的大胜仗。钱大钧是蒋介石的嫡系。他的部队在这次战役中伤亡、被俘、逃散的达六千人，只余下三千人退走。但起义军付出的代价也是巨大的，伤亡达一千多人，在当时的全军人数中占了不小的比重。

会昌战役后，贺龙在瑞金加入中国共产党。周恩来在会上发表了深情的讲话。他说："贺龙同志是个好同志。"① 他在五十年后仍然记得这句话，并在贺龙追悼会上重说了一遍。周恩来还和李一氓一起，介绍了郭沫若入党。

八月三十一日，前委决定改变原来取道寻乌入东江的计划，改由长汀（汀州）、上杭入东江。这是因为：第一，沿原路南下，敌方已在途中驻有重兵，而福建却是敌军兵力空虚之地，行军阻力较小。第二，走长汀、上杭，顺鄞水下韩江，可用船只运送大批伤员和战利品（枪支有五千支左右）；如走寻乌，都是山路，运输困难，无法携带。第三，长汀、上杭富饶，可以解决部队给养问题。第四，由寻乌南下的行军计划，已被叛逃的军官向敌人报告，并在各报上披露，必须改变。九月二日，黄绍竑部五个团从洛口来攻会昌，被起义军击溃，俘获一部。这时，起义军先头部队已向长汀进发了。

九月五日，起义军先头部队到达长汀。周恩来向中共中央写了第二个报告，汇报离南昌后的作战经过。他写道："总瑞金会

① 廖汉生：《贺龙同志是一个好同志》，《回忆贺龙》，上海人民出版社 1979 年版，第 64 页。

昌两役，我军伤亡官兵，约近千数，子弹消耗亦多。本来沿途行军，因山路崎岖，给养困难，落伍逃亡重病之士兵，为数极多，经此两战，我虽胜敌，但兵员与子弹之缺乏，实成为入潮梅后必生之最大困难。”报告中说：“我方目的在先得潮汕海陆丰，建立工农政权，如情势许可，自以早取广州为佳，否则，在潮汕须一月余之整顿，子弹兵员之补充乃是最急。”并说：“子弹及机关枪缺乏，请电知国际能于外埠装好货物，一俟汕头攻下，在十日内即能运至汕头方好。”“望电知粤省委号召东江潮汕工农响应一切，以巩固工农政权及其武装。”报告写好后，周恩来命秘书工作人员陈宝符化装成商人，立即出发到上海，将这个用药水写成的密件，送交中共中央。经过大约半个月的转折，这个报告才送达中央。

起义军在长汀稍事休息。数百名伤员被送进傅连暲主持的福音医院得到了治疗。周恩来在这里召开前敌委员会，对攻取东江的计划又进行一次详细的讨论。当时有两种意见。周恩来和叶挺主张：“以主力军由三河坝经松口取梅县，再经兴宁五华取惠州，以小部分军力（至多两团）趋潮汕。”① 这样做有两个好处：一是潮汕敌军兵力空虚，地势又无险可守，预计可不战而得；二是如果先以主力取潮汕，再折回来取兴宁、五华，攻惠州，就过于迂缓，使敌人有集中兵力、抢占有利地势以攻击我军的可能。另一种意见，主张“以主力取潮汕，留一部分兵力于三河监视梅县之敌，再经揭阳出兴宁、五华取惠州”。②他们主要是担心敌人死守潮汕，不能很快攻下，就难以取得国际的接济。由于苏联顾问等坚持这个主张，而一般军官在长期行军后渴望得到一个地方休息，也赞成这种主张，于是就决定采纳后一方案。这对以后起义

①② 《李立三报告——“八一”革命之经过与教训》，《中共中央文件选集》第3册，中共中央党校出版社1989年8月版，第410页。

军的迅速失败有着直接的影响。

离开长汀后，周恩来和彭湃带领一团人沿汀江先入上杭。在上杭听取了赶来的福建临时省委宣传部长罗明的汇报，了解到上杭、永定、龙岩一带都有党的组织和农会组织。周恩来向罗明说明：当前是要打到潮汕，同海陆丰农民斗争会合起来，建立革命政权和根据地。他要求罗明和地方党组织协助起义部队做好后勤工作，并拨给地方几十支枪。在上杭时还有一项重要决定，就是没收地主全部土地，实行耕者有其田。但第二天收到广东省委来的一份详细政纲后，又改为只没收五十亩以上的地主的土地。但这些决定由于军事倥偬，在事实上都没有很好地实施。

出上杭，沿汀江继续前行，就进入广东境内。十九日，起义军占领三河坝。三河坝位于汀江、梅江、梅潭河汇成韩江的合流处，是重要的交通枢纽。起义军按照长汀会议的决定，在这里实行了分兵：由朱德率第十一军二十五师等部留守三河坝，以监视在梅县的钱大钧部，掩护全军的侧背；由周恩来、贺龙、叶挺、刘伯承等率第二十军和第十一军二十四师直下潮汕。叶挺的第十一军是起义军中战斗力最强的队伍。三河坝分兵把这支主力拆开，使起义军的战斗力受到很大削弱。而潮汕的敌军果然如周恩来和叶挺所估计的那样，没有进行什么抵抗，就分路撤离了。二十三日，起义军顺利地进入潮安（潮州）。二十四日晨，汕头也被光复。周恩来同前委大多数领导人一起，随军进入这个他离别了一年多的城市。

汕头，是起义军南下的重要目的地，是广东东部的主要海口城市。起义军占领汕头后，曾想先在这里站住脚跟，有一番作为，再图发展。他们一入城，立刻着手肃清反动分子，恢复社会秩序。由贺龙以第二方面军总指挥名义发布安民告示。成立市政府，由赖先声担任市政委员长。成立东江工农讨逆军总指挥部，以彭湃为总指挥。市内各处遍贴“实行土地革命，耕者有其田”

的标语。开始没收五十亩以上地主的土地，捉拿土豪劣绅。又派出宣传员到各地宣传，把枪支发给当地农民武装。并等待在这里取得国际的接济。二十六日，起义军在汕头市牛屠地召开有数万人参加的群众大会，周恩来在会上作了讲演，号召人民起来斗争，争取自身的解放。

正当这时，敌人的重兵也在潮汕周围悄悄地集结了。当时统治两广的是国民党第八路军正副总指挥李济深和黄绍竑。他们倾注全力来对付起义军：陈济棠率领粤军主力第四军十一师、十三师和新编第二师从广州出发，向粤东推进，会合王俊的警备旅，乘起义军直入潮汕的机会，抢先占领了原来可作为潮汕屏障的揭阳、汤坑一带的有利阵地；黄绍竑率第七军两个师在粤北渡过韩江上游，绕道窥伺潮汕的后背；钱大钧部留在梅县以东的松口镇，监视并牵制留守三河坝的起义军。

起义军对周围的严重敌情并没有多少了解。到潮汕后，由于筹饷，又耽搁了一些时间。二十六日，才回师迎击来犯的粤军，进驻揭阳。起义军入粤时的兵力原约一万零七百人，这时第二十五师约三千人已留在三河坝，第二十军第三师约一千人留守潮汕，能调赴前方的只有第十一军第二十四师和第二十军第一、二两师合计约六千人。兵力只及当面敌人的三分之一。可是，由于情报错误，还以为当面的敌军只有一千多人。二十八日，起义军开始在揭阳北部向山湖地区的敌军攻击前进。山湖地区是一片丘陵地带。起义军一路仰攻，处于不利地位。但将士们士气旺盛，作战十分勇敢，一交手就击破了王俊部的警备旅。二十九日晨，起义军又发起强攻，夺取敌薛岳部新编第二师控制的一片山地。这时在战地上拾得敌军计划，方才获知敌军的后续兵力远较预计为多。但敌军陈济棠部第十一师已经赶到，扼守高山，以猛烈火力居高临下地进行扫射。起义军反复发起冲杀，同敌军展开了短兵相接的白刃战，一时仍难分胜负。这时，起义军已连续苦战三昼夜，疲惫不堪，虽然歼敌三千，本身伤亡官兵也达二千余人，占兵力的三分之一，子弹也将用尽，无力再战。三十日凌晨，起义军主力利用黎明前的黑暗，主动撤出战斗，退回揭阳。敌军也因伤亡过大，同时引退，未敢追击。

当起义军主力正同陈济棠部陷于苦战中时，黄绍竑部已绕道插入起义军后背，在三十日突然沿韩江西岸向潮州发起袭击。起义军留守潮州的是第二十军第三师的教导团一部，约一千人，都是新参军、缺乏训练的学生，其中包括将近三分之一的伤病员。此外还有第六团一个营的兵力来往潮汕之间协防。而来犯的敌军却有九千人之众，兵力悬殊。潮汕又无险可守。黄昏时，潮州撤守。汕头原来就几乎没有防守兵力,也不得不在十月一日凌晨二时放弃。

汕头失守前，新任的中共广东省委书记张太雷曾奉中央之命，经香港赶来汕头，传达八七会议的精神，要求取消起义军原来所用的“国民党革命委员会”的名义，改为苏维埃，将军队开赴海陆丰，会合当地农民武装，改组为工农红军。他要李立三、张国焘、谭平山等离开部队，起义军的一切事宜由周恩来负责处理。由于整个局势已急转直下，许多事都来不及实行了。

周恩来这时染了重病。他和前委机关撤离汕头后，在第二天到达普宁县内的流沙。三日，山湖前线撤下的部队得到潮汕失守的消息后，也从揭阳经山路跋涉，辗转来到流沙。于是，起义军领导成员周恩来、李立三、恽代英、彭湃、张国焘、谭平山、贺龙、叶挺、刘伯承、聂荣臻、郭沫若等二三十人在流沙召开了一次决策性的会议。郭沫若后来在回忆中说：

“从汕头市夤夜撤退以后，到了流沙，在这儿已经停留了一天一夜了。在第三天的中午，终于等到了两位军事负责人贺龙和叶挺的到来。首脑部聚集在天后庙

（郭沫若在解放后到原地去看后，说那里其实是一个教堂——编者注）里一间细长的侧厅里开会，作着最后的决策。决策大体上已经是商定好了的，只是在征求贺与叶的同意。”“主要是恩来作报告，他是在发着疟疾的，脸色显得碧青。他首先把打了败仗的原因，简单地检讨了一下。”“把这些失败因素检讨了之后，接着又说到大体上已经决定了的善后的办法——武装人员尽可能收集整顿，向海陆丰撤退，今后要作长期的革命斗争。这工作已经做得略有头绪了。非武装人员愿留的留，不愿留的就地分散。已经物色了好些当地的农会会友做向导，分别向海口撤退，再分头赴香港或上海。”①

周恩来讲完后，叶挺谈到过去的教训，并说：“到了今天，只好当流寇，还有什么好说！”②他所说的“当流寇”，是打游击的意思。贺龙也说：“我心不甘，我要干到底。就让我回到湘西，我要卷土重来。”③这次会还决定不再使用国民党革命委员会的名义。会开到午后二时左右，村外山头上发现敌人。会议匆忙地结束了。部队由流沙向西，经钟潭向海陆丰道上的云落前进。周恩来这时高烧到四十度，由担架抬着，走在队伍的最后面。别人看他病成这个样子，劝他离开部队。周恩来坚决地回答说：“我的病不要紧，能支撑得住。我不能脱离部队，准备到海陆丰去，扯起苏维埃的旗帜来！你们快走吧！”④

部队离开流沙后，因为大路已被敌军占据，只能排着长列，从乡间小路走。西南行大约五公里，经过莲花山。这是一个三面环山的小盆地，地势险要。第二十军的第一、二师刚越过这里，陈济棠的主力第十一师从乌石赶到，将起义军拦腰切断，并据险

①②③ 郭沫若：《革命春秋》，人民文学出版社1979年3月版，第227、228页。
④ 张国焘：《我的回忆》第2册，现代史料编刊社1980年12月版，第324页。

对后续的总指挥部和第二十四师猛烈伏击。周恩来和贺龙、叶挺指挥部队奋起还击。但战士们已经连续作战数昼夜，伤亡太大，留下的也实在太疲劳了；加上新败之余，军心受到严重影响，又遭受突然袭击，部队就逐渐失去控制，陷于混乱，很快被冲散了。

周恩来在流沙时已经病得很重，发着高烧，连稀粥都喝不下，常常处于昏迷状态，有时神志不清，还在喊："冲啊！冲啊！"部队被打散时，守在他身边的只剩下叶挺、聂荣臻等几个人。他们路不熟，又不懂当地话，几个人只有一支小手枪，连自卫的能力也没有。以后，遇到地方党的负责人杨石魂。他是当地人，先带他们在附近一个小村子里隐蔽一下，晚上又找来一副担架，把周恩来抬上，转移到陆丰的甲子港。在这里，找来一条小船，送他们出海。聂荣臻回忆这段经历说：

> "那条船，实在太小，真是一叶扁舟。我们四个人——恩来、叶挺、我和杨石魂，再加上船工，把小船挤得满满的。我们把恩来安排在舱里躺下，舱里再也挤不下第二个人。我们三人和那位船工只好挤在舱面上。船太小，舱面没多少地方，风浪又大，小船摇晃得厉害，站不稳，甚至也坐不稳。我就用绳子把身体拴到桅杆上，以免被晃到海里去。这段行程相当艰难，在茫茫大海中颠簸搏斗了两天一夜，好不容易才到了香港。到香港后，杨石魂同志同省委取得了联系，把恩来同志安置下来治病，以后他就走了。"①

震撼中外的南昌起义就这样失败了。二十四师余部有一千二百多人，由董朗、颜昌颐率领在十月七日到达陆丰。他们同当地农军会合在一起，改编为红二师，以董朗为师长、颜昌颐为党代

---

① 《聂荣臻回忆录》上卷，战士出版社 1983 年 8 月版，第 74 页。

表。十一月间，树起苏维埃的旗帜，创立海陆丰红色政权。二十五师在朱德、陈毅的领导下，坚持下来。在第二年初又发动轰轰烈烈的湘南大起义，随后上井冈山同毛泽东领导的秋收起义队伍会师，创立了中国工农红军第四军。

南昌起义，在中国共产党的历史上开辟了一个新的时期。周恩来以后这样说："八一起义在共产党领导下，向国民党反动派打响了第一枪，这在大方向上是对的。"① 李立三在回忆中说："南昌暴动在革命历史上有它的伟大意义。在广大群众没有出路的时候，全国树出新的革命旗帜，使革命有新的中心，南昌暴动是很重要的时期。"②

八月一日南昌的枪声，确实如平地一声春雷，使千百万革命人民在经历了一连串的严重挫败后，又在黑暗中看到了高高举起的火炬，燃起了新的希望。从此，他们在中国共产党领导下，高举起土地革命的大旗，用武装斗争来反对国民党反动派的屠杀政策，历尽艰辛，终于打开了中国革命的新局面。中国共产党领导下的人民军队就是在这次起义中诞生的。作为南昌起义前敌委员会书记的周恩来，当之无愧地成为中国人民解放军的光荣缔造者之一。

这次起义自然也有深刻的教训。周恩来曾把这个教训集中到一点，就是没有"就地闹革命"。他说："当时武装暴动的思想，不是马上就地深入农村，发动土地革命，武装农民。"③"它用国民革命左派政府名义，南下广东，想依赖外援，攻打大城市，而

---

① 周恩来：《对我们党在新民主主义革命阶段六次路线斗争的个人认识》提纲，1972 年 6 月 10 日，手稿。

② 《中共党史报告选编》，中共中央党校出版社 1982 年 9 月版，第 267 页。

③ 周恩来：《对我们党在新民主主义革命阶段六次路线斗争的个人认识》，1972 年 6 月 10 日，记录稿。

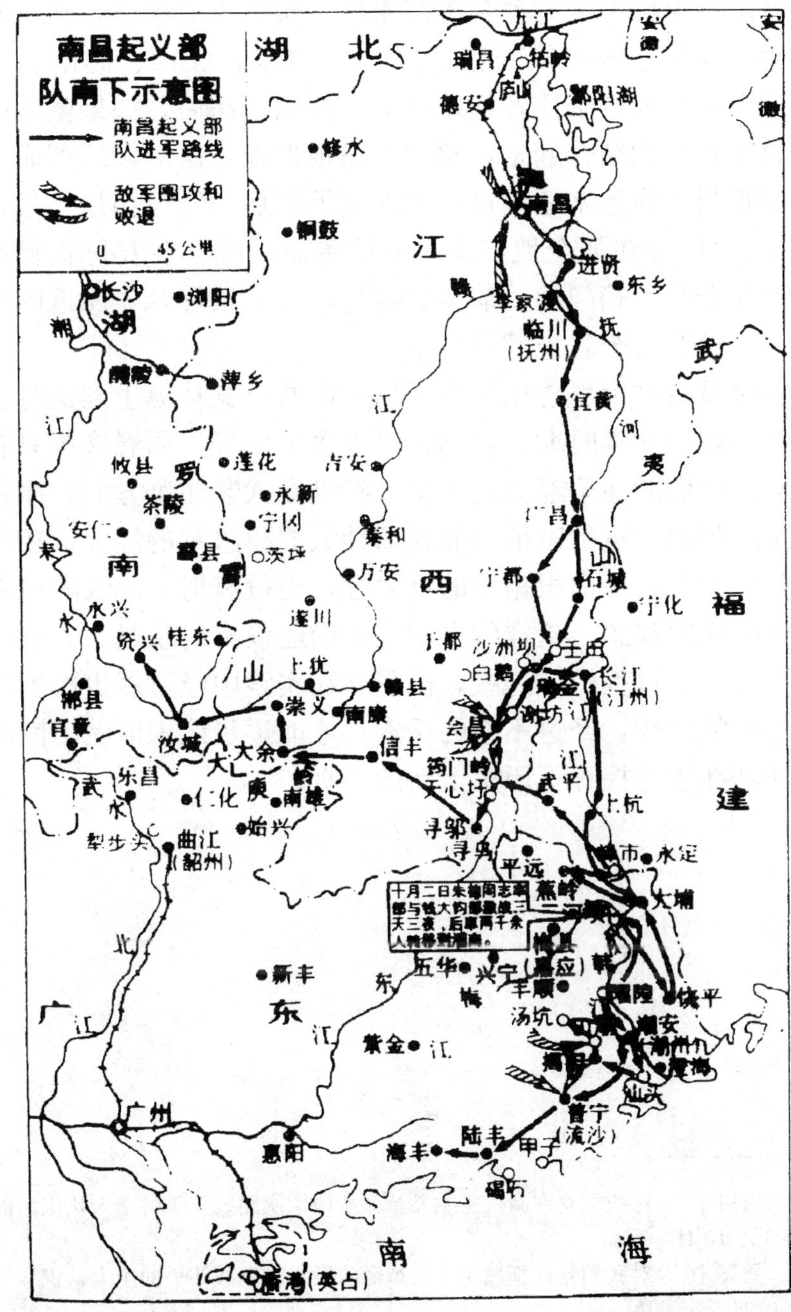
南昌起义部队南下示意图
南昌起义部队进军路线
敌军围攻和败退
0 45公里
湖 北
安徽
瑞昌
九江
牯岭
庐山
德安
鄱阳湖
修水
南昌
铜鼓
江
进贤
东乡
赣
李家渡
临川（抚州）
抚
长沙
浏阳
湖
湘
醴陵
萍乡
宜黄
武
江
河
夷
攸县
罗
莲花
吉安
永新
茶陵
宁冈
泰和
广昌
安仁
酃县
茨坪
万安
西
宁都
石城
宁化
福
南
霄
遂川
耒
永兴
水
资兴
桂东
上犹
赣县
山
瑞金
长汀（汀州）
郴县
崇义
南康
汝城
会昌
洛口
宜章
大余
信丰
大
岭
筠门岭
江
乐昌
武平
武
天心圩
仁化
庾
南雄
上杭
建
水
寻邬
始兴
梨步头
曲江（韶州）
寻乌
平远
永定
蕉岭
大埔
十月二日朱德同志率
部与钱大钧部激战三
天三夜，后率两千余
人转移到湘南。
北
新丰
五华
兴宁（嘉应）
梅
丰顺
饶平
广
东
东
汤坑
潮安
江
紫金
江
潮州
澄海
揭阳
汕头
广州
惠阳
普宁（流沙）
海丰
陆丰
甲子
碣石
南
海
香港（英占）

没有直接到农村中去发动和武装农民，实行土地革命，建立农村根据地，这是基本政策的错误。”① 那时候，江西、湖南、湖北一带工农运动的基础比较好。起义军撤出南昌后，如果就地同湘鄂赣的工农运动结合起来，建立革命根据地，这对以后革命的发展会更有利。周恩来还说过：就在南下以后，经过会昌一战，伤员不少，“如果在那个地方深入土地革命，就会在农村安置不走嘛，留在会昌、筠门岭、瑞金、寻乌，那就很好嘛，靠近闽赣边嘛。当时没有这个思想。”②

当时没有这个思想也不奇怪。中国共产党从诞生到这时还只有六年，处在幼年时期。它的领导人多很年轻，周恩来也只有二十九岁。他们的斗争经验还不多。特别在武装斗争方面，原先只有过从广州出发进行东征和北伐那种大规模进军的经验，还没有认识到建立农村革命根据地的重要性，更没有树立起农村包围城市那样明确的观念。这样的事情在先前还没有出现过。人的认识总是要有一个过程的。这些，都需要在实践中经过多少次胜利与失败的反复比较，经过不断的探索，才能逐步认识清楚。南昌起义的功勋在于它揭开了历史上新的一页。

① 周恩来：《对我们党在新民主主义革命阶段六次路线斗争的个人认识》提纲，1972年6月10日，手稿。

② 周恩来：《对我们党在新民主主义革命阶段六次路线斗争的个人认识》，1972年6月10日，记录稿。

十三、六大前后

周恩来到香港时，病势仍很严重。他患的是恶性疟疾，持续发高烧，处在半昏迷状态。杨石魂把他背到九龙油麻地广东道的一处住所住下，对外说是姓李的商人。广东省委派一个受过护士训练的同志来照顾他，请了医生来诊治。半个多月后，他的健康状况逐渐好转，开始能在别人陪同下过海到香港岛上参加中共广东省委召开的研究广州起义的会议。这时，已经迁到上海的中共中央决定召开紧急会议（以后称为中共中央临时政治局扩大会议），十月二十三日写信给南方局并广东省委说："请你们通知恩来务于七日以前赶到上海以便出席。"十一月上旬，周恩来从九龙深水莆乘船赴上海。

这次会议从十一月九日开始，举行了两天。参加的除中央政治局委员外，还有中央指定的政治局候补委员和重要的省委或中央分局代表，共十几个人。会议由瞿秋白主持，在国际代表罗米那兹指导下进行。

会议通过了由罗米那兹起草的《中国现状与共产党的任务决议案》。这个决议，强调"无间断的革命"，混淆了民主革命和社会主义革命的性质，并对全国革命形势作了错误的估计。那时候，革命已转入低潮，各地革命力量已遭受严重的摧残，共产党员由原来的近六万人锐减至一万多人。而决议案却错误地认为中国革命的形势仍在“不断高涨”，“现时全中国的状况是直接革命的形势”①。它不承认一九二七年革命的失败，不顾敌人的强大和革命失败后的群众情况，错误地规定了全国武装暴动的总策略，命令少数党员和少数群众在全国组织毫无胜利希望的地方起义，特别要求“使暴动的城市能成为自发的农民暴动的中心及指导者”②。这个决议使“左”倾盲动主义在中央取得了统治地位。国民党的屠杀政策在中国共产党内激起的强烈仇恨和渴望复仇的情绪，也助长了这种“左”的急性病在一些地方滋长起来。

十一月会议还根据罗米那兹的提议，通过了《政治纪律决议案》，在组织上实行惩办主义的政策。指责南昌起义的前敌委员会执行的是“机会主义的旧政策”，给了周恩来为书记的前委全体成员以“警告”处分。但周恩来的才干已得到人们的公认，在会上又被增补为中央政治局委员、常务委员。

这次会议对中央的组织机构作了变动，不设部，集权于中央常委。在中央常委下设组织局，领导组织、宣传、军事、调查、特务、交通、文书、出版分配等科。组织局由罗亦农、周恩来、李维汉三人组成，以罗亦农为主任。但罗亦农当月下旬作为中央巡视员前往武汉指导工作，因此，组织局由周恩来代理主任。十二月四日，任弼时在中央常委会议上提议以周恩来为主任。一九二八年一月十日，中共中央政治局第七次会议决定，周恩来任组织局主任。这样，周恩来就担负起处理中共中央日常工作的责任。

十一月会议的“左”倾盲动主义，特别是那种不顾客观条件的蛮干，在实际工作中招致了许多损失，使大革命失败后艰难地

①② 《中共中央文件选集》第3册，中共中央党校出版社1989年8月版，第453、457页。

保存下来的革命力量进一步遭受破坏，因而逐渐引起党内不少人的反对。周恩来回到中共中央工作还不久，对整个形势一时还来不及有清楚的了解，仍然认为依目前中国工农群众需要革命的情形看，革命潮流并没有低落，而是继续在高涨，但由于他历来注重实际，所以很快就感到各地盛行的军事冒险行动是危险的，会招致重大的损失。

十二月四日，他在政治局常委会议讨论浙江省委议决的《浙江目前工农武装暴动计划大纲》时发言说：这一布置恐怕太乐观了。会议决定由他起草一封给浙江省委的指示信。信中说："你们上次的暴动计划因为太不切实故中央未予核准。"浙江"各县农暴还未发动群众使土地革命深入，便先计算到扑攻省城，这不仅客观事实不能做到，即在主观上勉强去做也必是专靠几杆枪的军事投机行动"。信中指出：浙江省委今后工作的重点，是迅速恢复和建立党和工农群众组织，指导它们"发展广大的乡村游击战争和城市工人的日常斗争"。"这一种斗争必须是群众的，然后才能发展到暴动的局面"。"只要有了得力的党的组织的领导，割据的暴动局面是可以创立起来的。"①

十二月六日，他在常委会议上批评青年团内存在的先锋主义倾向，说：上海党部近来实在有点军事投机——冒险，为的是怕青年团说是机会主义，被小孩笑话。如青年团不严重注意，青年团将变成冒险主义，走到虚无主义的别一面去。青年团大部分人主张"试验"，认为失败也不要紧，这也是孤注一掷的错误。这个危险可以牺牲许多同志，此点要注意。② 团中央书记任弼时接着说：恩来方才说的是对的，团的同志将暴动看得太容易了，对

① 中共中央致浙江省委的指示信，1927年12月18日，周恩来起草。

② 周恩来在中共中央政治局常委会议上的发言记录，1927年12月6日。

暴动为何物还不太了解，随便暴动是很危险的。① 周恩来还针对江苏省委提出明年元旦在大江南北同时发动全省暴动的打算说：日期不应如此定，要看预备的程度来定。二十四日，在政治局讨论共青团湖北省委控告罗亦农和长江局去年十月制止湖北暴动一事时又说：估量时局，青年团实有“无动不暴”的意见，可见他们的暴动观点并未成熟。②

十二月长沙“灰日”暴动和中共中央曾对它抱有很大希望的广州起义相继失败后，中共中央的多数人在事实教训下对暴动开始有些新的认识。一九二八年一月三日，在周恩来参加下，政治局通过了《广州暴动之意义与教训》、《关于湖北党内问题的决议》两个决议案。前一个决议中提到：在反对“剩余的机会主义的遗毒”同时，也要坚决迅速地扫除“表面上革命的盲动主义”。后一个决议中，肯定了罗亦农上年十月间在长江局“反对马上暴动是对的”，批评了一部分同志不顾及实际条件就决定总暴动，“是有玩弄暴动的危险的”。六日，周恩来在常委会议上说：中央对暴动问题是一天一天清楚的，湖北问题对暴动的认识是有帮助的。长沙的暴动，我第一天即觉得是过早的。“无动不暴”在共青团是一严重问题。③ 十一日，常委会议通过他起草的关于湖北工作的文件。十四日，中央发出给湖北省委的信，指出：“中央认为你们有无政府党与盲动主义的倾向，即是认为一切的斗争都是暴动，无往而不暴动，一切解决于暴动。”要求湖北省委“赶快停止无政府党、盲动主义的行动，很艰苦的深入到工农群众中去工作，在领导工农群众的日常的斗争中，去发动与创造群众的革命大潮”。④

---

① 任弼时在中共中央政治局常委会议上的发言记录，1927 年 12 月 6 日。

② 周恩来在中共中央政治局会议上的发言记录，1927 年 12 月 24 日。

③ 周恩来在中共中央政治局常委会议上的发言记录，1928 年 1 月 6 日。

④ 中共中央致湖北省委的指示信，1928 年 1 月 14 日。

自然，周恩来当时在这方面的认识还很有限，主要是从战术上而不是从战略上提出问题的。他对革命潮流高涨这一估计并没有怀疑，对把主要注意力放在暴动问题上也没有反对。区别只是主张发动暴动必须考虑到主客观条件是否具备，必须做好周密的准备，不能不顾一切地蛮干，这自然是远远不够的，仍不能从根本上纠正“左”倾盲动主义的错误。

南昌起义和广州起义失败后，如何将这两次起义中保存下来的那点力量组织起来继续斗争？周恩来在这方面也做了许多工作。

贺龙在南昌起义的起义军失败后，遵照党组织的指示，在十一月间来到上海。中共中央原来要他去苏联学习军事。贺龙考虑后请求说：“还是让我回湘鄂西搞队伍吧！”“哪里摔倒，就在哪里站起来！”当时，共产国际代表不赞成，担心他“回去要变成军阀”。周恩来在一月六日常委会议上分析了贺龙的情况，主张让贺龙去。最后，中共中央同意了贺龙去湘西的要求。临行前，周恩来约贺龙和周逸群吃一顿饭。告诉贺龙：给他派了七八个人，组成一个小班子，有周逸群、卢冬生、李良耀等，由周逸群担任湘鄂边前委书记。要他们前往湘鄂边发动群众，建立工农革命军，开展武装斗争，并提出了“依山建军，再向平原发展”的方针。出发前，周恩来紧紧握着贺龙的手，一再叮嘱他一定要注意安全，到了湘鄂边，有什么事要及时和中央联系。① 湘鄂边是贺龙生长的地方。他对这一带的政治军事形势、地理条件、风土人情都异常熟悉，在当地有着巨大的声望。他和周逸群等回去后，很快就打开了局面，逐步建立起湘鄂西苏区和红二军团。

南昌起义失败后，朱德、陈毅率领留在三河坝的第二十五师

① 薛明：《周恩来与贺龙》，《不尽的思念》，中央文献出版社 1987 年 12 月版，第 604 页。

余部，经闽、赣、粤边，到达湖南。二月二日，周恩来在常委会议上提出：朱德部队既已到湖南边界，不宜回广东，在湘南发动暴动也是好的。三月九日，他在常委会议上又提出：朱德军队要坚决留湖南，向茶陵、攸县为好，毛泽东的部队还是在遂川。

三月中旬，周恩来受中共中央委托，前去香港，主持召开广东省委扩大会议，纠正李立三在处理广州起义善后中的“左”的错误。在这以前，李立三以中央代表的身份来到香港，处理广州起义失败后的善后事宜。他把这次起义说得一无是处，并且指责起义失败的主要原因是省委犯了军事投机的错误，在关键时刻动摇，对起义指挥不力。许多人不同意他的意见。李立三就采取惩办的办法，大批地处分起义领导人。中央接到他的报告后，觉得不妥。在中央常委会议上，周恩来多次就这个问题作了发言。他分析广州起义前的具体情况，认为这次起义是必需的。他说：这次的批评，一是批评的人没有在广州，没有深深地想想暴动时的困难；二是因退却时通知不周而造成许多人牺牲，就从根本上说暴动不好，这两种精神都不好。他明确地表示：“这种指导的影响是很坏的，对这次同志的严厉的处罚是不对的。”① 他还说到：一个事变以后，对它的批评一定要同时注意到它的价值。中共中央决定派周恩来去重新处理这件事。

周恩来到香港后，在省委扩大会议上全面分析了广州起义的历史意义，肯定起义领导人在斗争中表现的革命精神，指出起义失败的原因是敌强我弱、没有争取广大农民配合、在战斗形势不利时又没有及时撤退转往农村。他对有错误的同志也提出了批评，并宣布原来的处分决定无效。大家觉得周恩来的处理是实事求是、以理服人的。这就正确地解决了广东党内的争论，恢复了党的团结。新任广东省委书记邓中夏在二月底被捕，周恩来指示

① 周恩来在中共中央政治局常委会议上的发言记录，1928 年 1 月 16 日。

广东省委组织营救，不久邓中夏获释出狱。四月四日，周恩来写信给中共中央指出：经过这一段时间的努力，广东“省委已近于集体指导，虽中经挫折和破获，但较前确大进步”。①

由于中国革命进入土地革命时期，对许多新情况和新问题都需要有系统的了解和研究，但当时中共中央的领导人中一时还很少有人这样去做。在妥善处理了广州起义善后事宜后，周恩来在那里停留了一段时间，对广东的土地问题和党组织状况进行认真的调查研究。周恩来对广东顺德、广宁、英德、琼崖、曲江等地的土地占有及耕作情况和土地革命中遇到的问题作了细致的调查，向中共中央写了书面报告。他在报告中讲到：没收地主土地已在宁水一县和乐会四区进行，分配土地尚未实行，“分配原则依人口多少、耕田能力、田地肥瘠而定，没收是彻底的，自耕农尚未没收，分配以乡为单位，先从乡分起”，“小地主亦预备分与土地”。② 对广东全省的党组织状况，他也作了详细的调查，并写了书面报告。指出：目前党的组织已到极严重的时期，党的组织极弱，它的力量决难发动暴动。“北江暴动局势紧张时，任省委、特委如何指示，下级党部亦无法可以号召。及群众自发起后，党的领导力量也极弱。”城市支部减少，秘密工作尚差。上之如省委，次之如广州、汕头市委，都被全部破获。有的党员只知表示个人勇敢，反对秘密工作。有的却只顾个人安全，躲藏不见。周恩来对广东土地问题和党组织状况所作的这些系统而具体的调查材料，很有说服力地帮助中共中央了解了很多实际情况。

四月中旬，周恩来从广东返回上海。

这时中共中央刚收到共产国际执行委员会第九次全会在二月二十五日作出的《关于中国问题的决议》。这是一个正确地分析

① 周恩来致中共中央的报告，1928年4月4日，手稿。

② 周恩来致中共中央的报告，1928年4月3日，手稿。

中国革命性质和革命形势、对纠正“左”倾盲动主义起了重要作用的文件。决议指出：目前中国革命正处在资产阶级民主革命时期，认为现阶段中国革命已转变为社会主义革命的看法是不正确的。共产国际驻中国代表罗米那兹关于中国革命是“不间断的革命”的说法是错误的。决议指出，中国革命运动的第一个浪潮已经过去，目前全国还未出现革命运动新高潮。决议给予广州起义以高度的评价，但对国际代表诺伊曼在广州起义时的具体指导提出了批评。

四月二十八日，中共中央政治局会议对国际的决议案进行讨论，出席会议的有瞿秋白、周恩来、李维汉、邓中夏、项英五人。周恩来在发言中说：国际决议案中的确有几点是值得注意的。关于革命性质问题，国际是重在防止过早的倾向。中共中央过去的确存在着现在中国是否已是无产阶级革命的看法。对无间断革命的解释，是认为转变会很快实现。关于土地革命问题，周恩来说：“因为农民占了一个重要的因素，所以与俄国的不同。现在的问题是乡村的领导问题，由此发生一个不平衡的发展问题。”他批评那种只重视城市工作而忽视领导农村土地革命走向深入的观点说：“过去城市的工作的确不好，但在中国形式下很适宜的配合是很困难的。要这样，必致引到乡村（对城市）的等待，这是不好的。”① 他认为，现在需要加紧农村工作和城市工作的配合，但各地自发的斗争还是要领导，这种工作是没有法子停止的。不过，对当前中国革命的形势应该如何正确估计的问题，周恩来那时还没有完全解决。他有一个顾虑，总担心说革命潮流低落会使党内滋长一种灰心、沮丧的情绪，对革命的推进产生消极的影响。他在会上这样说：“中央的意见是革命潮仍是高涨的，但不是一个最高潮。我以为现在还是这样解释。”② 三十

①② 周恩来在中共中央政治局会议上的发言记录，1928 年 4 月 28 日。

日，中共中央发出第四十四号通告，接受共产国际《关于中国问题的决议》。

但就总体说来，经过事实的教训和共产国际的帮助，中共中央从这时起开始在实际工作中纠正过去的“左”倾冒险主义错误。周恩来在短时间内，为中共中央起草了几个重要文件，对国民党统治区秘密工作和红军工作作了新的指导。

对国民党统治区的秘密工作，他根据当时的实际情况，提出了一个新的重要的要求——机关群众化和负责干部职业化。五月一日，他为中共中央起草《湖北工作方针决议案》。湖北省的党组织和工农群众力量，上年冬天以后在残酷的白色恐怖下已遭受严重摧残。这年三月初，湖北省委和武昌市委机关又被完全破坏。周恩来针对这些情况写道：“失败的教训要求我们在消极方面马上要很勇敢的承认并改正过去一切错误，积极方面要很明确的找出今后工作的出路，不许我们丝毫掩饰，更不能稍示犹疑。”“无论如何艰难困苦，在最近的将来，我们都要在武汉三镇把新的基础建立起来。”怎样“把新的基础建立起来”呢？他要求湖北的党组织严格按照秘密工作的需要，坚决“改变以前的方式，很迅速的重新建设党的各种机关，并以绝对秘密为原则”。他明确地提出：“机关的群众化、负责同志的职业化亦是很重要的问题。”要求各地党组织适应新的情况，“改变方式领导群众继续作政治经济争斗”。①

这在白区党的组织工作中是一个重要的转变。

在这段时间内，周恩来还负责处于严重白色恐怖下的党的保卫工作。在他的领导下，中央特科日臻健全，通过各种渠道掌握情报，营救被捕同志，建立秘密电台，为保卫党的领导机关的安全做了大量工作。对文化工作，周恩来也十分关心。当时，创造

---

① 中共中央：《湖北工作方针议案》，1928 年 5 月 1 日，周恩来起草。

社在社会上有很大影响，但主要人物郭沫若将去日本，成仿吾将去德国。周恩来就派阳翰笙、李一氓到创造社去充实并发展这个阵地。他们去后，办了两个刊物：《流沙》和《日出》。前者表示纪念南昌起义军在流沙的失败，后者表示太阳又出来了。

周恩来的这些工作，为大革命后在各地重新恢复遭受了严重破坏的党组织、建立并发展中国工农红军做出了重要贡献；同时，也在实际工作中逐步纠正"左"倾冒险主义，为迎接党的六大的召开做了重要准备。

由于国民党统治下的白色恐怖太严重了，而党又迫切需要有一段比较充裕的时间和安定的环境来认真总结一下大革命失败以来的经验教训，研究并部署今后的工作，所以，中国共产党第六次全国代表大会决定在苏联的莫斯科召开。

为了筹备并出席党的六大，周恩来、邓颖超在五月初装扮成一对古董商人夫妇，由上海坐日本轮船去大连，再经东北转赴莫斯科。在途中，发生过一段意外的遭遇。周恩来沉着机智地应付，从容地化险为夷。邓颖超后来回忆过这段经历：

> "当轮船刚停靠大连码头，我们正准备上岸时，驻大连日本水上警察厅上来几个人，对我们进行盘问。首先问恩来同志是做什么的？他回答是做古玩生意的（实际我们携带的箱子里一件古玩也没有）。又问你们做生意的为什么买那么多报纸？我们说，在船上没事可以看看。他们又问到哪里去？回答，去吉林。问到东北干什么？答去看舅舅。他们当即让恩来同志跟他们去水上警察厅。在那里，他们又详细询问恩来同志出生年月日、学历、职业等。当问到你舅舅姓什么？叫什么？回答他姓周，叫曼青。问他是干什么的？答：在省政府财政厅任科员。他们问你舅舅姓周，你为什么姓王？恩来同志

说：在中国舅舅和叔叔是有区别的，姓氏是不一致的，不像外国人舅舅、叔叔都叫 uncle，因此，我舅舅姓周，我姓王。对方又说：我看你不是姓王而是姓周，你不是做古董生意的，你是当兵的。恩来同志伸出手去说：你看我像当兵的吗？他们仔细端详不像当兵的手，然后开抽屉看卡片，对恩来讲，你就是周恩来。恩来又反问他们，你们有什么根据说我是周恩来呢？我姓王，叫王某某。他们的一系列的盘问，恩来同志泰然沉着地一一作了回答。他们为什么怀疑是周恩来，可能与在黄埔军校任职有关，有卡片。”①

当他们要周恩来去水上警察厅时，没有涉及到邓颖超。邓颖超不放心，表示要一同去。周恩来大怒说：你不要去，你去干什么?！让邓颖超先到旅馆里住下。大约两小时后，周恩来来到邓颖超的住处，进来后，没有说什么话，安然无事的样子，然后，低声对邓颖超说：我们去接头的证件在哪里？要立即烧毁。邓颖超马上找出来到卫生间撕碎投入马桶里。接着，他们有说有笑地去楼下餐厅用餐。

周恩来和邓颖超在当天下午离开大连，坐火车前往长春，然后转往吉林县（今吉林市），去看望他的伯父。在车上仍遇到跟踪。邓颖超回忆说：

“上车后发现同我们坐对面的乘客是日本人，用中国话同我们攀谈，我们也同他聊天。当时，已识破他是跟踪我们的。我们在长春站下车时他拿出名片给恩来，日本人有交换名片的风俗（我后来才知道的）。恩来应立即回片。一般人名片都放在西装小口袋里，实际我们

① 邓颖超：《一次遇险与脱险的经过》，《不尽的思念》，中央文献出版社 1987 年 12 月版，第 46、47 页。

没有名片，恩来装着找的样子，‘噢！我的名片没有装在口袋里，还在箱子里呢！很对不起。’（做要去取的手势）对方说不必，不必了。终于对付过去了。”①

到长春后，似乎没有人跟踪了。住进旅馆，周恩来立刻换上长袍马褂，把胡子刮掉，又乘车去吉林。抵达后没有敢直接到伯父家去，先住旅馆，写了一封信，请旅馆的人送去。正好他三弟恩寿在，一看就认出是他的笔迹，就把他们接到伯父家。

他们在伯父家停留了两天。周恩来先走，到哈尔滨住在二弟恩溥家。邓颖超隔一天后，由他三弟陪送到哈尔滨。但他们在哈尔滨接头的证件已毁掉，无法同有关的人取得联系，只得在哈尔滨再等几天，在火车站上等到了李立三，通过他把关系联系上了。然后从哈尔滨乘火车到满洲里。进入苏联境内后，继续乘火车赴莫斯科。

六大的召开，经过了将近一年的酝酿和准备。会议的主题是要总结大革命失败的经验教训，特别是八七会议以来的党的工作，制定党在新时期的路线、方针和政策。

会前不久，六月九日左右，斯大林在莫斯科市内的一个大楼里，接见了中国共产党的领导人。瞿秋白、向忠发、周恩来、李立三、邓中夏、苏兆征等都参加了。斯大林主要谈了两个问题：一个是中国革命的性质，一个是革命的高潮与低潮。这正是六大所要解决的两个带根本性的问题。斯大林指出：中国革命是资产阶级民主革命，不是“不断革命”，也不是社会主义革命，并以俄国的二月革命为例来作了说明。他又说：现在的形势不是高潮，是低潮。这个问题引起了辩论。李立三说：现在还是高潮，

① 邓颖超：《一次遇险与脱险的经过》，《不尽的思念》，中央文献出版社 1987 年 12 月版，第 47 页。

因为各地还存在工人、农民的斗争。斯大林回答说：在低潮时也有几个浪花。斯大林这些看法是正确的。他的谈话，使大会有了明确的指导方向。

十四日和十五日，布哈林以共产国际代表的身份，召集了一次“政治谈话会”。布哈林提出三个问题，要求到会者发表自己的意见。这些问题是：一、关于当前革命形势的估计；二、关于过去的经验教训即党的机会主义错误问题；三、党在今后的任务和方针。中国党出席谈话会的有瞿秋白、苏兆征、周恩来、蔡和森、李立三、项英等二十一人。这实际上是六大的一次小范围的预备会议。

十七日下午，由周恩来主持召开各省代表团书记联席会议，初步通过了大会主席团和秘书长、副秘书长名单。当晚，举行大会预备会议。

六月十八日，党的第六次全国代表大会在莫斯科郊外的一所旧式庄园里召开。出席大会的有正式代表八十四人、候补代表三十四人，代表党员四万多人。周恩来担任主席团成员和大会秘书长。瞿秋白致开幕词，共产国际和其他国家共产党的代表致祝词。十九日，共产国际书记布哈林作报告：《中国革命与中国共产党的任务》。二十日，瞿秋白代表第五届中央委员会作政治报告：《中国革命与共产党》。然后，分组讨论这两个报告。讨论进行得十分热烈，主要集中在中国革命的性质、任务、要不要进行合法斗争、革命的高潮与低潮等问题上。

讨论政治报告时，周恩来在六月二十七日作了长篇发言。在这段时间里，他显然已想了很多。他的发言一开始就说：这次大会讨论的目的，是为了使同志们回去不再发生错误和误解，在工作上得到很好的结果。所以，“我们并不要重在个人的对与不对，我们并不以个人错误或误会为批评的重心”，而是要使问题都得到明白的解答，使大家都了解正确的路线。

Ⅰ 革命的性质

1. 讨论革命性质的错误方法——二次革命说——革命[illegible]不断革命[illegible]的混合——[illegible]斗争的前途——革命性质决定的政纲

2. 无间断革命在中国[illegible]的根据和[illegible]的解释——无间断革命的[illegible]不合事实——[illegible]无间断革命[illegible]的错误——无间断革命[illegible]中国革命[illegible]。

3. 反帝国主义与土地革命——土地革命[illegible]反帝国主义性——[illegible]反帝国主义性——[illegible]反帝国主义性——[illegible]资产阶级[illegible]——[illegible]工农兵[illegible]革命[illegible]——[illegible]阶级斗争[illegible]

4. 资产阶级民权革命与工农革命——[illegible]无产阶级[illegible]革命的目标.

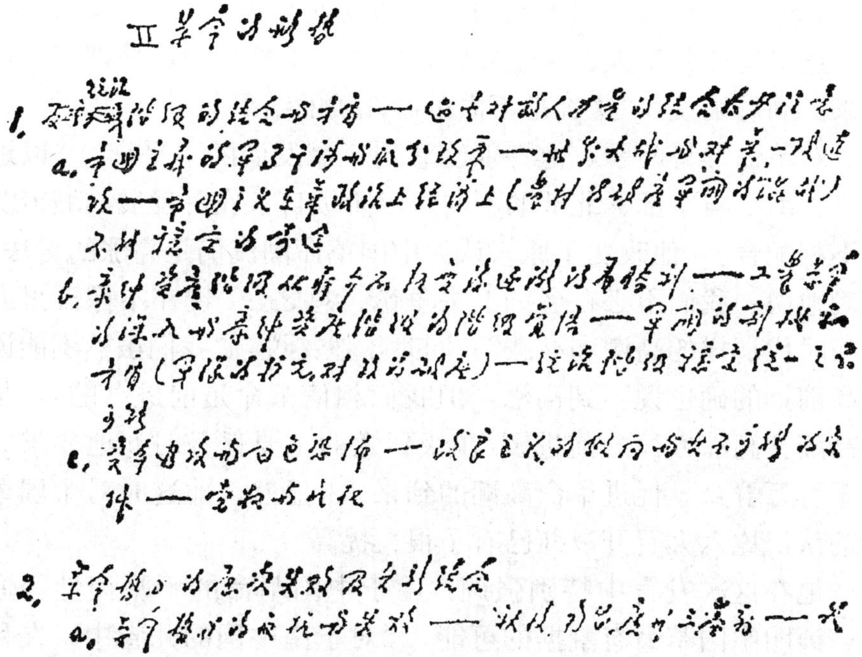

周恩来 1928 年 6 月六大“政治问题报告大纲”手迹

对革命性质问题，他同意中国革命仍然是资产阶级民主革命，并且分析党内一些同志混淆革命性质的原因说："五次大会以后，大家还是把革命任务与革命动力混为一谈。"抱有这种看法的同志以为既然是工农革命，那就不是资产阶级民主革命了。于是，产生了没收一切土地的口号和其他超越革命阶段的观点，甚至连工厂要归工人、车子要归车夫这些不恰当的口号都有人提出来。周恩来说："这都是不懂革命性质的结果。"

对革命形势问题，他特别注意到革命发展的不平衡："以地方言，南部与中部、北部的不同；以阶级言，农民发展与城市沉闷不相配合。"他改变了原来认为中国革命潮流仍是高涨的看法，明确地说：我们不必在名词上去争论，总之，"现在不像五卅或北伐时代那样的高潮和高涨"。同时，他又说："我们虽然不能说是高潮，的确也说不到高涨，但我们相信革命是前进（的），是向高潮、高涨方面的前进。"在谈到党的主要任务时，他要求夺取千百万群众，促进革命高潮的到来。① 显然，他这时对中国革命的认识比六大召开以前已有了很大提高。

他在这次发言中特别强调：由于中国革命的不平衡性等原因，证明中国革命有割据的可能。"对于南中国的几省中，在目前就应该开始割据局面的准备，因为这与全国的准备工作是有极大的关联。同时，我们要组织广大群众于苏维埃口号下，以总暴动来实现苏维埃政权。"② 当全党还把城市工作放在中心地位的时候，他的这种认识虽还不够明确和系统，仍是十分可贵的，是十分值得注意的。

会议期间，周恩来的工作异常繁重。作为秘书长，他主持会议的全部日常工作。大会成立了十个委员会，他参加了其中的七个，并担任组织委员会和军事委员会的召集人。随后，又参加新

---

①② 周恩来在中共六大政治报告讨论会上的发言记录，1928 年 6 月 27 日。

成立的湖南问题、湖北问题、南昌暴动、广州暴动四个专题委员会。他精力充沛，工作有条不紊，行动敏捷，处事果断，给人们留下了深刻的印象。

在会上，他还充当了两个重要问题的报告人：组织问题报告和军事报告。

六月三十日，他向大会作了组织问题的报告。报告回顾了一年多来的政治环境和党的组织状况。指出：自从蒋介石、汪精卫相继背叛革命以后，“中国的白色恐怖可以说是全世界历史上所绝无而仅有的残酷”。在这个时期内，共产党员和革命群众被杀害的约有三十一万至三十四万人，还有四千六百多人被监禁着。工会、农会和其他群众团体遭受严重的摧残。全国的工会组织由七百三十四个锐减到八十一个，而这些工会都是秘密的，群众也很少。但就在这种严酷的环境中，共产党人仍然进行了英勇的反抗，并把力量重新集合起来。在农村中，建立了苏维埃政权。一些地方的党组织在遭受破坏后，又重新恢复了。这是近一年来艰苦工作的成果。

党在今后的组织任务是什么呢？周恩来在报告中把党和群众的关系问题突出地提出来，把争取群众作为工作的中心点。他说：“革命的先锋——中国共产党有隔离群众和削弱的危险，虽革命已走入一个新的阶段，党内外组织也开始了一种新的结合，但实际上这种危险还很大，我们必须在国际决议指示下，使在组织上巩固自己的政治影响，建立和发展工农革命的组织，并发展党的组织，使党真能成为群众的斗争的革命党。”①

这时，共产国际对中国革命的指导思想上出现了一种错误倾向：因反对机会主义而变成反对知识分子。在会上，瞿秋白和张国焘发生激烈的争论。布哈林在大会的报告中责备张国焘和瞿秋

① 周恩来在中共六大上作组织问题报告的记录，1928 年 6 月 30 日。

白，说他们是“大知识分子，要让工人干部来代替他们”。[①] 周恩来在报告中特别提出：党在组织上的错误倾向之一是“反知识分子的倾向，我们对知识分子应用无产阶级的方法去使知识分子无产阶级化。”

在周恩来作了组织问题的报告后，瞿秋白、张国焘、项英、王若飞等十人在大会上就这个问题作了发言。周恩来最后作了结论。

七月三日，周恩来又向大会作了军事报告，刘伯承作补充报告。

周恩来在这个报告中肯定了大革命时期党在军队政治工作中所取得的成绩，同时也指出：在当时军事工作中存在着一个根本性的错误观念：“为了联合战线，不能破坏国民革命军，而要帮助国民党巩固国民革命军。”“这种巩固国民革命军的工作方针，就是根本取消了我们自己独立的军事工作的意义。”结果，“没有尽力发展工人纠察队，没有将农村中的农军发展起来，来做夺取乡村政权的力量”。一旦蒋介石叛变，革命便遭受严重的挫折。南昌起义失败后，又产生了另一种偏向：“抹杀一切军事工作，反对一切军事准备，军事技术的训练，都目之为军事投机。由那一极端直趋到这一极端，事实上将取消军事工作。”

周恩来在报告中专门谈了建立红军的问题。他说：建立红军的原则，一是要把旧军队的雇佣性质加以改变，可先采取志愿兵制；二是军官不一定非工农分子不可，但一定要无产阶级化；三是红军一定要有政治工作。红军建立后，不是保守在一个地方，而是要移动的，这与赤卫队的常在一地是不同的。红军要帮助苏维埃政权的发展。他还指出：红军一定要与工农群众打成一片，

① 《周恩来选集》上卷，人民出版社 1980 年 12 月出版，第 184 页。

否则就“失了红军的阶级基础”。①

在这次大会上，李立三作了农民问题的报告，向忠发作了职工运动的报告。九日、十日，大会通过了经过修改的《中国共产党党章》和各项决议案，选出了中央委员二十三人、候补中央委员十三人，组成新的中央委员会。周恩来继续当选为中央委员。

七月十一日，中国共产党第六次全国代表大会举行闭幕式。周恩来在会上讲话。他说：大会为了求得革命的真理，开展了批评自我批评。“我们不要以为有了争论就是不好的，因为只有批评讨论之下，才能得到正确的道路。”② 现在有了正确的路线，回国后要使每个同志了解和执行。

七月十九日，在莫斯科举行的中共六届一中全会上，周恩来被选为中央政治局委员。二十日，中央政治局第一次会议上，向忠发、周恩来、苏兆征、蔡和森、项英五人当选为政治局常委。在分工中，周恩来负责党的组织工作和军事工作，并兼中央政治局常委的秘书长和中央组织部部长。

六届一中全会结束后，向忠发、蔡和森、李立三等和大部分中央委员回国，周恩来和瞿秋白、苏兆征、张国焘等留在莫斯科，参加七月十七日至九月一日召开的共产国际第六次代表大会。在大会期间，周恩来参加了大会代表资格审查委员会和共产国际资格审议委员会，并当选为共产国际中央执行委员会候补委员。

在共产国际会议期间和会后，他向在苏联学习的中国党员传达了六大的精神。例如，八月下旬苏联军事学院党委通过六大代表刘伯承邀请他，到莫斯科高级射击学校的孔采伏野营向中国党

① 周恩来在中共六大上作军事报告的记录，1928 年 7 月 3 日。

② 周恩来在中共六大闭幕式上的发言记录，1928 年 7 月 11 日。

派去的部分军校学生作了六大的传达报告。那天他从下午六七点钟一直讲到第二天凌晨两点，然后赶回莫斯科。

共产国际第六次代表大会结束后，周恩来又在莫斯科留了一段时间，没有马上回国。他作为中央组织部部长，找了当时在苏联学习的许多中国党员逐个谈话，向他们介绍国内的革命形势，了解他们的学习情况，征询他们对回国后工作的意见。他看了中国留苏学生和一批在苏联学习的军事干部的档案材料，考虑他们回国后的工作安排。

他还到莫斯科中山大学去看在那里工作和学习的中国同志，向他们讲六大精神和国内形势，询问他们的学习、工作和生活情况，鼓励他们好好学习，希望他们学成回国为中国革命贡献力量。那时乌兰夫正在中山大学做教学翻译工作。交谈中，有人告诉周恩来：乌兰夫和几个同志是蒙古族。他的目光马上集中到他们身上，带着微笑说："噢！你们是蒙古族，好极了！好极了！"乌兰夫在六十年后回忆这件事还说：周恩来同志与我们交谈时的"深沉目光和亲切关注，长久地回荡在我心底深处。我们想，周恩来同志为什么对我们几个蒙古族青年那么关注？很显然是把我们看作是少数民族的代表，着眼于整个蒙古族乃至全国各少数民族。他的关注，饱含着对我们的无限希望。此后，我经过反复思索，萌发出了请求回国，投身到国内艰苦而又炽热的革命斗争中去的想法。经过我党驻共产国际代表同意，一九二九年我回到国内，在内蒙古西部地区开辟和坚持地下斗争，后来又开展了建立蒙古族武装的斗争"。①

当时，正在中山大学学习的王明等人从事宗派活动，捏造事实，说学校里存在一个"江浙同乡会"的反党小组织。他们乘有些六大代表还没有回国的机会，举行了几次报告会，王明在会上

① 乌兰夫：《为少数民族呕心沥血功德无量》。

作了反“江浙同乡会”斗争的报告。为了弄清这个问题，共产国际监委、联共（布）监委和中共代表团三方联合组成审查委员会，负责审查这个案件。周恩来参加了这个委员会。审查的结果，作出结论：这个“江浙同乡会”并不存在，推倒了这个假案。

十月初，周恩来离莫斯科回国。途经沈阳时，向党的满洲省委传达了六大的精神，又去看望了伯父。

六大是中国共产党历史上一次有着重要意义的全国代表大会。大会指出：中国的社会性质仍然是半殖民地半封建社会，“中国革命现在阶段底性质，是资产阶级民主革命”；当前的政治形势，是处在两次革命高潮之间；中国共产党的总任务不是进攻，而是争取群众，准备暴动；并且批评了“左”、右倾机会主义，特别是“左”倾盲动主义的错误。延安整风时，周恩来在《关于党的六大的研究》这个报告中评论说：“总起来说，‘六大’关于革命的性质、动力、前途、形势和策略方针等问题的决定基本上是对的，所以说‘六大’的路线基本上是对的。”① 由于这些决定是党的全国代表大会的正式决议，它所产生的影响特别巨大，从而在一系列带根本性的问题上澄清了党内长期存在的错误认识，对以后中国革命的发展起了积极的作用。这是六大的巨大历史功绩。

六大也有它的缺点：第一，当时全党的认识还是把城市工作放在中心的地位，没有认识到中国革命的中心问题是农民的土地问题、中国革命的特点是农民斗争和武装割据，因而对中国革命的长期性和农村革命根据地的重要性认识不足。第二，继续把民族资产阶级和小资产阶级排除在中国革命的动力之外，对中间阶级的作用、反动势力内部的矛盾缺乏正确的估计和政策。对这方

① 《周恩来选集》上卷，人民出版社 1980 年 12 月版，第 184 页。

面，周恩来以后也有评论："六大也有毛病，犯了一些错误。但这些错误没有形成路线错误，没有形成宗派主义，虽然一些倾向是有的。这些，对以后立三路线、宗派主义的形成是有影响的，但不能负直接责任。这是我个人的看法。"①

① 《周恩来选集》上卷，人民出版社 1980 年 12 月版，第 184 页。

十四、在中共中央工作

一九二八年十一月上旬，周恩来又回到严重白色恐怖笼罩下的上海，作为中央政治局常委兼组织部长，在处于极端秘密状态下的中共中央工作。

那时中共中央政治局主席兼中央常委主席是向忠发，他做过船工和码头工人，大革命时担任过湖北省总工会的委员长。六大时党内有一种不正常的现象：过分地强调工人成分。共产国际东方部副部长米夫又极力捧向忠发。因此，向忠发被选为主席。但向忠发的思想水平和工作能力都不行，在实际工作中无法起主要的决策作用。政治局常委由向忠发、周恩来、苏兆征、项英、蔡和森五人组成。蔡和森很快被撤销了政治局委员和常委的职务。苏兆征第二年二月才归国，当月就因病去世了。李立三最初是中央政治局候补委员和候补常委，在十一月二十日才被补为政治局委员和常委。新的中央虽已从九月二日起开始工作，但许多问题都说要等周恩来回国后解决。周恩来一回国，十一月九日的常委会上就决定：新中央的工作计划由周恩来起草提出。在这以后的很长一段时间内，周恩来实际上是中共中央的主要负责人。

这时候，中国共产党面对的政治局势是怎样的呢？正如六大所指出的那样，革命正处在两个高潮之间的低潮。这是一个特别令人难熬的严峻时刻，也是革命运动从低落重新走向高涨的起点。

几乎与党的六大召开同时，继续北伐的国民党军队攻占了北京和天津。接着，张学良在东北宣布易帜，服从南京政府。这在当时国内政治生活中是一件十分引人注目的大事。国民党政府在名义上取得了全国的统一，连续进行了十多年的各派军阀之间的内战暂时停息下来。他们在建立大买办、大地主反动统治的同时，继续打着孙中山的三民主义的旗号，标榜统一、和平、关税自主、裁兵、裁厘，在有些地方表示要实行“二五减租”。在大约一年左右的时间内，特别是在蒋桂战争爆发前，国民党的统治有过一个短时间的相对稳定时期。由于军阀混战的暂时停息，交通的重新恢复，市场比较活跃，民族工商业似乎出现了一些生机。因而使不少人一时对他们抱有幻想。与此同时，中国共产党的组织和它所领导的工农武装斗争，在极端艰苦的环境中，经过整顿，也在逐渐摆脱六大前后曾经存在的那种混乱涣散状态，重新走向发展。

能不能恰当地估计这种政治形势，是党制定出正确的、符合客观实际的工作方针和策略的重要前提。

周恩来清醒地看到了这一切。他在回国后不久所写的一篇文章中这样指出：“在帝国主义彼此间，在中国统治各阶级彼此间，矛盾虽然存在，冲突虽然加紧，未来的大战（指统治阶级内部的大战——编者注）虽然必不可免，但我们切不可忽视对于中国革命的一个更严重的问题，就是，他们结合的力量现在还是比革命力量（工农兵士贫民）大，他们对革命的压迫和摧残现在还是一致。”①

怎样在这种局势下积蓄力量，推动革命运动重新走向高涨？

① 周恩来：《各帝国主义侵略中国的形势》，《布尔什维克》第2卷第3期，1929年1月。

周恩来根据六大确定的路线，强调应该把工作重点放在“争取群众”上面，而不是在广大范围内直接从事武装发动，以准备并促进革命高潮的到来。一九二九年三月，在他为中共中央主持起草的给各省委的一封指示信中，明确地指出：“目前党的总的政治路线”就是“夺取群众”①。这是切合当时实际情况的正确方针，是党的工作中具有战略意义的重大转变。

由于中共中央是在敌人统治下的上海从事秘密工作，周围的环境异常险恶。周恩来是众所周知的共产党领袖，是敌人千方百计地追捕的重要目标。他在大革命时期又长期担任公开的领导工作，国民党内有许多人熟识他，处境更加危险。周恩来在如此复杂的环境中，却以他的冷静和机智，从容应付，积累起更加丰富的地下工作经验。他不停地变换姓名和住址。居住的地点，有时住一个月，有时只住半个月，每换一处就改一次姓名。知道他住处的只有两三个人。由于社会上认识他的人太多，他外出的时间严格限制在清晨五时至七时和晚上七时以后，其余时间除特殊情况外都不出去。他对上海的街道布局进行过仔细的研究，尽量少走大马路，多穿小弄堂，也不搭乘电车或到公共场所去。他通常装扮成商人，后来又留起了大胡子，所以党内许多人叫他“胡公”。敌人尽管把他作为极力搜索的重点目标，却始终无法发现他的踪迹。

就这样，从回国到一九三〇年春重去莫斯科，在一年半的时间内，他进行了大量卓有成效的工作。主要是：第一，整顿几乎被打散的党组织，恢复并发展党在国民党统治区域内的秘密工作；第二，指导各地区的武装斗争，努力扩大红军和农村革命根据地，并把这个工作放在越来越重要的地位上；第三，领导在严

① 《中央关于军阀战争中的士兵运动给各省委的指示信》，《中共中央文件选集》第5册，中共中央党校出版社1990年4月版，第107页。

重白色恐怖下的保卫工作，保证中共中央的安全；第四，进行反对右倾取消主义的斗争。应该说，这个时期中共中央的工作路线基本上是对的，在中国革命的历史进程中起着从严重挫败到走向复兴的关键作用。

六大以后，周恩来兼任中央组织部部长。组织部秘书先后有余泽鸿、恽代英、陈潭秋、何成湘等。

当时，各地党组织在大革命失败后遭到了严重的摧残。“左”倾盲动主义那种不顾一切的蛮干，又使党组织遭受一系列新的重大损失。一九二七年十一月中央临时政治局扩大会议时，全国党员由近六万人减少到一万多人。湖北省委在一九二八年的三月、五月和十一月连续遭到三次摧毁性的大破坏，中心区域的工作几乎完全坍台。广东的破坏也极为惨重，广州党组织几乎全遭破坏，东江、北江、琼崖等地区又连遭挫败，省委被迫移往香港。湖南省委在一九二八年三月和七月的两次大破坏后，在省内难以存身，在九月间将省委机关远迁上海。山西、陕西、四川、云南等省在这年夏天事实上同中共中央断绝了联系。保存下来的一些党组织内部，涣散无组织的状态十分严重。由于接连遭受挫折，党内许多人相互抱怨以至攻击。不少党员对党中央和省委失去信任，对中央和省委的通告随便谩骂，拒不执行。组织内发生许多无原则的派别纠纷，甚至发展到各行其是。有些地方，党的组织生活陷于半停顿状态。这种状况，对处在白色恐怖下的党组织带来的严重危害是可想而知的。六大路线的贯彻也好，争取群众也好，都得靠党的组织去做。如果这些问题不首先得到解决，党的工作就很难前进一步。

其中最突出的是顺直问题。这是一个在党的工作全局中有着举足轻重地位的棘手问题。为什么这样说？中共中央政治局在向六届二中全会所作的《工作报告纲要》中回顾道：“顺直问题是中央开始工作之第一个最严重的问题，这个问题发生于党在非常涣散的时候，这个问题不能很快的得着正确的解决，不独北方工作不能发展，并且全党涣散的精神都不能转变。”①

顺直指的是北平（清朝曾设顺天府）和河北（曾名直隶省）。而顺直省委的工作范围比这还要大得多，它曾包括原来中共中央北方局所领导的广大地区：河北、山西、北平、天津、察哈尔、绥远、热河、河南北部和陕北。在李大钊遇难后，北方局和顺直省委的工作长期没有能打开局面，纠纷不断，问题越积越多，党内的个人意气之争和派别成见也就越发展越严重，已到了使工作难以开展的地步。一九二八年一月省委改组后，一部分党员在正定地区组织了第二省委。七月再一次改组后，北平东部地区遵化、玉田等四县的党组织的一些人又成立了“护党请愿团”，不承认新的省委。许多人灰心丧气，以为：“顺直党的基础已经落伍了，腐烂了。”不少党员又抱有这种情绪：“七月后的省委既是也有错误，便应该取消。顺直党的干部既都有错误，都是落伍，便应由中央另派人来组织特委。”②

六大后的新中央开始工作的时候，便力图解决这个问题。一九二八年十一月九日，周恩来由苏联归国后第一次参加中央常委会议时就提议：“顺直残留的斗争直到现在，主要的是缺少了政治的指导，这点中央要特别注意。我觉得中央委员会有一人去一下才好。”他并且强调：“主要的还是政治的说服”，“不应是两条路线”。③

开始时，中央政治局决定成立由周恩来、李维汉、康生等组

① 《中央政治局工作报告纲要》，《中共中央文件选集》第5册，中共中央党校出版社1990年4月版，第160页。

② 周恩来：《改造顺直党的过程中的几个问题的回答》，《出路》第2期，1928年12月18日。

③ 周恩来在中共中央政治局常委会议上的发言记录，1928年11月9日。

成的巡视上海工作委员会，以周恩来为主席，帮助上海开展工作。由于顺直的问题越来越严重，十一月二十七日的政治局会议就决定改派周恩来去顺直巡视。这样，处理这个棘手问题的担子就落到周恩来的肩上。

十二月中旬，周恩来化装成商人，身穿长袍马褂，留着胡子，从上海乘轮船来到天津。顺直省委派徐彬如到码头去接他，让他在党的秘密机关长春旅社稍事休息后，住到日租界的一家饭店里。① 周恩来一到天津，立刻开始紧张的工作：听取省委几个领导人的汇报，参加区委和支部的会议，接见各地党组织负责人，广泛听取他们的意见。他还到唐山，分别召集负责同志会、矿山同志会、铁路同志会，做了许多深入的工作。

十二月十八日，顺直省委出版的油印党刊《出路》第二期出版。在这期刊物上，发表了《中央致顺直省委的信》和周恩来的《改造顺直党的过程中的几个问题的回答》。

在《改造顺直党的过程中的几个问题的回答》这篇文章中，周恩来本着“从积极工作的出路上解决过去一切纠纷”② 的精神，着重指出：顺直党内固然存在着不少问题，但那是在一定历史条件下造成的，只要多做工作，完全可以改变过来。要是认为顺直党的基础全都要不得，“自然很容易走到你攻击我、我攻击你、互不信任、互相猜疑、谁都不服谁、谁也不切实去做群众工作的地步”。“正确的办法是要在现在还存在的旧基础上，深入群众，积极工作，发展斗争，吸收新同志来继续不断的改造顺直的党，逐渐的产生新的斗争。”他认为，只要党内的无产阶级意识加强了，工作向前发展了，工作紧张起来了，原来的落伍分子大

① 徐彬如：《用“六大”精神武装顺直省委》，《不尽的思念》，中央文献出版社1987年12月版，第51、52页。

② 《中央致顺直省委的信》，《出路》第2期，1928年12月18日。

多数也会随着转变过来。同时，他也劝说对新成立的省委不满意的一部分顺直党内同志："七月后的省委有错是事实；但有错假使能改，不一定便须停止职权。七月后的省委错在没有向群众中去做工作，做事办法有命令主义的精神，这种错误是能改的。"①

针对顺直党内存在的一些错误思想情绪，周恩来在这篇文章中还采取循循善诱的态度，很有说服力地剖析极端民主化与民主集中制的区别、命令主义与说服群众的区别、惩办主义与铁的纪律的区别。

由于周恩来在深入调查研究、弄清实际情况的基础上，坚持从思想教育入手，开展切合实际而又充分说理的批评，引导党员以向前看的精神从积极工作的过程中去求得纠纷的解决，这样做果然收到预期的效果。周恩来在十二月十七日给中共中央的信中讲到：经过工作，"大多数接受中央恢复省委职权、扩大省委、改组常委的办法，并一致认为必须积极到群众中工作，从参加和领导群众斗争做起，才能建立起党的无产阶级基础，才能逐渐肃清小资产阶级意识，才是解决党内纠纷的正确出路"。② 原来像一团乱麻那样的问题，终于理出了头绪。顺直党内的思想逐渐接近，并趋于统一了。

十二月底，在天津张庄大桥附近租了两排平房，秘密召开北方党的代表会议。会上，由周恩来作政治报告，主要是传达六大的精神。他说，这次会总的方针是贯彻六大决议，争取群众，发动斗争，准备迎接新的革命高潮。陈潭秋、刘少奇也分别作了报告。一九二九年一月十日左右，宣布新的顺直省委名单。周恩来回到上海后，一月十五日在政治局会议上报告说："这次去后，

① 周恩来：《改造顺直党的过程中的几个问题的回答》，《出路》第 2 期，1928 年 12 月 18 日。

② 周恩来致中共中央的信，1928 年 12 月 17 日，手稿。

大家接受了中央意见。”“这次仅是作了一个初步的教育。大家都以为不能闹了。一般同志现有一个兴奋。能否找到出路，要看他们按照决议去工作。”①

对周恩来这次去顺直的工作，党的六届二中全会作了这样的评价：“在顺直党的历史上，已经酝酿着很复杂的纠纷，到了六次大会的前后更广大的爆发起来，使顺直党成为破碎零离的现象。中央经过极大的努力，派人巡视召集几次顺直的会议，特别与这一错误的倾向奋斗，最后得到了顺直全党的拥护，才把顺直的党挽救过来。”“现在的顺直党，已经较以前为进步”，“党的生活向着发展工作的路线上前进”。②

当周恩来正去处理顺直问题的时候，党内又发生了另一个重大事件——江苏省委问题。

江苏省委的工作，那时在全国各省中处于特别重要的地位，在它的工作范围内，包括中国的经济中心上海、国民党统治的政治中心南京，还有无锡、南通等工业城市。上海没有设立市委，是由江苏省委兼的。全国产业工人的人数，江苏超过三分之一。无论党员的人数，还是党的指导机关的健全程度，江苏在国民党统治区内都居于第一位。中共中央的机关也设在上海。

周恩来去顺直的那段时间内，中央和江苏省委在工作中发生一些争执。一九二九年一月三日，向忠发、李立三在政治局会议上提出建议，由中央兼江苏省委。他们的理由，一是中央可以得到在江苏工作的实际经验，使对全国工作的指导能更切合实际；二是可以从原江苏省委中抽出一批干部去加强上海各区区委。会

---

① 周恩来在中共中央政治局会议上的发言记录，1929 年 1 月 15 日。

② 《中央政治局工作报告纲要》，《中共中央文件选集》第 5 册，中共中央党校出版社 1990 年 4 月版，第 149、162 页。

上虽有不同意见，政治局仍然作出决定，但还没有通知江苏省委。

一月中旬，周恩来从北方回到上海。他一回来，听到这个消息，立刻觉得这个决定是不正确的，去找向忠发和李立三，向他们说："我觉得这个问题要严重的考虑，我是不同意的。"① 建议召开政治局会议重新讨论。在一月十三日举行的政治局会议上，他指出这样做会产生四个问题：一、妨碍中央的政治指导；二、中央深入群众，不是每一个斗争都要去指导，这样反得不出中心，反不能提纲挈领；三、兼省委会妨碍中央的本身工作，事实上过去对各省工作的指导已经不很深入，同时常委完全不注意中央本身的事务工作也是不可能的；四、秘密工作问题，这是一个很严重的问题，如中央发生问题，影响中国革命是非常大的。会上决定由向忠发、李立三、周恩来、项英组成特别委员会，讨论后再向政治局提出意见。经过周恩来的说服，原来坚持合并的向忠发、李立三都放弃自己的主张，接受了他的意见。这件事也反映出：当政治局内部有不同意见时，周恩来能够起主要的决策作用。

但政治局原来的决定已从小道传到了江苏省委那边。他们认为这是中央对江苏省委不信任，反应十分强烈，也采取了不正确的做法。正当特别委员会开会重新研究的时候，政治局收到团中央的书面报告说：江苏省委已召开区委书记联席会议和各区会议，表示无论中央怎样决定，省委将一概拒绝；并到部分省来上海联系工作的代表那里进行违反纪律的活动。这一来，事态就发展得十分严重了。

周恩来根本不同意中央兼江苏省委，但他同样反对江苏省委的做法，认为这是破坏党的组织原则的，只会造成党组织的涣散

---

① 周恩来在中共中央政治局会议上的发言记录，1929 年 1 月 13 日。

和分裂，在严酷的秘密环境中甚至会直接危及党的生存。十四日，政治局召开紧急会议。这次会议，一方面正式通过中央不兼省委的决定，另一方面也严厉批评了江苏省委。周恩来在会上指出：江苏不过是各地问题的积聚和反映，促成这次问题的大爆发，中央要有坚决的态度。他说："这个问题，可以说是一个教育全党的机会。"① 十六日，向忠发、周恩来、项英出席江苏省委的会议，作了报告，耐心地回答他们提出的问题。周恩来、项英又找江苏省委负责人谈话，指出他们的做法是违反组织原则的。经过耐心的教育，江苏省委在一月十九日召开省委临时会议通过决议案，承认错误。二十四日，政治局决定改组江苏省委，由工人出身的政治局候补委员罗登贤担任书记，政治局候补委员彭湃参加省委工作，委员还有李维汉、徐锡根、康生三人。第二天，周恩来向江苏省委七个负责人宣布了中央的决定，并作了详细的说明。他们表示接受，并谈了从这次事件中得出的教训。一场轩然大波，由于采取坚决的态度和教育说服的做法，终于得到比较顺利的解决，并使全党受到了教育。

顺直省委和江苏省委纠纷的解决，初步扭转了党内存在的严重涣散和无纪律状态，使党的工作走上了较能正常运转的轨道。接着，周恩来便以更多的精力来指导各地恢复并发展党的秘密工作。

当时，各地党的机关屡遭破坏是一个十分严重的问题。一年多来全国的省委机关没有一个不曾被破获过，有的甚至已几遭破坏，干部牺牲的不计其数，自首叛变的事到处都有。在城市中，情况更为严重。以原来基础较好的湖北来说，在一九二八年连续三次的摧毁性大破坏后，全省城市十分之九已没有党的组织，工人党员下降到不足五十人，许多地方没有支部组织。反动统治者

① 周恩来在中共中央政治局会议上的发言记录，1929 年 1 月 14 日。

甚至宁可错杀一千，不愿错放一个。在如此严酷的环境中，怎样才能使党组织留下的这点种子得以保存下来，并重新生根发芽、茁壮成长？这是放在党的组织工作面前异常尖锐的问题。一九二八年十月，周恩来为中共中央主持起草了《关于湖北组织问题决议案》，要求首先在武汉三镇等地“一方面很慎重的用旧有的线索，一方面很耐苦的找新的线索”。[①] 并根据一年多来各地的血的教训，提出了党的机关要“职业化”和“社会化”的重要原则，规定秘密党工作的六个必需条件：

> “一、要深入群众，必须找当地的在业工作人员。二、机关要少而密，要职业化与社会化。三、开会人数要少，时间减短，开会时尽量的余留一部分人在外。四、指导机关集体分工，同时要每个负责人能够了解全部情形，能够解答各种问题，注意养成各级党部能够独立解决问题的能力。五、全省交通网要有严密的布置与几个交通路线要避免互相知道。六、技术工作人员要尽可能的减少，技术工作在省委要分散到各区办事处，无必要的与纯技术的接头减少，一切技术事件尽量的秘密。”[②]

由于党的机关一再遭受破坏，各省纷纷要求中央派人前去恢复。这种心情是可以理解的，但单纯由上面派人去恢复组织的做法收到的效果并不好：往往工作还没有开展起来，机关先立，集聚了一批没有职业、没有社会关系的人在机关周围。这种架空的组织，极易为敌人发现，再遭破坏，而且助长了依赖机关、忽视下层群众工作的错误观念。

周恩来冷静地看清了问题所在，他在一九二九年三月二日的

---

① 《关于湖北组织问题决议案》，1928 年 10 月，经周恩来修订稿。

② 《关于湖北组织问题决议案》，1928 年 10 月，经周恩来修订稿。

政治局会议上作了组织工作的报告。说："目前党的组织问题需要更进一步的计划以深入群众。组织上不深入群众，政治上的争取群众就无法作到。"他提出，在深入群众这个目前组织上的中心口号之下，要注意的原则是：一、党目前的组织工作要将工作建立在每个党员身上，不是建立在一些空的机关上面。二、推动每个党员深入到社会中去利用各种机会，肃清各种脱离社会的现象。三、任何一个组织问题都要抓住中心，集中力量来建立一些基础的工作。"根本问题便是：深入群众的组织任务不是党员环绕在党的机关周围所可解决，而是要分散到产业工人群众中去才有办法。因此，党的机关主义必须打倒，头重足轻的办法必须改变。"① 七日，他在政治局会议的发言中又说："机关主义"使下面的基础一天天削弱，上面工作反一天天加多，这样必要使党走到崩溃的地步。这些流落的党员不到群众中去是无法解决职业化的原则。即观念问题也只有到群众中去才找得到正确出路。他又声明：我是说机关主义不对，不是主张取消机关。他所说的，的确是当时党的组织工作上一个中心问题。

二十五日，周恩来在为中共中央起草的给顺直省委并汪铭的指示信中对党的秘密工作又作出新的规定：

> "各级党部的设立，必须其所管辖区域的下层组织已经建立起来，工作已有开展，然后才能由此种下层组织成立上层组织。嗣后凡是下层组织没有工作，或是破坏之后，主要的路线应是领导同志走入工厂农村社会中，寻找职业，深入群众，以恢复和建立党的组织。党的组织必须在此种基础上才能谈到恢复和建立。"②

根据这个原则，周恩来在信中明确指出：山西省委便是目前

---

① 周恩来在中共中央政治局会议上的报告记录，1929 年 3 月 2 日。

② 《周恩来选集》上卷，人民出版社 1980 年 12 月版，第 19、20 页。

最不必要的组织。如果强行组织起来，必定成为一个空架子的机关。应该先着手于地方工作的恢复和建立，山西工作改归顺直省委兼管。“目前第一步工作，便应先在这些地方寻找有社会关系的同志，建立党的基础。”①

在各级党组织转入秘密工作轨道后，少数地方又出现了退缩不敢露面的错误倾向。拿山东来说，在省委几次被破获后，不少党员离开工作，将“职业化”的口号变成躲避的借口；沂水斗争失败后，又有“停止发展、关门训练”的主张。周恩来敏锐地察觉了这种新的动向。五月十一日，他所起草的中共中央给山东省委的指示信中坚决指出：“这些显明的取消观念，省委必须以坚决的态度、艰难耐苦的工作精神与他们斗争。否则，山东党再经几次白色恐怖，便会退缩躲避到更加涣散的地步。”②

怎样才是既“保持党的极端秘密”，又能“积极工作”？主要环节便是要“深入群众”。周恩来在这封指示信内强调：党应该设法从各方面接近工农群众，实际考察他们的生活痛苦和要求何在，艰苦耐心地去做发动和领导群众日常斗争的工作。为了深入群众，需要利用合法半合法的形式，争取公开活动的机会，但这只是限于群众的组织，党的组织在目前环境中更要极端的秘密。

对其他地方的秘密革命工作，周恩来也给予具体指导。二月五日，他为中共中央起草的《给满洲省委的信》中，要求省委“有计划地忍耐地去建立基础工作，千万不要因（抚顺铁厂工人）这一斗争的发展，便急切不顾一切地作孤注的一掷。”③ 四月二十五日，他起草的给顺直省委的指示信中说：“反帝运动在全国尤其在顺直都居于很重要的地位”，南京政府既然出卖山东，又

① 《周恩来选集》上卷，人民出版社 1980 年 12 月版，第 19、20 页。

② 周恩来：《中央给山东省委的指示信》，1929 年 5 月 11 日，手稿。

③ 周恩来：《中央给满洲省委的信》，1929 年 2 月 5 日，手稿。

公开禁止爱国运动，我们便必须“引导群众的反日情绪使之继长增高，以联系到反国民党运动”。① 他还要求北方的农村工作应从反苛捐杂税、土豪劣绅着手，深入到土地革命阶段。

那时，中央组织部的机关秘密设在上海静安寺附近。周恩来每天清晨或深夜都要到那里去，阅读各地送来的报告，听取汇报，解决问题。处理问题时，他总是力求细致周详地弄清实际情况，从不粗枝大叶。组织部机关的工作是十分繁重的。各地被打散或失去组织关系的同志大多到上海来找党中央。从国外归国的干部，通常也先到上海向党中央报到。这些干部分配工作后，特别是派到外地去工作时，只要有可能，周恩来总是亲自找他们谈话。从政治形势、党的组织状况、秘密工作与公开工作的关系、秘密工作的方式方法，直到具体工作怎样开展等，都谈得很详细，很透彻。他经常叮嘱组织部工作的同志：“干部是革命之本。没有革命干部，就没有革命的事业，就没有革命的胜利。关心、爱护、教育干部，就是对革命事业的关心爱护，是取得革命最后胜利的保证。”② 各地来上海向中央报告工作的干部要求见他的，他尽可能满足他们的要求，详细地听取他们的汇报，提出一些关键性的问题来询问，对各地的工作进行具体指导。因此，在中央领导成员中，他的工作是最忙碌的，对各地实际情况的了解和对干部的熟悉也是最多的。

为了提高各地干部的思想水平和工作能力，一九二九年中，他还决定在上海举办了几期秘密的干部训练班。每期一二十人，时间不超过一个月，大概办了二三期，至多四期。

经过一年多艰苦而扎实的工作，各地的党组织虽然处境仍很艰难，也有过一些失误，但总的说来仍有不小的进步。一九二九

---

① 周恩来：《中央给顺直省委的指示信》，1929 年 4 月 25 日，手稿。

② 访问黄□然谈话记录，1978 年 7 月 7 日。

年六月召开的中共六届二中全会，回顾一年来的历程，肯定了这个时期取得的进步：“一方面把党从削弱涣散的现象中挽救出来，得到重新巩固与一致的精神，另一方面在工作上也表现着党的进步，党与群众的关系，党在群众中的政治影响与领导斗争的力量，都开始了新的进展。”① 全国的党员人数，在六大时是四万多人，六届二中全会时已增加到六万九千多人，到周恩来再次出国时的一九三〇年三月更发展到十万人，已超过了大革命高潮时的全国党员总数。这种进展，是党遭受严重挫败以后、又处在极端恶劣的环境中取得的，它的艰难和可贵就更不言自明了。

除国民党统治区域的秘密革命工作外，各地工农红军和农村革命根据地在全党工作中取得了越来越重要的地位。

六大前后，中国农村的革命游击战争正处在特别困难的时期。那时国民党各派军阀之间的内战尚未爆发，可以集中较多力量对工农红军进行“清剿”。一九二八年五月，实力较强、条件较好的广东海陆丰苏维埃政权和工农红军在优势敌人的进攻下遭到失败。六月，陕西渭华起义中组成的西北工农革命军在三个师的敌军进攻下，也因力量悬殊而失败。同年夏，海南岛的人民革命军战斗接连失利，特委书记杨善集、司令员冯平等主要领导人先后牺牲。八月间，工农红军第四军在湘南遭到损失重大的“八月失败”。十一月起，敌人的第三次“会剿”临到井冈山时，红军中一部分人又提出了“红旗到底打得多久”的疑问。从红军的发展来说，这时处在一个异常艰难的低沉时刻。

在这种情况下，六大强调了建立工农红军的重要性，认为在农村中“游击战争将成为主要斗争的方式”②，肯定了中国农村

① 《中央政治局工作报告纲要》，《中共中央文件选集》第5册，中共中央党校出版社1990年4月版，第147页。

② 《中国共产党第六次全国代表大会底决议案》，《六大以来》（上），人民出版社1980年版，第43页。

革命根据地和工农红军能够存在和发展。这是六大的重要贡献。但它的总的观念仍认为要以城市为中心方能长期存在，而对农村斗争和武装割据的作用估计不足，对农村游击战争的指导也有过失误。共产国际当时认为中国红军只能分散存在，如果集中，容易被敌人消灭，并且会妨害老百姓利益，要求高级干部离开红军，并且提出要调朱德、毛泽东去学习。中共中央后来就指示要求红四军实行分散，并要求朱德、毛泽东离开红军，到中共中央工作，这自然是不正确的。

这封指示信是周恩来一九二九年二月七日为中共中央起草的，通常被称为“中央二月来信”。当时红四军的处境确实相当艰危。在这以前不久，由于湘赣两省国民党军队以优势兵力发动第三次“会剿”，毛泽东、朱德、陈毅率领红四军主力在一月十四日离开井冈山，二十日在大庾又遭受失利，被强敌尾追，转战赣、粤边界。处在如此危险的环境，红军前委曾一度准备分散活动，但是分散可能被敌人各个击破，因此放弃了这个计议。① 中共中央在六大结束后，几次派人给他们送信，一直没有得到回音，对红四军的状况缺乏具体了解，十分焦急。指示信便是在这种情况下写的。信写出后两天，红四军主力到达江西瑞金以北的大柏地。第二天，在大柏地诱歼追敌刘士毅旅大部。这一个大胜仗，扭转了红四军原来的被动局面。接着，又在吉安的东固地区同赣西特委领导的江西红军独立第二、第四团胜利会合，在这里站住了脚跟。四月三日，红四军前委才接到中央在两个月前发出的指示信。信中充满忧虑的语调，同红四军刚刚欢庆大捷的胜利场景更显得很不协调。五日，红四军前委给中央的报告中说：中央来信“对客观形势及主观力量的估量，都太悲观了”，② 并表

① 粟裕：《千万里转战》，上海文艺出版社 1987 年 7 月版，第 69 页。

② 红四军前委向中共中央的报告记录，1929 年 4 月 5 日。

示不同意朱毛离开队伍。这时，由于客观形势的发展，中共中央的认识也在改变。四月四日（也就是红四军写报告的前一天），中央常委讨论红四军问题时，周恩来说：朱毛出来问题，原则上是如此，但现在实际情形要写得活一些。七日，中共中央发出经周恩来修改过的致毛泽东、朱德指示信。信中说："军阀战争本身不是革命高潮"，"以为有军阀战争就一定表示着统治阶级将要很迅速的崩溃，这个观点是错误的"。红军目前的总任务是：扩大游击战争范围，发动农民武装斗争，深入土地革命。虽然当时还没有接到红四军前委四月五日的报告，信中已不坚持要朱毛离开红四军，只是说："润之、玉阶两同志（指毛泽东、朱德——编者注）暂时离开那里，来中央报告与讨论，""若一时还不能来，中央希望前委能派一得力同志前来与中央讨论问题。"① 调朱毛出来的事，实际上就此作罢。

红军这种特别困难的局面没有持续太久，客观局势就发生了重大变化。以一九二九年三月蒋桂战争爆发为起点，国民党各派新军阀之间重新开始无休止的混战。许多原来"会剿"工农红军的反动军队纷纷被调往军阀内战的战场，后方空虚，这就给各地工农红军以较大的发展机会。

周恩来对各地红军和苏区的工作一直很重视。六大后中央设立军事部，以杨殷为部长，周恩来作为政治局常委分管这项工作。第二年八月二十四日杨殷被捕后，二十七日周恩来又兼任军事部长。那时各苏区送来的文件都是用药水书写的。周恩来要求中央秘书处：接到苏区送来的文件要首先办，抄好后立即送交中央。这些文件，他总是第一个看，大多也是由他提出在中央讨论的，因为有些领导人当时并不重视这个工作。

在全国红军中，最重要的是毛泽东、朱德、陈毅率领的工农

---

① 中共中央给润之（毛泽东）、玉阶（朱德）的信，1929年4月7日。

红军第四军。红四军领导内部在建军思想和建军原则上曾有过分歧。毛泽东和朱德对一些问题的看法也不尽一致。五月间，刚从苏联归来的刘安恭到红四军担任临时军委书记兼政治部主任后，党和军队的关系问题的争论发展得十分严重。六月八日在闽西长汀的白沙举行前委扩大会议，决定撤销临时军委，但争论并没有结束，有些方面反而更趋激烈。六月二十二日，在福建龙岩召开红四军第七次代表大会，争论的问题没有得到正确的解决。毛泽东离开红四军主要领导岗位，留在闽西养病并指导地方工作，没有随军行动。红四军面临着前所未有的严重危机。

中共中央对红四军的发展一直十分关心，但由于通信极端困难，对红四军的情况很难得到及时而具体的了解。六月十二日，中央政治局会议讨论了朱、毛四月五日的来信。周恩来在发言中谈到：中央二月七日的信中所谈的分散问题是有些毛病。他说：目前的形势，全国的混战期是延长的，这于红军的发展有很大的便利，常委已通过召集一个军事会议，现在很需要朱、毛处来一个得力的人。对其他处红军，军事会议也应详加讨论。

不久，中共中央收到福建省委派秘密交通送来的红军七大决议案和毛泽东、刘安恭等的信件。八月十三日，中央政治局召开会议进行讨论，认为这个决议案“有些是正确的，有些是不正确的”；刘安恭的信将毛泽东、朱德分成两派，许多是不符合事实的，在故意制造派别。会议决定，由周恩来起草一封致红四军前委的信，要他们努力与敌人斗争，军委可暂不设立，军事指挥由军长、党代表管理，调刘安恭回中央。八月二十一日，中共中央发出由周恩来起草的给红四军前委的指示信，指出“红军不仅是战斗的组织，而且更具有宣传和政治的作用”，红军“必须采取比较集权制”，党的书记多负责任“绝对不是家长制”，事事“要拿到支部去讨论去解决——这是极端民主化的主张”。信中批评红四军七大侧重于解决内部纠纷是不正确的，“前委同志号召

‘大家努力来争论’”和“刘安恭同志企图引起红军党内的派别斗争”是错误的。

八月下旬，陈毅代表红四军来到上海，向中共中央报告工作。中共中央政治局在二十九日举行一次临时会议，专门听取陈毅的报告，并决定组织以李立三、周恩来、陈毅三人组成的委员会，由周恩来召集负责起草对红四军工作的指示文件。

周恩来对红四军第七次代表大会和前委扩大会在处置红四军领导内部分歧问题时的缺点提出了四点批评：第一，红军是生长于敌人肉搏中的，它的精神主要的应是对付敌人，前委没有引导群众对外斗争，自己不提办法，而将问题交下级讨论，客观上有放任内部斗争、关门闹纠纷的精神；第二，没有从政治上指出正确路线，使同志们得到一个政治领导来判别谁是谁非，只是在组织上来回答一些个人问题；第三，这次扩大会议、代表大会的办法，是削弱了前委的权力，客观上助长了极端民主化的发展；第四，对朱、毛问题没有顾及他们在政治上责任的重要，公开摆到群众中，没有指导地任意批评，而一般同志的批评大半又是一些唯心的推测，这样不但不能解决纠纷，而且只有使纠纷加重。并且指出：朱、毛两人仍留前委工作，毛泽东应仍任前委书记，并须使红四军全体同志了解并接受。

陈毅以中央八月二十一日给红四军前委的指示信为基础，并按照周恩来多次谈话的精神，代中央起草了一封指示信，经周恩来审定后，带回红四军。周恩来又嘱咐：回去后，要请毛泽东复职，并召开一次党的会议，统一思想，分清是非，作出决议，维护毛泽东和朱德的领导。这便是九月二十八日的《中共中央给红军第四军前委的指示信》。

这封信一开始分析了当时的政治形势，指出导致军阀混战的各种矛盾是无法克服的，因此军阀混战必将继续发展。红军存在于这种形势下和土地革命向前发展的过程中，加上中国地域辽阔的条件，必将能坚持和发展。并由此作出一个对中国革命运动有重大意义的论断："先有农村红军，后有城市政权，这是中国革命的特征，这是中国经济基础的产物。如有人怀疑红军的存在，他就是不懂得中国革命的实际，就是一种取消观念。"① 对红军和根据地的这种认识，比起六大时，显然已前进了一大步。

指示信对红军的任务作了明确的规定："目前红军的基本任务主要的有以下几项：一、发动群众斗争，实行土地革命，建立苏维埃政权；二、实行游击战争，武装农民，并扩大本身组织；三、扩大游击区域及政治影响于全国。红军不能实现上面三个任务，则与普通军队无异。"它指出："红军一切行动务要避免单纯的军事行动，要与群众斗争取得密切联系。""有了广大群众在红军的周围，红军的一切困难及本身发展便将较顺利地得到解决。"

指示信提出了在红军中"纠正一切不正确的倾向"的任务。它指出：红军的来源只有收纳广大的破产农民，他们中自然会有"极浓厚的非无产阶级意识表现"。"这些观念不肃清，于红军前途有极大危险。前委应坚决以斗争的态度来肃清之。"

指示信还强调了加强党对红军领导的问题。它写道："党的一切权力集中于前委指导机关，这是正确的，绝不能动摇。不能机械地引用'家长制'这个名词来削弱指导机关的权力，来作极端民主化的掩护。"②

中共中央这封指示信在十月二十日由陈毅送达红四军前委。十一月二十六日，毛泽东回到前委。二十八日，毛泽东报告中共中央："我病已好，遵照中央指示，在前委工作。""四军党内的团结，在中央正确指导之下完全不成问题。"③ 前委根据中央九

---

① 《周恩来选集》上卷，人民出版社 1980 年 12 月版，第 32 页。

② 《周恩来选集》上卷，人民出版社 1980 年 12 月版，第 33—42 页。

③ 毛泽东给中共中央的报告，1929 年 11 月 28 日。

月来信的精神，决定召开红四军第九次党的代表大会，集中解决红军的建军原则问题。十二月底，这次代表大会在福建上杭东北的古田召开。毛泽东为大会起草的决议案中，一开始便指出："大会根据中央九月来信的精神，指出四军党内各种非无产阶级思想的表现、来源及其纠正的方法，号召同志们起来彻底地加以肃清。"① 这次大会还选举产生了新的红四军前委，毛泽东为书记，朱德、陈毅等十一人为委员。红四军不仅胜利地渡过了危机，并且进一步解决了以农民为主要成分的军队如何建成无产阶级的新型人民军队这个至关重要的问题，从而在新的基础上大踏步地向前发展。这在中国人民军队的建军史上，是一个重要的里程碑。在这个过程中，周恩来主持起草的中央九月来信，对统一红四军党内的思想、开好古田会议所起的作用，是十分巨大的。

当时各路红军和各根据地正处于隔绝的状态。红四军在斗争中创造的丰富经验，很难为其他红军和根据地知道。一九三〇年一月十五日，在周恩来主持下，中央军委主办的《军事通讯》创刊，刊登了陈毅的《关于红四军历史及其情况的报告》。编者在按语中指出："这是很值得我们宝贵的一个报告。朱毛红军这个'怪物'，在我们看了这个报告以后，都可了然"，"是在中国别开生面"。② 要求各地红军、各地方党组织学习红四军的经验。二月一日，周恩来起草的中央给广东省委的指示信中又说：毛泽东的复职，四军的中心的政治领导已确立，"稍可使中央放心"，③ 要求广东省委派干部支援他们。

贺龙、周逸群领导的湘鄂西苏区是红军的另一个重要根据地。一九二九年三月十七日，周恩来为中央起草了给贺龙和湘鄂

---

① 《毛泽东选集》第1卷，人民出版社1991年6月第2版，第85—86页。

② 《军事通讯》创刊号，1930年1月15日。

③ 周恩来：《中央给广东省委的指示信》，1930年2月1日，手稿。

西前委的指示信。信中强调在农村中发动群众、开展游击战争、深入土地革命、建立农村苏维埃的重要性。并且指出：虽然军阀战争的政局可以给你们一个很好的发展机会，但你们的实力还很微弱，湘鄂西一带党和群众的组织也还缺乏基础，“此时欲图大大的发展，亦尚困难。你们来信说，红军拟向下游发展，将来以湘西之常德或鄂西（之宜昌）为目的地，这种计划还太于扩大而不切实。目前所应注意者，还不是什么占领大的城市，而是在乡村中发动群众，深入土地革命。故你们此时主要的任务，还在游击区域之扩大，群众发动之广大，决不应超越了主观的力量（主要的还是群众的力量，不应只看见武装的力量），而立刻企图占领中心工商业的城市”。① 这种认识，比六大时也有了发展。关于游击战争的发展区域，指示信说：因为我们对湘鄂西的实际情况尚不十分明了，不能具体地答复。从原则上讲，一般有几个条件：一是农村阶级矛盾与斗争更激烈的地方，二是党与群众的组织有相当基础的地方，三是给养丰富、地势险峻的地方。“不过这些条件很难具备，你们可斟酌实际环境，取这些条件最多者而选择之。”信中向他们介绍：“在朱毛军队中，党的组织是以连为单位，每连建立一个支部。”②六月十五日，中央给贺龙并前委的信，又介绍了朱毛红军提出的包括“敌进我退，敌驻我扰，敌疲我打，敌退我追”的“十六字诀”在内的游击战争指导原则，指出：“这些经验很可以作你们的参考。”③ 九月间，中央决定在洪湖地区成立红六军，并派了孙一中、许光达前往工作。一九三〇年春节，红六军成立，孙一中任军长，周逸群兼政治委员，许光达为参谋长。六月间，这支部队就同贺龙直接率领的部队在洪湖地区会师，合编为红二军团，由贺龙任总指挥、周逸群任政治委

①② 周恩来：《中央给贺龙和湘鄂西前委的指示信》，1929 年 3 月 17 日。

③ 中央给云卿（贺龙）并前委诸同志的指示信，1929 年 6 月 15 日。

员。以后的红二方面军便是由红二军团和湘赣边的红六军团会合而成的。

鄂豫皖地区的红军游击队，在这个时期也发展得很快。他们最初分为三块：一块是在黄安、麻城起义基础上形成的鄂豫边根据地，一块是在商城南部起义基础上形成的豫东南根据地，一块是在六安霍山起义基础上形成的皖西根据地。一九二九年五月底，中央军委派徐向前等到鄂豫边，负责这个地区的军事指挥工作。一九三〇年一月，中央巡视员郭述申在鄂豫边和豫东南地区巡视后，回到上海向中央汇报。一天，一个穿着长袍大褂的人到他住处来找他，说："这个地方环境不好，不便于谈话。"两人就到街上边走边谈。郭述申作了详细的汇报。那人听完后说："我要向中央汇报。"大约是二月底，通知郭述申、许继慎、熊受暄到法租界一个地方去开会。那个穿长袍的人又来了。他说："我是周恩来。"四个人围坐在一张桌旁，装成打麻将的样子。周恩来说：我已将鄂豫边的情况报告了中央。中央认为那些地方党内的地方主义、农民意识对党的团结是有影响的。为了克服边区党组织领导和红军指挥的不统一，中央决定成立鄂豫皖边特委，由郭述申任书记；成立红一军军部，许继慎为军长，曹大骏为政治委员，熊受暄为政治部主任。周恩来指出：这个地区是鄂豫皖三省交界地区，战略地位很重要，要建立起巩固的革命根据地①。三月间，鄂豫皖边特委和红一军军部正式成立。它便是以后的鄂豫皖中央局和红四方面军的前身。

可以清楚地看到：以后中国工农红军的三大主力——一方面军、二方面军和四方面军，在这个时期都已初具雏形。这些也同周恩来主持下的中共中央军委的指导和支持很难分开。

与此同时，中共中央对农村革命根据地的建设也越来越重

① 访问郭述申谈话记录，1983年5月16日。

视。中共六届二中全会的政治问题报告在批判托派的错误时，对农村革命根据地在中国革命中的特殊重要地位说了一段很有分量的话："他（指托派——编者注）以为中国像西欧各国一样，大城市的经济力量可以统治全国，所以大城市暴动成功以后可以影响小城市及乡村；而在中国，则找不到一个大城市的经济力量能统治全国的。中国可以划分为许多小国，他们的经济力量都可以独立的。所以中国革命要胜利，必须要有红军，必须要有广大的苏维埃区域的帮助。"① 显然，在实际斗争的摸索中，他们对中国的国情有了进一步的认识。这个时期中共中央对苏维埃政权建设和农村经济等问题的指导，是比较切合实际情况的，没有多少后来那种"左"的倾向。到一九三〇年初，南中国几个大的农村革命根据地已有几万、几十万农民群众团结在中国共产党周围。二月四日，周恩来起草《中央通告第六十八号》，宣布准备召集全国苏维埃区域代表大会。《通告》列举苏维埃区域面对的各项任务后，提出："这一大会要使这些任务都能有具体的规定，有实际策略的讨论。"②

为了以人力物力支援红军和苏区，周恩来也做了大量工作。其中最重要的是军队工作干部的输送。红军的主要成员来自原是小生产者的比较散漫的农民群众。因此，补充具有军事工作经验的指挥人员，是一个迫切需要解决的问题。当时中共中央曾规定：凡是从莫斯科回来的，从黄埔、保定等军校出身的以及其他军事干部，统由周恩来分配工作。这些军事干部，大部分由周恩来派往各个苏区。他还向苏区派遣不少军队政治工作干部。一九二九年夏天，周恩来又在上海主持举办了军事训练班。孙一中、

---

① 中共六届二中全会政治问题报告记录，1929 年 6 月 25 日。

② 《中央通告第六十八号——关于召集全国苏维埃区域代表大会》，《红旗》1930 年，第 75 期。

许光达就是从这个训练班结业后被派往洪湖苏区工作的。与派遣干部同时，周恩来在物资支援方面也做了许多工作。党组织在苏区周围各县建立一批文具店、百货店、药店、布店和电器、机械等店铺，用来向苏区输送物资，并作为交通联络点。在他积极筹划下，建立了中共中央同各地红军、苏区之间的交通联系。

对国民党军队内的党的工作，周恩来也十分重视。一九二九年三月底，他为中央主持起草了《关于军阀战争中的士兵运动给各省委的指示信》。信中说："在目前党的总的政治路线'夺取群众'之下，士兵运动，当然不能离开这个原则。我们必须根据这个原则，去做夺取广大士兵群众的工作。"① 一九三〇年初，他曾组织李卓然等在上海秘密组办"兵运训练班"，训练投诚或被俘后转向革命的原国民党军官兵，结业后回国民党军队去进行兵运工作。在中国旧式的雇佣军队中，军官有着很大的作用。当时对这方面重视不够，但还是做了一些工作。如曾在莫斯科中山大学学习的西北军高级军官张克侠，回国后于一九二九年七月在上海经张存实、李翔梧介绍加入了中国共产党。以后，他遵照党的指示重返西北军，先后担任过二十九军副参谋长、五十九军参谋长、第三十二集团军参谋长和副总司令。解放战争时期，他担任第三绥靖区副司令长官，淮海战役开始时同何基沣在前线率部起义，建立了巨大的功勋。

经过一年多的奋斗，红军战胜了初期的严重困难，取得了显著的发展，并在周恩来主持下建立了统一的序列。到一九三〇年三月，红军已有第一军至第十三军共十三个军，六万二千七百三十人，二万八千九百八十二支枪，建立了湘赣、赣南、闽西、湘鄂赣、闽浙赣、洪湖及湘鄂西、鄂豫皖、左右江等大小十五个农

---

① 《中央关于军阀战争中的士兵运动给各省委的指示信》，《中共中央文件选集》第5册，中共中央党校出版社1990年4月版，第107页。

村革命根据地。党所领导的革命游击战争扩展到了十二个省、几百个县。

当时,中共中央在敌人严密控制下的上海工作。敌人一直竭力利用各种特务手段,包括叛徒的告密,穷凶极恶地搜索并破坏党的各级机关。在大革命失败后的三年内,党的许多重要领导人如陈延年、赵世炎、罗亦农、彭湃、杨殷等先后被捕牺牲。中国共产党人的鲜血染红了祖国的大地。如何在严重的白色恐怖下保证中共中央的安全,是放在党的面前的一个极其严峻的任务。一九二八年十一月十四日中央常委会议,决定成立由向忠发、周恩来、顾顺章组成的特别委员会,负责这一工作。为着这个目的,周恩来以不少心血来领导中央特科,从各方面加强了党的保卫工作。

中共中央的机关当时一般设在上海的沪中区,江苏省委的机关一般在闸北、虹口一带,少共中央机关在法南区(指法租界和南市地区)。地处上海闹市中心的云南路四四七号(天蟾舞台隔壁)“生黎医院”楼上,由周恩来在一九二八年十一月间安排熊瑾玎、朱端绶夫妇以湖南土布土纱商人的名义租住,门上挂着“福兴字庄”的牌子,作为中央政治局开会和办公的地方。从一九二八年十一月到一九三一年四月,中央政治局会议差不多都在这里召开。离这里不远的浙江中路一一二号二楼,是中央军委的联络地点。周恩来曾在这里同顺直、云南、浙江等省委领导人谈过工作。戈登路善庆里的一座小楼和一一四一弄的一个地方,是中央同志看文件和起草文件的所在。威海卫路的达生医院是党的一所掩护机关,由贺诚、柯麟以医生身份开设。周恩来、李立三、邓小平等曾多次来这里开会。中共中央各机关的工作人员约二百人,各机关间禁止往来。中央设直属支部,支部书记由当时担任中共中央妇委书记的邓颖超兼任。

一九二九年八月下旬,不幸的事件发生:中共中央政治局委员、中央农委书记兼江苏省委军委书记彭湃，中共中央政治局候补委员、中央军事部长杨殷等，因叛徒告密被捕牺牲。这是一个严重的信号。为了保证中共中央的安全，九月十日，周恩来立刻在政治局会议上提出改变目前中央政治局的工作方式，建议每周开会一次，变更开会时间，专门讨论政治问题，开会时政治局委员不必全到，常委五人也要有一人保留在外。十四日，他满怀悲愤地写下了《彭杨颜邢四同志被敌人捕杀经过》一文，号召革命人民“踏着死难烈士的血迹，一直向前努力，一直向前斗争！”①

准确而及时地掌握敌人活动情报，对保证党的机关的安全和正确开展各项斗争，有着极为重要的意义。这个工作是在周恩来直接领导下，由陈赓等负责。他们通过各种社会关系，打入国民党的党政军警宪特机关，及时了解国民党特务机关对共产党秘密机关准备进行破坏的各种动向，尽力营救被反动当局逮捕的共产党人。周恩来经常强调对这方面建立的关系，要广为选择，大胆使用，各尽其才，在工作中考验。一九二八年春建立的第一个反间谍关系杨登瀛（鲍君甫），是陈立夫的亲信、国民党中央的驻沪特派员。他提供的大量情报，对防止党的机关被破坏、营救战友和清除内奸起了重要的作用。一九二九年末，又派遣李克农、钱壮飞、胡底打入国民党的高级特务机关，钱壮飞还担任了国民党中央组织部党务调查科主任徐恩曾的机要秘书，对保卫党中央做出了重大贡献。

在周恩来领导下，还建立起地下的无线电台。一九二八年十月，由张沈川、李强负责，在沪西极司非而路（今梵皇渡路）福康里九号租了一幢三层楼房，安装发报机。经过一年的努力，到一九二九年十月试制成第一套收发报机，培训出第一批报务员，在上海建立了党的第一个秘密无线电台。它的第一本密码，是周

① 《周恩来选集》上卷，人民出版社 1980 年 12 月版，第 27 页。

恩来亲自编制的。十二月，又在香港设立了第二个秘密无线电台。一九三〇年一月，沪港开始通讯。中共中央同广西左右江苏区的往来电报，都是由港台转发的。以后到了这年十月，在苏联学成的一批无线电台工作者相继归国，同在上海培训的报务人员一起，先后被派往中央苏区、鄂豫皖苏区和湘鄂西苏区。一九三一年九月，中央苏区同上海党中央开始直接通报。在天津，也设立了分台。这些电台，保证了中共中央同共产国际之间的通讯往来，也加强了中央对各苏区工作的指导，并使红军能及时了解敌情，发挥了重要的作用。

在这个时期内，由于政治环境的极端险恶，由于大革命失败后党所遭受的暂时挫折，党内一部分不坚定分子从对革命前途悲观失望进而走上右倾取消主义的道路。他们宣扬：中国革命失败了，“资产阶级得了胜利，在政治上对各阶级取得了优越地位，取得了帝国主义的让步与帮助”。①认为中国资产阶级民主革命已经完结，中国社会已是所谓资本主义占优势并将得到和平发展的社会，中国无产阶级应该待到将来再去进行“社会主义革命”，在现阶段只能进行以“国民会议”为中心口号的合法运动。他们反对中国共产党领导进行的各种革命斗争，把红军运动污蔑为所谓“流寇运动”。如果照他们的这些主张去做，中国革命就会被全部葬送。他们中许多人原是中国共产党早期的领导人或重要干部，如陈独秀、彭述之、郑超麟、尹宽、汪泽楷、马玉夫、蔡振德等，这时仍保留着共产党员的身份，有的还担负着地方上的领导职务，在党内有一定的影响。更严重的是，他们在党内组织秘密的小派别，散播秘密刊物和小册子，制造思想混乱和纠纷，并

① 《陈独秀关于中国革命问题致中共中央信》，《中共中央文件选集》第 5 册，中共中央党校出版社 1990 年 4 月版，第 727 页。

同国际上的托洛茨基反对派连结在一起，进行分裂党的活动。一九二八年秋和一九二九年，中国留俄学生中的托派分子先后被遣送回国，在上海、北平、香港等地建立各种名目的托派小团体。

一九二九年下半年，这种活动已发展到十分严重的地步，对处于秘密状态下的党的生存和发展构成了直接的威胁。

周恩来对这个问题十分重视。他在一九二九年六月十五日政治局会议第一次讨论反对派问题时就说：反对派有计划地打入党内来，是非常严重的。他们主要是找对党不满的和被党开除的分子。凡理论上一知半解而又不懂实情的人，是易于走到反对派那边去的。有些同志总是以怀疑态度来讨论理论问题的，也很容易受到他们的影响。八月十三日，中共中央发出周恩来起草的关于中国党内反对派问题的第四十四号通告。通告阐明了同反对派在思想上理论上的原则分歧后，指出："现时中国党内反对派同样也在党内形成小组织的活动，这是破坏中国党的统一之最（此处漏一'危'字——编者注）险的企图，是布尔什维克党所绝不容许的。故中国党除掉从思想上与反对派作坚决的斗争外，并要从组织上遵照共产国际的决议与无产阶级的最高原则，坚决地消灭反对派在党内的任何活动以巩固党的一致。"①

十月初，周恩来在中共中央直属支部干事会上作了《托洛茨基反对派在中国发生的原因及其前途》的报告，严正指出：反对派这些活动的作用，我们自然不必夸大，但也不容丝毫忽视。他具体分析了反对派产生的原因，说："在革命失败之后，必然有许多失败的情绪，引起许多争论的问题。俄国在一九〇五年以后，德国在革命失败后，都有过这样的情形。中国大革命失败后，亦是如此。""反对派在中国发生之主要原因，是中国大革命

① 《中央通告第四十四号——关于中国党内反对派问题》，《中共中央文件选集》第5册，中共中央党校出版社1990年4月版，第408页。

之失败与新的革命浪潮之复兴，存留在党内落后的小资产阶级‘同路者’形成了反对派发展的基础。”他又指出：当时党内生活不健全，有些同志甚至专以个人的小问题闹无原则纠纷，这些也都使反对派的活动有隙可乘。反对派的活动在组织上是秘密的，周恩来说：“惟其如此，就更应该将这一问题提到下层去，指导同志们讨论与坚决地肃清一切机会主义——反对派的活动。”①

十月五日，中共中央政治局通过周恩来起草的《中央关于反对党内机会主义与托洛茨基主义反对派的决议》。《决议》对反对派的整个路线及其对党的严重危害作了系统的分析，作出决定：各级党部如发现这种小组织，必须马上解散；经讨论后，仍坚持取消主义思想、不服从党的策略、不服从决议的，应开除出党。

反对派首领陈独秀是中国共产党成立时和初期的主要领导人，在中国革命历史上是有过功劳的，因此，党曾尽力对他进行过帮助和挽救。向忠发、周恩来等都曾找他谈话。十月五日的《决议》还对他发出严肃的警告：“独秀同志必须立即服从中央的决议，接受中央的警告，在党的路线之下工作，停止一切反党的宣传与活动。”②

但是，陈独秀和其他托派分子并不接受中央的警告，拒绝中央指派他们的工作，坚持错误，继续在党内进行反党宣传和非组织活动。这就迫使党不得不对他们采取组织制裁。十一月十五日，中央政治局通过由李立三起草、经周恩来修改的《关于开除陈独秀党籍并批准江苏省委开除彭述之、汪泽楷、马玉夫、蔡振德四人决议案》。接着，江苏省委又将郑超麟、尹宽等人开除出党。由于托陈取消派在中国并没有多少实际的社会基础，在被中

---

① 《周恩来选集》上卷，人民出版社 1980 年 12 月版，第 44、45、47 页。

② 《中央关于反对党内机会主义与托洛茨基主义反对派的决议》，《中共中央文件选集》第 5 册，中共中央党校出版社 1990 年 4 月版，第 506 页。

国共产党揭露并清除出党后，他们的影响便迅速缩小，越来越不成气候了。

在反对托陈取消派的右倾宗派活动时，周恩来仍很注意反对“左”倾错误的斗争。十一月二十二日，他为中共中央起草致中共驻共产国际代表团的信中说：“党内右倾的危险却依然存在”，“但这并不是说‘左’倾便不危险了。现在城市工作中尚遇有脱离群众的盲动情绪，农村工作中尚有不合条件的暴动计划，甚至还有超乎条件的全省暴动计划……这都是值得全党注意，须予以坚决之纠正与肃清的”。①

六大后这一年多时间，对中国共产党来说，正处在一个严重的历史转折时刻。由于大革命的失败和“左”倾盲动主义的错误，党和革命遭受了严重的挫折。一些反动分子断言：共产党已经失败了。可是，中国共产党人并没有被吓倒，被杀绝。他们在极端艰难的环境中顽强奋斗，不仅战胜了党内一度存在的削弱涣散现象，度过了大革命失败后最困难的时期，重新站稳了脚跟，并且又向前迈进了。这在中国共产党的历史上，起着承前启后的关键作用。事实证明：这个时期在周恩来实际主持下的中共中央的路线和策略在基本上是正确的。

周恩来在延安整风时说：“经过大革命和白色恐怖的锻炼，坚定了我对革命的信心和决心。我做工作没有灰心过，在敌人公开压迫下没有胆怯过。”② 这种在极端艰难险恶的特殊环境中经过千锤百炼而形成的坚韧不拔的品质和常人难以做到的严格的组织纪律观念，成为周恩来性格中的重要组成部分，在他以后一生中起着极其明显的作用。

---

① 周恩来：《中共中央致中共驻共产国际代表团的信》，1929 年 11 月 22 日。

② 周恩来在中共中央政治局会议上的发言提纲，1943 年 11 月 15 日，手稿。

十五、三中全会和四中全会

党的六大的路线基本上是正确的，但并没有能从根本上纠正“左”的错误。六大的《政治决议案》中只是指出：“现在，第一个革命浪潮已经因为历次失败而过去了，而新的浪潮还没有到来，反革命底势力还超过工农。”那么，新的革命浪潮什么时候可以到来？它没有具体回答，在当时也难以回答，因为这需要根据主客观条件变化的实际情况来确定。这样一来，新的革命高潮是否将要或已经到来的问题就经常萦绕在中共中央许多领导人的头脑中。他们那时对中国的实际国情、特别是中国民主革命的长期性仍然认识不足，一般说来，总是以急切的心情期望着新的革命高潮能够早日到来。当一九二八年革命浪潮明显低落的困难时期，当革命遭到严重挫折的时候，党内的思想还比较容易取得一致，从而停止了十一月会议确定的全国武装暴动的“总策略”，把整个工作的重点转到以争取群众为中心的轨道上来。但一当客观形势发生一些重要的变化，革命运动逐步走向复兴，特别是国民党各派军阀的内战爆发后，工农红军的力量有了显著的发展，党内不少干部又兴奋起来，对革命形势作出过高的估计，“左”的急性病重新抬起头来。

这种“左”的倾向的抬头，同当时共产国际的指导直接有关。一九二九年七月，共产国际执行委员会举行第十次全会。库西宁在会上所作报告说："在中国，现有的基本矛盾不是克服了，而是尖锐化了，这就必然导致新的革命总危机，而这个危机将具有比一九二六——一九二七年更加广泛、更加深刻的性质。"① 全会还开展了反对右派和调和派的斗争。

在这一年内，共产国际接连给中国党发来四封指示信。本来，中国党面对的主要问题应该是继续反"左"，而国际这四封信却是着重反右，它所提出的各项政策都偏"左"。其中影响最大的是十月二十六日发出的第四封信。它一开始就危言耸听地说道："中国最近的事实，使我们不能等待你们方面关于现在条件之下中国党的路线和行动的消息，就要说一说我们对于中国现时局的估量，而给你们预先的指示，说明中国党的重要的任务。"它对中国国内形势的估计同六大时相比显然有了很大变化，作出了一个关系重大的论断："中国进到了深刻的全国危机底时期。"从这种判断出发，他们提出："现在已经可以并且应当开始准备群众，去实行革命的推翻地主资产阶级联盟的政权，而建立苏维埃形式的工农独裁。"②

共产国际的这些指示，给了中国党以重大的影响。在中国共产党内，由于对中国革命的长期性和不平衡性还缺乏清楚的认识，由于长期以来把苏联革命的经验看作可以照搬的模式，加上对国民党屠杀政策的强烈仇恨和对革命胜利早日到来的渴望，许多人对"左"的思想是很容易接受的。一九二九年四月的中央通告第三十四号起，开始认为右倾是党内的主要危险，这显然是受到共产国际二月来信要求反"右倾"的影响。这年十二月八日发出的《中央通告第六十号》，提出了一条"反对帝国主义国民党

① 库西宁：《关于国际形势和共产国际的任务》，《共产国际有关中国革命的文献资料》（1929—1936）第2辑，中国社会科学出版社1982年6月版，第34、35页。

② 《共产国际执委给中共中央关于国民党改组派和中共任务问题的信》，《中共中央文件选集》第5册，中共中央党校出版社1990年4月版，第791、792页。

进攻苏联战争与军阀战争的总路线”,① 不仅要求加重准备武装暴动的工作，并且提出准备组织区域性总同盟罢工和红军进攻主要城市等以前没有提出过的重大行动。十二月二十日，中共中央政治局通过《中国共产党接受共产国际第十次全体会议决议的决议》，要求“更迅速地开展这一全国革命高潮走向直接革命的形势”，并认为“右倾的危险，仍然是党的最严重的问题”。② 一九三〇年一月十一日，政治局又通过《接受国际一九二九年十月二十六日指示信的决议》，表示“目前全国的情形，正如国际来信所指出确已进到深刻的全国危机的时期”。要求全党按照国际指示，在现在就准备群众去实现武装暴动直接推翻反动统治的任务；规定“党必须以反军阀战争与武装保护苏联为发展独立的群众革命运动的主要任务”。③ 二月间，蒋介石同阎锡山、冯玉祥的战争已一触即发。这将是国民党各统治集团之间规模最大的一次内战。十七日，中共中央召开政治局会议，讨论“政治形势与战略策略问题”。李立三在报告中认为：全国大混战又要爆发了，这一战争是比较持久的战争；今天在全国范围内固然没有直接革命的形势，但这一混战有可能爆发一个直接革命的形势。他说：“在某几省的形势之下，组织一省或几省暴动，在今天就应有坚决决定，首先就是湖北问题。”

共产国际的这些指示，也给了周恩来很大影响。一九二九年三月二十六日，中央政治局会议讨论共产国际二月八日要求反右倾的来信时，周恩来发言说：国际训令的精神是正确的，指出目

---

① 《中央通告第六十号——执行武装保护苏联的实际策略》，《中共中央文件选集》第5册，中共中央党校出版社1990年4月版，第566页。

② 《中国共产党接受共产国际第十次全体会议决议的决议》，《中共中央文件选集》第5册，中共中央党校出版社1990年4月版，第598、600页。

③ 《接受国际一九二九年十月二十六日指示信的决议》，《中共中央文件选集》第6册，中共中央党校出版社1989年8月版，第1、8页。

前在政治上、组织上表现了右倾的危险。会议决定：接受国际训令，并由周恩来起草决议案。五月十四日，政治局会议修改通过了周恩来起草的《中央通告第三十七号》。决议认为，国际这个指示“足以成为中国党目前主要的工作方针”，党目前“所特别遇到的困难便是党内右倾思想的发展”；但同时也写道：“假使以为左倾的错误已经完全肃清，那便等于容许这左倾的残余在党内存在，于党的正确路线的执行也同样要有危害”。① 在一九三〇年二月十七日那次政治局会议上，周恩来对革命形势也作了过高的估计。他在发言中说：目前党的任务，是在军阀战争继续、群众斗争日益发展的情形下，要以主观力量造成直接革命的形势，夺取政权。他还说：组织政治罢工，组织地方暴动，组织兵变，集中红军攻坚，“这四大口号是我们目前的中心策略”。这些口号显然是不正确的。会上决定由周恩来起草一个通告，这便是二月二十六日发布的《中央通告第七十号》。这个《通告》的基调是向“左”的倾向发展。它写道：“目前全国危机是在日益深入，而革命新浪潮是在日益开展。”“工人斗争是走上了政治的直接斗争的形势。加之农村斗争的发展和深入，红军苏维埃区域的扩大和胜利，敌人军队中的兵变之惊人的发展，更足以说明全国群众斗争之走向平衡发展的道路。”“因此，我党在目前政治形势下加强政治领导，加强主观力量以反抗和冲破反动统治的压迫与进攻，以促进和准备武装暴动的直接革命形势之来到，便是目前最迫切的任务。”②《通告》要求使城市工人政治罢工与示威的发展做成组织武装暴动的第一步；要求集中农民武装，扩大红军向着中心城市发展，以与工人斗争会合。

---

① 《中央通告第三十七号——中央对国际二月八日训令的决议》，《中共中央文件选集》第 5 册，中共中央党校出版社 1990 年 4 月版，第 126、132、134 页。

② 《中央通告第七十号——目前政治形势与党的中心策略》，《中共中央文件选集》第 6 册，中共中央党校出版社 1989 年 8 月版，第 25、26 页。

但中共中央内部在认识上仍是有差别的。周恩来虽然在共产国际的影响下，对形势也作了过高的估计，但在采取实际行动时总是比较冷静，不赞成不顾一切的蛮干。一九二九年五月三十日，中共江苏省委在上海南京路举行纪念“五卅”运动四周年的示威游行，周恩来、李维汉亲临现场观察并指挥。这种做法不适当地暴露自己的力量，显然是“左”的冒险行为。而在五天后的政治局会议上，周恩来又说：“指明斗争前途的开展是走向革命的高潮，但斗争是一步步的开展，一步步走到革命的高潮，而不能怀过高的幻想：以后就是革命高潮的前夜。”① 以后，他的认识有了进一步的变化。十一月三日，他为中共中央起草给江苏省委的指示信中说：“革命斗争走向高潮的条件之下，举行公开的向敌人示威的路线是非常正确的，但是我们必须首先注意到群众的情绪与决心，决不可单凭主观来决定示威。”“如随随便便的单凭着主观来决定示威（的）日子，以致不能有好的准备，不能有充分的发动，则结果真将成为玩弄示威”，“这一点要求你们特别注意”。② 在江苏省的党代表大会上，周恩来说：“所谓新的高潮与直接革命形势是不同的，现在已经有了新的高潮，但还不是直接革命形势。”③ 对七十号通告中所说“全国群众斗争之走向平衡发展的道路”，他不久后也解释道：“当然，这还是说不平衡发展仍然存在，不过说明他有这趋势。”④

在周恩来起草的《中央通告第七十号》中，对“武装暴动的直接革命形势”的判断，并不是认为它已经到来，只是要“准备”和“促进”它的到来。李立三后来却认为“革命高潮与直接

① 周恩来在中共中央政治局会议上的发言记录，1929年6月4日。

② 周恩来：《为援助东京学生运动给江苏省委关于上海学生运动的指示信》，1929年11月3日，手稿。

③ 《周恩来选集》上卷，人民出版社1980年12月版，第57页。

④ 周恩来在中共中央政治局会议上的发言记录，1930年8月22日。

革命形势是一个东西”，从而很快把全国武装暴动提到行动日程上来。这是他们之间的基本区别。在第二年一月召开的六届四中全会上，周恩来作了严格的自我批评后，也谈到他同李立三之间的争论：“如我在去年便两次提出反主要的危险右倾，同时必定要反‘左’倾；对高潮问题，在江苏代表会上，在中央政治局，我都主张照国际的解释，中国现在已有革命高潮，但不等于直接革命形势；关于纠正同志错误，我曾多次反对以派别观念解决问题。”① 李维汉在回忆录中也说到：“恩来出国前和立三在不少问题上意见并不一致，如对革命形势的分析和组织各地暴动等问题就有争论。”② 这是周恩来后来能很快站在反立三路线方面的重要原因。

一九三〇年三月初，中共中央派周恩来到莫斯科向共产国际报告工作。中共中央为什么要在这个时候派周恩来到莫斯科去？原因是它同远东局之间的矛盾已发展到十分尖锐的地步。

一九二七年冬罗米那兹回莫斯科后，共产国际在中国一直没有派正式代表。一九二九年春夏间，国际派了一个德国人和一个波兰人到中国，组织远东局。他们同过去的国际代表不同：不参加中国共产党的政治局和常委的会议，而由向忠发、周恩来、李立三等在会议之前或之后去同他们商议。双方很快就发生许多意见冲突。八月中旬，共产国际关于富农问题的指示信到达中国。远东局认为，因为富农是资产阶级性的，所以要反对；主张一定要把反对资产阶级富农写上党纲。周恩来认为：将带封建性、地主性的富农与资产阶级性的富农分开来看，这不是中国的事实，

① 周恩来在中共六届四中全会上的发言记录，1930 年 1 月 7 日。

② 李维汉：《回忆与研究》（上），中共党史资料出版社 1986 年 4 月版，第 303、304 页。

其实许多富农是兼有这两种性质的。他批评远东局是按照俄国的土地关系来解释，将农村主要矛盾改成地主和资产阶级性的富农在一边，实际上是以社会主义革命为出发点。周恩来将这些争论情况在十七日的政治局会议上作了报告。在这前后，刚掌握广西军政大权的俞作柏、李明瑞酝酿反对蒋介石，寻求同中国共产党建立联系。中共中央派邓小平以中央代表身份前往广西，同俞作柏、李明瑞接洽，领导当地党的工作，准备武装起义。以后，就是在这个基础上发动了左右江起义，建立了红七军和红八军。远东局又指责这是“勾结军阀”。在游击战争问题上，双方也发生了争论。远东局说：在目前中国环境之下，游击战争一定会失败。中共中央的代表解释说：农民自己要游击战争。他们又说：党要教育农民。在有些问题上，远东局是对的。如中共中央认为中国党内最严重的问题是右倾，当然也不能放松反对“左”倾。远东局不同意。双方这样长期在许多问题上争论不休，自然严重地妨碍了工作的进行。

矛盾的激化是在这年的十二月初。远东局没有同中共中央商量而通过了一个接受共产国际第十次全会决议的决议案。在决议案的中国问题部分中断言中共中央犯了右倾的错误，主要有三点：一是富农问题，二是“勾结”俞作柏问题，三是在赤色工会问题上有动摇。这件事给中共中央的震动很大。十二月六日，中央政治局开会讨论，不同意远东局这个决议案，希望他们再作一个决议案加以纠正。并且反过来认为远东局本身有着一贯的右倾错误，如放松中共党内最严重的右倾——取消派、要求取消游击战争等。向忠发在会上还愤愤不平地说：我非常反对远东局的工作方式，他特别注意许多小的问题，不注意侧重在政治上的指导，专门吹毛求疵地来指摘中央。

会后，政治局派向忠发、周恩来、李立三三人去同远东局讨论这些问题。他们连开了两天会，什么问题都没有解决，谈得很僵。远东局拒绝中共中央提出的要求，并且说："这一决议是对国际的，给中国党看是礼貌。"他们抓住项英在政治局会议上提到的"远东局不了解中国实际情况"，说："这就是说国际不了解中国的实际情况"，还要求中共中央解除项英的职务。[①] 这样，双方的争执已难以解决。十二月十四日的政治局会议决定：只有派人到共产国际去，向国际报告。这以后，向忠发、周恩来、李立三又多次同远东局讨论，仍然没有结果。三月三日，周恩来没有出席的一次政治局会议记录上留下一条："冠生（周恩来的化名——编者注）病入院。决：准假两月。"事实上，他并没有因病住院。看来，这时他已动身去莫斯科了。

周恩来这次出国，护照是通过地下党的关系，经过在上海的环球中国学生会申请取得的。护照是真的，用的名字是假的，照片是他本人的，但故意照得又像又不像。他坐轮船于四月间到达欧洲，再由陆路去莫斯科。

经过德国的时候，他应德共《红旗报》的约请，写了一篇题为《写在中华苏维埃第一次代表大会召开之前》的社论，署名陈光（译音）。文章指出：中国革命正在走向新的高潮，"农民游击战（争）和土地革命是今日中国革命的主要特征"。[②] 这是中国共产党在六大后一年多实践中得出的新的极端重要的结论。发表后，很多读者向报社探询作者是谁。《红旗报》公开答复："这篇值得一读的文章的作者是我们的中国兄弟党中央政治局的一位领导成员"，文章"生动、具体地展现了中国革命巨大高涨的图景"。[③] 五月间，周恩来在莫斯科同共产国际开始讨论中国革命

① 李立三在中共中央政治局会议上的发言记录，1929 年 12 月 14 日。

② 德共《红旗报》，1930 年 4 月 27 日，译稿。

③ 德共《红旗报》，1930 年 4 月 30 日，译稿。

问题。

当周恩来离国以后，中国国内和中共党内都发生重要的变化。

一九三〇年五月间，蒋介石同阎锡山、冯玉祥之间开始了酝酿已久、历时七个月的空前规模的军阀战争。为了应付这场战争，双方都全力以赴，投入前方作战的兵力共达一百万人以上，后方顿形空虚。这种形势为革命力量的发展提供了有利的时机。党内以李立三为代表的“左”倾错误却在这时恶性地发展起来了。

周恩来去莫期间，中共中央总书记向忠发就事事依靠当时担任中央政治局常委兼宣传部长的李立三。周恩来离国前夕，中共中央曾在一九三〇年二月十二日决定由向忠发、罗登贤、关向应、任弼时四人重组组织局，以向忠发为主任；军事部与军委合一，不归组织局领导，而直归政治局，由周恩来、关向应、曾中生担任军委常委。十七日，又决定周恩来参加组织局。三月三日因周恩来离国，改由李立三参加组织局。周恩来离国后，李立三就在中共中央内部起着主要的决策作用。

李立三从党内早已存在的那种“左”倾急性病出发，不切实际地夸大了当时出现的有利形势，夸大了革命的主观力量，认为全国范围内直接革命的形势已经到来，从而走上了“左”倾冒险主义的道路。五月十五日，他在《布尔什维克》上发表了《新的革命高潮前面的诸问题》。六月九日，他在中央政治局会议上作了《关于目前政治任务决议案草案》为内容的长篇报告。劈头就说：“现在中国革命形势上，革命高潮已到了，目前，夺取政权的任务，已到我们前面来。”他说：革命高潮的到来即是暴动形势的到来。直接革命是什么？就是暴动形势。在这种形势下，

“有首先在这一省或那一省爆发革命高潮而马上普遍到全国的可能”。① 而最有可能首先爆发这种革命高潮的地方，便是上海或武汉。中国革命高潮的到来，接下去又将掀动世界革命的高潮。

六月十一日，政治局根据李立三这个报告，通过《目前政治任务的决议——新的革命高潮与一省或几省的首先胜利》。决议强调：在革命急剧发展的现在，党不只是要注意到夺取广大群众，以促进这一革命巨潮更快地爆发，尤其要注意到革命巨潮爆发时，组织全国武装暴动夺取政权的任务。“在全国革命高潮之下，革命可以在一省或几省重要省区首先胜利（在目前的形势看来，以武汉为中心的附近省区，客观条件更加成熟）。在新的革命高潮日益接近的形势之下，准备一省或几省首先胜利，建立全国革命政权，成为党目前战略的总方针。”② 决议还宣称：在现在全世界革命危机都已严重化的时候，中国革命有首先爆发、掀起全世界的大革命、全世界最后的阶级决战到来的可能。由于这个决议的通过，第二次“左”倾冒险主义便在中共中央内部取得了统治地位。

远东局看到这个决议案后，不同意发出。对李立三提出两个问题：第一，国际正在讨论中国问题。中央仅仅根据一个工作人员的报告，便作出这一决议，将来发生问题，如何办？第二，现在中央政治局很弱，周恩来、瞿秋白不在，向忠发、关向应都病了，你们通过这一决议，将来政治局内部发生不同的意见，如何办？根据这两点意见，决议无论如何不能发出。二十日，远东局又写信给中共中央说：“在你们代表还在那里讨论时，你们又有

---

① 《柏山（李立三）在中央政治局会议上关于目前政治任务决议案草案内容的报告》，《中共中央文件选集》第 6 册，中共中央党校出版社 1989 年 8 月版，第 98、102 页。

② 《目前政治任务的决议——新的革命高潮与一省或几省的首先胜利》，《六大以来》（上），人民出版社 1980 年版，第 86 页。

一新的决议”，“在国际已快有决定时，为什么不可以等国际决议，而先发这一决议在支部中去讨论，使其赞助你们决议呢?”[①] 信中并指出：决议的第三部分“一省与几省重要省区的首先胜利与全国革命政权的建立”是错误的。在这个问题上，远东局是对的。李立三却答复道：发出这个决议是目前革命的需要，“有什么问题时，由中共中央负责”。[②] 决议还是发下去了。对这种“左”倾盲动主义错误，党内一部分实际工作者是有所抵制的，却被斥为“右倾”。

这时，周恩来仍在莫斯科。七月五日，他出席联共第十六次代表大会，在会上作了《中国革命新高潮与中国共产党》的报告，说：“中国革命性质是资产阶级性的民权革命。同时，这一民权革命是要在无产阶级领导之下联合农民才能彻底完成。”他说：工人运动的新高潮是在农民战争的背景之上兴起的。此时中国更加发展的还是农民土地革命的深入。中国工农群众不仅有他们的苏维埃政权，并且有了为这政权斗争的十万红军和十数万的游击队。他强调中国革命发展不平衡的特点和争取群众、组织群众、聚集革命力量的重要性。指出：在党内既要反对右的倾向，“也要反对‘左’倾盲动情绪和闭关主义”。[③] 十六日，周恩来在共产国际政治委员会上作了《中国革命新高潮的特点与目前党的中心任务》的报告。他说：“中国革命的发展，因为全国政治经济的不统一，还表现不平衡的特征。”“目前中国革命新高潮是在成熟的过程中，还没有形成全国直接革命的形势。”[④] 当时，由

① 《远东局致中共中央的信》，1930 年 6 月 20 日，周恩来笔记。

② 李立三在中共中央政治局会议上的发言记录，1930 年 6 月 25 日。

③ 周恩来：《中国革命新高潮与中国共产党——在联共第十六次大会的报告》，1930 年 7 月 5 日，手稿。

④ 周恩来：《中国革命新高潮的特点与目前党的中心任务》，1930 年 7 月 16 日，手稿。

于上海同莫斯科之间的秘密通信联系不便，周恩来并不了解国内当时的情况，但他的这些判断基本上是正确的。大约在这个月的下旬，他会见斯大林，同他进行了一个小时的谈话。斯大林这时和一九二八年时不同，接受一年多来中国红军有重大发展的事实，认为应该把红军问题放在中国革命问题的第一位。

而在国内，党内的“左”倾错误仍在继续发展。其中最重要的，是布置武汉暴动、南京暴动和上海总同盟罢工。七月十三日，李立三在临时政治局会议上提出：他同江苏省委讨论后认为，南京兵暴是推动全国革命高潮之起点；组织南京兵暴必须与组织上海总同盟罢工同时并进；南京暴动的胜利必须有武汉暴动紧接着爆发，以争取武汉首先胜利，中央苏维埃政府的建立亦必须在武汉；全国各省必须注意各重要城市中加紧组织总罢工，各省的工作都须以总罢工为前提。十六日，中共中央以向忠发的名义致书共产国际主席团，声言：“决定组织南京兵士暴动，同时组织上海的总同盟罢工，并力争武汉武装暴动首先胜利，建立全国苏维埃政权。”“要求国际动员各国支部积极进行保护中国革命运动，特别（是）联共的积极援助，并派大批政治军事人才前来加紧指导与工作。”这封信并请“通知恩来、秋白诸同志速归”。[①] 二十日，政治局会议讨论成立中共中央总行动委员会的问题和长江局工作计划，又强调：“武汉首先胜利，必紧接着全国革命高潮。”[②] 二十二日，全国组织会议通过《目前政治形势与党的组织任务》，宣称行动委员会是党领导斗争最集中而有力的行动组织；在这一组织方式之下，党与团的组织暂时统一起来，成为一个组织系统；在行动中，下级绝对服从上级，执行一切命令；要求实现党员军事化与党的组织军事化。二十七日，红

① 向忠发：《中央致共产国际主席团的信》，1930 年 7 月 16 日。

② 中共中央政治局会议记录，1930 年 7 月 20 日。

军第三军团一度乘虚攻占湖南省会长沙，李立三更加兴高采烈，以为他的策略路线是完全正确的。

这时国际致电中共中央，认为中国党的主观力量太弱，还没有夺取工人阶级的大多数，不同意布置武汉暴动、南京暴动和上海总同盟罢工。八月一日，中共中央政治局召开会议，讨论全国总形势与国际来电。李立三首先发言。他说："昨晚看电后，我感觉到国际的来电，确没有知道中国革命发展的形势。""切实说起来，国际不仅不了解目前革命发展的形势，并且没有了解中国革命的总趋势。国际之不能了解中国革命的趋势，恩来同志要负这一责任。恩来同志向国际的报告，一定没有说明革命发展的总的趋势，所以使国际不能（了解）这一迅速的发展。"李立三强调："我们如果机械的执行国际的指示，表面上忠于国际的来电，实际上放松现在革命的紧急关头，便是不忠于革命，不忠于革命就是不忠实于国际。"他进一步谈了全国武装暴动的部署，并提出："在这种形势下，我觉应很快的成立中央总行委与成立南方局、北方局。"① 与会者同意李立三的意见。项英说："国际并不是不了解总的趋势，而是没有了解革命发展的速度。"② 向忠发作结论时说：李立三的发言，"完全是根据实际问题上来作答复。这许多实际问题都说明党的路线之正确。"他说："恩来对于这一问题，不仅应负政治上的责任，而且还包含着一右倾的危险。""政（治）局同志都应在一致的精神上来坚决执行党的路线。这绝不是反国际，而是革命群众的要求。我们应向国际负责，同时应对革命负责。"③

八月三日，政治局继续举行会议。这次会议的议程是"继续

① 李立三在中共中央政治局会议上的发言记录，1930年8月1日。
② 项英在中共中央政治局会议上的发言记录，1930年8月1日。
③ 向忠发在中共中央政治局会议上的发言记录，1930年8月1日。

讨论目前政治形势及全国工作布置”。李立三又作了长篇发言，进一步谈了全国工作布置和军事战略，并且声言：“我们的战略也必须推动国际无产阶级对帝国主义的决战”，“国际在目前形势，我想必须采取积极进攻路线才有办法，首先是苏联，苏联必须积极准备战争”①。会上决定在发动武汉暴动、南京暴动与上海总同盟罢工的同时，要调集红一、二、三、四、五、六、八等军分路向武汉推进，要求南方局在广州组织暴动。会上强调了反对“右倾”的问题。向忠发说：“恩来同志尤其在政治上组织上都暴露他右倾的危险，应在政治上负严重的责任。”② 列席会议的团中央负责人温裕成说：“恩来同志回来，必有一次激烈的论战和斗争，我们必须指出他在国际上应负的政治责任。政治问题解决后，恩来同志可去北方局负责。”③ 还有人说：“中央对恩来的斗争必然是很坚决的，但必能以实际问题战胜其不正确的观念。这种不同路线，在目前形势下是不可避免的，但必须很快的解决，就是同样可使革命更快的发展。”④

八月六日，中共中央总行动委员会成立。李立三在会上作了《目前政治形势与党在准备武装暴动中的任务》的报告。

共产国际这时还没有看到李立三的全部讲话，但研究了六月十一日决议后，认为它是错误的，希望周恩来和六大后一直留在莫斯科的瞿秋白回去纠正。七月十六日，共产国际政治秘书处扩大会议讨论中国问题，由周恩来首先作报告。瞿秋白、张国焘也参加了会议。会议对《关于中国问题的决议案》进行了讨论。周恩来在作结论时说：“现在是革命高潮日在成熟过程中，虽然许多苏维埃已推翻了乡村封建统治，但在全国说，还没有直接革命

① 李立三在中共中央政治局会议上的发言记录，1930年8月3日。
② 向忠发在中共中央政治局会议上的发言记录，1930年8月3日。
③ 温裕成在中共中央政治局会议上的发言记录，1930年8月3日。
④ 罗登贤在中共中央政治局会议上的发言记录，1930年8月3日。

形势。”二十三日，政治秘书处通过《关于中国问题的决议案》，再次强调：“暂时我们还没有全中国的客观革命形势”，“建立完全有战斗力的政治坚定的红军，在现时中国的特殊条件之下，是第一等的任务”。①

周恩来离开莫斯科后，先坐火车到大连，再搭轮船于八月十九日到达上海。

周恩来一回到上海，李立三和向忠发立刻找他提出质问。他们接连进行两次谈话。周恩来通过耐心的说理和具体的分析，终于把他们说服了。二十二日和二十四日，举行政治局会议。二十二日那次会上，周恩来传达国际的指示精神，也批评李立三的错误。在报告中，他着重强调了建立并发展革命根据地的问题，说：

> “根据地决不是割据、保守，而是站住脚跟，一步一步的有力的发展。”“在中国什么地方最适合作苏维埃的根据地？赣西南、闽粤边等处，不仅有广大的苏维埃区域，而且有党的基础，有广大的群众，巩固这许多地方以向着工业中心城市发展。在策略上为什么要这样做？这是因为在这许多区域不仅是敌人力量最弱的地方，而且有党所领导的广大基础，党将这力量巩固起来。”“中央过去特别指出割据的错误，因此对于根据地这一点确实注意得比较少。我回国后，与特生（向忠发）、柏山（李立三）两同志谈话后，都认为这是工作中的缺点。”②

---

① 《关于中国问题的决议案》，《中共中央文件选集》第6册，中共中央党校出版社1989年8月版，第584、585页。

② 周恩来在中共中央政治局会议上的发言记录，1930年8月22日。

指出这一点有着十分重要的意义。几年来，中共中央一直把城市作为全部工作的中心，而对农村革命根据地和红军抱着轻视的态度，并曾在给共产国际主席团的信中把周恩来前此提出建立苏维埃根据地的主张斥为“割据观念”。中共中央在这个问题上有了新的认识，是一个重大的进步。周恩来在引导全党重视农村革命根据地和红军这个根本性的问题上是走在前列的，做出了重大贡献。

八月二十四日，政治局就周恩来的报告进行讨论。李立三说：“听了伍豪同志的报告以后，将过去所怀疑的主要问题完全了解。”他回顾过去“中央特别注意全国工作的配合城市无产阶级武装的准备，当然亦没有放松苏维埃的工作；国际的指示特别加紧苏维埃的巩固、红军集中，然后争取中心城市。这一着重点确是不同。这一不同从哪里发生？这还是在发展不平衡这点上发生”。“我们如仅注意弱点，而不利用优点，确是不妥当的，至少我个人过去是没有注意到这一点。”① 向忠发在结论中也说：“在今天讨论后，应有一电报去国际。有几点要声明：过去是有误会。同时说明伍豪回后，政（治）局已讨论二次，一切问题已解决，坚决接受国际指示及补正过去的不足。”② 二十五日，周恩来为中共中央起草了以向忠发名义给国际的电报，表示：中央政治局对国际的指示完全同意，决定坚决执行国际的一切指示。

二十六日，瞿秋白也到了上海。这时李立三的冒险主义已使革命受到重大损失，长沙得而复失。在周恩来、瞿秋白的帮助下，李立三进一步承认错误。九月八日，再由中央政治局致电共产国际，表示接受国际的《关于中国问题的决议案》和停止武汉、南京暴动的指示，“承认最近期间的策略是有害的”，“坚决

① 李立三在中共中央政治局会议上的发言记录，1930 年 8 月 24 日。
② 向忠发在中共中央政治局会议上的发言记录，1930 年 8 月 24 日。

在自我批评的基础上，执行策略的转变”。①

与此同时，周恩来在实际工作中着手纠正立三错误在各地的贯彻。八月二十六日，他在总行委主席团会议上提议“在苏区党中必须成立中央局以指导红军及群众的工作”，并对全国工作的部署提出了具体意见。

由于湖北问题是立三路线对全国工作部署的重点所在，九月上旬，他为中共中央接连起草并发出三封给长江局的指示信。九月一日的信上明确指出：“在今天武汉还不能暴动，还不是暴动的前夜。”“红军向中心城市发展这一路线是不会实现的。”这封信还强调：“当我们估计敌人力量的时候，不容许我们有丝毫过低的估量，不容许我们忘掉敌人的任何强点；当我们估计我们自己力量的时候，不容许我们有丝毫夸大的估量，不容许我们有架空而不切实的计划，尤其不容许我们忘掉我们自己的弱点。”②九月四日的信上指出：“你们一切工作计划，最中心的缺点是在布置暴动上做文章。”他强调：“你们第一个任务，便是要将武汉工人群众的实际生活与要求（不仅是先进分子的要求，最重要的是广泛的落后的群众的一般要求都要计及）弄清。”“斗争力量和组织基础必须从日常斗争、罢工与示威之不断生长中培植起来，以联系到党的政治口号。”要他们坚决反对“‘左’倾会比右倾好些、在现时只怕右倾不怕‘左’倾”的错误观念。“要知右倾会障碍革命与断送革命，而‘左’倾也同样会障碍革命与断送革命的。”③ 九月九日的信上指出，城市工作“必须极实际的发动群众，组织群众”。党的干部必须“多派往下层去，多派往外县去，

① 《中央政治局接受国际关于停止武汉南京暴动的指示致国际电》，《中共中央文件选集》第6册，中共中央党校出版社1989年8月版，第266页。

② 周恩来：《中央给长江局指示信》，1930年9月1日，手稿。

③ 周恩来：《中央给长江局指示信》，1930年9月4日，手稿。

加强红色区域的领导是你们万万不可忽视的”。① 这三封指示信，停止了武汉暴动的原有部署，把工作重新转移到正常的轨道上来。

在九月二十日的政治局会议上，周恩来宣读了《中央工作大纲》，获得通过。会上酝酿了在三中全会上补选政治局成员的问题，决定补选毛泽东、李维汉、顾顺章、温裕成四人为政治局候补委员。

经过这样的酝酿和准备，九月二十四日至二十八日，中国共产党六届三中全会扩大会议在上海麦特赫斯脱路一所临时租用的洋房里秘密召开。参加会议的有中央委员十四人和各地区、各单位代表二十二人。会议共开了五天。

列席这次会议的聂荣臻，后来回忆说：“恩来是这次全会的实际主持人，但他很谦虚，总是把秋白推到前台，让他主持会议，作报告，发表结论性意见。因此，三中全会使瞿秋白同志成为党中央实际上的主要领导人。恩来这种没有个人私心的谦让精神，令人钦佩。”②

九月二十四日全会开幕的那天，先由向忠发作中央政治局工作报告。接着，周恩来作了《关于传达国际决议的报告》。他全面分析了形势，批判了李立三对形势的错误估计，论述了中国革命发展不平衡的原因和表现，指出：“今天尚没有全中国客观革命形势，也就是在今天尚不是全国的直接武装暴动的形势。”他在报告中说，中共中央同共产国际在路线上并没有什么不同，都是主张：“中共党的目前任务是在夺取广大群众，集中革命力量，组织革命的战争，积极准备武装暴动，去推翻帝国主义国民党的

---

① 周恩来：《中央给长江局指示信》，1930 年 9 月 9 日，手稿。

② 聂荣臻：《学习恩来的优秀品德，继承他的遗愿》，《不尽的思念》，中央文献出版社 1987 年 12 月版，第 18 页。

统治，建立苏维埃政权。”但中共中央“因为对目前的革命发展形势在程度与速度上有了过分估量，遂致造成中央个别的策略上的错误”。报告批评李立三在“工作布置上部分的犯了‘左’倾冒险主义倾向的错误”①，包括：在形势的估量上将某种可能代替了目前的实际；忽视巩固发展苏维埃区域、组织革命战争；在城市中，把组织政治罢工的中心策略运用得太机械了（报告讲到“中央过去计划武汉暴动、南京暴动、上海总同盟罢工，受到国际反对”）；成立“行委”，停止党、团、工会独立活动和经常工作等。周恩来报告后，李立三在会上作了自我批评，瞿秋白作了政治讨论的结论。

九月二十七日，周恩来在三中全会上又作了组织报告，说明全国共产党员的人数已由二中全会时的约七万人发展到十二万人，其中大多数在苏维埃区域。报告强调指出：“现在中心是在苏维埃区域。不仅党是（有）政权的党，而且有红军、赤卫队，而且是要发展及于全国，所以更要加强组织上的领导。”②

第二天，会议在通过《关于政治状况和党的总任务决议案》、补选中央委员会成员、改选政治局后闭幕。会上补选的中央委员有李维汉、贺昌、陈郁、邓发等；中央候补委员有朱德、陈云、林育英、陈潭秋、恽代英等。新的中央政治局委员是：向忠发、周恩来、瞿秋白、项英、张国焘、关向应、李立三；政治局候补委员是：李维汉、徐锡根、卢福坦、罗登贤、温裕成、毛泽东、顾顺章。值得重视的是：毛泽东被重新选入政治局和朱德等被选入中央委员会，虽因他们远处苏区而不能立刻在中央起明显的作用，但这对以后事态的发展有着无法忽视的重要作用。

---

① 周恩来：《关于传达国际决议的报告》，《中共中央文件选集》第6册，中共中央党校出版社1989年8月版，第366、367、368、369页。

② 伍豪（周恩来）：《在三中全会中的组织报告》记录，1930年9月27日。

三中全会结束的下一天，举行政治局第一次会议。周恩来在发言中再次强调苏区工作的极端重要性。他说："关于全国工作布置，在组（织）决（议）案上有一原则：首先是加强苏区工作，苏区中央局的建立、苏区下级的健全、强健红军之领导，是首先在组织上重要的工作。"① 他表示自己愿意去苏区中央局工作。三十日，召开中央军委扩大会议。他在会上作了《目前红军的中心任务及其几个根本问题》的报告和结论。报告回顾了自南昌起义、秋收起义、广州起义以来红军成长的历史，提出"今天来讨论红军，根本任务就是要解决如何使红军成为工农民主专政的主要力量的问题"。要求密切上下级之间的同志关系，在红军中废除"官"与"兵"的称呼，"一律用'红色指挥员'、'红色战斗员'来代替"。② 报告认为：目前游击队和游击战术绝对不能取消，但要有现代化战术的充分准备，并建立集中指挥，建立总司令部。中央军事委员会应设在全国苏维埃临时政府所在地。会议还讨论了红军政治工作条例。会后，中央军委制定了改编全国红军的计划。

十月三日，政治局第二次会议上决定：由向忠发、周恩来、徐锡根三人组成中央常委；由周恩来、项英、毛泽东、余飞、袁炳辉、朱德和当地一人组成苏区中央局，负责指导全国各苏维埃区域与红军的工作。因为周恩来一时难以离开中央，派项英先去。十七日，政治局会议又确定由项英、毛泽东、周恩来、任弼时、朱德、吴振鹏、余飞，再加当地二人为苏区中央局成员，以周恩来为书记，由项英暂时代理。这次会上还讨论了《苏区工作计划》。二十九日，周恩来为中共中央起草致红军一、三军团前

---

① 周恩来在中共中央政治局会议上的发言记录，1930 年 9 月 29 日。

② 周恩来：《目前红军的中心任务及其几个根本问题》，《军事通讯》第 4 期，1930 年 12 月 30 日。

委信，指出不要再为打长沙或南昌而争吵，甚至发生分兵行动，强调要集中一切武装力量并统一指挥，“利用敌人的弱点，尽力的给〈敌〉人以各个击破的打击”。① 并提出：苏区中央局在项英未到前可先行成立，暂以毛泽东代书记，朱德为一、三集团军总司令，目前一切政治军事指导统集中到中央局。

经过周恩来、瞿秋白等的努力，在六届三中全会后，李立三已离开原有的领导地位，武汉暴动、南京暴动和全国准备暴动响应的计划已经取消，红军进攻大城市的命令由于二次进攻长沙失败已不再实行，中央和地方革命行动委员会的组织已经撤销，党、团、工会的组织已经恢复，农村革命根据地和红军的工作已提到越来越重要的地位。这些，大多并没有共产国际的具体指示，而是周恩来、瞿秋白和中共中央其他负责人根据实际情况所决定的。

各地党组织也根据三中全会的精神，采取措施，纠正“左”倾的盲动错误。当时在江苏省委工作的刘晓回忆说：“六届三中全会之后，省委决定派人到外县去停止执行立三路线的暴动计划。我被派去常州、宜兴、镇江、苏州一带传达。我跑了几个地方后，更感到李立三盲动主义对全国形势的估计和组织暴动、总起义是没有客观基础的，是错误的。我遇到几位县委书记，都表示赞同六届三中全会的决议。他们说，敌人控制很严，暴动本来就搞不起来，也应该吸取教训。”②

三中全会也有明显的不足之处：它把李立三的错误归结为“个别的策略上的错误”，这当然是不够的，表现了某些调和妥协的精神；它继续强调“党内主要的危险是右倾机会主义”，并错

---

① 《中央关于对付敌人“围剿”的策略问题给一、三两集团军前委诸同志的指示》，《中共中央文件选集》第 6 册，中共中央党校出版社 1989 年 8 月版，第 479 页。

② 刘晓：《党的六届三、四中全会前后白区党内斗争的一些情况》，《中共党史资料》第 14 期，中共党史资料出版社 1985 年 5 月版，第 88 页。

误地批判了曾正确反对李立三的何孟雄。但总的说来，作为立三路线主要特征的那些错误已在实际工作中得到纠正。整个工作正在逐步转到正常的轨道上去。

可是，情况却发生了陡然的变化。

十月间，共产国际执委会给中共中央写来一封信。这封信的一开始还说："共产国际执委会很满意地接到中国共产党中央委员会政治局的通知，说在伍豪同志报告之后，政治局已经取消以前的决议，而完全同意于国际执委和中国共产党中央代表团所共同拟定的决议。"接着，信里作出一个三中全会以前国际并不曾提过的新的论断："在中国革命最重要的时机，曾经有两个在原则上根本不同的政治路线彼此对立着。""立三同志底路线，这就是反国际的政治路线。""这条路线底结果，就是消极，就是失败，就是极危险的冒险。"因此一定要指出"立三路线底反马克思主义的、反列宁主义的实质"。① 这个结论和三中全会的论述显然不同。

为什么周恩来、瞿秋白等在六届三中全会上，没有说李立三的错误是路线问题，而只把它看作个别的策略上的错误呢？除了他们对李立三的错误认识不足以外，一方面，中国共产党过去在历史上很少使用路线斗争这个提法。他们当时认为：李立三虽有错误，但不能同六大以来整个党的路线混同起来，中央路线跟共产国际的路线还是一致的。另一方面，他们在莫斯科讨论这个问题时，共产国际并没有说过李立三的错误是路线问题，当时共产国际决议案的批评还是温和的。甚至到八月间，共产国际执委会《关于远东局与政治局新的争论的决议》及其草案中，仍说："政治委员会认为中国共产党中央的政治路线是正确的"，但有"个

① 《共产国际执委给中共中央关于立三路线问题的信》，1930 年 10 月。

别错误”。三中全会就是根据这个基调来说的。后来共产国际看到李立三八月一日和三日在政治局会议上的讲话，批判的性质升了级，三中全会也随着被国际指责为“调和主义”了。

使三中全会后的中央处境格外困难的是，当他们还没有接到共产国际这封信、并不知道国际认为立三的错误是反国际的路线、也不知道国际对三中全会提出严重批评的时候，一九二九年四月从莫斯科回国的、长期受到共产国际东方部副部长米夫等器重的留苏学生王明（陈绍禹）、博古（秦邦宪）等，已通过其他留苏学生的归国，在十月底先知道了。在立三路线统治时期，王明、博古等虽提出过一些不同意见，并因而受到了处分，但那只是些理论概念上的争论。三中全会时，他们对全会的报告都表示同意。会后，中共中央决定派遣他们到苏区去参加实际工作，他们也表示接受，准备前往。一听到国际来信的消息，认为这是他们夺取中央领导权力的机会，就不肯走了，并把消息在底下广泛传播。不仅在中央机关传，而且在上海的党的机关内传，还传到其他地方去。于是，到处议论纷纷，在党内造成了严重的思想混乱。

十一月十三日，王明和博古联名写信给中共中央，说立三同志的路线是反马克思主义的反列宁主义的路线，和国际路线是不能并容的；指责三中全会没有充分地揭露其机会主义的实质，要求中央正式公开宣布立三路线的错误实质。中共中央当时还不知道国际来信的事，以为这只是王明等拒绝前往苏区的借口。接着，王明又写了《两条路线》（以后经过增订，改名为《为中共更加布尔什维克化而斗争》）的意见书，抄成三份，在几十人中传阅，宣称：“现有领导同志维它（指瞿秋白——编者注）等不能解决目前革命紧急任务，不能领导全党工作。”①

① 绍禹（王明）：《为中共更加布尔什维克化而斗争》，《中共中央文件选集》第7册，中共中央党校出版社1991年3月版，第665页。

一些受到过李立三和三中全会批评的地方党组织成员也纷纷起来，认为党已经临到八七紧急会议前夜的情况，要求中央改组。其中有些是好同志，如具有丰富实际工作经验的中共上海沪中区委书记何孟雄。他一直反对李立三的“左”倾主张。在九月一日一次谈话会上尖锐地批评“立三主义”的错误：一、忽视不平衡的发展；二、忽视主观力量；三、忽视阶级力量的对比。他的正确批评在会上受到了李立三的无理压制，说他是“取消派暗探”。几天后又开始对他进行错误的批判和处分。三中全会没有为他平反，反而又错误地指责他是“右倾机会主义”。这时，他的情绪十分激烈，也有不少人对他同情，强烈要求改组中央。此外还有一批人是长期以来对中央心存不满的，如控制着全国总工会和上海工联党团的罗章龙、徐锡根、王克全等，这时十分活跃，到处制造纠纷。

王明、罗章龙等联名要求国际再一次召开像“八七会议”那样的紧急会议。他们攻击的矛头越来越集中地指向三中全会后的中央，特别是瞿秋白和周恩来，形成一股声势浩大的反对中央的风潮。这对处在极端秘密环境中的中国共产党来说，是十分严重的问题。

中央直到十一月十六日才收到国际的十月来信。十八日，政治局召开会议讨论国际来信，承认三中全会没有揭露李立三的路线错误，是一种调和态度。但认为在目前的特殊环境下，这个问题不宜在党内扩大讨论，以免妨碍正在实行中的工作转变并造成党的分裂。周恩来在发言中说：

> “国际来信的批评是很深刻的，指出过去对于路线的动摇。我们虽曾说过立三这一理论的发展可以形成另一条路线，但我们的指出是没有这样明显而深刻。”“对于国际来信的发表问题，我觉应遵照国际的指示，不允许扩大讨论，而使工作的停滞。因此此信只能发到积极

> 干部中去，中央加一简要的说明。”“已经知道国际信的同志（如新由莫方回国的），必须召集他们一次会议，要他们站在巩固党、帮助中央的领导的立场上来做工作，不允许不经过组织而走到分裂党的方式上去。”①

十一月二十二日，政治局召开扩大会议。周恩来在会上说：“上次政（治）局已表示同意国际指示，认为三中全会是接受国际路线的指示，并依此定出总的方针。但过去对立三路线错误的揭发，取了调和态度，没有指出其理论的基础，没有指出因他的理论而产生各种问题上的错误。”他强调：“要指出三中全会是在国际路线之下传达国际决议的”，② 这样来回答反对三中全会的人们。二十五日，中央政治局作出决议，完全同意国际执委会的十月来信，并说：“三中全会一般的已经接受了国际的路线”，但“对于立三同志路线显然不充分的揭发，包含着对于‘左倾’错误的调和态度”，“没有揭发立三同志的路线，这就使执行国际路线的主要任务，没有能彻底解决”。政治局把十一月二十五日的决议称作“补充三中全会的决议”。并认为：李立三和赞成过他的同志都作了自我批评，而党目前又正处在很困难的时候，因而“在党内实行‘公开辩论’立三同志路线问题是不适宜的”，对这个问题“只限于解释工作”。③ 十二月一日，周恩来在中央机关工作人员会议上作了批判立三路线的报告，并着重分析了立三路线的理论基础。

对王明等人的小组织活动，周恩来已有察觉。十二月六日，他在政治局会议上发言说：党内的不满情绪，“中心问题是不承认三中全会、要改组中央的原因造成的，在人的活动上可以看出

---

① 周恩来在中共中央政治局会议上的发言记录，1930 年 11 月 18 日。

② 周恩来在中共中央政治局会议上的发言记录，1930 年 11 月 22 日。

③ 《中央政治局关于最近国际来信的决议》，《中共中央文件选集》第 6 册，中共中央党校出版社 1989 年 8 月版，第 500、501、502 页。

显然是小组织倾向的”，“首先是陈、秦信对中央文件批评，对立三路线反没甚揭发”，“他们把这认为紧急任务，简直可以放弃一切中心任务”。周恩来强调：“政治意见可以发表，但不可妨害工作。小组织活动是有计划的，完全不站在拥护党的立场，可以肯定地说，他们的政治意见也不是正确的；若是正确的，在组织上便不会如此。”①

可是，王明等这时已觉得有恃无恐，公开打出“反对三中全会的调和路线”的旗号，更加猛烈地攻击三中全会后的中央，指责它已没有保障执行国际路线的可能，不能领导全党工作，要求由国际组织临时的中央领导机构。他们对进一步揭发李立三的错误倒没有多大兴趣，置党的一切中心任务于不顾，而把重心放在不承认三中全会、要求改组中央上面，把这说成是紧急任务。罗章龙和一些受过三中全会错误批评的干部，这时也要求召开紧急会议，来解决三中全会的“调和路线”问题。周恩来等到处解释，舌敝唇焦，风潮仍无法平息下去。

十二月中，共产国际东方部副部长米夫以国际代表的身份秘密来到上海。他分批会见王明等和罗章龙、徐锡根等，但拒绝会见何孟雄。提出要召开四中全会，全会的中心是反右倾，并且严厉指责了三中全会和十一月二十五日决议案。

米夫以共产国际代表的身份，直接出面干预，提出指责，使本已十分困难的中共中央处于更加困难的境地。十二月九日中央政治局作出决议，承认：“三中全会虽然一般的接受了共产国际的路线，——但是这是在调和主义的立场上去接受的”，“因此三中全会的路线也就不正确了”。② 十六日，政治局决定撤销对王

① 周恩来在中共中央政治局会议上的发言记录，1930年12月6日。

② 《中央政治局十二月九日的决议》，《中共中央文件选集》第6册，中央党校出版社1989年8月版，第503、504页。

明、博古等四人的处分（同时也取消过去对何孟雄的处分）。但这样还不行。政治局经过两次讨论后，在十二月二十三日又发出中央紧急通告（即第九十六号通告）。这个通告，在米夫的压力下，不仅继续承认立三路线一度统治着全党，而且对三中全会和这以后的中央也作了全盘的自我否定。它说："三中全会本是为的接受国际路线而召集的，但因为站在调和主义的立场上来接受，结果使三中全会的路线仍然成为立三路线的继续，并对立三路线加了一层保障。""这样，就使调和主义的中央所领导的全党工作仍然在重复与继续立三路线的错误。"并说：十一月二十五日和十二月九日两个决议案中，"还是保持着调和主义的态度"。紧急通告中还表示：为了保障国际路线与反立三路线之"绝不调和的彻底的执行"，党内应实行改造，要发展自下而上的批评，并"引进积极反立三路线反调和主义的干部尤其是工人干部到指导机关"。① 事情发展到这样地步，三中全会后的中央事实上已陷于瘫痪，无法继续工作下去了。

但王明和罗章龙等并不就此罢休，更加乘势猛攻，大吵大嚷。罗章龙等对九十六号通告仍采取否定态度，坚持撤换中央领导，要求召开紧急会议。一九三一年一月一日，罗章龙主持制定了《全总党团决议案》，要求"立即停止中央政治局的职权，由国际代表领导组织临时中央机关，速即召集紧急会议"；认为瞿秋白、周恩来、李立三"均是不堪教育的"，向忠发、项英、关向应、邓中夏、贺昌、罗登贤等"亦须离开领导机关，施以严重的处罚"。王明等在同米夫商议后，左右开弓，一面继续猛烈攻击中央，一面又指责罗章龙、何孟雄等为右派。他们改变召开紧

① 《中央紧急通告（中央通告第九十六号）——为坚决执行国际路线反对立三路线与调和主义号召全党》，《中共中央文件选集》第6册，中共中央党校出版社1989年8月版，第547、549页。

急会议的主张，要求召开四中全会，要把反对立三路线、反对三中全会后中央的旗子完全抢到他们手中。

这时米夫出来讲话了。他说已报告国际，决定召开四中全会，而不是召开紧急会议，并由他起草了《中共四中全会决议案》。米夫还提议由王明担任江苏省委（三中全会后一度改称江南省委）书记。政治局没有完全接受，于十二月二十三日决定这时还在苏联的刘少奇担任省委书记，归国前由王明代理；还决定将博古补为团中央委员，参加团的中央局工作。瞿秋白、周恩来认为自己在处理立三问题上既已错误，就应该团结各方面反对过立三错误的人来执行国际路线。他们推荐何孟雄等去见米夫。在讨论四中全会补选中央委员名单时，他们又提了何孟雄。这些都被米夫拒绝。他们两人还对三中全会以来的问题承担了责任，提出自己应退出政治局。米夫因王明等都缺乏实际工作经验，而共产国际对瞿秋白在莫斯科工作期间的表现早有不满，就确定排除瞿秋白，保留周恩来。瞿秋白对周恩来说："你还要背着这个担子。"①

一九三一年一月七日，六届四中全会在上海秘密召开了。这次中央全会是以突然袭击的方式举行的，只开了十几个小时。向忠发宣布开会时说：这次会议"是在远东局指导之下召集的"。②在整个会议过程中，共产国际代表一直处在实际作出决定的地位。出席会议的有三十七人，其中有中央委员十四人，候补中央委员八人，还有王明、博古等其他出席者十五人。会议一开始，罗章龙等反对举行四中全会，要求召开紧急会议。围绕会议的性质和议程发生了激烈的争吵。国际代表宣布，四中全会已得共产国际来电批准，停止了这个争论。会上，向忠发作政治报告；经

① 周恩来在中共中央政治局会议上的发言提纲，1943 年 11 月 15 日，手稿。

② 中共六届四中全会会议记录，1931 年 1 月 7 日。

讨论后，由国际代表作结论；然后进行改选。国际代表在讲话中批评三中全会“接受立三路线”，“中央在转变中仍是对立三路线取调和态度，及转变迟缓”。并且挖苦地说：“恩来同志自然应该打他的屁股，但也不是要他滚蛋，而是在工作中纠正他，看他是否在工作中改正他的错误。”①

周恩来在发言时，对三中全会的错误承担了责任，同时仍坦率地针对当时党面对的分裂危机和派别分歧，谈了他的忧虑，强调要维护党内团结。他说：“党现在正处在困难时期。立三路线是涣散了党的，现在正要加紧的将它恢复与健全起来。”“如果说凡是过去坚决执行立三路线者、或者指导机关主要负责同志便是立三派，拿他们当派别看待，说他们不堪造就，这依然是立三路线的继续，我们也是要反对的。因为站在派别观念上来解决问题，就一定会离开党的利益而只顾到派别的利益，这不是布尔塞维克党允许的。”② 对自己，他没有作什么辩解，并印发了自己在三中全会上传达国际决议的报告，注明：“对立三路线之调和主义错误实可以拿它做一个标本式的文件。我发表了它，也正是要全党来认识与指斥我的错误。”③

会议通过了远东局提出的中央委员会和政治局成员名单。瞿秋白、李立三、李维汉三人退出政治局。李维汉、贺昌两人退出中央委员会。原来不是中央委员的王明，不仅被补为中央委员，而且成了政治局委员。周恩来曾建议：既然王明和几个同他持相似观点的进入了中央委员会，是否也可以选一些有不同意见的人参加，米夫没有同意。

---

① 《共产国际代表在四中全会上的结论》，《中共中央文件选集》第7册，中共中央党校出版社1991年3月版，第36、39页。

② 周恩来在中共六届四中全会上的发言记录，1931年1月7日。

③ 周恩来：《关于传达国际决议的报告》，《中共中央文件选集》第6册，中共中央党校出版社1989年8月版，第359页。

四中全会上强调反对“目前党内主要危险”的“右倾”，“改造充实各级领导机关”。会后，决定由王明担任江苏省委书记，并派遣大批中央代表到各地去。于是，“钦差大臣”满天飞，到处拿“国际路线”压人。从这时起，王明的“左”倾冒险主义路线在中央领导机关内开始了长达四年的统治。

六届四中全会在中国共产党的历史上没有任何积极意义。刘少奇在一九四三年延安整风时说：本来，三中全会虽然未在思想上纠正立三路线，但在实际工作上当时还是纠正了的。当前问题是解决了，本来可以不开四中全会的。但米夫到中国后与王明结合，却召集四中全会，打击恩来、秋白。

周恩来在当时处境的困难是可想而知的。四中全会期间，他和瞿秋白两人都被置于“被告”席上，事实上成为主要的批判对象。在决定瞿秋白等退出政治局后，有人提议周恩来也应退出政治局并单独交付表决，由于十八人不同意，只有六人同意，才没有被通过。米夫以共产国际代表的身份来到中国，会后又在中国停留了半年左右时间，一切重大问题都由他一个人决定，没有任何讨论余地。在中国共产党内，经过这场突然袭来的轩然大波以后，中央的威信被剥夺殆尽，党内思想极度混乱，小组织活动到处都是，情绪严重对立，正常的党内讨论已难于进行。罗章龙等正在酝酿成立第二中央，王克全等正在准备成立第二江苏省委，不少党员一时不知所从，全党面临大分裂的现实威胁。这种状况在中国共产党过去的历史中是从来不曾有过的。在当时白色恐怖笼罩的环境中，共产党员正处在敌人的严密搜捕下，一旦出现这种大分裂，就会给党带来致命的打击。

在这样复杂而艰难的局势面前，周恩来该怎么办？他的心情极其痛苦。听任党组织出现大的分裂，在这时对党是罪恶的行为，是不能容许的。自己遭受了不应有的打击，乘此撒手不管，置身事外，这从他的思想和性格来说，又是决计做不到的。

他后来说过：这时支配着他的想法，是要“顾全大局，相忍为党”①。尽管他自己还没有被不少同志所谅解，但他不为自己解释，而是恳切地说服许多同志不能意气用事，要在四中全会选出的中央机构领导下团结起来，使党避免出现大的分裂，度过这段最艰难的时刻。但是，罗章龙、王克全等不但没有收敛，相反更派人四出串连，煽惑鼓动，加紧分裂党的活动。周恩来代表中央同罗章龙、王克全谈话，严厉批评他们，要他们立刻停止活动，认识错误，回到党这边来。告诫他们：分裂和反对党的行为是绝对不能容许的。这次谈话没有生效，王克全态度蛮横地大吵大闹。最后，周恩来要他们慎重考虑，限三五天内作出答复。罗章龙、王克全仍然没有理睬，不向党作出回答。一月二十七日，中央政治局作出《关于开除罗章龙中央委员及党籍的决议》，并决定开除王克全的中央委员和政治局委员。由于采取了这种坚决的措施，党内局势稍稍稳定了下来。

中国共产党历史上在内部曾经历过多次巨大的风波，出现过严重的分歧和纠纷，但党始终没有分裂，总是在党的内部纠正错误。这对党的发展和民主革命胜利的取得，有着重要的意义。

在这段时间内，十分不幸的是何孟雄、林育南、李求实等因被叛徒出卖，一月十七日在上海东方旅社被捕，二月七日英勇牺牲。周恩来十分悲痛，在党的秘密报纸《群众日报》上写了题为《反对国民党残酷的白色恐怖》的社论，沉痛地悼念他们。

四中全会后，周恩来依然忍辱负重地担负着中央的繁重的日常工作。王明公然说，这只是“为的实际工作便利和给他们以改

---

① 周恩来：《对我们党在新民主主义革命阶段六次路线斗争的个人认识》提纲，1972年6月10日，手稿。

正错误机会”[①]。由于米夫仍以共产国际代表的身份留在中国，支持王明，周恩来的处境十分困难。他的内心充满着苦闷，但仍然拼命地工作，并努力在自己力所能及的范围内继续消除李立三“左”倾冒险主义错误的影响。

一月十日，政治局会议决定：向忠发、周恩来、张国焘三人为中央常委。三十日，决定周恩来兼任中央军委书记。三十一日，常委讨论分工时，明确周恩来负责军委和苏区的工作。他在这次会上说：现在与苏区的道路已通，必须迅速进去。这样，在四中全会以后，周恩来的工作重点逐渐转到红军和苏区工作的指导方面。

这时，红军和苏区的局面已有很大的发展。在四中全会召开前几天，红一方面军粉碎了国民党军队的第一次大规模“围剿”，取得歼敌近两个师的重大胜利。紧接着，敌人又暗中筹划并准备第二次大规模“围剿”。一月间，周恩来起草的中央在四中全会后的第一号通告中说：“帝国主义与国民党军阀进攻红军苏维埃区域，成为目前对于革命的最主要的危险。”“苏区与红军的存在”“将更推动着革命运动前进”。《通告》尽管根据四中全会的精神不适当地提到“我们必须坚决执行进攻的路线”和“反右倾机会主义斗争”的问题，但又写道：“如果轻视了反革命‘围剿’的力量，过于夸大了自己的力量，这在现在比任何时候都更危险。”并提出在敌我力量对比不利情况下应注意“保存实力以图新的发展”和“应当更发动广大的群众的游击战争”的问题。[②]

三月二日，也就是第二次“围剿”发动前将近一个月，周恩来主持起草了中央给一、三集团军总前委等的信。信中根据中央

① 陈绍禹（王明）：《为中共更加布尔什维克化而斗争》，《中共中央文件选集》第7册，中共中央党校出版社1991年3月版，第722页。

② 周恩来：《目前政治形势及党的中心任务》，1931年1月，手稿。

掌握的谍报材料，通报了第二次“围剿”的几个特点：第一，他们认为江西苏区是主要的危险，这次进攻时最主要的是进攻江西苏区与打击红军一、三集团军；第二，为了改正第一次进攻指挥不统一的弱点，委任何应钦为进攻苏区的总指挥；第三，“他们现在预定不取包围形式，而取集中力量，以便打击我们”。周恩来在发信前，又添写了重要的一段：

> “在战略上，当着敌人力量尚未集中的时候，我们必须利用优势击溃敌人的主力。当着敌人大举包围，我们必须利用敌人的弱点，击溃敌人的一方。如能诱敌深入，聚而歼灭他，这也是可采用的战略。总之不应执着一端，而固守某一办法成为不可改变的定理，这是容易造成失败的前提的。我们作战，只有一个是不易的法则，即是时刻不忘与群众武装斗争的配合，此外，都是要我们站在主动地位而支配作战形势的。”①

对赣东北、湘鄂西、鄂豫皖等根据地红军的军事行动，他也给了许多具体指示。

赣东北根据地在方志敏等领导下，一九三〇年得到了比较大的发展，成立了红十军和赣东北革命委员会，打破了国民党军队四个师、三万多兵力的第一次“围剿”，正准备对付国民党军队的第二次“围剿”。周恩来在他二月十九日起草的《给赣东北特委的指示信》中，要求面对着优势敌人的红军，在农民游击战争的配合下，用各种方法“来疲敝与涣散敌人的战斗力，在适当的力量对比上，击破敌人的一方，给敌人以各个击破，这样来冲破敌人的‘围剿’”。并且指出：“你们的发展方向应以打通与西南

① 周恩来在《中央给一、三集团军总前委，第二集团军前委，各军前委，各特区军委，各集团军与各军的军长、政治委员的公函》上的补充意见，1931 年 3 月 2 日，手稿。

一、三集团军的联系为主要任务。”“在发展中必须求得巩固，绝对反对只发展不巩固的冒进政策。”①

对贺龙等领导下的湘鄂西根据地，国民党军队从一九三一年初发动第一期“围剿”，攻占了监利、沔阳、潜江地区的大片土地，局势是严峻的。周恩来在三月十日起草的《给湘鄂西特委的指示信》中，批评了那种“只凭脱离群众的单纯的军事行动企图取得大城市乃至最大城市”的错误观念，要求他们树立“巩固苏区、建立根据地与改造红军的根本认识”。并说到这里受着敌人五六个师以上兵力的“围剿”，要反对“冒进政策”，也要反对“逃跑主义”。“在湘鄂西要特别注意的是发动群众的游击战争。”“要能在配合群众的斗争、利用敌人的弱点的条件下，击破这一线敌人的一方”，“各个击破敌人”，“赤卫队与白军作战应尽可能避免正面的硬拼”。“只有使红军真正成为接近群众、发动群众的阶级军队，使红军真正成为实现土地政纲、保卫苏维埃政权的军队，则红军才能得到广大群众坚固的拥护。”②

鄂豫皖根据地的斗争，这时在曾中生等领导下取得了较大的发展。一九三一年三月九日的双桥镇战斗中，全歼来犯敌军主力，活捉敌三十四师师长岳维峻以下官兵五千余人，缴枪六千余支，炮十四门。这是鄂豫皖红军取得的空前大胜利。三月二十四日，周恩来在中共中央军委会议上说：红一军最近的胜利，已冲破了敌人第一次“围剿”，但敌人正在进行第二次的新的进攻，这是不能轻视的。鄂豫皖特区必须在巩固的基础之上向外发展，扩大苏区。他还谈到利用敌人内部矛盾的问题，提出：“我们可以与次要的敌人结暂时军事联盟，打击主要的敌人。”③

---

① 周恩来：《中共中央给赣东北特委的指示信》，1931年2月19日，手稿。

② 周恩来：《中共中央给湘鄂西特委的指示信》，1931年3月10日，手稿。

③ 周恩来在中共中央军委会议上的发言记录，1931年3月24日。

可是，这时留在上海的中共中央领导机关的工作环境，由于敌人的破坏而更加恶化了。

一九三一年四月下旬，也就是四中全会后三个多月，一件对中共中央的安全造成从未有过的极大威胁的事件突然发生，那便是参与领导中央特科工作的顾顺章送张国焘去鄂豫皖根据地后，在武汉被捕叛变。顾顺章原是上海的工人，这时是中共中央政治局候补委员。他长期负责党的保卫工作，了解党的重要机密极多，清楚只有极少人才知道的中共中央机关和许多中央领导人的住址，也熟悉党的各种秘密工作方法。顾顺章的被捕和叛变，因远在武汉，中共中央没有能立刻获悉。顾顺章向国民党当局建议以突然袭击的方式将中共中央机关和主要领导人一网打尽。这个极端机密而重要的情报，被打入国民党中央组织部调查科当机要秘书的地下党员钱壮飞获悉了。他立刻派人连夜从南京赶到上海，报告中央特科负责人李克农转报中央。

这真是千钧一发的危急关头。如果中共中央机关被敌人一网打尽，对中国革命带来的打击将是不堪设想的。而要在敌人的统治下迅速从事大规模疏散的任务自然十分艰巨，时间又如此紧迫。周恩来是这样一个人：他在危急关头，不仅有着钢铁一样的意志，并且总能冷静而周密地估量可能发生的种种问题，果断地采取行动。他没有浪费掉一点时间，当天就同陈云商定对策，在聂荣臻、陈赓、李克农、李强等协助下，采取了一系列紧急措施：销毁大量机密文件；迅速将党的主要负责人转移，并采取严密的保卫措施；把一切可以成为顾顺章侦察目标的干部，尽快地转移到安全地带或撤离上海；切断顾顺章在上海所能利用的重要关系；废止顾顺章所知道的一切秘密工作方法。当夜，中共中央、江苏省委和国际机关全部搬了家。聂荣臻后来说：“这两三天里真是紧张极了，恩来和我们都没有合眼，终于抢在敌人前面，完成了任务。”① 在顾顺章指引下，国民党特务在上海进行了大搜捕，周恩来原来的住处也被搜查，结果却一一扑空。在周恩来沉着机智的指挥和周密细致的部署下，在极端危急的情况下，妥善地保卫了中共中央的安全，避免了一次后果极端严重的大破坏。

在这以后，中共中央领导机关的活动范围被迫更加缩小。那时留在上海的中央政治局委员只有向忠发、王明、周恩来、卢福坦（工人，在全国总工会工作，后叛变）四人，总书记仍是向忠发。政治局会议和常委会议都很少进行。为此，中央决定改变工作方式，采取分头负责的办法。周恩来仍被指定负责军事工作和中央苏区、赣东北苏区的工作。六月十六日，中共中央发出《给苏区各级党部及红军的训令》，指出：“目前红军主力军的行动方针，应是巩固的向前发展。”“在这时，诱敌深入与击破敌人一方的策略是应互相为用的，中心要放在运用广大群众的游击战术击破敌人主力以至完全消灭他们上头。”②

可是，这种状况没有维持多久，新的打击接着又来到了。中央机关被迫转移后，形势更趋紧张。因为向忠发历来生活作风不好，又不守纪律，周恩来一再叮嘱他不要出去活动。六月二十一日，向忠发擅自外出，并且在外面住了一夜。第二天出门叫出租汽车时，被人认出而遭敌人逮捕。周恩来立刻组织人营救，但向忠发被捕后，就把周恩来在小沙渡路的住处供出。敌人派人去搜查，周恩来和邓颖超都已撤离。敌人仍不死心，派人在他家守候。

在这种情况下，周恩来不得不更加严格地隐蔽起来，同其他

① 聂荣臻：《学习恩来的优秀品质，继承他的遗愿》，《不尽的思念》，中央文献出版社 1987 年 12 月版，第 18 页。

② 《中央给苏区各级党部及红军的训令》，《中共中央文件选集》第 7 册，中共中央党校出版社 1991 年 3 月版，第 319、320 页。

No. 2 年 月 日發 年 月 日到

1931 年 3 月 10 日周恩来为中共中央起草的
致湘鄂西特委的指示信手迹

领导人互不往来。这时他在上海已很难继续存身了。不久，中央决定他停止工作，等候转移，但周恩来并没有完全停止工作。八月三十日，他在听取欧阳钦关于中央苏区情况的报告后，为中共中央起草了《给苏区中央局并红军总前委的指示信》，提出：

> “现在中央苏区的中心任务应是：最大范围的发动群众，巩固并扩大红军，支持长期的艰苦的阶级战争，以冲破敌人的‘围剿’，并扩大苏区和建立巩固的根据地，在这个根据地上建立苏维埃临时中央政府，最大限度的实施苏维埃政纲。”
>
> “在军事策略方面，集中红军主力，实行各个击破敌人，这是我们的原则，但不是说要集中主力，便连一部分的必要的分兵配备去发展游击战争，去巩固后方，去袭击敌人的力量都不要了，也不是说只有诱敌深入的办法，才可各个击破敌人，在力量许可时，我们还要用追击敌人的办法来消灭敌人。”①

信中也批评“中央苏区现时最严重的错误是：缺乏明确的阶级路线与充分的群众工作”，批评红军“还没有完全抛弃游击主义的传统”。这些批评是不正确的，反映了当时中央工作指导中的“左”的错误。

这时，由于中央委员和政治局委员都远不足半数，中共中央根据远东局（这时米夫已经离开中国）的提议，决定成立临时中央政治局，由博古、张闻天（洛甫）、康生、陈云、卢福坦、李竹声六人组成，以博古负总责。随后报经共产国际批准。九月下半月，临时中央在上海成立。

正在这个时候，日本军国主义者于九月十八日突然以武力袭

---

① 周恩来：《给苏区中央局并红军总前委的指示信》，《中共中央文件选集》第7册，中共中央党校出版社1991年3月版，第362、365、366页。

击沈阳，随即强行占领整个东北。国民党政府的军队奉命不战而退。中国面临空前严重的民族危机。周恩来虽处在严格隐蔽、准备撤退的情况，仍密切关心着时局的发展，并写过几篇有关九一八事变的短文章。

十月中旬，王明先离开上海，前往莫斯科。十二月上旬，周恩来也离开上海，前往中央革命根据地（就是中央苏区）。据送他离开上海的黄平回忆：

> “他当时住海宁路与山西路转角处的一家小店（大概是烟纸杂货店，夜晚看不清楚）楼上。”“恩来离沪那天，我是晚上八时许到他家的。当时他穿着对襟蓝哔叽中式短上衣和一条蓝哔叽中式裤子。这是广东熟练工人的打扮。”“化装就绪，他拿了一只小手提箱，我们两人就一起下楼，雇了两辆人力车就动身了。为避免引人注意，邓颖超也未下楼送行。到了十六铺，我们立即就上了一艘太古洋行或怡和洋行的轮船，经过香港或直放汕头，我不能确定，但决不会冒被捕的危险，在香港上岸。在统舱里找到绰号叫‘小广东’的交通员，恩来认识他。我把恩来交给了‘小广东’，就告别下船。”①

这样，三十三岁的周恩来告别了他从一九二七年起长达四年（两次去苏联的时间包括在内）的白区地下斗争的生活，前往他久已向往的新的天地了。

① 黄平：《往事回忆》，人民出版社1981年12月版，第79、80页。

十六、在中央革命根据地

周恩来搭乘的是一艘客货混装的小火轮。这种船只能沿着海岸线行走，不能在大海里航行，颠簸得很厉害，但比较安全。船走了几天，才到汕头。

那时从国民党统治区进入中央革命根据地有一条主要交通线：从汕头出发，经大埔，越过国民党封锁线，进入福建永定的游击区，再经长汀转往赣南。三四个月前，周恩来就通知大埔交通站站长卢伟良到上海汇报工作，向他详细询问了这条交通线的沿途情况，做了准备。到汕头后，他又重新化装，装扮成一个画相先生，由交通员萧桂昌护送，坐火车到潮安，换乘轮船溯江而上至大埔，再换小木船，中途在清溪上岸，到大埔交通站所在地。

从这里到进入苏区，是全程中关键性的一段路。在这中间有国民党军队和民团的严密封锁线，筑有碉堡、碉楼，还有许多关卡、岗哨。要偷渡，不能走大路，只能走罕见人迹的山路或山沟；不能在白天行走，只能在夜间摸黑行进。大埔交通站站长卢伟良早就做了准备，派六名交通员武装护送周恩来通过封锁线。他们在黑夜中翻山越岭，攀藤附葛，越过封锁线，在十二月中旬到达永定境内的乌石下村。由永定交通站的交通员继续护送，在两天后到合溪。然后，进入上杭县境。

一进入苏区，周围的一切对周恩来都是那样新鲜，使他十分兴奋。他沿途利用休息时间，同农民和乡、区干部谈话，向他们了解苏区工作的实际情况。十二月二十二日到达长汀（旧称汀州），这里是中共闽粤赣边区省委和省苏维埃的所在地。周恩来在给中央政治局的信中高兴地写道："汀州的繁盛，简直为全国苏区之冠。（中央区虽有九个城市，但无有如汀州的。其他苏区尚无固定城市。）"① 他在长汀召集省委、省苏维埃和长汀县委的领导人员开会，作了八个小时的报告，对当前形势和党的任务作了详细的阐述。

一九三一年十二月底，周恩来到达这次旅程的终点——中央革命根据地的首府瑞金，会见了早在这里的毛泽东、朱德以及先期到达的任弼时、项英、王稼祥等，并就任中共苏区中央局书记。

"中央革命根据地"或"中央苏区"这个名称的出现还没有多久。它是以朱毛红军开辟的赣南根据地为基础发展而成的。为什么称为中央革命根据地呢？这同六届三中全会后中共中央对苏区和红军的工作日益重视直接有关。在六届三中全会上，周恩来讲到建立苏维埃根据地和设立临时革命政府的重要性时说道：以前"中央有过于机械的设想，以为中央政府一定要设在武汉，至少也要在长沙、南昌，而没有注意集中无产阶级领导的问题，统一指挥问题，统一法令与实现这一法令问题，殊不知这样是可以更兴奋苏维埃区域的群众，可以更影响全国的工农群众，这是建立临时中央政府主要的作用"。② 会议通过的《组织问题决议案》

① 《伍豪（周恩来）自苏中区来信》，1931 年 12 月 25 日。

② 周恩来：《关于传达国际决议的报告》，《中共中央文件选集》第 6 册，中共中央党校出版社 1989 年 8 月版，第 370 页。

写道："扩大的三中全会完全同意中央政治局立即在苏维埃区域建立中央局的办法，以统一各苏区之党的领导。"① 毛泽东、朱德领导下的赣南根据地，在全国各革命根据地中是众所公认的力量最强、影响最大的地区。苏区中央局和中央苏维埃政府自然以设在这里为宜。这样，它就被称为中央革命根据地或中央苏区。

周恩来到中央革命根据地来工作，并担任苏区中央局书记，这在很早以前就决定了。一九三〇年九月的三中全会结束后第二天，在九月二十九日召开的第一次政治局会议上就提出周恩来、项英等去苏区，组成苏区中央局的问题；十月十七日，政治局会议正式决定周恩来、毛泽东、项英、任弼时、朱德等组成苏区中央局，以周恩来为书记，统一领导各苏区的工作。但那时中央机构本身正处在剧烈的变动中，使周恩来一时难以离开，只能由项英先去，暂代书记（以后曾由毛泽东代理书记）。一九三一年一月十五日，中共苏区中央局在中央革命根据地正式成立。四中全会后，政治局常委又在三月四日决定由任弼时、王稼祥、顾作霖组成中央代表团，前往中央苏区，于四月初到瑞金。

周恩来到达瑞金、就任苏区中央局书记时，中央革命根据地的局面已取得巨大的发展。一九三一年九月，红一方面军粉碎了敌人的第三次"围剿"，歼敌三万多人，使敌人被迫转为守势，在一个较长时间没有能对中央革命根据地发动大规模的攻势。十二月十四日，原国民党第二十六路军一万七千人在该路军总参谋长、秘密的共产党员赵博生和当时还没有入党的第七十三旅旅长董振堂等率领下，在江西宁都起义，改编为中国工农红军第五军团，使红军增加了一支重要力量。这两个胜利，使中央苏区迅速扩大。在赣南，已跨有十八个县的范围，其中包括八个全县（兴

① 《组织问题决议案》，《六大以来》（下），人民出版社 1980 年版，第 32 页。

国、于都、寻乌、会昌、瑞金、石城、宁都、广昌），面积纵三百七十余公里、横二百七十公里，居民有二百四十五万人以上。在闽西，以长汀县城为中心，跨有长汀、上杭、武平、永定等县的范围。赣南和闽西这两个革命根据地已完全联系起来，打成一片。根据地内的敌人据点大部分被拔除，豪绅地主武装基本被消灭。土地革命已普遍展开。地主土地被没收，分配给无地少地的农民耕种。广大农民群众为了保卫自己的翻身果实，热烈拥护苏维埃政府，踊跃参军。主力红军已编成红一方面军，毛泽东任总政治委员 、总前委书记，朱德任总司令，下辖第一、三、五这三个军团，约六万人。地方部队有独立师、独立团等，还有民兵。全国苏维埃第一次代表大会于一九三一年十一月七日至二十日在瑞金召开，宣告中华苏维埃共和国临时中央政府成立，毛泽东当选为中央执行委员会主席，项英、张国焘为副主席。设立中华苏维埃中央革命军事委员会（简称“中革军委”），由朱德任主席，王稼祥、彭德怀为副主席。在中革军委成立后，撤销红军第一方面军总部，所属部队直属中革军委领导。周恩来当选为这两个委员会的委员。大会并通过了周恩来在上海为中华苏维埃共和国起草的《宪法大纲》。

但如果看一看苏区的周围，局势依然是严峻的，仍处在敌人的重兵包围之下。国民党军队的新的“围剿”正在酝酿和策划中。苏区内部的情况也相当复杂。在敌我双方异常尖锐激烈的生死搏斗面前，苏区中出现了令人痛心的肃反扩大化。不少地方在反对“AB团”、“社会民主党”、“改组派”的斗争中，滥施刑讯，大搞逼供信，轻信口供，任意捕杀被怀疑的对象，牵连的范围很广，造成大量冤假错案。它的后果十分严重。有的地方甚至弄到“人人自危，噤若寒蝉”的地步。

周恩来在上海时就焦虑地注视着这个问题。一九三一年三月二十七日，他在政治局会议讨论富田事变问题时说过：苏区内现在确有一种观念，夸大了敌人在内部进攻的估量；这种过分的估量，会动摇阶级斗争的信心，应指出来。八月三十日，他听取从中央苏区前来的欧阳钦的报告后，在为中共中央起草的《中央给苏区中央局并红军总前委的指示信》中指出：在中央苏区存在着“对AB团过分的恐慌”，一方面把这个斗争“简单化”了，“另一方面你们又将AB团扩大化了”。①

十二月十八日，他在前往长汀的途中给中央政治局写的信中说：我进入苏区虽只三日，但沿途所经，已见到闽西解决社会民主党问题上造成的“恶果是非常严重的”。② 他曾向一个红军团长询问“AB团”的情况。那个团长回答：过去据说有“六千AB团”，有很多是“并未完全审问清楚，但因军事作战时期不得已”。③这“不得已”三个字使周恩来十分愤慨。他在给中央政治局的那封信中痛心地写道：“据我在途中所见到闽西党的最近决议及中区党的文件，都还只言反AB团反社党（指“社会民主党”——编者注）的成功，而未及他的错误。可见此事转变之难与问题之严重性。”④

到长汀后，他到闽粤赣边区省委机关去，长汀县委妇女部部长李坚贞正好闯进去向省委汇报。周恩来和气地问她：“这个女同志干什么去啦？”李坚贞说：“抓反革命！”周恩来一听，笑了：“抓反革命，好哇！你说说，是怎么抓的？”李坚贞爽快地回答：“就这样抓的嘛！”周恩来又问：“嗯！你怎么知道他是反革命啊？”这下，李坚贞答不上来了。旁边的人向她介绍他是谁以后，周恩来耐心地解释道：“斗争土豪劣绅，成分一定要搞清楚。抓反革命，一定要有充分证据。是敌人，一个也不能放过。是好

① 《中央给苏区中央局并红军总前委的指示信》，《中共中央文件选集》第7册，中共中央党校出版社1991年3月版，第373、374页。

②③④ 《周恩来书信选集》，中央文献出版社1988年1月版，第76、77页。

人，一个也不要冤枉。”[①] 他越来越清楚地看到：这个问题已成为革命根据地各方面工作发展的严重障碍。十二月二十五日，他给中央政治局的信中说：闽西的工作确有相当成绩，“假使不是肃反工作做得那样严重错误，则群众的积极性与干部的产生必不致如现在感到困难。因此，加强党的正确领导，是闽西党的根本任务”。[②]

由于当时在中央苏区已发展到以肃反为一切工作的中心，积极采取措施纠正肃反扩大化便成为周恩来进入中央苏区后所抓的第一件大事。一九三二年一月七日，他到瑞金后不久，主持召开苏区中央局会议。会议根据周恩来的报告，通过《苏区中央局关于苏区肃反工作决议案》。它一开始就说：“中央局在深刻的检查了过去苏区肃反工作以后，完全同意周恩来同志的报告。”决议案虽仍认为过去反 AB 团的斗争是正确的，但着重指出：“因为过去对 AB 团及一切反革命派认识不正确，将 AB 团扩大化了，以为一切地主残余富农分子都可当 AB 团看待，以为一切从异己阶级出身的分子都可能是 AB 团，把党的错误路线的执行者，和犯错误的党员与群众都与 AB 团问题联系起来，甚至发展到连工农群众都不能信任了。”“结果便发展到以肃反为一切工作中心的极危险的观点。在打 AB 团中更专凭犯人口供，依靠肉刑，以致造成肃反工作的唯心论。”决议案指出了它所造成的后果：“最严重的是党内因此发生恐慌，同志间互相猜疑不安，甚至影响到指导机关。这不但不能打击和分散反革命的力量，孤立各个异己分子，夺取反革命欺骗下的群众，相反的，倒使我们自己的阶级战线革命力量受到动摇和损害。这是最严重的错误。”决议案还指

① 李坚贞：《永恒的怀念》，《人民的好总理》（上），人民出版社 1977 年版，第 184 页。

② 《伍豪（周恩来）自苏中区来信》，1931 年 12 月 25 日。

出：在一个时期内肃反的组织竟不受当地党和政权的指导，成为超过党超过政权的独裁机关。从而强调："中央局要以自我批评的精神，承认对于过去肃反工作中路线错误的领导责任。"①

这次会议以后，又采取了一系列具体措施，中央苏区的肃反扩大化基本上得到了制止。

那时放在中央苏区面前的各种问题中，最重要的仍是军事问题。下一步军事行动应该是什么？这个问题在纠正肃反扩大化的同时也提到了苏区中央局的议事日程上来。

当时国内的政治局势发生了重大的变动。九一八事变发生后，民族危机空前深重，全国人民要求抗日的怒潮席卷全国。在内外各种矛盾的逼迫下，蒋介石在十二月十五日宣告下野。一九三二年一月二十八日，日本侵略军队又直接在蒋介石统治中心的江浙地区采取军事行动，向上海大举进攻。驻防上海的十九路军蒋光鼐、蔡廷锴部奋起抗击，国民党政府不得不暂时移往洛阳。三月一日，日本在东北制造了伪"满洲国"，国难越来越深重了。彭德怀在《自述》中正确地评论道：在这种情况下，中国共产党"应当高举抗日民族革命战争旗帜，以停止内战、开赴抗日战争前线为号召，改变某些具体政策，适应开展抗日民族统一战线工作。红一方面军主力应当开向闽浙赣边区，以援助上海抗战来组织抗日力量，开展政治攻势，揭露蒋介石一切卖国阴谋。按上述方针，打通中央苏区和闽浙赣边区的联系，扩大苏区，扩大武装力量，为以后反'围剿'准备条件"。②

但是，远处上海的由博古负总责的临时中央推行的是比李立

① 《苏区中央局关于苏区肃反工作决议案》，《六大以来》（下），人民出版社1980年版，第359、360、361页。

② 《彭德怀自述》，人民出版社1981年12月版，第174页。

三更“左”的错误路线，一味强调在国内革命战争中采取所谓“进攻路线”，要求红军攻打中心城市。他们对形势这样估计：“目前中国政治形势的中心的中心，是反革命与革命的决死斗争。”要求红军在粉碎敌人“围剿”后不停顿地发动进攻，“集中力量追击敌人退却部队，消灭它的一方面，在政治军事〈顺利〉的条件之下，取得一两个中心的或次要的城市。不要在［再］重复胜利后休息，致使敌人得以从容退却，以致能很快的重整他们的旗鼓，向苏区为新的捣乱”。① 一九三二年一月九日，临时中央作出《中央关于争取革命在一省与数省首先胜利的决议》，更要求工农红军“将中央区、闽粤赣、赣东北、湘鄂赣、湘赣边各苏区联系成整个一片的苏区，并以占取南昌、抚州、吉安等中心城市，来结合目前分散的苏维埃根据地，开始湘鄂赣各省的首先胜利”。②

周恩来到苏区前曾主张进攻赣州。他到苏区后，同毛泽东交换了意见。根据对实际情况的估量，致电临时中央，明确表示：进攻中心城市有困难。临时中央复电：至少要在抚州、吉安、赣州中选择一个城市攻打。毛泽东仍不同意。周恩来和苏区中央局多数领导人觉得，拿这三个城市来比较，赣州处在苏区的包围中，攻下它可以使中央苏区和湘赣苏区连成一片，加上他们对赣州守敌的兵力又估计过低，错误地认为赣州是可以打下来的，于是，便由中央革命军事委员会发出了攻取赣州的军事训令。训令中说：“继续着一九三一年的工作，贯通了闽赣苏区，目前应该更进一步地贯通湘赣苏区，造成以赣州为中心联系到湘赣、闽赣

① 《由于工农红军冲破第三次“围剿”及革命危机逐渐成熟而产生的党的紧急任务》，《中共中央文件选集》第 7 册，中共中央党校出版社 1991 年 3 月版，第 406、409 页。

② 《中央关于争取革命在一省与数省首先胜利的决议》，《六大以来》（上），人民出版社 1980 年版，第 198 页。

的广大版图，进而威胁吉安，向闽北发展，使革命发展更迫进争取一省和数省有首先胜利的前进（途）。”根据这个训令，以第三军团为主力，由彭德怀为前敌总指挥，于二月三日起，打响了围攻赣州的战役。

这次战役并没有像预期那样发展。赣州的敌方守军原来估计只有八千人，事实上却有一万八千人，超过预计的一倍以上，而攻城的红三军团却只有一万四千人。赣州的地势又易守难攻。它处于章、赣两水的汇合点，三面环水，只有南面是陆地，城墙高达二丈，素有“铁赣州”之称。守军以优势兵力据险防御，自然难以攻克。红军以顽强的精神苦战一月，四次用爆破发动强攻，付出了重大牺牲，仍没有能把城打开。赣州又是赣南的经济政治军事中心，敌人不会轻易放弃。三月初，敌方援军——陈诚部主力第十一师的两个团偷渡赣江，突入城内，第十四师随后开到。这两个师的兵力约二万人。红军腹背受敌，不得不在三月八日撤出战斗。这次战役历时三十三天，城未攻克，伤亡很大，又丧失了扩展苏区的有利时机，因而是失败的。

正当赣州激战时，国民党特务机构采取卑劣的手段，由国民党中央党部调查科伪造所谓《伍豪等脱离共党启事》，送交上海的《时报》、《新闻报》、《时事新报》、《申报》与国内其他报纸，在二月十六日至二十一日间刊出，目的是想在中国共产党的广大党员和工人群众中造成思想混乱，使党涣散瓦解。这种伪造的伎俩是拙劣的，《启事》称有二百四十三人脱党，具名却只有“伍豪”一人，而周恩来这时根本不在上海，早已到了中央苏区。在上海的临时中央当即采取措施进行反击，在上海散发由江苏省委宣传部署名的传单，题为《反对国民党的无耻造谣》。又派人给申报馆广告处送去党所代写的《伍豪启事》来否定那个伪造的启事。申报馆不肯刊登。几经交涉，才用申报馆广告处名义在报上公开答复：“伍豪先生鉴：承于本月十八日送来广告启事一则，因福昌床公司否认担保，手续不合，致未刊出。”[1] 这是一种曲折的辟谣方式。处理过这件事的陈云后来说：“当时临时中央设法登了一个小广告，用报馆回答伍豪先生的方式，间接说明伍豪有一个否认并揭穿国民党造谣的声明，但因为保人关系，不能登出。用这个小广告使白区和全党同志知道国民党的阴谋，不受其欺骗。”[2] 接着，党又设法在三月四日的《申报》上刊出《巴和律师代表周少山紧要启事》。启事说：“兹据周少山君来所声称：渠撰投文稿曾用别名伍豪二字。近日报载伍豪等二百四十三人脱离共党启事一则，辱劳国内外亲戚友好函电存问。惟渠伍豪之名除撰述文字外绝未用作对外活动，是该伍豪君定系另有其人，所谓二百四十三人同时脱离共党之事，实与渠无关。”[3] 巴和是担任《申报》常年法律顾问的法国律师。少山是周恩来在党内使用的一个别名。这一启事的公开刊登，在社会上进一步澄清了问题。在中央苏区，毛泽东也于二月下旬以中华苏维埃临时中央政府主席的名义贴出布告，郑重宣告：“事实上伍豪同志正在苏维埃中央政府担任军委会的职务，不但绝对没有脱离共产党的事实，而且更不会发表那个启事里的荒谬反动的言论，这显然是屠杀工农兵士而出卖中国于帝国主义的国民党党徒的造谣污蔑。”[4]

赣州撤围后，红军集结在赣州以东以南地区整训。周恩来赶到前方，在赣州东北的江口圩主持召开苏区中央局扩大会议，毛泽东、朱德、王稼祥、彭德怀等都出席了。会议总结了攻打赣州城的经验教训，研究了此后红军的行动方针问题。会后，彭德怀率领三军团向赣江西岸出击，称为西路军；毛泽东以中央政府主席和中央革命军事委员会委员的身份，率领一、五军团向闽西发

---

① 《申报》，1932年2月22日。
② 陈云在批林整风汇报会议上的书面发言，1972年6月13日，手稿。
③ 《巴和律师代表周少山紧要启事》，《申报》，1932年3月4日。
④ 毛泽东：《中华苏维埃临时中央政府布告》(复印件)，1932年2月。

展，称为东路军。

福建是当时敌人军事力量的薄弱环节，除张贞的第四十九师外都是地方保安部队，是一个最好的发展方向。三月三十日，毛泽东从长汀致电周恩来，主张东路军“必须直下漳（州）、泉（州），方能调动敌人求得战争，展开时局”；并说明漳州的地形“难守易攻”，于我有利。四月一日，周恩来从瑞金赶到长汀，召开作战会议。会议听取福建省委关于漳州地区情况的报告，同意毛泽东提出的龙岩、漳州战役的计划，具体部署了前后方的各项工作。第二天，东路军立刻掉头南下，经龙岩直插漳州城郊。周恩来留驻长汀，组织兵力，筹集给养，保障前线需要。四月二十日，东路军攻占漳州。漳州是闽南的商业中心和军事重镇。这次战役的胜利，消灭了张贞的大部分兵力，翦除了敌人的一翼，同时又扩大了红军的政治影响，获得大量武器、弹药和军需物资的补给，是一次巨大的成功。彭德怀部西路军在湘赣边区也扩军四十个营。五月三日，毛泽东在给中央局的电报中对这次军事行动作了充分肯定的评价：

> “在现时的敌我形势下，在我军的给养条件下，均必须跳出敌人的圆围之外，采取进攻的外线作战，才能达到目的。”“此次东西两路军的行动完全是正确的。东路军深入漳州决不是主要为着筹款，西路军的分出也没有破坏集中的原则。我们已跳出敌人的圆围之外，突破了敌人的东西两面，因而其南北两面也就受到我们极大威胁，不得不移转其向中区的目标，向着我东西两路军的行动。”①

但正在推行“左”倾冒险主义路线的中共临时中央对这种状况却十分不满，接连提出严厉批评，要求苏区中央局采取积极进

① 毛泽东致苏区中央局的电报，1932 年 5 月 3 日。

攻的策略，争取一省几省首先胜利。他们在四月十四日发出《为反对帝国主义进攻苏联瓜分中国给各苏区党部的信》，错误地指责："右倾机会主义的危险是各个苏区党面前的主要危险。这些右倾机会主义是表现在：对于目前革命形势的估计不足，忽视反苏联战争的危险，忽视反帝运动与土地革命中的无产阶级的领导权，轻视中国革命的民族解放的任务与帝国主义直接干涉，不了解红军的积极行动的必要而陷于庸俗的保守主义。"强调目前苏区极端重要的任务是"进行坚决的革命的进攻，来扩大苏维埃区域"。① 五月十一日，苏区中央局经过讨论，接受临时中央的批评。但临时中央还认为不够，在二十日又发出给苏区中央局指示电，再次提出批评，并说："伍豪同志到苏区后，有些错误已经纠正，或部分的纠正，在某些工作上有相当的转变，但是未估计反苏战争的危险，未巩固无产阶级的领导及加强工会工作，一切工作深入下层的彻底的转变，或者还未开始，或者没有达到必要的成绩。"指示电要求："目前应该采取积极的进攻的策略，""夺取一二中心城市，来发展革命的一省数省的胜利。"② 在临时中央催逼下，三十日，周恩来在苏区中央局机关刊物《实话》上发表文章，检查自己"犯了不可容许的迟缓、等待这种右倾机会主义错误"。③

这时战争形势也有一些变化。五月下旬，敌方陈济棠部两个师从广东北上，侵占了赣南西部的大片地区，另以一师侵占信丰，向于都窥进，使赣南根据地受到巨大威胁 。同时又得到消

---

① 《为反对帝国主义进攻苏联瓜分中国给各苏区党部的信》，《六大以来》（上），人民出版社1980年版，第227、228页。

② 《中央给苏区中央局的指示电》，《六大以来》（上），人民出版社1980年版，第242、243页。

③ 周恩来：《拥护全国红军的胜利，坚决执行积极进攻的路线》，《实话》第5期，1932年5月30日。

息：国民党政府已令有较强战斗力的十九路军开赴福建。于是，东路军在六月初撤离漳州、龙岩地区，回师赣南。六月五日，中共临时中央发布军事训令："一、五军团主力应先与河西三军团相呼应，解决入赣粤敌。"七日，周恩来致电毛泽东、朱德、王稼祥：望坚持积极进攻路线，以全力求得此次战役完全胜利，给粤敌以重大打击。中旬，他在汀州主持召开苏区中央局会议，讨论贯彻临时中央指示的问题，并在十七日作出关于争取和完成江西及其邻近省区革命首先胜利的决议。红军的编制作了调整：恢复红一方面军总部，仍辖第一、第三、第五军团，取消东路军、西路军番号。

随后，第一、第五军团经过酷暑下的长途行军，赶到广东的乌径地区，七月上旬同粤军在水口地区遭遇，进行了一场异常激烈的恶战，击溃粤军二十个团。当时担任一军团政委的聂荣臻后来说："粤敌经过这次教训，全部退出赣南根据地，以后很长时间未敢轻举妄动，使我赣南根据地得以安定了一段时间，这对于我们尔后的北线作战是很有利的。"① 这次战役的缺点是：因兵力不够集中，成了同敌人拼消耗，没有能大量歼灭敌军。当红三军团赶到水口时，双方都已退出战斗。随后，一、三、五军团在赣粤边界的信丰、南雄一带进行了一段时间的休整，于月底前渡赣江北返。

在这段连续作战的日子里，邓颖超到了中央苏区。在五月一日到达长汀，见到周恩来。周恩来继续在前方指挥作战，邓颖超到了后方瑞金。在瑞金，她带病坚持工作，不久担任苏区中央局的秘书长。

这时国内政治局势又有新的变动。蒋介石在一度下野后，于

① 《聂荣臻回忆录》，战士出版社 1983 年 8 月版，第 155 页。

一九三二年三月六日出任军事委员会委员长。五月五日，国民党政府同日本侵略者签订了出卖淞沪权益的停战协定。这样，他们又腾出手来，集中力量向红军进攻。六月十六日，蒋介石调集大约五十万兵力向全国各苏区和红军发动第四次“围剿”。这次“围剿”分为两个阶段，在第一阶段，也就是一九三二年下半年，他们对中央苏区暂取守势，而以主力向鄂豫皖、湘鄂西两个苏区发动猛烈进攻。从全国范围来看，苏区的形势显然比前一阶段大大吃紧了。

水口战役后，周恩来以中共苏区中央局代表身份赶往前方，由任弼时代理苏区中央局书记。七月，恢复红军第一方面军番号时，由中革军委主席朱德兼红军第一方面军总司令，苏区中央局提议由周恩来兼任第一方面军总政治委员。七月二十五日，正在前方的周恩来、毛泽东、朱德、王稼祥联名致电中央局：“我们认为，为前方作战指挥便利起见，以取消政府主席一级，改设总政治委员为妥，即以毛任总政委。作战指挥权属总司令总政委，作战计划与决定权属中革军委，关于行动方针中央局代表有决定权。”① 七月二十九日，周恩来又写信给中央局坚持由毛泽东担任红一方面军总政委，反复陈述：如果由自己任总政委，将“弄得多头指挥，而且使政府主席将无事可做”，而毛泽东“以政府主席名义在前方，实在不便之至”，“泽东的经验与长处还须尽量使他发展”，并强调说：“有泽东负责，可能指挥适宜。”他在这封信中还谈到：池江、水口两次战役虽胜，但只是打成击溃战，教训在于“行动迟缓犹豫，分兵应敌”，“未以全力对付粤敌”。②

八月初，一方面军在兴国附近的竹坝召开军事会议。接着，中央局召开了兴国会议。这两个会议决定：一、红军主力北上消

① 《周恩来书信选集》，中央文献出版社 1988 年 1 月版，第 79 页。

② 周恩来致苏区中央局的信，1932 年 7 月 29 日。

灭乐安、宜黄、永丰之敌；二、对红军进行整编。八月八日，中央局接受了周恩来等的提议，任命毛泽东为红军第一方面军总政治委员，同时下达了一、三、五军团发动乐安、宜黄战役的命令。决定在前方组织军事最高会议，由周恩来、毛泽东、朱德、王稼祥组成，以周恩来为主席，负责处理前方的行动方针和作战计划。

红一方面军接到中革军委命令后，佯作向西行动，主力却隐蔽地急行北上。周恩来随军行动。红军连续行军一星期，于八月十五日开抵同敌军相持的招携、东韶一线时，对方还毫未察觉。第二天，红军出敌不意，突然发动攻击。十七日攻占乐安。二十日攻克宜黄。二十三日乘胜占领南丰。这一仗打得异常迅猛，速战速决，一周内连克三城，俘敌五千多人，缴获了包括山炮、迫击炮、机关枪等在内的大批武器、弹药和物资。南昌、抚州大震。

乐安、宜黄战役后，红军本想乘胜攻取南城。二十四日，周恩来随军抵达南城近郊。这时，发现南城守敌有三个师的兵力，已有作战准备，地形于我不利，敌方的工事又很坚固，势必形成相持对垒的局面。而敌人在乐、宜战役后受到很大震动，担心红军乘胜北取抚州、威胁南昌，正由武汉、南昌、吉安等地调兵增援。根据这些新的情况，红军当机立断地改变预定计划，主动撤退至东韶、洛口一带休整，寻找战机。周恩来致电苏区中央局并转临时中央，说明他们改变计划的原因：敌军已注意“固守城镇”，我们应“使其离开据点，在运动中消灭之，这点很重要”。①

但临时中央和苏区中央局却一再催促红一方面军继续向北出击，威胁南昌，认为这样才能减轻敌人对鄂豫皖、湘鄂西、湘鄂

① 周恩来：《关于乐安、宜黄两次战绩和敌军动态的报告》记录，1932 年 8 月。

赣根据地的压力，给这些根据地以直接支援。并且指责一方面军“不宜在南丰、南城、宜黄间久待”，① “这给群众以十二分不好影响”。②

于是，以临时中央和苏区中央局为一方，以在前线的周、毛、朱、王为另一方，在作战方针上形成了显然对立的看法。

九月二十三日，周恩来、毛泽东、朱德、王稼祥致电中央局并告中央进一步陈述他们对目前行动方针的共同看法：

> “出击必须有把握的胜利与消灭敌人一部，以便各个击破敌人，才是正确策略；否则，急于求战而遭不利，将造成更严重错误。”“我们认为，在现在不利于马上作战的条件下，应以夺取南丰，赤化南丰河两岸、尤其南丰至乐安一片地区，促起敌情变化，准备在运动战中打击与消灭目前主要敌人为目前行动方针。”“这一布置，虽不是立即出击敌人，但仍是积极进攻的策略。”“在这一行动中，必须估计到敌情将有变化。当其有利于我们出击时，自然要机动的集中兵力去作战。”③

第二天，周恩来又从宁都致电给苏区中央局，强调说：“行动计划已电告。据我们看来，这是目前情形中最好的办法。当然敌情不是不变的，敌情一有变迁，我们仍当迅速地抓住敌人的弱点，实行攻击其一方以便各个击破。”④

对湘鄂西和鄂豫皖中央分局，周、毛、朱、王也分别去电提出他们的意见。认为：应集中力量机动地选择敌之弱点，打击消

---

① 任弼时、顾作霖致朱德、毛泽东、周恩来、王稼祥的电报，1932 年 8 月 28 日。

② 任弼时、顾作霖致周恩来的电报，1932 年 9 月 7 日。

③ 周恩来、毛泽东、朱德、王稼祥致苏区中央局并告中央的电报，1932 年 9 月 23 日。

④ 周恩来致苏区中央局的电报，1932 年 9 月 24 日。

灭其一面，各个击破敌人。分散与持久硬打是给敌人各个击破我们以及分进合击的最好机会。

这一来，临时中央、苏区中央局同前线军事领导人之间的矛盾就迅速激化起来，从而种下了宁都会议的根子。

九月二十五日，中央局复电周、毛、朱、王："我们不同意你们分散兵力，先赤化南丰、乐安，逼近几个城市来变换敌情，求得有利条件来消灭敌军，并解释这为积极进攻策略的具体布置与精神，这在实际上将要延缓作战时间一个月以上。"认为这对正遭受敌军进攻的鄂豫皖、湘鄂西和河西红军不能呼应配合，而会给敌军以布置的时间，"可能演成严重错误"。① 同日，周、毛、朱、王再次致电中央局，坚持原有看法。因为中央局严厉指责他们不能同鄂豫皖、湘鄂西红军相呼应，他们在复电中痛切地说："现在如能马上求得战争，的确对于鄂豫皖、湘鄂西是直接援助，并开展向北发展的局面。我们对此已考虑再四。但在目前敌情与方面军现有力量条件下，攻城打增援部队是无把握的。若因求战心切，鲁莽从事，结果反会费时无功，徒劳兵力，欲速反慢，而造成更不利局面。""特别要认识敌人正在布置更大规模的进攻中区，残酷的战争很快就要到来，必须勿失时机地采取赤化北面地区，逼近宜、乐、南丰，变动敌情，争取有利于决战以消灭敌人的条件。"② 二十九日，中央局回电，蛮横地断言："我们认为这完全是离开了原则、极危险的布置。中央局决定暂时停止行动，立即在前方开中央局全体会议。"③

矛盾已发展到如此尖锐的地步。几天后，苏区中央局全体会议在一九三二年十月上旬召开，这便是宁都会议。

① 苏区中央局致周恩来、毛泽东、朱德、王稼祥的电报，1932 年 9 月 25 日。

② 周恩来、毛泽东、朱德、王稼祥致苏区中央局的电报，1932 年 9 月 25 日。

③ 苏区中央局致周恩来、毛泽东、朱德、王稼祥的电报，1932 年 9 月 29 日。

会上展开了激烈的争论。用有些与会人的话来说，叫做："开展了中央局从未有过的反倾向的斗争"。与会的大多数人在"会议中特别指出要及时和无情的打击一切对革命胜利估计不足、对敌人大举进攻的恐慌动摇、失却胜利信心、专去等待敌人进攻的右倾主要危险"。认为前方军事领导人"有以准备为中心的观念，泽东表现最多"。他们把矛头突出地指向毛泽东，提出要把毛泽东召回后方，专负中央政府工作的责任，而由周恩来负战争领导的总责。周恩来虽在口头上承认了"前方同志在会议前与发言中确有以准备为中心的观念，泽东表现最多，对中央电示迅速击破一面开始不同意，有等待倾向"，但不同意把毛泽东召回后方的意见。他说："泽东积年的经验多偏于作战，他的兴趣亦在主持战争"，"如在前方则可吸引他供献不少意见，对战争有帮助"。因此，他坚持在两种办法中选择一个："一种是由我负主持战争全责，泽东仍留前方助理；另一种是泽东负指挥战争全责，我负监督行动方针的执行。"这两种办法都是要把毛泽东留在前方。但会上许多人认为毛泽东"承认与了解错误不够，如他主持战争，在政治与行动方针上容易发生错误"。① 毛泽东也因不能取得中央局的全权信任，坚决不赞成后一种办法。结果通过了周恩来的第一种意见，并批准毛泽东暂时请病假，必要时到前方。

会后，苏区中央局一些人对周恩来仍很不满，致电临时中央，抱怨他在会上"不给泽东错误以明确的批评，反而有些地方替他解释掩护"。认为他"在斗争上是调和的，是模糊了已经展开了的斗争战线"。② 周恩来在给中央的电报中也说："在会议中

① 《苏区中央局在宁都所开之全体会议经过简报》，1932 年 10 月下旬。

② 《任弼时、项英、顾作霖、邓发等对宁都会议经过与争论问题之说明》，1932 年 11 月 12 日。

我对泽东同志的批评是采取了温和态度”，“另外却指正了后方同志对他的过分批评”。① 此后他对毛泽东仍很尊重。几乎和宁都会议同时，临时中央常委会在十月六日开会讨论苏区中央局的问题，也对毛泽东和周恩来进行指责。博古发言说：“分散工作的观点，我是坚决反对的。在这里泽东又表现他一贯的观念，同时伍豪不能将自己正确路线与自己的权威与之作坚决斗争，而表示没有办法，又暴露一次调和以至投降的弱点。泽东的观点是保守、退却。”张闻天表示：“泽东可调回后方做苏维埃工作。”会议决定立即去电苏区中央局，传达临时中央的指示。②

十月十二日，中央革命军事委员会通令：“工农红军第一方面军兼总政治委员毛泽东同志，为了苏维埃工作的需要，暂回中央政府主持一切工作，所遗总政治委员一职，由周恩来同志代理。”③ 十四日，红一方面军发布的战役计划上，最后仍列三个人的署名：“总司令朱德，总政委毛泽东，代总政委周恩来。”周恩来并在计划上注明：“如有便，请送毛主席一阅。”④ 到二十六日，才由临时中央宣布以周恩来兼任红一方面军总政委。

宁都会议后，朱德、周恩来随军从广昌出发，赴前线指挥作战。他们果断地决定：乘敌方部署未定的时候，迅速击破其一方，并打通同赣东北红军的联系。十月十八日、十九日、二十二日，连克赣闽边界的黎川、建宁、泰宁、邵武四城。十一月间，又克光泽、资溪和金溪。这是一个重大的胜利。它扩大了苏区地域数百里，建立了闽赣省，并使闽北和闽西革命根据地连成了一片。

---

① 《周恩来致苏区中央局电报告宁都会议简情》，1932 年 11 月 12 日。

② 中央常委会议记录，1932 年 10 月 6 日。

③ 朱德、王稼祥、彭德怀：《红一方面军兼政委毛泽东暂回政府工作，遗职由周恩来代理的通令》，1932 年 10 月 12 日。

④ 《红一方面军建、黎、泰战役计划》，1932 年 10 月 14 日。

在此期间，朱德、周恩来、王稼祥连续向红一方面军全体指战员指出：敌人“正将四次‘围剿’的重心从湖北移到江西”，“加速地在布置大举进攻中央苏区”，“敌人大举进攻的时机已经到了”。号召全体红军战士“团结得像一个人一样，来消灭敌人，来争取比（第）三次战争还伟大的胜利”。① 十二月中旬，临时中央来电，重新提出要红一方面军攻打南城。十六日，周恩来在复电中再次提出不同意见。他说：“我们正集全力引动敌人，求于运动战中解决之，如直攻南城，则敌集重兵于此，地形工事较邵武尤险，攻之于我不利。”② 由于国民党军队的大举进攻已迫在眉睫，十二月下旬，周恩来、朱德利用敌军困守南城、南丰的机会，在红一方面军进行战前的整顿改编和军事训练，准备迎接新的大战的到来。

正当宁都会议前后那些日子里，在敌人第四次“围剿”下，湘鄂西和鄂豫皖两个苏区的红军主力先后退出了原有的革命根据地。一九三二年九月底，贺龙领导的红三军（红二军团改编而成）退出了洪湖根据地，转向大洪山地区。接着，又向湘鄂边界地区实行战略转移。十月十日，红四方面军主力两万多人越过平汉铁路向西突围，经鄂北、豫西，于十一月到达陕南地区。于是，国民党的第四次“围剿”进入又一个阶段：集中主要兵力向中央苏区进攻。

一场更加激烈的大战的序幕就要揭开了。

十二月三十日，国民党赣粤闽边区“剿匪”总司令何应钦下达了对中央苏区进行第四次“围剿”的计划。分兵三路：左路军蔡廷锴指挥在福建的六个师一个旅；右路军余汉谋指挥在广东的

① 《红色中华》第 40 期，1932 年 11 月 14 日。

② 周恩来致苏区中央局、中央政府并转中央的电报，1932 年 12 月 16 日。

六个师一个旅；中路军陈诚指挥十二师。左路的蔡廷锴和右路的余汉谋都是粤军，不是蒋介石的嫡系部队，对“围剿”的态度都不积极，没有采取重大的军事行动。进犯的主力是陈诚担任总指挥的中路军，兵力十六万余人，采取“分进合击”的方针，企图在黎川地区与红军决战。

红军参战的是第一方面军的一、三、五军团，十一、十二、二十一、二十二军以及两个独立师，约五万多人。由于双方兵力悬殊，红军的决策是：乘敌人部署尚未完成的时候，主动地打到外线去，打乱敌军进攻中央苏区的部署。

一九三三年元旦，红一方面军全军在黎川城举行北上誓师大会，周恩来参加了。二日，他和朱德随军出发。五日、六日，在黄狮渡首战告捷。八日、九日，又在浒湾同敌孙连仲、吴奇伟部展开激战。这两次战斗，共俘敌四千人，缴枪四千支。战斗结束后，周恩来建议：主力红军北上贵溪一带，与赣东北的红十军密切联系，待抚州等北线敌军出动增援或进攻红军时，在抚河到信江之间的广大地区于运动中消灭敌人。这本是一个比较好的主张，但又遭到苏区中央局的反对。他们害怕作战地区离根据地稍远，于红军不利；又怕主力北上后，敌人大举向中央根据地进攻，无法抵御。在中央局一再催促下，一方面军只得在把赣东北的红十军接应过信江后，撤离浒湾、金溪地区。

同周恩来的建议相反，临时中央和苏区中央局作战方针的重点却是要红一方面军集中全力，进攻敌人重兵防守的南丰城，企图以此来破坏敌人的“围剿”。一月二十四日，中央局致电周恩来、朱德、王稼祥和前方负责同志，要求以红军所有主力“先攻取南城、黎川、广昌，然后再进攻和取得南丰”。强调其中“特别着重的指示占领南城和南丰，是以上新作战计划重要的一部分”。电文并以警告的口吻说：“我们绝对的要你们在将来关于策略上的问题立即告诉我们，不要拖延过迟”，“我们要你们站在一致的路线上”，执行上述指示。[①] 周恩来接电后，仍然认为强攻南丰是不利的，在二十六日复电苏区中央局并转临时中央，认为原定计划“并无错误”，“更无以为敌人退却而不进攻的右倾观念”。[②] 第二天，再电指出：“抚河流域敌之两个较强的‘进剿’军还未组织完备以前，我军能在抚河东岸会合十一军求得运动战消灭敌人主力，确比围攻南丰暴露我军企图去打敌增援队为好。”并说：“我军万分谨慎地弄清敌情，以迟迟进逼的战略调动敌人，求得运动战的胜利，决无忽视敌之进攻与截击的观念。”[③] 三十日，他又致电苏区中央局并转临时中央，提出攻城的五不利：一、暴露企图；二、易受夹击；三、损伤大；四、不能筹款；五、耗费时日。他“不主张立即过河攻城”，并申述说：“中央累电催我们攻破城防，与我两电所陈战略实有出入。但我终觉消灭敌人尤其主力，是取得坚城的先决条件。敌人被消灭，城虽坚，亦无从围我，我可大踏步地直入坚城之背后，否则徒损主力，攻坚不下正中敌人目前要求。”[④]

这个争论，在某种意义上可以说是宁都会议那场争论的直接继续。

这时敌人第四次“围剿”的锣鼓已越敲越紧了。一月二十九日，蒋介石抵南昌。第二天发表演说，声言“剿匪是革命的初步工作，是御侮唯一的基础”。[⑤] 宣扬“攘外必须安内”。三十一日，主持召开军事会议，部署对中央苏区的进攻。二月六日，决

---

① 苏区中央局致周恩来、朱德、王稼祥并前方负责同志的电报，1933 年 1 月 24 日。

② 周恩来致苏区中央局并转中央的电报，1933 年 1 月 26 日。

③ 《周恩来选集》上卷，人民出版社 1980 年 12 月版，第 60 页。

④ 《周恩来选集》上卷，人民出版社 1980 年 12 月版，第 62 页。

⑤ 蒋介石：《剿匪要实干》，《蒋总统集》第 1 册，（台）中华大典编印会 1960 年 10 月版，第 610 页。

定自兼江西省“剿匪”总司令，并在南昌设立行营。大战已迫在眉睫。

局势的急速发展，已不容许红军内部对作战方针再进行充分的讨论。由于蒋介石已增调部队作出新的部署，在抚河以东调动敌人已无可能，一方面军主力转移到黎川附近待机。二月三日，周恩来和朱德、王稼祥联名致电中央局，说明“连续的残酷的战斗立刻就到”，要求中央局对前方只给以“原则上与方针上的指示”，至于“具体布置，似宜属之前方”。① 但中央局仍寸步不让，于次日复电：“在目前敌人据点而守的形势下，无法避免攻击坚城。”说：根据临时中央指示，“目前行动先攻南丰为适宜”，“乘胜威胁南城、抚州是我们目前的方针”。并且斩钉截铁地说：“此新计划经中央局全体通过，请立即讨论并电告执行的具体部署。”②

这样，强攻南丰已成为不容讨论而必须执行的硬性命令。二月七日，周恩来不能不向临时中央和苏区中央局提出攻击南丰的军事部署。但他声明：“上述部署不是呆板的，敌情地形有变尚须活用。”如强袭不成，“便须转移地区，攻宜黄、乐安调动敌人，于山地运动战中解决”。③ 同天，他再电苏区中央局表示：为着寻求机会在运动战中消灭敌人“似不宜先在攻坚上损伤过大的战斗力，如损伤大而又不能攻入，则更挫士气。请求你们考虑”。④ 还同朱德、王稼祥联名致电苏区中央局：“请求中央、中央局须给前方活动以机断余地和应有的职权，否则命令我们攻击某城而非以训令指示方针，则我们处在情况变化或不利的条件下，使负责者非常困难处置。因在组织上，尤其在军事上须绝对

① 周恩来、朱德、王稼祥致苏区中央局的电报，1933 年 2 月 3 日。

② 苏区中央局致周恩来、朱德、王稼祥的电报，1933 年 2 月 4 日。

③ 《周恩来选集》上卷，人民出版社 1980 年 12 月版，第 63 页。

④ 周恩来致苏区中央局的电报，1933 年 2 月 7 日。

服从上级命令，不容丝毫延搁；但在责任上、环境上我们又不得不向你们陈述意见。”① 而苏区中央局和临时中央执意不理。周恩来、朱德只得在九日率红一方面军由黎川附近集结地区向南丰开进。十二日，完成对南丰的包围，傍晚发动全线进攻。

对红军的强攻南丰，陈诚立刻作出反应：一面命令南丰守军敌第八师六个团据城坚守，一面急令所属三个纵队迅速增援，三路分进，企图将红军主力合围于南丰城下，一举加以歼灭。

这真是千钧一发的严重时刻。周恩来、朱德在敌情的这一变化面前，毅然决然当机立断，不待请示苏区中央局和临时中央，立刻改变原有军事部署。二月十三日晚，周恩来致电苏区中央局并转临时中央，说明南丰工事险要，我军强攻未克，伤亡较大，而敌军六个师已分三路前来增援。报告说：“据此情况，我们遂改强袭南丰为佯攻，决心先消灭增援队。”“求得于预期遭遇的运动战中消灭敌之一翼，以各个消灭之。”② 从十四日开始，他们留下少量部队继续佯攻南丰；并以一部兵力伪装主力，向东面的黎川方向转移，将敌第二、第三两个纵队向这一方向吸引；而将主力四五万人秘密撤至南丰西南的东韶、洛口、吴村地区隐蔽集结，待机歼敌。

这是第四次反“围剿”中决定胜败的关键性决策。战斗正是如他们所预期的那样发展的。二月二十六日，原驻乐安的敌第一纵队的第五十二、五十九两师被伪装主力的那部分红军的行动所吸引，跟随着向东推进，准备配合其主力寻歼红军于黎川地区。在行军中，它的右侧翼完全暴露在红军面前。同天，周恩来、朱德命令红军主力冒着连日阴雨，披荆斩棘，从集结地点星夜秘密北上，隐蔽于宜黄南部的黄陂一线山区。敌军由于受红军佯动的

① 周恩来、朱德、王稼祥致苏区中央局的电报，1933 年 2 月 7 日。

② 《周恩来选集》上卷，人民出版社 1980 年 12 月版，第 65 页。

迷惑，加上高山大雾和群众封锁消息，始终没有觉察红军主力所在，放心大胆地东进。二十七日下午一时，敌军这两个师分别进入山高林密、道路艰险的红军伏击圈内。拥有优势兵力的红军主力出其不意地突然发起猛攻。经过两天激战，将敌军这两个师几乎全部歼灭，敌师长李明、陈时骥都成为俘虏。红军取得了第一回合的重大胜利。

黄陂战役一打响，敌军第二、三纵队急忙掉头西援，而红军主力又于三月一日撤回东韶、洛口、小布地区秘密集结，待机继续歼敌。为了迷惑和调动敌人，周恩来又命红军一部分兵力向广昌开进。敌军在黄陂失利后并不甘心，急于反扑。红军一部的佯动，又使他们误以为红军主力已转往广昌。于是在三月中旬改变部署，将三路“分进合击”改为“中间突破”：以六个师分成前后两个梯队，用交叉掩护的办法，由宜黄徐徐向广昌推进。接着，又从后梯队抽出一个师加强前梯队。三月二十日，敌军后梯队与前梯队相距已有百里。后梯队在山路上又是一字拉开，前面的第十一师到达草台冈、徐庄时，后面的第九师还在东陂。第十一师是陈诚的嫡系主力，战斗力很强，这时刚好孤军行进在险峻的山路上，兵力无法展开，前后难以呼应。集结在敌军侧翼的红军主力，已秘密接近草台冈地区。周恩来、朱德抓住战机，立刻签署红一方面军作战命令：“采取迅雷手段，干脆消灭草台冈、徐庄附近之十一师，再突击东陂、五里排之敌。”① 三月二十一日拂晓，红一方面军突然向敌第十一师出击。这次战斗异常激烈。双方在崇山峻岭间进行白刃相接的肉搏战，致使敌军的优势火力不能充分发挥作用。战斗持续到下午一时，终于将第十一师和第五十九师残部基本歼灭。第二天，又在东陂歼敌第九师一部。

---

① 《周恩来选集》上卷，人民出版社 1980 年 12 月版，第 68 页。

黄陂和草台冈这两个战役，是第四次反“围剿”中具有决定意义的战斗，共歼敌近三个师、二万八千人，其中包括陈诚的最精锐的主力部队。至此，陈诚再也支持不住了，只能改取守势，指挥“进剿”军经南丰向抚州方向退却。红军取得了第四次反“围剿”的巨大胜利。

在第四次反“围剿”战争中，周恩来一直同朱德一起置身前线。他们的司令部很长时间设在建宁。在战斗激烈进行的时候，周恩来经常通宵达旦地工作。他的生活十分简单。他当年的警卫员郭应春回忆说：

> “周副主席在建宁，生活很朴素。睡的是门板床，再铺上几把稻草。盖的是一床很旧的灰毛毯。后来缴到敌人的毯子，才发给他一条红色的毛毯。床上没有枕头，就拣了一块砖头垫上。”“房里墙上挂着缴来的敌人的军事地图。这房子里很空，什么也没有。我们到外面搬来一张四方桌，一张小学生上课用的矮桌子，还有几张南方的矮凳子。”“桌上放的油灯，点的食油。食油本来困难，一人五钱油，还要省下来点灯。这灯是竹筒做的，上面放着瓦油盏，装了油，放着灯芯。周副主席端灯看地图时，有盏马灯。因为煤油更少，平时屋里都不点。”“我们洗面没有什么毛巾，用一块破布抹一下。周副主席和我们一样，有时用破布抹一抹，有时用手脸伏在水里一抹就算了。常常打仗缴来的战利品，我们想多照顾一下周副主席的生活，他都不要，都说归公，给我干什么？”①

就是在这样简朴的司令部里，周恩来、朱德以他们高度的智慧，运筹帷幄，指挥若定，领导中央红军取得了第四次反“围

① 根据当时周恩来的警卫员郭应春提供的书面材料。

剿”的巨大胜利。

在第四次反“围剿”中，周恩来、朱德首次创造了大规模的大兵团伏击歼灭战的宝贵经验。他们根据敌情的变化而灵活运用兵力，用佯攻或伪装主力转移来迷惑并调动敌人，将大兵团兵力秘密集结起来，选择有利地形，出其不意地向敌军一部发动猛烈攻击，迅速击破或消灭其一翼。这种大兵团伏击歼灭战的胜利，在红军历史上是不曾有过的。

第四次反“围剿”胜利后，中央红军发展到十万人，缴获了大批新式武器，红军的武器装备得到较大的改善，连队还装配了不少当时还不多见的轻机关枪。中央革命根据地同它东北的闽浙赣革命根据地也连成一片。

在到达中央苏区后的两年多中，周恩来比较强调红军的正规化和高度集中化。他有丰富的军事工作经验，对作战方针和红军建设等方面提出了许多重要的意见。

他一直强调要“在决战方向集中优势的兵力”，并且解释说：“我们要用少数的兵力放在次等方向，去抓住多数的敌军，以便抽出多数的兵力，在主要的突击方向，有把握的去消灭敌军。”①第四次反“围剿”的胜利，便是在这种思想指导下取得的。

这时敌人在对苏区的作战中越来越多地依靠要塞作为支点。对敌军的这种要塞应该怎样办？周恩来既批评了那种以为在要塞空隙中不能作战、因而主张专打要塞的观点，也批评了那种认为攻打要塞是不可能的、因而主张不打要塞的观点。他认为，“在敌人依靠要塞做支点”的情况下，我们在要塞的间隙中“多争取一分群众，多赤化一个地方，多组织一个游击队，敌人即多受一分威胁。以赤色包围城市与以武力封锁城市，前者较后者尤能持

① 周恩来：《从实际战斗中来认识战术原则》，《红色战场汇刊》，1933 年 8 月。

第四次反"围剿"作战地区略图

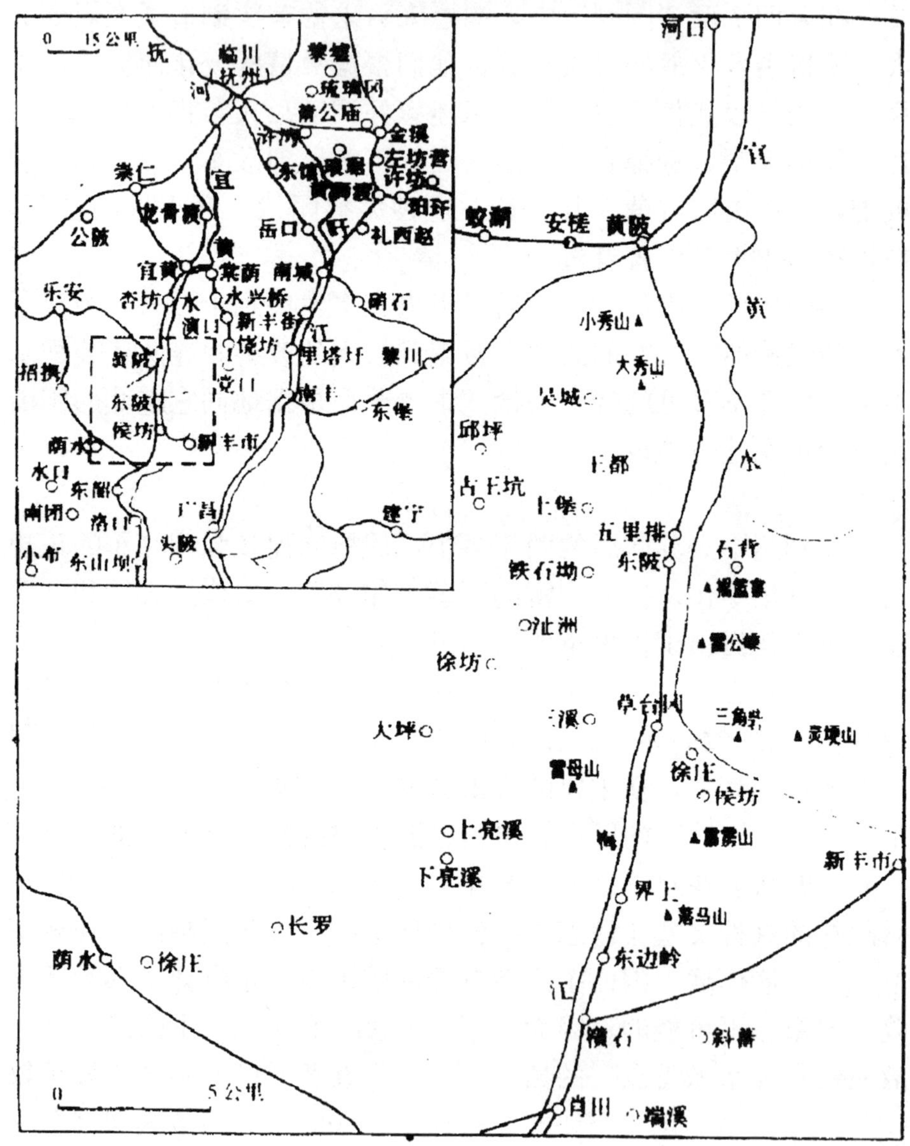

久地围困敌人，便利我红军由间隙中出击，使敌人（要塞）失其支点的作用”。①

他认为，除了正规红军以外，还要充分发挥红色游击队的作用。主张：积极挺进游击队，或破坏敌人围攻线，到敌侧后方去发动群众斗争，瓦解敌军；截断敌之交通，劫夺其辎重，扰乱其后方地方武装，在各个战线上去组织小战斗，以便红军主力攻击敌人一点，各个消灭敌人。他认为：不仅在苏区与敌人决战，并要能在边界与敌人的侧后方去积极战斗，这才能调动敌人，使敌人不敢深入。

周恩来十分重视红军中的政治工作。他主张：必须有深入的政治动员和充分的阶级教育，来提高红军战士的革命热忱与阶级自觉。一九三四年二月七日至十三日在瑞金召开了中国工农红军第一次全国政治工作会议。周恩来于十二日在会上作了《一切政治工作为着前线上的胜利》的报告，指出：“一切政治工作，要服从整个作战计划”，“要为着前线上的胜利”。② 报告论述了运用政治工作来提高部队战斗力、保障执行命令的各项措施，强调了政治工作人员学习军事的重要性。

他要求红军严格遵守纪律，指出：“工农红军必须在一切行动的纪律上，使群众认识真正是他们自己的军队，才能取得广大工农劳苦群众的爱戴，而竭诚来拥护。”“红军军人坚决执行号令，是战胜阶级敌人的重要条件之一。”③

他对方面军进行了集中的训练和改编，并认为：红军的军事政治教育，主要是在实际战斗中，其次则利用战斗间断及配置后

---

① 周恩来、王稼祥致各军团、各政委、政治部主任的电报，1933 年 4 月 10 日。

② 周恩来：《一切政治工作为着前线上的胜利》，《军事文献》（二），1942 年编印。

③ 朱德、周恩来：《中央军委关于检查军队违犯纪律情况的通令》，1933 年 3 月 24 日。

方的一瞬间，来实施训练和讲评。

为了加强红军的统一指挥，他指出：无线电已成为苏区红军主要通讯工具。他要求使电台工作更加健全起来，重视电台工作人员，“切勿以其为技术人员而加以丝毫的忽略。重要，重要!”对赣东北、闽北等处，都新配置了电台，并送去密码。他和朱德还发布了《保护我军文件、电台机密的几项规定》。

他要求加强侦察工作，整理各级侦察队，开办间谍班。指出：“侦察工作是组织战斗的第一步工作，是首长下定决心的基点，是完满作战计划的主因，是战斗过程复杂环境中达到机动的先决条件。它能使战略更加巧妙，使红军的战斗力更加发扬，因此它是司令部最主要的工作之一。”①

他还提出了加强后勤支援等方面的问题，要求在战争沿线有得力干部主持区委、区政府与训练赤卫军。在这些要道左右三四十里，须预先选择可以存储粮食、农具、耕牛的偏僻山寨或村庄，准备随时可以撤移。他要求重视对周围的国民党统治地区的工作，并提倡用合作社等方式做好苏区与国民党统治区之间互通有无的贸易。

第四次反“围剿”战争正在胜利进行的时候，原在上海的临时中央因处境日益恶劣，在一九三三年一月十七日决定迁来中央苏区。二三月间，临时中央负责人博古等到达中央苏区。

博古一到，立刻把中央苏区的党、政、军权全部抓到自己手里。为了推行“左”的政策，他们错误地批判中共福建省委代理书记罗明犯了“对革命悲观失望”的“逃跑退却路线”，并在苏区各地开展所谓反罗明路线的斗争。五月八日，根据临时中央提议，将中华苏维埃中央革命军事委员会同红军总司令部分开，在

① 朱德、周恩来、叶剑英：《关于健全侦察工作的训令》，1933年6月16日。

前方组织中国工农红军总部，任命朱德为中国工农红军总司令兼第一方面军总司令，周恩来为中国工农红军总政治委员兼第一方面军总政治委员；而把原来随军在前方的中革军委移至临时中央所在地的瑞金，增加博古、项英为委员。并规定：当中革军委主席朱德在前方时，这个职务由项英代理。这一来，中央苏区的军事行动就由临时中央在瑞金直接发号施令，指挥一切了。

接着，临时中央同苏区中央局合并，称中共中央局。周恩来的苏区中央局书记的名义也不存在了。六月上旬，周恩来出席了在宁都召开的中共中央局会议，在会上作了第四次反“围剿”的报告，并强调红军中没有“罗明路线”。会后，同朱德一起返回前方。

六月十三日，周恩来、朱德在前线接到中共中央局关于今后作战计划的指示。这是一份很长的电报，实际上是当时在上海的共产国际派来的军事总顾问的意见。它批评红一方面军把“主力集中于一个单独的作战的单位，即方面军，这就不能从各方面配合作战”。并且判断：蒋介石与闽、粤敌人有矛盾，而在中央革命根据地北部采取守势，不易攻击，所以要求将一方面军主力分成两个部分作战。这就是所谓“两个拳头打人”。① 周恩来同朱德在十八日致电中共中央局，提出不同意见，坚持“方面军主力一、三军团目前绝对不应分开”。② 同天，他又致电博古、项英，不同意他们对前方的指责，说：“如果我们待机是守株待兔，当是错误；但自东黄陂战略（斗）后，每次转变阵势，确是有机可待。”③ 二十三日，在接到中共中央局上一天来电严厉斥责后，复电中共中央局，一面表示“绝对服从你们的命令，并立即执

① 《苏区中央局转中央对今后作战计划之指示》，1933 年 6 月 13 日。

② 周恩来、朱德致苏区中央局的电报，1933 年 6 月 18 日。

③ 周恩来致博古、项英的电报，1933 年 6 月 18 日。

行”；一面仍提出：“我要求在部队调动中回瑞金一行，面陈不同意见，或改在博生（县）开军委会或中局会，因许多问题非电文所解释能详，许多批评完全不是我所愿意也。”① 但这样的提议仍遭中共中央局拒绝。

聂荣臻在《回忆录》中写道：“接到‘长电’以后，周恩来、朱德和我们各军团在前线的领导同志都反对这个计划。但当时在瑞金的临时中央、中央局和军委的一些领导同志，根本不接受前线同志们的意见，三令五申，必须执行‘长电’。”② 其结果，就是将第一方面军分为两路：一、五军团留在原地，改称中央军，实际上并没有多大的作战任务，置于无用之地；以第三军团为基干组成东方军，东出福建，计划经清流、归化地区折向北上将乐、邵武，进入赣东北，再与方面军总部会合。周恩来不能不执行上述决定，但仍提出：清流、将乐、邵武城的地形都是“易守难攻”，而移驻福建的十九路军的守城能力又强，因此，东方军不宜在攻城上多耗时日。

红军分兵两路，使蒋介石获得喘息的时间。他一面从容地在庐山召开军事会议，策划第五次“围剿”的方针和计划；一面命令准备进犯的各路部队，在根据地周围休养生息，补充物资，构筑堡垒封锁线，准备发动新的进攻。集结在中央革命根据地周围的国民党军队，经过陆续增调，达到五十万人。局势是十分严峻的。大战已一触即发。

七月二十四日，中共中央发布《关于帝国主义国民党五次“围剿”与我们党的任务的决议》，强调：“五次‘围剿’是更加剧烈与残酷的阶级决战”，“是争取独立自由的苏维埃中国的斗

① 周恩来致苏区中央局的电报，1933 年 6 月 23 日。

② 《聂荣臻回忆录》，战士出版社 1983 年 8 月版，第 181 页。

争”，并提出了“保卫与扩大苏区”、“不让敌人蹂躏一寸苏区”① 等口号。八月五日，周恩来在第一方面军政治干部会议上作了《粉碎敌人五次“围剿”中央区红军的紧急任务》的报告，要求“中央红军应该紧密的团结在共产党周围，以常胜的英勇精神，粉碎敌人五次‘围剿’”。强调要建立“各方面的正式战线与游击战线”，② 创造众多的游击队，深入敌人后方开展游击战争，牵制敌人兵力，配合正面战场作战。十二日，他同朱德一起发出指示，要求在北方战线大力开展游击运动，“破坏敌人五次‘围剿’的一切准备与企图”。③

这时，一件原来没有预料到的事情发生了。

曾在上海英勇抗击日本侵略的十九路军蒋光鼐、蔡廷锴部虽奉国民党政府之命，移师福建，参加对中央苏区的“围剿”，但它的广大将士是厌恶内战、要求抗日的。在中国共产党提出愿在三个条件下同全国任何武装部队合作抗日宣言的推动下，蒋光鼐、蔡廷锴在八月间秘密派遣代表吴明（就是旅法时曾同周恩来在一起的陈公培）到延平前线同红军联络。

十九路军是一支战斗力很强的劲旅。他们所控制的福建正同中央苏区接壤。如果红军同十九路军结盟，不仅可以立刻消除来自东侧的威胁，得以全力对付集结在北线的蒋军主力，并将由于得到盟友而大大增强自己的斗争力量。周恩来对这件事十分重视，在九月二十二日致电项英、彭德怀、滕代远，建议派袁国平在福建西芹地区同吴明面谈，以进一步了解他们的真实意图。经过会谈，彭德怀交吴明带去回信，对十九路军提出的合作要求表

① 《关于帝国主义国民党五次“围剿”与我们党的任务的决议》，《六大以来》（上），人民出版社 1980 年版，第 406、407 页。

② 周恩来：《粉碎敌人五次“围剿”中央区红军的紧急任务》，《斗争》第 24 期，1933 年 8 月 29 日。

③ 周恩来、朱德：《一方面军对北面军区、分区的密令》，1933 年 8 月 12 日。

示欢迎。双方在前线进入休战状态。

鉴于形势发生的变化，九月二十四日，周恩来致电项英并转中央局，提出东方军围攻将乐、顺昌一月，仍未攻克，而北线敌情已日益严重，必须迅速结束在东方的战斗，“否则将会失去剪除赣敌左翼良机，坐视其抢先集中抚河”。[①] 第二天，他又再次提出：“东方军必须最大限度集结兵力，以最大机动求得胜利的结束东方战斗，不为坚城所击，不为强敌所滞，以便能在运动中歼敌一部，赶早北上。”[②] 这是一个正确的主张。

就在这个时候，共产国际派来的军事顾问李德于九月间从上海来到中央苏区。博古虽是中央主要负责人，但他不懂军事，就把红军的指挥大权交给李德。

李德是怎样一个人？他原名奥托·布劳恩，是德国共产党党员，一九二八年越狱后逃往苏联，一九三二年在莫斯科伏龙芝军事学院毕业后由共产国际派来中国。他根本不懂中国的国情，只凭教科书中的条条和第一次世界大战中大规模阵地战的经验，硬搬到中央苏区强加推行。他的作风又独断专行，蛮横粗暴。大家因为他是共产国际派来的军事顾问，对他相当尊重。他就独揽大权，发号施令起来。他制订并下达具体的作战计划，甚至越过红军总部，直接指挥前方部队作战。担任过李德翻译的伍修权在回忆录中说：“李德的独断专行取代了军委的集体领导。”“由李德一人躲在房子里凭着地图指挥战斗。”红军的许多失利“本来都是李德的主观主义瞎指挥造成的，可是他却动不动就训斥处分别人，不断发脾气骂人，根本听不得反对意见”。“当时中央的错误领导，和李德本人的专横作风，使他成了一个地道的‘太

① 周恩来致项英并转苏区中央局的电报，1933 年 9 月 24 日。

② 周恩来致项英并转苏区中央局的电报，1933 年 9 月 25 日。

上皇’。”①

在这种情况下，周恩来处境的困难是可想而知的。他虽还在前线，但对重大军事行动的指挥权力已被剥夺，只能提出建议，而这些建议又往往不被理睬。

一九三三年九月二十五日，蒋介石亲自指挥的对中央革命根据地的第五次“围剿”开始了。这次“围剿”的规模比以往四次更大。直接用于进攻中央苏区的兵力达五十万人。由于红军的东路军无法及时北上，国民党北路军顾祝同部在二十八日抢先夺占黎川，隔断了中央革命根据地同赣东北革命根据地的联系，使中央红军在第五次反“围剿”战争一开始时，就陷于不利的作战态势。

这时，红军同十九路军的联络仍在继续进行。十月初，吴明陪同十九路军秘书长徐名鸿秘密到达瑞金。二十六日，双方签订反日反蒋的初步协定：立即停止相互间的敌对行动，临时划界而治；恢复商品贸易，解除对苏区的经济封锁。

十一月二十日，李济深、陈铭枢和十九路军将领发动福建事变，成立中华共和国人民革命政府，公开宣布反蒋抗日。这是有益于革命的行为。蒋介石不得不将原来用于进犯苏区的主力部队转向福建进攻。国民党营垒的破裂，使形势发生了有利于红军的变化。二十四日，周恩来和朱德向赣东北根据地的刘畴西、曾洪易、寻淮洲发出指示：福建十九路军宣布反蒋独立，蒋介石已抽兵向浙赣闽边境集中，赣东北应开展游击，截击敌人的联络运输，扰乱其后方。红七军主力应截击敌行动部队。闽北游击队也应相应采取行动。同天，周恩来又向中共中央局报告：蒋介石进攻福州，将以由浙入闽为主要方向，以由资溪、光泽入闽为辅助方向。要求以三、五军团侧击进攻福建的部队。由于周恩来对这

① 伍修权：《我的历程》，解放军出版社1984年7月版，第71、72页。

样规模的军事行动已无权决定，只能在报告中希望中央早作决定。

中共中央局却从“左”倾观点出发，对福建人民政府抱着完全不信任的态度拒绝给它以支援。在周恩来要求侧击攻闽蒋军的第二天，中革军委给红一方面军的训令说：我们不应该付出巨大的损失去同这路敌军作战，还是让十九路军替我们去打该敌。这样，周恩来原来计划的支援福建事变的军事行动被搁置起来。不仅如此，中共中央机关报《红旗周报》发表社论，没有把福建人民政府看作抗日同盟者，而是错误地指责：“以十九路军和陈铭枢、李济深辈在福建所组织的‘人民政府’也是反动统治的一种新的欺骗。”① 十二月五日，中共中央发表《为福建事变告全国民众书》说：“这一政府还不是人民的，而且还不是革命的。”“他们的目的不是为了要推翻帝国主义与中国地主资产阶级的统治，而正是为了要维持这一统治，为了要阻止全中国民众的革命化与他们向着苏维埃道路的迈进！”② 周恩来提出的侧击入闽敌军的建议也遭到拒绝。十二月二日，军委电朱德、周恩来：只可袭击敌人在运动中的单独部队，“不大过一团或一旅的侧翼”。③ 十三日，军委又作出决定并电告朱德、周恩来，将红军主力西调，由一军团、三军团组成西方军，去劳而无功地攻击永丰一带地区的敌人堡垒线，而不去向东配合十九路军作战。

事情弄到这种地步，事实上已使周恩来在前线无法正常地工作了。十二月十六日，周恩来致电博古、项英，愤慨地指出：由于中央不了解前线实际情况，“连日电令屡更”，“使部队运转增加很大困难”。请求“在相当范围内给我们部署与命令全权，免

① 《福建的事变与我们的任务》，《红旗》周报第 63 期社论，1934 年 1 月 1 日。
② 《为福建事变告全国民众书》，《斗争》第 38 期，1933 年 12 月 12 日。
③ 中央军委致朱德、周恩来的电报，1933 年 12 月 2 日。

致误事失机”。“否则亦请以相机处理之电令给我们”。并且声明：这是因为“事关战局责任，使我不能不重申前请”。[①] 这个电报更加触怒了那时的中共中央。于是，李德以统一前后方指挥为名，提出建议，并经中共中央局决定，取消中国工农红军总司令部和第一方面军司令部的名义和组织，原前方总部撤回后方，并入中革军委，由中革军委直接指挥中央苏区的各军团和独立师、团作战。二十日，项英致电朱德、周恩来等：中革军委决定将原属红一方面军各部组织为东方军、中央军和西方军，方面军司令部即回瑞金。

一九三四年一月四日，周恩来等从前方返回瑞金。二月三日，他被任命为中革军委副主席。这以后，他对前线部队的指挥权实际上被剥夺，只担负一些技术性的组织工作。许多重要事情，如六届五中全会的准备、第二次苏维埃代表大会的召开等，他都没有与闻。但在一月十五日至十八日举行的五中全会上，他仍被选为中央政治局委员，并担任新设立的书记处的书记。

福建人民革命政府由于孤立无援，在优势敌人的进攻下，于一月下半月遭到失败。中共中央的“左”倾政策，不仅丧失了有利时机，并且使自己也陷于孤立的境地。当福建人民政府十分危急时，周恩来、朱德刚从前方回到瑞金。周恩来通知第三军团政治委员杨尚昆去瑞金，要第三军团东出福建延平地区截击蒋军，并给第三军团配备了一个炮兵营。但当第三军团到达延平附近时，蒋军主力已过，只拦击了一个尾巴，无法扭转整个局势。[②] 这样，福建人民政府很快就失败了。

福建事变被镇压下去后，蒋介石立刻集中兵力再次向中央苏区大举进犯。他们的进攻采取了新的战术：不是长驱直入，而是

---

① 周恩来致博古、项英的电报，1933 年 12 月 16 日。

② 访问杨尚昆谈话记录，1978 年 11 月 3 日、7 日。

采取“步步为营”的堡垒战术，一边前进，一边筑碉堡，平均每天只挪动二三里，一步一步朝革命根据地的中心区和主力所在地进逼。博古、李德却命令红军处处设防，节节抵抗，推行“以碉堡对碉堡”和“短促突击”，实行消极防御的方针。在双方兵力和武器装备悬殊的条件下，这样做的结果是：自一月下旬到三月底，红军所进行的许多战役、战斗都遭到失败。

四月中旬，敌军集中了十一个师分两路进攻广昌，企图从北面打开中央苏区的大门。以博古为首的中共中央，决定调集红军主力坚守广昌，由博古、李德赴前线直接指挥。他们在前方组织野战司令部，司令员在名义上是朱德，实际上是李德，博古担任政治委员。周恩来被放在远离前线的瑞金留守。

博古和李德到前线后，调集红军主力一、三、九军团的九个师坚守广昌，同有着优势兵力和武器装备的敌人“决战”。这是第五次反“围剿”战争中最激烈的一次战斗。国民党军队用飞机轮番轰炸，用大炮猛烈轰击。从四月十日起打了十八天，红军尽管予敌重创，自己也遭受重大损失，广昌已难以继续坚守。周恩来在四月二十七日致电博古、朱德、李德：“在我主力受到较大损伤，而在广昌支点直接作战又无把握时，原则上同意放弃广昌，但仍须以一部扼守广昌，迟敌诱敌，抽一军团秘密东移，突击汤（恩伯）敌。”并表示：“最后决心由你们下。”① 第二天，红军被迫撤离广昌，转移到贯桥、高虎垴一线继续进行防御。

七月上旬，国民党军队经过调整部署，集中三十一个师的兵力，从六个方向开始对中央苏区的中心区域发动新的进攻。博古、李德又命令红军“分兵把口”“处处设防”，形成“六路分兵”、节节抵抗的阵地战。在高虎垴、万年亭战斗中，红军虽然杀伤敌军三四千人，自己的伤亡也很惨重，被迫后退。八月三十

① 周恩来致博古、朱德、李德的电报，1934 年 4 月 27 日。

一日，广昌的驿前失陷。至此，中央革命根据地的东线和北线都被敌军突破，西线和南线也更加困难，红军突围转移已成势所难免。

在这个过程中，周恩来被留在后方瑞金。在党内生活很不正常的情况下，他不能参与重大决策。当时担任李德翻译的伍修权说：周恩来“曾经与李德进行过多次争论，表示不同意李德的某些军事主张和作战方案。特别在如何使用兵力的问题上，李德强调所谓‘正规军’打‘阵地战’，用红军的‘多路分兵’对付敌人的‘多路进击’；周恩来同志主张集中兵力于一个方向，其他方向则部署牵制力量，使红军保持相对的优势和机动兵力，以粉碎敌人的进攻。但是，李德拒不接受周恩来同志的正确建议，使分兵把口的红军被敌人的强大兵力各个击破。进行这些争论时，我经常在场，有时由我从中翻译，有时周恩来同志直接用英语对李德讲”。① 那时对博古、李德的一些错误决定，周恩来不能不服从并组织实施。他还在《红星报》上发表过宣传消耗战的文章。这段时间内，他的思想很苦闷，但仍做了一些有益的工作。

当广昌战役正在进行的时候，鄂豫皖省委派成仿吾到中央汇报工作，要求派军事干部到那里去。周恩来决定派红二十二师师长程子华去。临行前，周恩来同程子华就鄂豫皖根据地形势和红军行动问题谈了话。程子华后来回忆道：

“周副主席说：当前在鄂豫皖地区，敌占绝对优势。敌人用碉堡、封锁线，把我根据地不断压缩并分割成几小块。敌人有驻‘剿’和追‘剿’部队，对我交替地攻击、堵击、追击。我们的根据地缩小了。红军不断伤亡，难以得到补充，也变小了。根据地发生了人力、物力的严重困难。他指出：这样的情况发展下去，如果红

① 伍修权：《往事沧桑》，上海文艺出版社 1986 年 6 月版，第 110 页。

军得不到人力、物力的补充，继续削弱，以至被消灭，那么根据地也就没有了。出路是什么呢？他说：中央决定了，红军主力要作战略转移，去建立新根据地。这样，部队就能得到发展，同时也就能把敌军主力引走，减轻鄂豫皖根据地的压力。根据地的敌军减少了，留下的部分武装就能长期坚持，也就能够保存老根据地。

红军主力去建立新根据地，应选择什么地区呢？周副主席谈到这个问题时，是从毛主席关于建立根据地的基本条件的规定出发的。他说：根据地要选择在敌人力量较为薄弱的地方；我党在群众中有较大的革命影响，或者是那里的群众容易争取；要具备便于我军作战、防御的地形和较丰足的粮食及其他物质条件。”①

程子华到鄂豫皖后，省委决定由他担任红二十五军军长，徐海东为副军长，吴焕先为政治委员。省委根据周恩来的意见，决定红二十五军西征，留下红二十八军在鄂豫皖根据地坚持。第二年九月，红二十五军经陕南到达陕北，同原在那里的红二十六军、二十七军会师。会师后，合编为红十五军团。这就大大加强了陕甘根据地的红军力量，为迎接中央红军到达陕北创造了重要的条件。

一九三四年七月十五日，由毛泽东、朱德、周恩来等联名发表《为中国工农红军北上抗日宣言》，重申愿在过去提出的三个条件下“同全中国武装队伍联合起来共同抗日”。② 在抗日反蒋号召的影响下，广东的陈济棠在七月间秘密派人到苏区接洽。十月五日，朱德、周恩来派潘汉年、何长工为红军代表，到寻乌附

① 程子华：《为党掌握武装而斗争——回忆在周总理教诲下走过的胜利历程》，《红旗》杂志，1978 年第 8 期。

② 《为中国工农红军北上抗日宣言》，《六大以来》（上），人民出版社 1980 年版，第 660 页。

近同陈济棠的两个师长举行密谈。代表出发前，周恩来向他们交待了任务和联络密语，叮嘱他们要“勇敢沉着，见机而作”。[①]陈济棠的这两个师长都是保定军官学校出身。他们向潘汉年、何长工表示：中国再打内战就要亡国了，蒋介石收拾了红军就要收拾他们。经过谈判，双方达成了就地停战、互通情报、解除封锁、相互通商和必要时互相借道等五项协议。其中包括：红军有行动时事先告诉陈济棠，陈济棠部就后撤二十公里。这就为中央红军的长征突围准备了有利条件。

① 《何长工回忆录》，解放军出版社1987年12月版，第326页。

十七、长　征

第五次反“围剿”的失败，使红军不得不走上长征的道路。

一九三四年春，李德就对博古说：要准备作一次战略大转移。广昌失守后，国民党军队进入中央苏区腹地。五月，六届五中全会时成立的中共中央书记处决定把红军主力撤离中央苏区，并将这一决定向共产国际请示。六七月间，博古、李德从前方回到瑞金，共产国际也复电同意中央红军主力撤离苏区，实行战略转移。这样，长征的准备便在极少数中央领导人中秘密地进行了。七月，中央决定以第七军团组成中国工农红军北上抗日先遣队，向闽浙皖赣边前进。同月下旬，中革军委又命令第六军团退出湘赣边革命根据地，向湖南中部挺进。这两支部队的出发，用周恩来的话说：“一路是探路，一路是调敌。”① 但最初对中央红军主力的这次战略转移并没有打算走得像后来那么远，只是准备到湘鄂西去，同红二、六军团会合，在那里创建新的革命根据地。

为了准备出发，成立了一个三人团。这个三人团主要从事转移的军事方面的准备，只开过两次会，一次在李德房中，一次在中央局。实际工作，政治上由博古做主，军事上由李德做主；周

---

① 周恩来在中共中央政治局会议上的发言提纲，1943 年 11 月 15 日，手稿。

恩来督促军事准备计划的实行，并不能与闻所有的事情。当时决定：主力西征，留下项英等组成苏区中央局，率领红军一万六千人，留在中央根据地坚持斗争。研究留人名单时，军事方面的干部征求了周恩来的意见，其他方面只告诉他一个数字。① 陈毅当时负重伤，坐骨断了，体内有许多碎骨，痛得不能起床，住在红军医院里，又无法开刀，难以随军长征。他在十月九日给周恩来写信。周恩来立刻下令卫生部长贺诚打开已装箱的医疗器材，派两个医生给陈毅做了手术。手术后第二天，周恩来到医院去看望陈毅，对他说："我们很快就要走了，中央决定你留下来坚持斗争。""你有革命斗争的丰富经验，既有政治斗争经验，又有军事斗争经验。更可贵的是你有井冈山斗争的经验，有中央根据地几次反'围剿'的斗争经验。相信你一定能依靠群众，依靠党的领导，坚持到胜利。"②

邓颖超那时患着肺病，经常发低烧，痰中总带着血丝。她在行动前不知道这次战略转移的意图，向周恩来谈到：因为身体不好，不便随军行动，希望留在地方工作。周恩来说：这是组织决定的，个人不能改变。这样，她就同董必武等一起，编在干部休养连，带病随卫生部行动。③

一九三四年十月十日，中共中央和红军总部从瑞金出发，率领红军主力及后方机关共八万六千余人开始长征。周恩来出发时，个人行李只有两条毯子，一条被单，做枕头用的包袱里有几件替换的衣服和一件灰色绒衣，是他的全部家当。

当时，敌人在红军前进路上设置了四道封锁线。

十月二十一日晚，红军突破敌军的第一道封锁线，从南康、

---

① 周恩来在中共中央政治局会议上的发言提纲，1943 年 11 月 15 日，手稿。

② 杨尚奎：《陈毅在赣南》，中国少年儿童出版社 1978 年 12 月版，第 5、6 页。

③ 廖似光、王辉、王勉：《并肩战斗创伟业，高风亮节四海扬》（资料稿），1984 年 10 月。

大庾岭边缘地区进入广东境内。陈济棠执行同红军原定的秘密协议，没有堵截，红军在很短时间内顺利地通过第二道封锁线。

当红军到达韶关北面的乐昌地区时，部队进入山区小道，拥挤不堪，行进速度减慢了。国民党方面的湘军和粤军乘机从两侧夹击过来，蒋介石的嫡系部队也尾追迫近，情况十分危险。红一军团命令红一师率一个团作为全军的先头部队，要求他们在十一月十一日抢占白石渡，掩护全军通过粤汉铁路，向湘西前进，动作要快，不得延误。周恩来亲自向红一师师长李聚奎交代任务。他摊开一张五万分之一的地图，指着地图上画好的箭头，告诉李聚奎应从哪里前进，在前进中哪里要放一个排，哪里要放一个连，以担负两侧的警戒，嘱咐说："一定要保证全军安全通过。"李聚奎正有些顾虑：部队撒下太多，战线拉得太长，最后怎样收拢这些部队。周恩来看出来了，笑着向他解释："你不用担心，后续部队一上来，就会接替你们，你们就可以把部队收拢起来，继续前进了！"[①] 接着，周恩来提前三天，在十一月八日赶到作为先头团的一师三团。当时担任团的党总支书记的肖锋回忆道：

> "一天早晨，部队在广东归仁、长江圩北一个茂密的树林里小休，周恩来副主席和刘伯承总参谋长来到了我们红三团。周副主席穿着一身灰色军装，披一件旧黄布雨衣，脚上穿着草鞋。从他那张消瘦的脸上，大家都知道他是够劳累的了。"
>
> "周副主席、刘总参谋长交代任务后，就加入到我们团直属队的行进行列中去了。在急行军中，周副主席很少骑他那匹黄骡子，经常将骡子给害病的战士骑或驮武器。他利用行军小休和防空时间，找机会同战士拉家

① 李聚奎：《遵义会议前后》，《星火燎原》丛书之二，解放军出版社 1986 年 8 月版，第 44 页。

常，讲战史。中午大休时，他也是边吃饭边回答干部战士提出的各种问题。一宿营，周副主席总是找机会到连队看一下指战员，十分关心战士的思想、生活。来到团部，他总不忘告诫我们及时查看地形，研究敌情，规定紧急集合场，调查行军路线。常常是他刚回到自己的住房，还没有来得及休息一下，参谋人员又送来了电报、文件。团领导向他汇报，他总是边看文电，边听汇报，并迅速准确地加以处理。夜里，我们这些年轻人一躺下就睡着了，当半夜起来检查内外警戒时，可以看到周副主席屋里的小油灯还在亮着。周副主席跟三团行动期间，经常看到他通宵达旦地工作，却看不到他一丝一毫的倦意。那双布满血丝的眼睛，始终闪烁着充满精力的光辉。”①

十一月十五日，主力红军在良口、宜章之间通过第三道封锁线。接着转入广西北部。前面就是敌军重兵设防的第四道防线——湘江。

这时曾经出现过一个对红军十分有利的时机。这个良机是由国民党军阀内部的矛盾造成的。当主力红军进入广西境内时，桂系军阀白崇禧害怕红军深入广西中部，突然在二十一日将扼守广西北部全州、兴安一线湘江两岸的桂军撤防。湖南军阀何键也怕主力红军深入湖南境内，不愿调湘军主力前往接防。这样，湘江防线上便出现了一个缺口。十一月二十七日，红军先锋部队占领湘江的重要渡口界首。如果整个部队轻装急进，是有可能抢渡湘江的。但是，由于红军转移时随带的坛坛罐罐太多，行军速度太慢。中央军委纵队到二十九日才赶到界首。这时，湘、桂两军已

① 肖锋：《周副主席指挥我们战斗》，《人民的好总理》续编三，上海人民出版社1979年10月版，第210、211页。

有两天时间从南、北两个方向前来夹击。

湘江战役，是中央红军在长征途中战斗空前激烈、损失最为惨重的一次战役。先头部队为了掩护后续部队，付出巨大的牺牲。直到十二月一日，除红三十四师外，主力红军才全部渡过湘江，突破了国民党军队的最后一道封锁线。

在湘江战役中，周恩来一直坚持在湘江东岸的渡口，指挥部队抢渡。他焦急地询问毛泽东渡江没有。当他看到毛泽东大步走来时，立刻迎上去，请他迅速渡江。毛泽东说：咱们一起过江。周恩来说：你先过，我还要在后面交代任务。由于突破了湘江封锁线，红军终于跳出敌军的重围，也付出了沉重的代价。中央红军出发时的八万六千多人，在这里折损过半，只剩下三万多人，但精锐主力大体上是冲出来了。

渡过湘江后，红军的处境仍然极端危险。这时敌人已判明红军的行动意图，并在通往湘鄂西的前进路上部署了重兵，准备在这里围歼红军的主力。如果仍按照原定的行军计划，准备到湘鄂西去同二、六军团会合，无异于带领中央红军全部主力往敌人预先张好的口袋里钻，后果将不堪设想，可能导致全军覆没。湘江战役的惨重损失，也使红军中越来越多的人感到再不能照原来的办法打下去了，必须下决心有一个根本的转变。

在这个危急关头，毛泽东力主放弃原定计划，改向敌人力量薄弱的贵州前进。周恩来赞同毛泽东的主张。博古、李德那时因军事的失利而灰心丧气。聂荣臻说过：过湘江后，“博古同志感到责任重大，可是又一筹莫展，痛心疾首。在行军路上，他拿着一支手枪朝自己瞎比划。我说：你冷静一点，别开玩笑，防止走火。这不是瞎闹着玩的！”① 这样，部队的指挥实际上已由周恩来担当起来。十二月十二日，在通道举行一次临时会议，参加的

① 《聂荣臻回忆录》，战士出版社1983年8月版，第227页。

人有博古、周恩来、洛甫、毛泽东、王稼祥和李德等。虽然李德仍坚持朝二、六军团的方向北进，但遭到大多数人的反对。周恩来同毛泽东站在一起。会议决定红军向贵州前进，相机进占黎平。十五日，攻克黎平。

从宁都会议前夕前方同后方的争执、第四次反“围剿”战争大兵团伏击歼灭战的胜利，一直到第五次反“围剿”期间周恩来同李德间发生的多次争论，可以看到一条清晰的脉络：周恩来的军事思想同毛泽东基本一致，而同“左”倾领导者是对立的。他们都主张集中优势兵力，在运动中创造战机，发现并抓住敌人的弱点，各个击破，加以歼灭。因此，在这个危急时刻和随后的黎平会议、遵义会议上，周恩来能同毛泽东站在一起，坚决支持毛泽东的正确主张，是很自然的。

通道会议虽然决定了红军改向贵州西进，但博古、李德仍固执己见，并通知红二、六军团说：中央红军“现已西入黔境，在继续西进中寻求机动，以便转入北上”。十二月十七、十八日，由周恩来主持，在黎平召开政治局会议。这是一次讨论红军今后战略方向的会议。会上展开了激烈的争论。主持会议的周恩来采纳毛泽东的意见。他后来说：“从老山界到黎平，在黎平争论尤其激烈。这时李德主张折入黔东。这也是非常错误的，是要陷入蒋介石的罗网。毛主席主张到川黔边建立川黔根据地。我决定采取毛主席的意见，循二方面军原路西进渡乌江北上。李德因争论失败大怒。”① 会议放弃同红二、六军团会师和建立湘西根据地的原定计划，通过《中央政治局关于战略方针之决定》。《决定》说：“鉴于目前所形成之情况，政治局认为过去在湘西创立新的苏维埃根据地的决定在目前已经是不可能的，并且是不适宜的。”

---

① 周恩来：《在延安中央政治局会议上的发言（节录）》，《遵义会议文献》，人民出版社 1985 年 1 月版，第 64 页。

“政治局认为，新的根据地区应该是川黔边区地区。”① 聂荣臻在《回忆录》中说：“这是一个十分重要的决议，是我们战略转变的开始。其中最主要的是指出，去湘西已不可能，也不适宜，决定向遵义进发。这样一下子就把十几万敌军甩在湘西，我们争取了主动。”② 会后，周恩来把黎平会议决定的译文给李德送去，李德看后大发雷霆，用英语和周恩来吵了起来。周恩来的警卫员范金标后来回忆说：“吵得很厉害，总理批评了李德，总理把桌子一拍，搁在桌子上的马灯都跳起来，熄灭了，我们又马上把灯点上。”博古听说这件事后，对周恩来说：“不要理他（指李德——编者注）。”③ 中革军委在当天决定紧缩机关，充实战斗部队，撤销八军团，并入五军团。第二天，朱德、周恩来为执行这一决议作出行动部署。这一决议及其实行，使中央红军从长征开始后的被动局面中摆脱出来，避免陷入绝境。

一九三五年一月一日，中共中央又在瓮安的猴场召开政治局会议。会议重申黎平会议的决定，提出渡过乌江后的行动方针，作出《中央政治局关于渡江后新的行动方针的决定》，再次强调：“首先以遵义为中心的黔北地区，然后向川南发展，是目前最中心的任务。”④

贵州的天气常被人称为“天无三日晴”。在向遵义进军的途中，天总是下着毛毛细雨，道路泥泞，十分难走。周恩来和大家一样，手里拄着一根棍子，穿着湿漉漉的衣服，冒雨行军。这里的地势起伏不平，一个坡接着一个坡。下坡时，稍不小心，便要

---

① 《中央政治局关于战略方针之决定》，《中共中央文件选集》第 10 册，中共中央党校出版社 1991 年 3 月版，第 441、442 页。

② 《聂荣臻回忆录》，战士出版社 1983 年 8 月版，第 231 页。

③ 任弼时延安整风笔记，1943 年 12 月 2 日。

④ 《中央政治局关于渡江后新的行动方针的决定》，《军事文献》（二），1942 年编印。

滑倒，人人都弄得满身是泥。

一月七日，红军占领贵州的第二大城——遵义。九日，周恩来随军委纵队进驻遵义。接着，在遵义召开在中国共产党历史上有转折性意义的政治局扩大会议。这次会议是王稼祥同毛泽东商议后由他出面提议，并得到洛甫、周恩来、朱德等支持而召开的。聂荣臻后来说："周恩来、王稼祥同志他们两个人的态度对开好遵义会议起了关键的作用。"① 周恩来还负责会议的组织工作。现在留下一份他在一月十三日致五军团政委李卓然和正在五军团任中央代表的政治局候补委员刘少奇的电报通知。电文是："卓然、少奇：十五日开政治局会议，你们应在明十四日赶来遵义城。恩来，二十四时。"②

遵义会议是在一九三五年一月十五日至十七日举行的。它的目的之一，是检查在反第五次"围剿"与西征中军事指挥的经验与教训。会上，博古作了报告。他强调红军不能粉碎第五次"围剿"的种种客观原因，来掩盖军事指挥上的错误。周恩来作副报告。他指出第五次反"围剿"失利的主要原因是军事领导的战略战术的错误，并主动承担责任，作了自我批评，又批评博古和李德。报告后，洛甫根据他和毛泽东、王稼祥共同草拟的提纲作反对"左"倾军事路线的报告。毛泽东接着作长篇发言。他对错误的军事路线进行切中要害的分析和批评，阐述中国革命战争的战略问题，指明今后的方向。王稼祥、朱德、周恩来、李富春、聂荣臻等也先后发言，支持毛泽东的正确主张。周恩来在发言中全力推举由毛泽东来领导红军的今后行动。他的倡议得到多数人的支持。陈云当时传达遵义会议的提纲手稿中记录着："扩大会中，

① 《聂荣臻回忆录》，战士出版社 1983 年 8 月版，第 240 页。

② 周恩来致李卓然、刘少奇的电报，1935 年 1 月 13 日。

恩来同志及其他同志完全同意洛甫及毛、王的提纲和意见。”① 这个月的月底，当红军准备一渡赤水时，毛泽东对红一师师长李聚奎谈了遵义会议的情况，也强调说：“恩来同志起了重要作用。”② 显然，周恩来的态度，对毛泽东的正确主张能取得胜利，有着重要的作用。

经过三天的讨论，政治局扩大会议最后作出如下决定：“（一）毛泽东同志选为常委。（二）指定洛甫同志起草决议，委托常委审查后，发到支部中去讨论。（三）常委中再进行适当的分工。（四）取消三人团，仍由最高军事首长朱、周为军事指挥者，而恩来同志是党内委托的对于指挥军事上下最后决心的负责者。”③ 会议结束后，中央常委开会分工，以毛泽东为周恩来的军事指挥上的帮助者。

遵义会议以后，又争论起来。特别是对仗如何打法产生了分歧。在极端紧急的作战中，遇事都要争论，就会贻误时机，难以果断灵活地行动。于是，建立毛泽东、周恩来、王稼祥组成的三人指挥小组，负责指挥红军的行动。毛泽东在一九六七年一次谈话中讲到：后来搞了个三人团，团长是周恩来，团员一个是我，一个是王稼祥。当时担任红军第九军团政治部主任的黄火青回忆道：

> “我们打胜仗靠的是毛主席战略方针路线，但每次战役布置、使战争胜利是靠周副主席指挥。周恩来指挥作战，一贯重视‘知己知彼’，给我留下了最深的印象。”他在作战前，总要首先认真研究敌我双方的军情，“每天夜里他都要研究清楚了，然后下命令到各个部队，

---

① 陈云：《遵义政治局扩大会议传达提纲》，1935 年 2 月（或 3 月），手稿。

② 李聚奎：《遵义会议前后》，《星火燎原》丛书之二，解放军出版社 1986 年 8 月版，第 53 页。

③ 陈云：《遵义政治局扩大会议传达提纲》，1935 年 2 月（或 3 月），手稿。

哪个到哪里，后方应做什么，然后到三四点才去睡觉。他的精神好，青年人都熬不过他”。“副主席知道敌人中哪个是嫡系，哪个是杂牌军，作战能力如何，都很清楚。对我们哪个师战斗力强，哪个战斗力弱，更是了如指掌。因为了解，他们就能发挥各自的专长。我带的是个小部队，只能打游击，他就叫我们打游击，不给我们硬仗打，这样我们就有信心完成。副主席了解部队水平到什么程度？比如部队有多少人、多少枪、多少子弹，你这回仗伤亡多少、补充多少，他都一清二楚。我们军团长罗炳辉对我们部队人员的变化，有时还没有及时掌握，就曾给副主席问住过。以后我们知道‘胡子’要来，就赶紧找参谋查问我们几个师、团人数及装备状况等。”“周副主席在干部中有很高的威信，大家都很尊敬他，但又很愿意和他接近。就像我们这样的干部，也跟他开玩笑，叫他‘胡子’。”①

那时候，敌军重兵云集贵州，蒋介石亲到贵阳督战，企图一举全歼中央红军主力。毛泽东根据情况的变化，灵活地变换作战方向，四渡赤水，巧妙地穿插于敌人重兵集团之间。四月二日，红军逼近贵阳。蒋介石急令各军纷纷向贵阳以东调动。四月八日，红军主力又突然急转向南，然后以每天六十公里的速度，向敌兵力空虚的云南急进，一下把国民党重兵甩在身后。周恩来以后回忆这一段经过：

“从遵义一出发，遇到敌人一个师守在打鼓新场那个地方。大家开会都说要打，硬要去攻那个堡垒，只毛主席一个人说不能打，打又是啃硬的，损失了更不应该，我们应该在运动战中去消灭敌人嘛！但别人一致通

① 访问黄火青谈话记录，1978年5月。

过要打，毛主席那样高的威信还是不听，他也只好服从。但毛主席回去一想，还是不放心，觉得这样不对，半夜里提马灯又到我那里来，叫我把命令暂时晚一点发，还是想一想。我接受了毛主席的意见，一早再开会议把大家说服了。这样，毛主席才说，既然如此，不能像过去那么多人集体指挥，还是成立一个几人的小组，由毛主席、稼祥和我，三人小组指挥作战。从那个时候一直到渡金沙江，从一月、二月出发，到了五月，这是相当艰难困苦的一个时期。走'之'字路，四渡赤水河。从土城战斗渡了赤水河。我们赶快转到三省交界即四川、贵州、云南交界地方。有个庄子名字很特别，叫'鸡鸣三省'，鸡一叫三省都听到。就在那个地方，洛甫做了书记，换下了博古。"①

中央红军主力进入云南后，前锋直指云南省会昆明。国民党云南省政府主席龙云急忙调集原在滇北等地的部队回援昆明，削弱了金沙江南岸的防御力量。红军主力又突然急转北向，在五月三日至九日间，全部渡过金沙江，进入川西地区。从此，红军跳出数十万敌军围追堵截的圈子，粉碎了国民党围歼中央红军于川黔滇边区的计划，取得战略转移中具有决定意义的胜利。

过江后，在会理休息五天。五月十二日，中共中央在会理城郊的铁场召开政治局扩大会议。当时发生一场争论。争论是这样引起的：前一时期从四渡赤水到北渡金沙江的过程中，红军声东击西，大踏步进退，取得了巨大的成功，但部队因连续行军和作战确实十分疲劳，有些人产生了埋怨情绪。当时因为战斗紧张，不可能展开争论。到会理休整期间，担任一军团军团长的林彪提

① 周恩来：《党的历史教训（节录）》，《遵义会议文献》，人民出版社 1985 年 1 月版，第 69 页。

出：我们走的尽是“弓背路”，“这样会把部队拖垮的，像他这样领导指挥还行?!”他写信要求撤换毛泽东。会上批评了这种错误主张。周恩来在会上批评林彪，赞扬毛泽东的军事领导艺术：在敌人前堵后追的危急情况下，采用兜大圈子的办法，四渡赤水，再进遵义，甩掉了敌人，胜利渡过了金沙江。毛泽东对林彪说：你是个娃娃，你懂什么？在这个时候，直接跟敌人硬顶不行，绕点圈子，多走点路，这是必要的。①

会理会议后，红军继续北上。由于执行了正确的民族政策，顺利地通过彝族区。五月二十四日，先锋部队抢占大渡河畔的安顺场渡口。但只找到一条小船，渡过去一个团。大部队沿大渡河西岸北上，以两天时间赶完三百四十里行程，经过激烈战斗，在二十九日抢占泸定桥，胜利地强渡了汹涌咆哮的大渡河。

周恩来总是这样：情况越紧张，他越沉着，越冷静。当部队向泸定桥急进时，周恩来在队伍中步行前进。天黑得伸手不见五指，还下着倾盆大雨，路很滑，衣服早被雨水、汗水湿透，寒风一吹，冻得人直打冷颤。周恩来从容地同周围人边走边谈，讲到蒋介石希望红军像太平天国重要领袖石达开那样覆灭在大渡河边，他的这个梦想是不会实现的。泸定桥是一条铁索桥，桥上只有一些临时铺搭得不够牢固的木板。周恩来告诉大家：“过桥的时候要小心，眼睛要看对岸，不要向下看。”② 他迈着平稳的步子走过去。过桥后，他又叮嘱后卫部队：泸定桥不能破坏。

接着，红军又翻越了大雪山——夹金山。夹金山位于懋功以南，海拔四五千米，一上一下要走七十多里路。高山缺氧，憋得人喘不过气来，浑身无力。有些人坐下休息，就起不来了。周恩

① 周恩来：《对我们党在新民主主义革命阶段六次路线斗争的个人认识》，1972年6月10日，记录稿。

② 魏国禄：《周恩来同志在长征中》，《人民的好总理》（上），人民出版社1977年版，第200页。

来和大家一起步行爬山，边走边嘱咐：千万不要在山上休息，走不动了要一个拽着一个走。鼓励大家以顽强的毅力翻过这座白雪覆盖的高山。

六月十二日，中央红军到达达维附近，同从川陕边革命根据地西来的四方面军先头部队会师。十六日，中央红军全部到达懋功地区，见到了在此迎接的红四方面军第三十军政委李先念。二十五日，在两河口举行一、四方面军的会师大会。毛泽东、朱德、周恩来和领导红四方面军的张国焘等都出席了大会。两大主力红军的会师，是红军长征史上的一件大事。它大大增强了红军的力量，使集结在这个地区的红军兵力达到十几万人，为粉碎敌人进攻、开创新局面创造了有利条件。

一、四方面军会合后，红军的行动方向应当指向哪里？是就地发展，还是继续北上？这是关系到红军今后命运的头等重要的问题。

会师大会的第二天，也就是六月二十六日，中共中央在两河口召开政治局扩大会议。会议开了三天，讨论一、四方面军会合后的战略方针问题。这就是两河口会议。

在两河口会议上，由周恩来作目前战略方针的报告。

他先回顾红一方面军离开中央苏区后战略方针的几度变化。接着指出：目前，两个方面军都是离开了原有根据地，要在新的地区创造新的根据地。在这种情况下，制定战略方针就是要解决“在什么地区创造新苏区”的问题。

应该根据什么原则来作出选择呢？周恩来提出三个条件：“一、地域宽大，好机动。”松潘、理番、懋功地区虽大，但多是狭路，敌人容易封锁，想在这些地方逼死我们，我们也不容易反攻。“二、群众条件，人口较多。”过去两个方面军的根据地，人口都比较多，因此能大批扩大红军。松潘、理番、懋功、温川、抚边这一带，人口只有二十万人，而且多数是少数民族，由于民族隔阂还没有完全消除，在少数民族中扩大红军是比较困难的。“三、经济条件。”这一带人烟稀少，粮食缺乏，有些地方甚至还不能自给。草原上的牛羊有限。生活习惯也不容易适应。其他需要的物资，如布、皮等，都不容易解决。因此，他的结论是：懋、松、理这块地区的地域虽大，却不利于建立根据地。“我们如陷在懋、松、理，就没有前途。”

应该向什么方向前进？周恩来明确指出：应该去“川陕甘”。他对周围的形势进一步作了分析：回头向南是不可能的；东过岷江，敌人在东岸有一百三十个团，对我不利；向西北，是一片广漠的草原；可走的只有一条路，就是北向甘肃。在那里，“道路多，人口多，山少。在此必定会遇到敌人，我可用运动（战）消灭敌人”。[①] 如果敌人前进得慢，我们可以在这个广阔的地区前进，并向陕西迎击敌人。四川方面的现有地区，可以作为游击区，至于到那里后是否还要扩大地区，要在到达那里后再决定。为了实现这个战略方针，目前要迅速向松潘同胡宗南作战，这样才能向西北突破。一定要高度机动，使敌人对我们的估计发生动摇，使他们的部署赶不上我们的行动；而我们自己不要被敌人所牵制，不要因而妨碍我们的机动。要坚决统一意志。两个方面军部队大，要特别坚决地实行统一指挥，遇到困难也要靠统一意志来克服。

周恩来报告后，毛泽东、张国焘、朱德、博古、洛甫等十二人相继发言。周恩来作结论。他说：各位同志都是同意的意见。我们的战争方针当然是进攻的。过去在路上也讨论过，但那时是无后方的运动战。现在不同了，要转入反攻，建立根据地，进入更广大的地区同敌人战斗。从两个主力会合至到达预定地区，口号是赤化川甘陕。各部队要行动，行动应迅速。会议记录在最后

① 周恩来在中共中央政治局扩大会议上的发言记录，1935 年 6 月 26 日。

写道："全体通过恩来的战略方针。"①

六月二十八日，根据两河口会议的精神，中央政治局发出《关于一、四方面军会合后战略方针的决定》。明确规定：我们的战略方针是集中主力向北进攻，在运动战中大量消灭敌人，首先取得甘肃南部，以创造川陕甘根据地。为此，在战役上必须首先集中火力消灭与打击胡宗南军，夺取松潘并控制松潘以北地区，使主力能胜利地向甘南前进。《决定》并且指出：必须坚决反对避免战争、退却逃跑以及保守偷安、停止不动的倾向，这些右倾机会主义的动摇是目前创造新苏区的斗争中的主要危险。

北上还是南下，这是当时的斗争焦点。《决定》中作为主要危险批评的右倾机会主义的动摇，指的是当时领导红四方面军的张国焘。他由于惧怕敌人的强大兵力，一再坚持南下（四）川（西）康或西向青（海）新（疆）的退却方针。一、四方面军会师大会后，他向周恩来询问一方面军的实力。周恩来坦率地告诉他：遵义会议时有三万多人，现在可能不到了。张国焘一听，脸色就变了。② 他自恃红四方面军有八万多人，兵力比红一方面军多得多,个人野心进一步膨胀。两河口会议时，他口头上表示同意北上的方针，会后却处处作梗，暗中仍酝酿南下四川、西康。

六月二十九日，周恩来根据两河口会议决定，制定《松潘战役计划》，准备乘胡宗南部初到松潘地区、兵力尚未集中、碉堡尚未构筑完成的时机，消灭胡宗南部，控制作为北上通道的松潘地区。同天召开的中央常委会议通过了这个计划，并决定增加张国焘为中央军委副主席。会后一方面军立即自懋功一带北上，翻

① 周恩来在中共中央政治局扩大会议上的发言记录，1935 年 6 月 26 日。

② 周恩来：《对我们党在新民主主义革命阶段六次路线斗争的个人认识》提纲，1972 年 6 月 10 日，手稿。

越大小打鼓山等雪山，于七月十六日攻下松潘附近的毛儿盖。张国焘却拒不执行计划，按兵不动。

不仅如此，他还节外生枝地提出一个"组织问题"。张国焘先提议由四方面军政委陈昌浩担任红军总政委。接着，陈昌浩又向中央建议以张国焘任军委主席。张国焘要挟说：如果不这样"集中军事领导"，便"无法顺利灭敌"。为了顾全大局，周恩来在同毛泽东商议后，把他原任的红军总政委的职务改由张国焘担任（周仍担任军委副主席）。七月十八日，中央政治局会议决定任命张国焘为红军总政委,周恩来调中央常委工作，但在张国焘熟悉工作以前,仍暂时帮助他。二十一日，军委决定组织前敌总指挥部,以徐向前兼总指挥，陈昌浩兼政委，叶剑英任参谋长。

七月二十一日至二十二日，中央政治局在芦花开会，讨论对红四方面军放弃鄂豫皖、通南巴根据地问题的看法。周恩来在发言中充分肯定四方面军的长处：有胜利信心，执行命令坚决，遵守纪律，对群众能动员，这些长处是四方面军取得胜利的条件。他指出四方面军在对敌作战中取得了胜利，也批评了张国焘的错误，例如张国焘认为什么地方都可以建立根据地是不对的，根据地的建立需要考虑到地域、群众、敌情等条件。他再次对松潘战役作了部署。而张国焘因为害怕同胡宗南部作战，对松潘战役的计划存有顾虑，并将命令中的"进攻"松潘改为"佯攻"，[①] 致使胡宗南部得以从容集中兵力于松潘，薛岳部也进抵松潘东面的平武、文县，与胡部相策应，而懋功地区又被敌人所占领。毛儿盖是个小平坝，地势高，森林多，人口少，粮食缺乏，难以久驻。由于张国焘的拖延，红军失去夺取松潘的有利时机，而且陷

① 周恩来：《对我们党在新民主主义革命阶段六次路线斗争的个人认识》，1972年6月10日，记录稿。

入腹背受敌的危险局面。

为了摆脱这种危局，中央军委于八月三日制定了《夏（河）洮（河）战役计划》，要求红军主力折而向西，攻占阿坝，再向北进入甘南。八月四日至六日，中央政治局在毛儿盖以南四十里的沙窝再次召开会议。会议通过《关于一、四方面军会合后形势与任务的决议》，重申："创造川陕甘的苏区根据地是放在一、四方面军前面的历史任务"，它关系到"整个中国革命前进与发展"。并针对张国焘的右倾退却逃跑行为和对红军团结的破坏活动，指出："必须在部队中坚决反对各种右倾机会主义的动摇。""一切有意无意的破坏一、四方面军团结一致的倾向，都是对于红军有害，对于敌人有利的。"① 周恩来在会上说：现在，我们最高的原则是作战胜利，只有这样才能得到一致，所以我们要将问题尽量提到最高原则上来解决。为了照顾团结，会议同意在组织上作一些适当调整，陈昌浩担任中央政治局委员兼红军总政治部主任；并决定由周恩来兼任一方面军的司令员与政委。

在毛儿盖，从红一方面军抽调一批干部到红四方面军工作。周恩来嘱咐调去工作的干部："两大主力红军会合，这是中国革命的一大胜利，但也出现了一些扯皮的事情。你到四方面军后，不但要把分内工作做好，更重要的是要顾全大局，做好两军的团结。"

沙窝会议后，为了执行《夏洮战役计划》，在八月上旬将红军分为左、右两路军共同北上。右路军由一方面军的一、三军团和四方面军的四军、三十军组成，向班佑、巴西地区开进。中共中央机关和前敌指挥部随右路军行动。左路军由四方面军的九军、三十一军、三十三军和一方面军的五军团、九军团组成，向

① 《关于一、四方面军会合后形势与任务的决议》，《六大以来》（上），人民出版社 1980 年版，第 684、686、688 页。

阿坝地区开进。总司令部（包括朱德总司令、张国焘总政委和刘伯承总参谋长）随左路军行动。并决定左路军北上到达阿坝后折向东进，到班佑地区同右路军靠拢，然后共同向甘南进军。

这时周恩来突然病倒了。

长征以来，周恩来的工作是特别忙碌的。杨尚昆回忆说：

“长征中的恩来同志，也和在中央苏区一样，军委的主要责任都落在他身上。他每到驻地，就叫人架起电线，接收各军团的电报；同时，挂起地图，以便观察和抉择行军、作战的路线。然后他才坐到椅子上稍事休息。等情况来齐后，经过分析研究和请示毛主席，就起草作战命令、下达行军路线，直到向各军团的电报都发出后，他才睡觉。这时天已快黎明，新的一天战斗生活又要开始了。本来刘伯承同志是总参谋长，但眼睛不好，晚上工作不方便，所以恩来同志不要他起草作战命令，而由自己承担起来。”①

白天，他又要和部队一起行军。因为睡眠不足，骑马时常常要打瞌睡，容易摔下来，只能步行。一到驻地，他又顾不得休息，等到忙完，常是下半夜了。刚睡下，来了情况，又得把他叫醒处理。有一次参谋有事向他请示，周恩来在睡梦中“嗯”了一声，参谋以为他已同意，就退出来。第二天，他说他完全不知道这件事，就规定：以后必须把他喊得坐起来，才算叫醒。在长征的那些日子里，他常常整夜不睡，实在支持不住了，就伏在桌上眯一会，抬起头来接着又工作。到毛儿盖前他已有病。到毛儿盖后，由于粮食缺乏，他同大家一起吃野菜和青稞。他的身体终于支持不住了。

① 访问杨尚昆谈话记录，1978 年 11 月 3 日、7 日。

这次病，来势异常凶猛。连续几天，周恩来一直发着高烧，不能进食。医生最初当作长征路上的多发病——疟疾来治。但几天后烧仍不退，而且发现肝部肿大，皮肤黄染。王斌、李治两位医生检验后，确诊是肝炎，已变成阿米巴肝脓疡，急需排脓。但在这种环境下无法消毒，根本不能开刀或穿刺。医生只能用治痢疾的易米丁，并让卫士到六十里以外的高山上取冰块冷敷在他的肝区上方。

长征开始后，邓颖超因患肺结核，吐血，编入休养连行动，一直没有同周恩来在一起。有几回毛泽东和周恩来走过他们连队，周围的同志看到了叫唤："毛主席和胡公来了！"（周恩来那时没有时间剃胡须，胡须既长且黑，大家就叫他"胡公"）周恩来走到邓颖超身边，只能谈上三言两语又走了。一次国民党飞机轰炸，休养连死伤十几人，周恩来在半夜赶来看望，同邓颖超也只谈了几分钟话就分手。这时，因为周恩来病势沉重，才把邓颖超接来。周恩来一直昏迷不醒，睡在木板床上。邓颖超就在地下铺了点稻草睡。她把周恩来脱下的灰色羊毛背心拿过来看看，结果找到一百七十多个虱子，挤虱子的血把两个指甲都染红了。靠着用冰块局部冷冻的办法，从早上十时敷到下午五六点钟，周恩来逐渐清醒，不时地呻吟着，并说肚痛。邓颖超和医生把他扶起来，终于排出了半盆绿色的脓来，他的烧也慢慢退下来了。周恩来这时才发现邓颖超在他身边，感到有点意外，问她什么时候来的。①

周围的局势那样紧急，已不能再等待了。八月十一日，周恩来刚苏醒过来，就给一、三军团去电，要他们坚决执行夏洮战役计划，准备在七天至十天内离班佑北上。二十日上午，中央政治局再次在毛儿盖开会，毛泽东作了夏洮战役后的行动问题的报

① 纪念长征五十周年前夕邓颖超的谈话记录，1985年。

告。他说：向东向西是一个关键。如果不采取积极方针，将要给敌人逼向西。所以我们应该采取积极的向东的方针。会议根据毛泽东的报告，决定主力要积极占取以岷州为中心的洮河流域东岸，然后依这一地区向陕甘边发展。他还指出在目前将主力西渡黄河，深入青、宁、新僻地是极其不利的。周恩来因病没有参加会议。

八月二十一日，右路军开始北过草地。正在病中的周恩来随彭德怀率领的红三军团殿后。由于他连续发了几天高烧，五六天没有吃什么东西，身体十分虚弱，不要说过草地，就是在平地上行军也不行。怎么办？彭德怀十分焦急。他苦苦思索了一阵，毅然决然地说了一个字："抬！"他嘱咐三军团参谋长萧劲光：你具体负责，立即组织担架队。实在不行的话，宁可把装备丢掉一些，也要把恩来等领导同志抬出草地！萧劲光最后决定从迫击炮连抽人组成担架队，把带不走的迫击炮埋掉，担架队分成几个组，轮流抬着重病中的周恩来、王稼祥等，向草地进发。[①] 陈赓自告奋勇，担任队长。兵站部部长兼政委杨立三坚持要参加给周恩来抬担架。

这是多么艰难的行程啊！荒无人烟，到处是一丛丛野草，一个个泥潭，一片片散发出腐臭气味的淤黑色污水。天气变化莫测，时而狂风四起，大雨滂沱，时而漫天飞雪，冰雹骤降。稍一不慎，踩进泥潭，就很难拔出，甚至会被泥潭吞没，献出生命。干部和战士经过长途跋涉，又缺少粮食和盐吃，冻馁交加，身体无力，体质都已相当虚弱。杨立三和战士一起，抬着担架，深一脚浅一脚地走着。他的双肩磨破了，脖子一歪就痛，走出草地就累病了。周恩来看着这一切，心里十分难受，多次挣扎着从担架上爬下来。十九年后杨立三去世，担任着国务院总理的周恩来，

---

① 《萧劲光回忆录》，解放军出版社 1987 年 5 月版，第 182 页。

无论如何要亲自给他抬棺送葬。这是一种多么深挚的同志之情啊！

在行军中，有一天行进到半途，天忽然降大雨，邓颖超为了要赶上周恩来，一下陷入沼泽。她不敢再动，等了很久，后面又来了人，才把她慢慢地拉出来，大半个身子都沾满了泥水，加上大雨，全身都湿透了。

三军团走了六天六夜，终于走出草地，到达班佑。不少战士在途中倒下了。九月四日，周恩来致电聂荣臻、林彪说："据三军（团）收容及沿途掩埋死尸统计，一军团掉队、落伍与牺牲的在四百以上"，并嘱咐一军团要"特别注意改善给养，恢复体力"。①

经过千辛万苦，越过草地，就把原来尾追堵截的敌军又甩开了。右路军在班佑、巴西、阿西一带休整几天，筹集粮食，恢复体力，等候左路军前来会合。

可是，一个意外的消息又传来了：张国焘借口河水陡涨和缺乏粮食，在左路军到达阿坝后，便不愿北上，并要右路军南下。他们一度到过墨洼，张国焘又借口葛曲河水上涨，退回阿坝。于是，随右路军行动的几个政治局委员在周恩来住处举行了一个非正式会议，决定由周恩来、洛甫、博古、徐向前、陈昌浩、毛泽东、王稼祥七人联名致电张国焘，要他北上。九月八日，周恩来等七人致电张国焘："目前红军行动是处在最严重关头，须要我们慎重而又迅速地考虑与决定这个问题。""左路军如果向南行动，则前途将极端不利。""望兄等熟思审虑，立下决心，在阿坝、卓克基补充粮食后，改道北进。""甘南富庶之区，补充有望，在地形上、经济上、居民上、战略退路上，均有胜利前

① 周恩来致聂荣臻、林彪的电报，1935年9月4日。

途。”[①] 张国焘不但不听，反又在九月九日密电陈昌浩，公然违抗中央的北上战略方针和历次决定，命令右路军南下，企图分裂和危害中央。担任右路军参谋长的叶剑英看到电报，立刻报告毛泽东。[②] 毛泽东、周恩来、洛甫、博古当即在周恩来住处开会。为了贯彻北上方针，避免红军内部可能发生的冲突，决定连夜率一、三军团和军委纵队迅速转移，脱离险境；并指定右路军统归军委副主席周恩来指挥。九月十二日，在俄界召开政治局紧急扩大会议，由毛泽东报告同张国焘争论的经过和今后行动方针。会议作出《关于张国焘同志错误的决定》，并将北上红军改编为陕甘支队，由彭德怀任司令员，毛泽东兼政委。同时决定以彭德怀、林彪、毛泽东、王稼祥、周恩来为“五人团”，负责处理一切重大军事行动。

会后，中共中央率陕甘支队由俄界迅速北上。这时，这一带的敌军只有鲁大昌一个师。九月十七日，北上红军先锋部队攀登悬崖陡壁，一举突破川甘边界的天险腊子口。这是一个重要的关键时刻。如果不是这样迅速北上，等国民党的胡宗南、朱绍良、马步芳等部把腊子口和西兰公路完全封锁起来，加筑碉堡，北上红军要进入甘南就十分困难了。突破腊子口后，北上红军就进入甘南的开阔地带，随即挥兵东向，在第二天乘胜占领哈达铺。部队在哈达铺整编为三个纵队，共八千多人。就在这里，得到一张国民党的报纸，得知陕北有相当大的一片苏区和相当数量的红军。当天，在关帝庙召开了团以上干部会，毛泽东提出要到陕北去。二十七日占领榜罗镇后，政治局常委在这里开会，正式决定去陕北。

① 周恩来、洛甫、博古、徐向前、陈昌浩、毛泽东、王稼祥致朱德、张国焘、刘伯承的电报，1935年9月8日。

② 周恩来：《对我们党在新民主主义革命阶段六次路线斗争的个人认识》提纲，1972年6月10日，手稿。

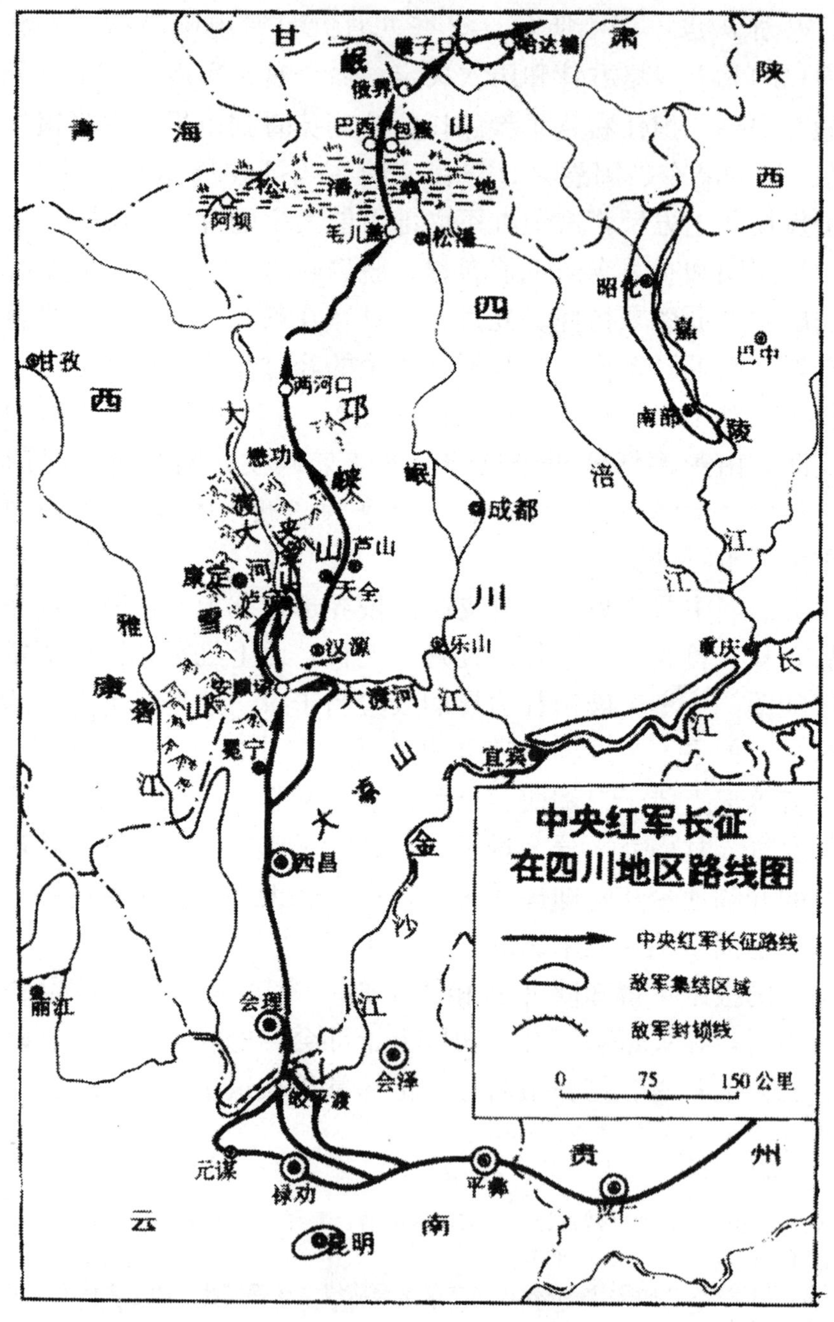

中央红军长征
在四川地区路线图

胜利已经在望了！在继续前进的路上，大家有说有笑，兴高采烈。有人忽然说到长征途中牺牲的烈士，要是还活着，同我们一起到陕北有多好呀！这一说，大家都沉默下来。周恩来也收起笑容，沉痛地说："是呀，我们是有许多很优秀的同志倒在了长征途中，我们应当永远记着他们！"他停了一下，接着就斩钉截铁地说："但是，我们红军像经过了一场暴风雨的大树一样，虽然失去了一些枝叶，但保存下了树身和树根。懂吗？保存下了树身和树根！"①

一九三五年十月十九日，北上红军到达吴起镇，受到陕甘根据地军民的热烈欢迎。行程二万五千里，纵横十一个省的中央红军长征，终于以中国共产党、红军的胜利和敌人的失败而结束了！

① 魏国禄：《随周恩来副主席长征》，中国青年出版社 1976 年 12 月版，第 88 页。

十八、初到陕北

为什么中央红军到达前，在全国一片白色恐怖下，陕北和甘东北却能保留下这么一块仅存的红色根据地？

这是一个有着长期革命传统的地区，在五卅运动前就有共产党的组织。三十年代前期，在刘志丹、谢子长等的领导下，发动武装起义，先后创立了陕甘边和陕北两块革命根据地。以后，这两块根据地在发展过程中互相联系、互相配合、互相支援，终于在一九三五年二月成立西北工委和西北军委，达到完全统一。谢子长负伤去世后，红二十六军和红二十七军在刘志丹统一指挥下，粉碎敌军的第二次“围剿”，解放延长、延川、安定、安塞、靖边、保安六座县城，游击区扩大到陕北和陇东的十七个县，把原来的两块苏区连成一片，创建了大片的革命根据地。在根据地内，进行了土地革命，大部分土地都已分配。

一九三五年九月十五日，原在鄂豫皖地区活动的红二十五军，在徐海东和程子华率领下，冲破敌人的重重封锁，来到陕北延川永坪镇，同红二十六军和红二十七军会师。十八日，三个军合编为红十五军团，共有兵力四千八百人。以徐海东任军团长，刘志丹任副军团长兼参谋长，程子华为政治委员。红军的实力有了很大增强。红十五军团一组成，立即投入粉碎敌军第三次“围剿”的战争。十月初，在劳山战役中歼灭东北军一一〇师。同月下旬，又一举攻克甘泉县的榆林桥，歼敌一〇七师四个营，活捉东北军团长高福源。这两个战役，有力地配合了中央红军的北上。

但当时他们也面对着两个严重的问题：第一，随着中央红军的北上，国民党当局将更多的注意力转移到西北。这年九月间蒋介石在西安设立“西北剿匪总司令部”，自兼总司令，以张学良为副司令并代理总司令职务。国民党方面部署在陕甘根据地周围的军队有张学良部东北军，有杨虎城部十七路军，有陕北的井岳秀、高桂滋等部，还有中央军系统的胡宗南、毛炳文等部。直接用于第三次“围剿”的兵力达十余万人。九月中旬，第三次“围剿”开始了，它的规模比以往历次“围剿”大得多。“进剿”军虽在劳山战役和榆林桥战役中受到两次沉重的打击，但“围剿”没有被粉碎，仍在继续进行。第二，根据地内部在政策方面产生了“左”倾错误。更不幸的是，九月下旬新成立的陕甘晋省委开始错误的“肃反”，逮捕刘志丹等原根据地主要领导人，很多干部和群众愤懑不平，使根据地陷入非常严重的危机。

正在这个时刻，中共中央和中央红军在十月十九日胜利到达陕北的吴起镇。十一月三日，中央常委洛甫、毛泽东、周恩来、博古在下寺湾听取赶来迎接的陕甘晋省委副书记郭洪涛和西北军委主席聂洪钧的汇报。汇报后，举行中央政治局会议。毛泽东在会上提出：应该在本月内粉碎敌人对陕甘根据地的第三次“围剿”，不能用整个冬天，否则会给敌人构筑堡垒的时间。军队的编制，恢复第一方面军的名义，下辖第一军团（由陕甘支队改成）和第十五军团。他并建议：现在暂用西北中央局和中央政府西北办事处的名称较为适当，在粉碎敌人第三次“围剿”以后再公开使用中共中央和中央政府的名义。政治局还确定：在党的工作方面，成立组织局，由周恩来负责；军事工作方面，成立军委，由毛泽东任主席，并兼第一方面军政委；后方军事工作，如扩充红军、动员粮食等，由组织局负责。由于毛泽东坚持认为前方需要周恩来。会议最后同意周恩来暂时仍和毛泽东一起到前线去。

同天，西北革命军事委员会成立，毛泽东任主席，周恩来、彭德怀任副主席。次日，他们率领第一军团南下。十一月六日，在甘泉同十五军团会合。两个军团会合后，立刻拟定一个大的歼灭战计划，这就是著名的直罗镇战役。

直罗镇是一个不过百户人家的小镇，三面环山，一条小路穿镇而过。它的地形有如一个口袋，正是打伏击战的好场所。十一月二十日下午，东北军一〇九师师长牛元峰带着部队，在六架飞机掩护下开进直罗镇。第二天拂晓，埋伏在南北山上的红军突然向直罗镇猛扑下去。敌军从睡梦中惊醒，仓促应战。不到两个小时，红军就占领了镇子。牛元峰率领一个多营逃到镇东头一个小寨里顽抗。十五军团军团长徐海东在回忆中说：

> “这个小寨虽被我军事先拆毁，但敌人昨天下午到达后又连夜改修，加上地形复杂，易守不易攻。我们派了一支小部队攻了一次，没能打上去。正组织第二次猛攻，通讯员报告说：‘周副主席来了。’
>
> 这时太阳已升起了老高。我们向山上看去，只见周副主席同其他同志从山上走下来。他们都拿着望远镜，边走边向敌人固守的小寨子观察。等走到我们近前时，周副主席和干部们一一握手，详细地询问了第一次攻击的情况。最后周副主席指示：敌人已经成了瓮中之鳖，不好攻暂且围着算了。寨子既没粮，又没水，他们总是要逃跑的，争取在运动中消灭他。”
>
> “晚上，牛元峰待援无望，趁黑夜率领残部突围向西逃跑，我七十五师的战士，随即跟踪追击。战士们

说：‘一定要把这条牛追回来。’一气追了二十五里，追到直罗镇西南一个山上，牛元峰和他率领的残部一个多营最后覆灭了。”①

这次歼灭战消灭敌军一〇九师全师和一〇六师的一个团，完全打乱了敌人进攻陕北的部署，迫使入侵的各路敌军纷纷退却。这就最后粉碎了敌军的第三次“围剿”，解除了陕甘根据地周围的险象，使根据地出现一个比较稳定的新局面。毛泽东因此盛赞这次战役：“给党中央把全国革命大本营放在西北的任务，举行了一个奠基礼。”②

对陕甘革命根据地内的“肃反”，中共中央在听取郭洪涛、聂洪钧汇报时就觉察到有问题，决定成立一个以董必武为首的五人委员会负责处理。他们在洛甫领导下迅速查清了问题，在当月释放被错捕的刘志丹等。直罗镇战役后，周恩来率总部工作人员先行，在十二月八日回到中共中央移驻的陕北安定县瓦窑堡。他一一接见被错捕后释放的同志，首先找了刘志丹。刘志丹一进门便说：“周副主席，我是黄埔四期的，你的学生。”周恩来热情地说：“我知道，我们是战友。”并说：“你和陕北的同志受委屈了。”刘志丹回答：“中央来了，今后事情都好办了。”③ 中共中央很快分配刘志丹担任后方办事处副主任、二十八军军长、瓦窑堡警备司令。对其他被错捕的同志，也召开座谈会，一一分配了他们的工作。

周恩来这时兼任西北军委后方办事处主任，还负责后方供应、军需工作。中央红军到达陕北时，天气已近隆冬，不少指战

---

① 徐海东：《奠基礼》，《生平自述》，生活·读书·新知三联书店 1982 年 12 月版，第 111、112 页。

② 《毛泽东选集》第 1 卷，人民出版社 1991 年 6 月第 2 版，第 150 页。

③ 李振民、张守宪：《刘志丹》，《中共党史人物传》第 3 卷，陕西人民出版社 1981 年 11 月版，第 220 页。

员还没有穿上棉衣，有的甚至仍穿着短裤。因此，冬装问题是部队急迫需要解决的大事。周恩来回瓦窑堡后，立刻找来副参谋长张云逸、中央供给部部长叶季壮和西北军委供给部部长白如冰开会，当场决定三件事：第一，两个供给部合并成为工农红军总供给部。叶季壮任部长，白如冰任副部长。第二，清理陕北供给部库存的物资。周恩来说："二十六、二十七军原在陕北，困难较少。二十五军九月份来陕北，该补充的也补充了。这次补充的重点是中央红军。要赶快清点现有多少布、棉花，计算一下能做多少套冬装和鞋袜。"第三，加强军需工厂的建设。① 陕北的瓦窑堡原有兵工厂、造币厂、炸弹厂，清涧有修械厂、被服厂，但技术力量不强。中央红军在长征中虽丢弃了机器，但保存下不少技术干部和管理干部。分配这些干部到工厂去工作，就使原有的兵工厂、被服厂的生产能力大大提高。总供给部又发动妇女赶制冬装。在短短十几天内，使每个战士都穿上棉衣，解决了燃眉之急。

在这个地区，居住的很多是回民。周恩来十分注意正确处理红军同回民的关系。红军刚进入甘南时，他就来到前卫连，嘱咐在那里的一营营长侯礼祥："我们现在经过的大多数地方都是回族地区，一方面我们要认真对付敌人，一方面要注意加强组织纪律，尊重少数民族的宗教信仰和风俗习惯。"② 对身边的警卫员，他也常常叮嘱他们："回民同胞的风俗习惯与我们汉族不一样，我们是工农红军，一定要注意影响，遵守纪律。"③ 到陕北后，

① 白如冰：《周副主席关心部队后勤工作》，《怀念周恩来》，人民出版社 1986 年 1 月版，第 323、324 页。

② 侯礼祥：《周副主席来到前卫连》，《星火燎原》，解放军出版社 1986 年 8 月版，第 165、166 页。

③ 魏国禄：《周恩来同志在长征中》，《人民的好总理》（上），人民出版社 1977 年版，第 212 页。

他仍一直很注意这个问题。

就这样，中共中央和中央红军到陕北后仅仅用两个月的时间，在军事上粉碎了敌人的第三次“围剿”；在政治上妥善处理了内部的错误“肃反”，克服了危机，团结了十五军团和陕北的干部群众；在组织上健全了各级机构；在经济上初步解决了部队的给养问题，这就有了一个相对安定而稳固的根据地。

有这样一个根据地和没有这样一个根据地是大不一样的。红军在长征过程中，脱离原有的根据地，打的一直是无后方的仗，没有可靠的给养来源，不容易得到群众的掩护和支援，伤病员更难安置，历尽了千辛万苦。现在情况又变了。有这样一个新的起点，红军就能在历史舞台上再演出一出出新的有声有色、威武雄壮的活剧。

陕甘根据地的局面初步稳定下来以后，中共中央就在一九三五年十二月十七日至二十五日于瓦窑堡召开政治局扩大会议，讨论政治形势和党的策略路线问题。

为什么要在这个时候召开这样一次政治局扩大会议呢？

第一，遵义会议纠正了军事路线上的“左”倾错误，改变了领导，在极端危急的情况下拯救了革命。但当时大多数人还没有认识到四中全会以来的中央政治路线上的错误，加上战争形势紧迫，会议没有在这方面展开进一步的讨论。以后虽没有发生大的争论，但认识上一直存在着差别。因此，刚到陕北，周恩来十一月三日在下寺湾召开的政治局会议上就提议召开一次会议，让大家充分发表意见，将总的方针问题详细讨论一下。但那时敌人的第三次“围剿”尚未被粉碎，最迫切的事情是采取新的军事行动，毛泽东、周恩来等第二天就上前线去，中央机关正向瓦窑堡转移，这次会又延搁下来了。直罗镇战役后，第三次“围剿”已被粉碎，边区的局面初步稳定下来，召开这次会议自然就提到日程上来了。

第二，红军长征以来，国内政治局势的变化很大。一九三五年，风云突变。日本侵略者强占东北四省后，在这一年又制造华北事变，策划并发动所谓“华北五省自治运动”，在冀东建立伪政权，野心勃勃地把侵略势力进一步伸入中国内地。国难深重，使整个中国为之震动。轰轰烈烈的一二九运动，标志着中国人民的抗日救亡运动掀起了新的热潮。红军到达陕北后，主要的对手是张学良所部的东北军，这支军队内有着强烈的抗日要求。怎样对待他们的这种要求，建立并扩大抗日民族统一战线，成为巩固并扩大陕北苏区所必须认真考虑和正确解决的十分现实的课题。十一月二十九日和十二月六日，洛甫在瓦窑堡主持中央政治局会议，分别讨论日本加紧对华侵略形势下的统一战线问题和改变对富农的策略问题。客观形势的迅猛发展，已要求中国共产党对它有一个科学的分析，制定出正确的政治路线和策略来。

第三，中国共产党驻共产国际代表团以中国苏维埃中央政府和中共中央的名义在这年八月一日发表《为抗日救国告全体同胞书》，号召全国人民团结起来，停止内战，一致抗日，组织国防政府和抗日联军。中央红军到达陕北后，中共中央又发出《为目前反日讨蒋的秘密指示信》，详细说明抗日民族统一战线的对象、条件、组织形式和领导方法，强调抗日民族统一战线不仅要有下层统一战线，也要有上层统一战线，要和一切抗日反蒋的团体和个人联合起来。十一月中旬，参加了共产国际七大的张浩从莫斯科来到瓦窑堡，传达共产国际关于建立反法西斯统一战线的精神，恢复了中共中央和共产国际间中断一年多的联系。十一月十三日，中共中央发表《为日本帝国主义并吞华北及蒋介石出卖华北出卖中国宣言》；二十八日，中华苏维埃共和国中央政府和中国工农红军革命军事委员会发布《抗日救国宣言》，号召全国人民团结起来，抗日反蒋。这些，都为瓦窑堡会议的召开做了直接的准备。

十二月十三日，毛泽东从前线回到瓦窑堡后，中共中央立刻准备召开政治局扩大会议。十七日上午，会议开始举行。

会上讨论了军事战略问题，由毛泽东作报告。他指出：战略方针应是坚决的民族革命战争，首先把国内战争与民族战争相联系，一切战争都在民族战争的口号下进行。他指出，当前的军事行动方针是要在四十天内完成东渡黄河的准备，进入接近抗日前线的山西。周恩来同意毛泽东的报告。他着重指出：防御应站在主动的地位，不是被动的地位，宁都会议没有解决这个问题，现在应当使全党了解，并作活的运用，集中主力于一个主要的方向。毛泽东作结论时，建议在决议中将周恩来所主张的“主动”两字加上去。根据会议的这个决定，毛泽东、周恩来在十二月二十四日拟定《关于四十天准备行动的计划》，开始进行东征的准备。

会议讨论政治问题时，对如何对待民族资产阶级的问题发生争论。毛泽东认为中国的民族资产阶级有两重性，是可以争取的。博古引经据典地说：中间势力是最危险的。毛泽东进行了反驳。

会议在二十五日通过了洛甫起草的《中央关于目前政治形势与党的任务的决议》。决议明确指出：“目前政治形势已经起了一个基本上的变化，在中国革命史上划分了一个新时期，这表现在日本帝国主义变中国为殖民地，中国革命准备进入全国性的大革命。”从国内看，“在反革命营垒中是新的动摇、分裂与冲突。一部分民族资产阶级，许多的乡村富农与小地主，甚至一部分军阀，对于目前开始的新的民族运动，是有采取同情中立以至参加的可能的。民族革命阵线是扩大了。”决议规定：“党的策略路线是在发动、团结与组织全中国全民族一切革命力量去反对当前主要的敌人——日本帝国主义与卖国贼头子蒋介石。”并且指出：

“关门主义是党内的主要危险。”①

一九三六年一月二日，周恩来根据瓦窑堡会议的精神，在政治局会议上作《新的形势下党的组织任务》的报告。报告一开始就指出：“整个政治形势中心问题是开展民族战争，党的组织任务是团结领导千千万万群众在党的周围，进行民族革命战争。”他说：现在一切抗日斗争，都应有共产党在那里领导；就在没有抗日斗争的地方，共产党也应发动和推动民族战争；无论哪一条战线上，都要无孔不入地去做工作。他还谈到：考虑到中国地区广大，社会经济和革命发展又不平衡，党在有些地区掌握了政权，而在其他地区还处于极端秘密的地下党生活，因此应该根据不同情况来指导工作。由于中国的历史条件，红军是革命的主要力量。党的干部大多随红军行动。“中国红军不仅成为革命的领导与组织者，而且是党组织的恢复者。”报告强调了“反对关门主义”的问题，要求改变对成份的机械了解，克服对知识分子的狭隘观点，在长期斗争中选择干部。②

瓦窑堡会议是从第二次国内革命战争到抗日战争的伟大转折时期中党所召开的一次极为重要的会议。它不失时机地制定了抗日民族统一战线的政策，使党在新的历史时期将要到来时掌握了政治上的主动权。在瓦窑堡会议后，全国的抗日民族统一战线很快形成，为抗日战争做了直接的准备。

抗日民族统一战线的发展，首先在东北军工作中取得了突破。

东北军是当时“围剿”陕甘根据地的敌军主力。但自九一八

① 《中央关于目前政治形势与党的任务的决议》，《六大以来》（上），人民出版社1980年版，第734、735、736、737、743页。

② 周恩来在中共中央政治局会议上的发言记录，1936年1月2日。

事变后，东北军广大将士身受家乡沦陷的痛苦，强烈要求打回老家去，不愿同主张抗日的红军作战。这种情绪对张学良和东北军其他高级将领也产生影响。张学良在九一八事变中痛苦地接受蒋介石的命令，不经抵抗便失去东北四省，受到举国上下的唾骂。东北军流落关内，在“剿共”战争中屡受重创，又遭受蒋介石的冷遇。这些都促使他的思想逐渐发生变化。

中共中央到陕北后，对做东北军的工作十分重视。瓦窑堡会议上决定成立东北军工作委员会，以周恩来为书记、叶剑英为副书记。一九三六年一月十七日，中共中央部署东征时，决定政治局随军行动，留周恩来、博古、邓发三人组成中央局，负责后方工作，以周恩来为书记。后方工作中，很重要的就是要做好对东北军的工作。这样，东征的红军才能消除后顾之忧。

这个工作从哪里着手？这时一个机会来了。一九三五年十月榆林桥战役中俘虏的东北军团长高福源，在红军中生活两个多月后，思想起了变化。一天他向中共中央联络局局长李克农提出：愿意回去劝说张学良同红军联合抗日。李克农向周恩来汇报后，周恩来立刻同意他的要求。

高福源在一九三六年一月初离开瓦窑堡，到洛川见到张学良。他们谈了一个整夜。最后，张学良痛快地说：“你谈得很好，我基本上同意你的意见。你休息一两天就赶快回去，请红军方面派一位正式代表来，我们正式商谈一下。”① 一月十六日，高福源回到甘泉红军驻地，要求红军派代表去谈判。中共中央随即决定派李克农去洛川同张学良谈判。二十日，李克农同张学良进行三小时商谈。张表示愿为成立国防政府奔走。

二月初，中共中央再次派李克农前往谈判。李克农临行前，周恩来找他布置去洛川的任务，叮嘱道：这次谈判成功的可能性

---

① 申伯纯：《西安事变纪实》，人民出版社 1979 年 11 月版，第 24 页。

大，不成功的可能性小。但有一定的危险，你们要有思想准备。不管遇到什么情况，你们无论如何不能谈崩，一定要谈好。

红军的东征，按原计划在二月二十日由毛泽东率领进入山西。二十五日李克农到洛川，先同六十七军军长王以哲谈判，达成五项局部性的口头协定。三月四日，张学良到洛川。五日凌晨，在同李克农会谈时，张学良坦率地说了自己的看法：现在中国的国家力量几乎全部掌握在蒋介石手里，同时蒋介石也有抗日的可能，因此要抗日必须联蒋。最后，双方商议由中共方面再派出全权代表，最好是毛泽东或周恩来，到延安同张学良面谈。会谈结束后，李克农电中共中央报告，并请示行动。当天得到中央复电，同意谈判结果，并要他到山西石楼前线当面报告。

为什么要他到山西报告？因为毛泽东、洛甫等这时都随军东征在山西前线，而周恩来等也在三月初渡河前往石楼准备参加中央政治局会议。李克农在十六日赶到石楼作了汇报。中共中央当即决定以周恩来为全权代表，去延安同张学良谈判。

这时，另一个好消息传来。中共中央北方局王世英在西安同杨虎城密谈后，也经瓦窑堡来到石楼，向中央报告。杨虎城是陕西地方实力派的首领，担任着十七路军总指挥和西安绥靖主任。他有抗日的要求，也有一定的进步思想，过去同共产党和一些党员有过友好关系。共产党员南汉宸在一九三一年担任过他的秘书长。一九三五年十一月，正在天津的南汉宸委托申伯纯去见杨虎城，告诉他《八一宣言》的内容，建议双方合作。十二月五日，毛泽东、彭德怀派汪锋到西安同杨虎城联系，商谈合作抗日。同月下旬，王世英又经南汉宸介绍去见杨虎城，并同杨虎城达成了合作的初步协议。

这样，中共中央同张学良、杨虎城之间的联络渠道都正式打通了。周恩来同张学良会晤的时间，经联系后确定在四月间进行。

三月二十日，中共中央政治局会议在山西前线举行，到二十七日才结束。会议的议题是：一、讨论共产国际第七次代表大会决议；二、目前战略方针；三、同张杨的谈判问题。周恩来在会上作长篇发言，充分肯定瓦窑堡会议决议是正确的。他说：现在政治上的基本任务是发动并准备组织抗日战争。这和在江西时的情形根本不同：那时要冲破“围剿”才谈得上抗日；现在一方面军已处在华北这个焦点上，要实际地进行抗日战争。具体任务有三个：第一，扩大红军和抗日根据地。红军的发展方向基本向东。这不是一下子就同日本决战，而是要有阵地、有后方地作战。第二，组织全国抗日运动和华北抗日游击战争。第三，正确应用统一战线，应该把上层和下层配合起来进行，并注意到国际的联合。关于党内问题，他强调应求得一致，首先要反对关门主义，反对束缚在过去的范围中。①

四月初，周恩来、博古等回到瓦窑堡。四月七日，周恩来和李克农带着电台向延安进发。四月九日晚，在延安城内一座教堂中同张学良会谈。周恩来同张学良一见面，就说：我是在东北长大的。张学良说：我了解，听我的老师张伯苓说过。周恩来很奇怪，问：张伯苓怎么是你的老师？张学良爽快地回答：我原来抽大烟，打吗啡，后来听了张伯苓的规劝，完全戒除了，因此拜张伯苓为师。并说：我和你是同师。会谈便在这种亲切而轻松的气氛中开始了。

他们谈得很坦率，也很融洽。对谈到的一些基本问题，周恩来第二天致洛甫、毛泽东、彭德怀的电报中这样写到：“停止内战，一致抗日，他完全同意，但他在公开抗日之先不能不受蒋令进驻苏区。”“他再不进兵无以回答蒋（蒋有电责他，并转阎电说他隔岸观火）。”“四方面军如北上，他可使陕甘部队让路。二、

① 周恩来在中共中央政治局会议上的发言记录，1936年3月20日。

六军则须取得中央军同意方可，他愿为此事活动。”“国防政府，抗日联军，他认为要抗日只有此出路，他愿酝酿此事。十大纲领，他研究后提出意见。”“对蒋问题，他认为蒋部下现有分化，蒋现在歧路上。他认为反蒋做不到。蒋如确降，他当离开他。”“经济通商，普通购物，由我们在他防地设店自购。无线电、药品，他可代办，并可送弹药。”“彼此互派一得力人伪装侦察，保持交通。另派有政治头脑及色彩不浓之人在他处做事活动（克农因太公开，不便在他处任事）。”①

会谈中，张学良承认红军是真心抗日的，剿共与抗日不能并存。表示不愿打红军，但现在不能离蒋，财政上也要靠蒋，故处在苦闷中。他说：对国民党要人中，他只佩服蒋尚有民族情绪和领导能力，故希望蒋抗日。同时，也承认蒋的左右有很多亲日派，蒋不能下抗日决心，而且极矛盾。如果蒋真降日，他就辞职而另干。他认为，根据他两年来的观察，蒋介石有可能抗日。他主张他在里面劝，共产党在外面逼，促使蒋改变错误政策，走上抗日的道路。周恩来表示愿把这些意见带回去，提请中共中央郑重考虑后再作答复。这是促成中共中央在四个多月后作出“逼蒋抗日”决定的一个重要因素。

会谈一直进行到第二天凌晨四时才结束。四月十三日，周恩来回到瓦窑堡。刚到张学良那里工作的地下党员刘鼎也随同回来。留在瓦窑堡的中共中央负责人立刻召开会议，听取周恩来的报告。会议同意谈判结果，并派刘鼎继续去张学良处工作。十四日，毛泽东、彭德怀致电周恩来：“张杨两部关系由你统一接洽并指导之，以其处置随时告我们，我们一般不与发生关系，对外示统一，对内专责成。”② 从此，周恩来就统一主持对东北军和

① 周恩来致洛甫、毛泽东、彭德怀的电报，1936年4月10日。

② 毛泽东、彭德怀致周恩来的电报，1936年4月14日。

十七路军的统一战线工作。延安谈判后，中国共产党同东北军、十七路军的关系进入了一个新的阶段。

红军东征后所向披靡。蒋介石派了十万大军分两路开入山西，支援阎锡山。为了顾全抗日大局，避免大规模内战，红军决定回师陕北。从四月中旬起，周恩来指挥留守各部保护渡口，准备船只，并亲到延川迎接。五月五日红军全部回师河西，接着又转向西征。这时，东北军在蒋介石严令下向北推进。中共中央决定西迁保安，将瓦窑堡让给东北军。六月十四日中共中央政治局常委会会议决定："恩来留守东线，指挥东面各军及地方部队，抗击进攻敌人，并布置中央及军委转移。"①

七月八日，周恩来从安塞到谭家营陕北省委去。途中在百家坪遇到了从北平来苏区采访的美国记者斯诺。斯诺在《西行漫记》里描述了他初次见到周恩来时的情景：

"蒋介石悬赏八万元要周恩来的首级，可是在周恩来的司令部门前，只有一个哨兵。我到屋子里以后看到里面很干净，陈设非常简单。土炕上挂的一顶蚊帐，是唯一可以看到的奢侈品。炕头放着两只铁制的文件箱，一张木制的小炕桌当作办公桌。哨兵向他报告我的到来的时候，周恩来正伏案在看电报。

"'我接到报告，说你是一个可靠的新闻记者，对中国人民是友好的，并且说可以信任你会如实报道。'周恩来说：'我们知道这一些就够了。你不是共产主义者，这对于我们是没有关系的。任何一个新闻记者要来苏区访问，我们都欢迎。不许新闻记者到苏区来的，不是我们，是国民党。你见到什么，都可以报道，我们要给你

---

① 毛泽东、周恩来致彭德怀、左权、聂荣臻、徐向前等的电报，1936年6月15日。

一切帮助来考察苏区。’

“给我这样自由活动的诚意，我是有一点惊奇和怀疑的。我原来以为即使允许我到苏区去旅行，对于拍照、搜集材料或访问谈话等总会对我加以一定的限制的。”①

周恩来同斯诺进行了长时间的谈话，回答了他提出的问题，帮助他具体安排了活动日程。斯诺继续描写道：

“我一边和周恩来谈话，一边深感兴趣地观察着他，因为在中国，像其他许多红军领袖一样，他是一个传奇式的人物。他个子清瘦，中等身材，骨骼小而结实，尽管胡子又长又黑，外表上仍不脱孩子气，又大又深的眼睛富于热情。他确乎有一种吸引力，似乎是羞怯、个人的魅力和领袖的自信的奇怪混合的产物。他讲英语有点迟缓，但相当准确，他对我说已有五年不讲英语了，这使我感到惊讶。”

“我暗自想，周恩来一定是个狂热分子，因此我想寻找这必有的神色。但是如果说有这种神色的话，我却没有发觉出来。他谈吐缓慢安详，深思熟虑。因此，周恩来给我的印象是，他头脑冷静，善于分析推理，讲究实际经验。他态度温和地说出来的话，同国民党宣传九年来诬蔑共产党人是什么‘无知土匪’、‘强盗’和其他爱用的骂人的话，形成了奇特的对照。”②

送走斯诺后，周恩来来到谭家营，在那里先后召开东线军政

---

① ［美］埃德加·斯诺：《西行漫记》，生活·读书·新知三联书店 1979 年 12 月版，第 41—42 页。

② ［美］埃德加·斯诺：《西行漫记》，生活·读书·新知三联书店 1979 年 12 月版，第 43、47 页。

干部会议和陕北省委会议，部署了东线的工作，并到各地进行检查，然后回到保安。

七月二十七日，中共中央在保安召开政治局会议。会上，周恩来报告对东北军的工作。毛泽东发言中对周恩来领导下的东北军工作作了很高的评价，称赞它“可为很好的模范”。[①] 并说：由于这方面工作的进展，党的整个工作部署应该相应地改变：原来的工作次序是，第一在西边建立根据地，第二在东边建立游击区，第三建立联合战线；现在应改为把联合战线的扩大放在第一位。周恩来还建议：在国民党军队中的共产党组织应该把上层同下层严格分开。会议同意这个建议，并决定成立白军工作部，由周恩来负责。由于陕甘根据地周围大多是东北军，白军工作仍是以东北军工作为主。

西北大联合的局面渐次成熟了。

在与张、杨的联络取得进展的同时，与蒋介石之间秘密谈判的渠道也逐渐打通。

为什么同共产党打了十年内战的蒋介石又会同共产党秘密谈判呢？这和一九三五年华北事变后中日矛盾的急遽恶化直接有关。在九一八事变后，国民党上层中便开始出现亲日和反日的分歧，最初反日还是少数人所持的看法。但日本侵略势力实在太咄咄逼人了，到一九三五年出现所谓“华北自治运动”时，那种认为中国必须抗日而且能够抗日的见解在国民党上层中也逐渐形成比较广泛的舆论。十一月十九日，国民党举行第五次全国代表大会。蒋介石在讲话中虽然仍高唱“和平未到完全绝望时期，决不

---

① 毛泽东在中共中央政治局会议上的发言记录，1936 年 7 月 27 日。

放弃和平”，但也说到：“和平有和平之限度，牺牲有牺牲的决心。”①一九三六年春，日本政府提出所谓“广田三原则”，企图独吞中国，它同蒋介石的矛盾也就变得更加尖锐。蒋介石后来写道：“当时的情势是很明白的：我们拒绝他的原则，就是战争；我们接受他的要求，就是灭亡。”“中日战争既已无法避免，国民政府乃一面着手对苏交涉，一面亦着手中共问题的解决。”②

这样，在继续“剿共”战争的同时，蒋介石开始悄悄地伸出一些触角，进行政治试探。这种试探，是通过多种渠道同时并进的：

一九三五年底，蒋介石派他的心腹陈立夫秘密赴苏联谈判，希望签订共同对日的军事同盟。陈立夫在第二年春天带了国民党中央组织部调查科总干事张冲到达德国。但蒋介石又认为直接去苏联谈判的时机尚未成熟，命令陈立夫回国在南京同苏联大使鲍拉莫洛夫交涉。一月初，回国述职的驻苏使馆武官邓文仪也奉蒋介石密令赶回莫斯科，找到中共驻共产国际代表团负责人王明，要求谈判。③ 中共代表团表示：无论共产党还是国民党的中央都在国内，谈判以在国内进行为好；并指定于五月前后回国的潘汉年作为联系人。

与此同时，蒋介石在国内也设法找寻中国共产党的关系。陈立夫把这个任务交给他的亲信、铁道部次长曾养甫。一九三五年十一月，曾养甫找来他的下属谌小岑，要他设法“打通共产党的

---

① 蒋介石：《对外关系之报告》，《蒋总统集》第1册，（台）中华大典编印会1960年10月版，第920页。

② 蒋中正：《苏俄在中国》，（台）中央文物供应社1956年12月版，第55、58页。

③ 邓文仪：《从军报国记》，（台）正中书局1979年版，第272页。

关系”。[①] 谌小岑在五四运动时参加过觉悟社，同周恩来、邓颖超熟悉，同一些进步文化人也有交往。他从两个途径进行了试探：一个是经同国民党元老覃振相熟的进步学者翦伯赞介绍，约北平的中国大学教授吕振羽到南京来同曾养甫见面。吕振羽那时还不是共产党员，但同北平的地下党有联系。他到南京的商谈，是在中共北方局王世英和北平市委宣传部长周小舟领导下进行的。谌小岑的另一个途径是经过在南京的中山文化教育馆工作的左恭的介绍，找到上海地下党的关系。上海地下党派张子华以长江局代表的身份也到南京同曾养甫会晤。但吕振羽也好，张子华也好，都不能代表中共中央进行谈判。因此，国民党当局仍希望能同中共中央直接取得联系。

最早将国民党要求谈判的信息直接送给中共中央的是宋庆龄。一九三六年一月，宋庆龄在上海请以牧师身份活动的共产党员董健吾到她家里，交给他一封信件，要他送到陕北面交毛泽东、周恩来。为了旅途的方便，宋庆龄还给他一张由孔祥熙签名委董为“西北经济专员”的委任状。上海党组织也介绍张子华与董同行。[②] 由于陕北苏区处于国民党军队的严密包围下，董健吾等要安全地进入苏区需要得到张学良的同意。张学良从这件事中明白了南京的意图。那时，李克农还没有到洛川同王以哲会谈。张学良派人护送董健吾、张子华进入苏区后常说：既然中央可以和共产党联络，我们也可以。[③]

二月二十七日，董健吾、张子华到达瓦窑堡。这时，洛甫、毛泽东还在山西前线，周恩来在陕北前线检查工作，并准备前往山西参加会议。留在瓦窑堡的博古分别会见了董、张二人。周恩

① 谌小岑：《西安事变前一年国共两党关于联合抗日问题的一段接触》，《文史资料选辑》第 71 辑，中华书局 1980 年版，第 3 页。

② 石肖岩：《一个宝贵的资料》，《中国青年报》，1981 年 6 月 4 日。

③ 访问刘鼎谈话记录，1981 年 4 月 14 日。

来向中共中央建议：对蒋介石和张学良的统战工作应分别进行。对蒋介石方面可答应派正式代表到南京谈判，谈判条件应依照拟定的抗日救国通电及宣言所定，而组织国防政府及抗日联军则为根本之点。三月四日，洛甫、毛泽东、彭德怀复电博古转董健吾，表示“愿与南京当局开始具体实际之谈判”。① 第二天董健吾带着这个密件离开瓦窑堡，回宋庆龄处复命。国共两党中断了近十年的联系，终于在宋庆龄的推动下接通了。

董健吾南返后，张子华随博古到山西前线向中共中央报告他同曾养甫接触的情况。王世英向中央报告同杨虎城谈判情况时，也报告了吕振羽、周小舟在南京同曾养甫、谌小岑洽谈的情况。三月二十三日，周恩来在政治局会议上对南京政府这些新的动向作出这样的分析：由于日本侵略者总是前进，这就更尖锐地推动了民族战争的发展。对南京政府说来，“或降日，或抗日，其间的余地更狭了”。②

四月二十五日，中共中央发布了《为创立全国各党各派的抗日人民阵线宣言》，这里所说的各党各派已开始把国民党包括在内了。五月十五日，周恩来给谌小岑写信，邀请曾养甫、谌小岑到陕北共同“商讨大计”。③

这时国民党内部在抗日问题上的斗争也更加激烈。六月间，控制广东的陈济棠和控制广西的李宗仁、白崇禧打出“北上抗日”的旗帜，把他们的军队改称“抗日救国军”，出兵湖南，同南京政府相对立。七月，国民党召开五届二中全会。蒋介石在这次会上说：“中央对外交所抱的最低限度，就是保持领土主权的完整。”“再明白些说，假如有人强迫我们欲订承认伪国等损害领

① 洛甫、毛泽东等致博古转董健吾的电报，1936 年 3 月 4 日。

② 周恩来在中共中央政治局会议上的发言记录，1936 年 3 月 23 日。

③ 《周恩来统一战线文选》，人民出版社 1984 年 12 月版，第 16 页。

土主权的时候，就是我们不能容忍的时候，就是我们最后牺牲的时候。”① 接着，南京政府外交部长张群在同日本驻华大使川樾的谈判中，拒绝了日本的要求。这是自九一八事变以来南京政府的妥协投降政策第一次表现出有所改变的迹象。

中国共产党长时期内一直宣传“抗日必须反蒋”的口号。随着中日之间民族矛盾的急速上升，随着蒋介石对抗日态度的逐渐发生变化，对这个问题需要有一个新的考虑。

潘汉年在南京同曾养甫会晤后，八月八日来到保安，带回一个消息：曾养甫希望潘汉年回陕北听取中共中央对两党合作谈判的意见，再到南京见陈果夫。这也促使中共中央必须迅速作出决断。两天后，中共中央召开政治局会议，毛泽东首先分析了形势发生的变化，指出：在今天我们应该承认南京是民族运动中一种大的力量。我们的方针过去是愿意同南京谈判，现在仍继续这个方针。周恩来认为，同南京谈判时应提出实际问题：一、停止内战；二、实行抗日民主，发动抗日战争。他明确地建议：放弃“抗日必须反蒋”的口号。② 毛泽东作结论时，同意周恩来所说现在提“抗日必须反蒋”不合适。他指出：我们在苏维埃形式、红军形式、土地政策等方面也应有新的变动。③ 二十五日，根据会议的精神，发布了《中国共产党致中国国民党书》。

八月二十七日，张子华又带着曾养甫给周恩来的信以及同武汉电台联系的密码回到保安。三十一日，周恩来给曾养甫复信，表示：“兹为促事速成，亟愿与贵方负责代表进行具体谈判”，但“弟等外出不易”，故邀请陈立夫、曾养甫到苏区或陕西华阴会

---

① 蒋介石：《御侮之限度》，《蒋总统集》第1册，（台）中华大典编印会1960年10月版，第952页。

② 周恩来在中共中央政治局会议上的发言记录，1936年8月10日。

③ 毛泽东在中共中央政治局会议上的发言记录，1936年8月10日。

晤。[①] 九月一日，周恩来又给陈果夫、陈立夫写信，说："黄君（即张子华——编者注）从金陵来，知养甫先生所策划者，正为贤者（指陈果夫、陈立夫——编者注）所主持。呼高应远，想见京中今日之空气已非昔比。""两先生居贵党中枢，与蒋先生又亲切无间，尚望更进一言，立停军事行动，实行联俄联共，一致抗日。"信中表示：中国共产党"早已准备随时与贵方负责代表作具体谈判。现养甫先生函邀面叙，极所欢迎，但甚望两先生能直接与会。如果夫先生公冗不克分身，务望立夫先生不辞劳瘁，以便双方迅作负责之商谈"。

也是在九月一日，中共中央书记处向党内发布《关于逼蒋抗日问题的指示》。这个指示写道："目前中国人民的主要敌人是日本帝国主义。所以，把日本帝国主义与蒋介石同等看待是错误的。'抗日反蒋'的口号也是不适当的。""在日本帝国主义继续进攻、全国民族革命运动继续发展的条件下，国民党中央军全部或其大部有参加抗日的可能。我们的总方针应是逼蒋抗日。""我们目前的中心口号，依然是'停止内战，一致抗日'。""在全中国民主共和国建立时，苏区可成为统一民主国的一个组成部分，苏区代表将参加全中国的国会，红军将服从统一的军事指挥。"[②]

这是中国共产党对国民党、蒋介石方针的重大转变：正式完成了从"抗日反蒋"到"逼蒋抗日"的过程。正因为有了这个转变，所以在西安事变时能采取和平解决的方针，它的影响是十分深远的。

九月十五日起，中共中央召开三天政治局扩大会议，研究抗日民族统一战线中面对的新问题。洛甫在会上作了《目前政治形

---

① 《周恩来书信选集》，中央文献出版社 1988 年 1 月版，第 98、100、101 页。

② 《关于逼蒋抗日问题的指示》，《六大以来》（上），人民出版社 1980 年版，第 778 页。

势与一年来民族统一战线问题》的报告，主张“实现联合国民党抗日”。提出：“我们在统一战线中要取得领导，这是我们（的）基本任务。我们要保持我党的独立、纯洁。”① 他说：我们要扩大党的组织，但不能使我们的党变为抗日党。毛泽东分析了客观形势的变化，指出这使民族资产阶级又有转变到革命方面的可能。他强调：在抗日民族统一战线中“只有共产党有力量来领导，但是这样的领导还是要争取”。② 周恩来在第二天的会上发言。他说：联蒋抗日是具有重要意义的。过去把蒋所代表的力量除外是不对的。自国民党五大以来，特别是近半年中，他是有变化的。他在动摇着。察看他向着哪个方向动摇？是倾向抗日方面的。但是走到抗日，还要从斗争中使他实现。蒋要走到同我们合作，距离还很远，但我们不应放弃他，应逼蒋抗日。周恩来在发言中认为，现在应将苏维埃改为民主共和国，任务是反帝反封建。他认为这是各阶级统一战线的政府，是走到工农民主专政的最好的道路；不同意有的同志认为的这是资产阶级性质的政权。他回顾历史，认为要记取大革命时期国共合作留下的教训，强调：建立统一战线要保持我党的独立性，随时进行友谊的批评。特别是，理论的斗争与批评是统一战线的重要武器之一。我党是无产阶级的先锋队，不能认为是民族的党。③ 十七日，会议通过了《中央关于抗日救亡运动的新形势与民主共和国的决议》。

但是，长期以来的国共对立要得到和平解决谈何容易。正当事情仿佛顺利进行的时候，局势突然又出现了曲折。

蒋介石在两广事变解决前，对国共谈判表现得比较积极；当他用收买和分化内部的办法搞垮陈济棠、解决了两广事变以后，

① 洛甫在中共中央政治局会议上的发言记录，1936 年 9 月 15 日。

② 毛泽东在中共中央政治局会议上的发言记录，1936 年 9 月 15 日。

③ 周恩来在中共中央政治局会议上的发言记录，1936 年 9 月 16 日。

觉得可以腾出手来，又调兵遣将，向陕甘地区增兵，再次企图依仗武力解决西北问题。

九月二十二日，周恩来再次致书陈果夫、陈立夫，提出质问："蒋先生于解决两广事变之后，犹抽调胡军入陕，阻我二、四方面军北上抗日。岂停止内战可以施之于西南，独不可施之西北耶?"指出："内战不停，一切抗日准备无从谈起。"希望他们"力促蒋先生停止内战，早开谈判，俾得实现两党合作，共御强敌，则两党之幸，亦国家之幸也"。① 二十四日，潘汉年携带周恩来的信件和中共中央起草的《国共两党抗日救国协定草案》离开陕北，前往上海，继续商谈。

蒋介石错误估计中国共产党的立场，以为共产党已处于困难地位，急于同他们妥协。因而采取军事压迫和政治解决双管齐下的办法：一面继续调集军队"围剿"红军，一面仍由曾养甫出面，再次邀请周恩来到香港或广州谈判。十月八日，中共中央表示，为了推动南京政府抗日，周恩来可以飞往广州谈判；但先决条件是国民党不再做丧失领土主权的事，暂停进攻红军，立即准备抗战。② 由于蒋介石对谈判缺乏诚意，并大举进攻苏区，在这种情况下，两党高级人员的谈判无法进行。中共中央决定周恩来暂不出去，由在上海的潘汉年作为代表，同国民党作初步谈判。③ 二十一日，周恩来将此决定通知正在西安的张子华，要他电告曾养甫、陈立夫。④

潘汉年于十一月十日在上海沧州饭店同陈立夫会见，面交周恩来的书信，并口头转达《国共两党抗日救国协定草案》的八项

① 《周恩来书信选集》，中央文献出版社 1988 年 3 月版，第 103 页。

② 毛泽东、洛甫致朱德、张浩、徐向前、陈昌浩、任弼时、贺龙、关向应、刘伯承、彭德怀的电报，1936 年 10 月 8 日。

③ 毛泽东致叶剑英的电报，1936 年 10 月 14 日。

④ 周恩来致张子华的电报，1936 年 10 月 21 日。

条件。陈立夫这时的态度也变了。他称代表蒋介石答复：既然共产党愿开诚合作，那我就好提任何条件了。他宣称：对立的政权与军队必须取消，红军目前可保留三千人之军队；师长以上的领袖一律解职出洋，半年后召回，按才录用。他并说："如军队能如此解决，则你们所提政治上各点都好办。"潘汉年当即一针见血地指出："这是蒋先生站在剿共（立）场的收编条例，不能说是抗日合作的谈判条件。""蒋先生为甚目前有此设想，大概误会了红军已到了无能为力的时候，或者受困（于）日本防共协定之提议。"陈立夫急忙转换了话题，说："你我均非军事当局，从事谈判也无结果，可否请周恩来出来一次"，蒋答应愿和周面谈。潘汉年断然回答："暂时停战问题不解决，我想他是无法出来的。"① 十一月二十一日，红军在山城堡一举歼敌胡宗南军一个多旅，显示了红军的力量。这以后，陈立夫又和潘汉年谈了两次，他虽把保留红军的人数由三千改为三万，但根本立场没有改变。十二月十日，中共中央给潘汉年的指令指出：谈判显无速成之望，彼方如有诚意，须立即停战，并退出苏区以外，静待谈判结果。"我们愿以战争求和平，绝对不作无原则让步。"② 拒绝了蒋介石的无理要求。

这时离西安事变的发生，相隔只有几天了。

在局势发展中出现这样一些曲折是不奇怪的。蒋介石后来说到：那时"我对于中共问题所持的方针，是中共武装必先解除，而后对他的党的问题才可作为政治问题，以政治方法来解决"。③ 这一点，周恩来已看透了。他在一九四五年谈到这一段历史时说："国民党蒋介石对谈判的想法是怎样呢？那时他是把我们当

---

① 潘汉年向中共中央的报告记录，1936 年 11 月 12 日。

② 毛泽东致张学良转潘汉年的电报，1936 年 12 月 10 日。

③ 蒋中正：《苏俄在中国》，（台）中央文物供应社 1966 年 5 月版，第 58 页。

投诚看待，想收编我们，直到西安事变以前，还是这样的想法。”① 在这种情况下，国共谈判自然难以取得重大进展。但是，这一年的接触毕竟为日后的国共合作打下了一些基础，为西安事变后抗日民族统一战线的实现做了准备。

西安事变前夜另一件大事是三大主力红军的会师。

自从毛泽东、周恩来等在巴西率领一、三军团脱离险境继续北上后，中共中央曾多次电示张国焘，要他改正错误，迅速率部北上。张国焘仍坚持错误，擅自命令左路军和右路军中的四军、三十军掉头南下，企图在川康边建立根据地，并于一九三五年十月间在卓木碉公然另立中央。但以后一年间的事实却是：中共中央和北上红军在各方面都蓬勃发展，取得有声有色的成绩；而张国焘率部南下后，一直困处于人烟稀少、粮食缺乏、民族之间存在隔阂的边僻地区，部队由开始南下时的十万多人锐减到四万多人，处境日益窘迫。北上和南下，带来两种截然不同的结果，形成鲜明的对比。这就使四方面军广大指战员对张国焘的不满增长起来。原随左路军行动的朱德、刘伯承等一直大义凛然地坚持同张国焘的分裂活动作斗争。中共中央获悉张国焘另立中央后，又在一九三六年一月十三日电令张国焘立即取消这一反党的非法组织，接着在党内公布俄界会议关于张国焘错误的决定。张国焘被迫表示“原则同意”中央路线，准备北上，并于六月六日宣布取消另立的中央。七月二日，任弼时、贺龙、关向应率领的红二、六军团渡过金沙江后在甘孜同红四方面军胜利会师。七月五日，二、六军团奉中共中央命令，合编为第二方面军。这时，毛泽东、周恩来、洛甫、博古、张浩、彭德怀已联名致电朱德、张国焘并转任弼时：“关于二、四方面军的部署，我们以为宜出至甘

① 《周恩来选集》上卷，人民出版社 1980 年 12 月版，第 192 页。

肃南部，而不宜向夏洮地域。”① 张国焘被迫同意两个方面军北上，同中共中央会合。红一方面军主力也由彭德怀率领向南推进，占领甘南的会宁城、将台堡等要点，进行策应。十月九日，红四方面军总指挥部到达会宁城，二十二日，红二方面军总指挥部到达将台堡，先后与红一方面军会师。这时离西安事变的发生只有一个多月了。红军三大主力在这时会师，意义是十分重大的。

十一月十五日，周恩来代表中共中央赶往河连湾迎接二、四方面军。他担负着艰巨的任务：当时，蒋介石正集中五个军的兵力从会宁至固原一线由南向北分四路对红军进攻，又令马步青、马鸿逵等部沿兰州至宁夏段黄河进行防堵，想乘红军立足未稳，二、四方面军经过长途跋涉十分疲惫之际，一举给红军以歼灭性的打击。敌情是严重的。当地物资又十分缺乏。更困难的是，由于张国焘的长期欺骗宣传，红四方面军一部分指战员对中央一时还缺乏了解，有的人甚至心存疑惧。张国焘更心怀叵测。处理上只要稍有不慎，就有可能造成不堪设想的后果。

周恩来从容沉着地在十八日来到河连湾。他在这个集镇的大路口上热情地欢迎张国焘和留在左路军同张国焘进行了坚决斗争的朱德总司令，向他们介绍中央红军到达陕北一年来形势的巨大变化，特别是介绍同张学良谈判的情况。张国焘后来在《我的回忆》中说到：听了周恩来的介绍，“使我们觉得世界是真的变了，而他又确已得风气之先”。② 在河连湾，周恩来还见到分手多年的老战友贺龙。

他花时间更多的是，利用一切机会向四方面军广大指战员宣

① 张浩、洛甫、周恩来、博古、毛泽东、彭德怀致朱德、张国焘、任弼时的电报，1936 年 6 月 19 日。

② 张国焘：《我的回忆》第 3 册，现代史料编刊社 1981 年版，第 317 页。

传中央的政策。有时是在大会上讲，有时是到四方面军机关、部队看望时讲。即便只有一二十人，他也一一握手，同他们进行热情的谈话。他所讲的内容主要有几点：第一，表示热烈的欢迎。他肯定四方面军是中国共产党领导下的一支英勇善战的部队，战功赫赫；并对他们三过草地、两过雪山表示慰问和鼓励。第二，宣传团结。他说：这次会合后，红军的力量大了。要把若干个小山头变成一个大山头。团结就是力量，团结就是胜利。第三，介绍形势。说明东北军是同情抗日的，愿意同红军联合，一致对外。日本帝国主义正在华北搞所谓自治运动。现在主力红军到了陕北，离抗日前线很近，要准备抗日。周恩来这些热情而恳挚的谈话，使四方面军广大指战员了解了中央的精神，对消除隔阂、增进各路红军的团结，起了很大的作用。

这时，四方面军中一些反对张国焘的干部和战士仍遭受张国焘的残酷迫害。廖承志就是一个，他被开除党籍后给关押着。周恩来一路上一直在打听他们的消息。他深知张国焘是个心狠手辣的人。原鄂豫皖特委书记兼军委主席曾中生在监禁中听到一、四方面军在懋功会师的消息后说：这下可有希望了。张国焘立刻下令把他秘密杀害。因此，周恩来处理这个问题时不能不格外谨慎。一天，他在往豫旺堡的路上，刚好劈面遇上被押送的廖承志。廖承志后来写道：

> “我正在踌躇的时候，周恩来同志走过来了，看见我被押送着，他脸上没有任何表情，若无其事，也没有说话，但同我紧紧地握了手。当天晚上，周恩来同志派通讯员找我到司令部去。我进屋后看见一大屋子人，张国焘也在。张国焘明明知道周恩来同志认识我，却阴阳怪气地问：‘你们早就认识吗?’周恩来同志没有直接回答他，却转而厉声问我：‘你认识错误了没有?’‘认识深刻不深刻?’‘改不改?’我都一一作了回答。周恩来同志便留我吃饭。吃饭时，周恩来同

志只和张国焘说话，也不再理会我。吃过饭就叫我回去。我敬了一个礼就走了。周恩来同志考虑问题很周到，斗争艺术很高超，如果他不这样问我，当天晚上我就可能掉脑袋。自从周恩来同志把我叫去以后，我的待遇明显改善。不久，我就被释放。”①

对部队的给养问题，周恩来九月间就在保安召集会议，决定为迎接二、四方面军北上，将后勤机关继续西移，派红军总供给部副部长白如冰到环县、洪德前线；并确定：红军供给的重点是二、四方面军。因此，二、四方面军一到陕甘根据地，很快就得到补充。

战局这时也在迅速发展着。国民党军队正分几路进犯，其中的主力是胡宗南的第一军。他们自恃兵强马壮、装备精良，孤军深入。十一月十九日清晨，周恩来赶到环县以北的山城堡地区，部署红军主力隐蔽集结待机。第二天，胡宗南部右路第七十八师大部进入山城堡地区。二十一日，红一方面军第一、十五两军团和红四方面军一部，在红二方面军的配合下，发动猛烈的攻击。经过一昼夜的激战，歼敌一个多旅。余敌仓皇西撤。张国焘也承认：“这次战争的胜利，周恩来的贡献最多。”②

山城堡战役结束后，周恩来又赴这一带的各县巡视，并继续看望四方面军的指战员，然后于十二月一日回到保安。根据三大主力红军会师后的情况，中央革命军事委员会于七日扩大组织，有委员二十三人，以毛泽东、朱德、周恩来、张国焘、彭德怀、任弼时、贺龙七人组成主席团，以毛泽东为主席，周恩来、张国焘为副主席。

---

① 廖承志：《教诲铭心头，恩情重如山》，《不尽的思念》，中央文献出版社 1987 年 12 月版，第 31、32 页。

② 张国焘：《我的回忆》第 3 册，现代史料编刊社 1987 年版，第 319 页。

从中央红军初到陕北至三大主力红军会师，其间只有一年时间，但整个局势在这一年中已发生多么巨大的变化！三大主力红军的胜利会师，进一步加强了中国共产党和工农红军的地位，为迎接西安事变和抗日战争的到来做了重要的准备。

十九、西安事变

一九三六年十二月十二日，震惊中外的西安事变，像平地一声春雷那样突然爆发了。

这次事变是张学良、杨虎城两位将军为了促使蒋介石改变“攘外必先安内”的错误政策，实行抗日救国而发动的。他们一举扣留了蒋介石和正在西安的国民党高级将领陈诚、蒋鼎文、朱绍良、卫立煌、陈调元等，宣布成立抗日联军临时西北军事委员会，并通电全国提出了八项政治主张：

> “一、改组南京政府，容纳各党各派，共同负责救国。二、停止一切内战。三、立即释放上海被捕之爱国领袖。四、释放全国一切政治犯。五、开放民众爱国运动。六、保障人民集会结社一切政治自由。七、确实遵行总理遗嘱。八、立即召开救国会议。”①

中国共产党在事变前并没有与闻这件事。事变一发生，张学良立刻致电当时在保安的中共中央，希望听取中国共产党的意见。当天深夜，毛泽东、周恩来复电张学良：“恩来拟来兄处，协商大计。”②

---

① 《西安事变档案史料选编》，档案出版社 1986 年 11 月版，第 3、4 页。

② 毛泽东致张学良的电报，1936 年 12 月 12 日。

中国共产党在西安事变发生前的方针就是力争实现联蒋抗日，但面对的情况确实很复杂。十一月十三日，在中共中央举行的政治局会议上，毛泽东曾报告说：对蒋的问题，现在还没有把握。张学良向蒋说了与红军联合，杨虎城亦讲了，都碰了钉子。然而蒋不一定是始终不变的。根据情况的变迁，有可能逼他走到与我们联合。现在与南京妥协的范围缩小到怎样处理红军的问题，焦点是在这里。最近他要我们照广西的样，要服从中央，改红军叫国民革命军。这与国防政府、抗日联军在表面上是不同的。但表面上得不到，我们应准备重实际，应该承认他，这在政治上是胜利的。我们的原则是在抗日目标下逼蒋抗日。周恩来接着就说：毛主席的报告，我完全同意。我们的战略基础是在促成统一战线的成功。不管所遇的困难怎样，每个行动都要在这个基础上出发。逼蒋抗日是要有很大的力量，现在力量还不大。蒋企图控制各种矛盾而维持他的统治。他现在还能控制，我们应使他控制不住。

现在，西安事变突然发生了，具体情况一时又不很清楚，应该怎么办？事变的第二天，十二月十三日，中共中央举行政治局会议，进行了讨论。毛泽东首先发言。他指出，这次事变是有革命意义的，它的行动、它的纲领都有积极的意义，是应该拥护的。我们的口号是召集救国大会，其他口号都是附属在这一口号下，这是中心的一环。周恩来作了长篇发言，着重分析了南京政府内部各派系和各地方军阀对事变采取的态度，也分析了国际上各种力量的动向，提出中国共产党人应取的对策。对当前的紧急问题，他认为，在军事上应该准备迎击南京方面对西安的夹击；“在政治上不采取与南京对立”，应努力争取蒋之大部，如林森、孙科、宋子文、孔祥熙等都应争取，对冯玉祥更应争取，孤立何应钦；要深入群众运动，巩固我们的力量。他说：“我们的统一战线已获得初步的成功，我们的党应准备走上政治舞台，同时要注意地下党的艰苦工作，应有很正确的组织工作。”① 洛甫说：“我们不采取与南京对立的方针。” 他主张：“尽量争取南京政府正统，联合非蒋系队伍。在军事上采取防御，政治上采取进攻。”并且强调：“我们的方针是把局部的抗日统一战线，转到全国性的抗日统一战线。”② 毛泽东最后说：我们现在处在一个历史事变的新阶段，在这个阶段，前途上摆着许多通路，同时也有很多困难。敌人要争取很多人到他们方面去，我们也要争取很多人到我们方面来。针对张国焘在会上所说“在西安事件意义上，第一是抗日，第二是反蒋”，③ 毛泽东着重强调：应该把抗日援绥（一九三六年十月中旬，日本侵略者指挥伪蒙军向我绥远东部发起猛攻。绥远守军在傅作义统率下奋起反击，在二十四日收复日伪重要据点百灵庙。中国共产党发出援绥通电，认为不能坐视绥远局部抗战而不救——编者注）的旗帜举得更明显，在军事上采取防御的方针，不把反蒋与抗日并列。④ 当天中午，毛泽东、周恩来再电张学良：“恩来拟来西安与兄协商尔后大计，拟请派飞机赴延安来接。”⑤ 张学良复电：“现此间诸事顺利，一切恩来兄到后详谈。”⑥

自从一九二七年大革命失败以后，这还是中国共产党人第一次以公开合法的身份出现在苏区以外的中国政治舞台上，自然引起举国瞩目。人们期待从周恩来的一举一动中观察和了解中国共产党。在他出发前，中共中央对西安的具体情况还不十分清楚，

---

① 周恩来在中共中央政治局会议上的发言记录，1936 年 12 月 13 日。

② 洛甫在中共中央政治局会议上的发言记录，1936 年 12 月 13 日。

③ 张国焘在中共中央政治局会议上的发言记录，1936 年 12 月 13 日。

④ 毛泽东在中共中央政治局会议上的发言记录，1936 年 12 月 13 日。

⑤ 毛泽东、周恩来致张学良的电报，1936 年 12 月 13 日。

⑥ 张学良致毛泽东的电报，1936 年 12 月 17 日。

很多问题需要等周恩来到西安进一步弄清情况后才能作出决断。对蒋介石的处置以及各种在保安难以估计到的复杂问题，都要由周恩来到西安后相机处理。周恩来将面对的政治局势是那样错综复杂、瞬息万变，许多事都需要当机立断，不可能事事请示中央。

这是一副何等艰巨的重担!

周恩来勇敢而沉着地挑起了这副重担。十五日清晨，他带领罗瑞卿、杜理卿（即许建国）、张子华、童小鹏等共十八人，骑着骏马，驰向那时还在民团控制下的延安。时值隆冬，大雪纷飞。当晚，他们在安塞住了一夜。第二天傍晚赶到延安北门外。当地游击队告诉他们：下午听到过飞机的声音，可能是张学良派来接他们的，因为没有接到，又飞回去了。这时延安城内还驻有民团，他们没有入城。十七日清晨出发，绕过延安城西，到达城南两道川，准备到甘泉的张学良防地坐汽车到西安去。突然天空中又传来隆隆的飞机声。周恩来立刻写了条子，要张子华以南京来客的身份进城同延安县长交涉，赶往机场。

这架飞机是张学良的专机。张学良还派刘鼎随机来接周恩来。在机上，刘鼎向周恩来汇报：张学良在扣留蒋介石时，向执行者明确交代要抓活的，保护蒋，拥护他抗战，促其抗战。周恩来对这个情况很重视，认为是同中共中央的看法一致的。他对刘鼎说：西安事变并不是打垮了蒋介石的武装力量，所以蒋不同于俄国十月革命后的尼古拉二世，也不同于滑铁卢战役后的拿破仑。希望不要变成更大的内战，能把抗战推进一步就很好。①

到西安已是十七日的晚上了，刘鼎先陪他们到七贤庄一号稍事休息，随后就到金家巷一号张公馆去见张学良。张学良早在等着周恩来的到来。十二日那天他们虽把蒋介石扣起来了，但对下

① 访问刘鼎谈话记录，1981 年 4 月 14 日。

一步该怎么办，并没有明确的计划和统一的认识。许多事情都想等周恩来到后共同商议。张学良对人说："他来了，一切就有办法了。"① 所以周恩来一到，张学良就把他安置住在自己的公馆里。那个院子里共有三幢小楼，张学良住在西边一幢，周恩来和他的随行人员住在东楼。

这时已是西安事变发生后的第六天了。在这些日子里，局势有了进一步的发展。南京政府已对张学良下"讨伐令"，以何应钦为"讨逆军总司令"，并派飞机轰炸渭南、华县等地。刘峙已以五个师开进潼关，围华县，进逼渭南。杨虎城部下的冯钦哉师也有叛变的消息。蒋介石的澳籍顾问端纳携带宋美龄致蒋、张的信件坐飞机到西安，由张学良陪同见了蒋介石。宋美龄给蒋的信中说："南京的情形是戏中有戏。"② 这使蒋介石受到很大震动。十七日晨，蒋鼎文带了蒋介石给何应钦停止军事行动三天的手令赴南京。在东北军、十七路军内部，对如何处置蒋介石的问题看法很不一致：有的主张杀蒋；有的主张把他送到苏区去；也有的认为只要蒋介石答应抗日，不但要释放他，还要拥护他当领袖。

周恩来到西安后的当晚，同张学良的谈话一直进行到深夜。张学良先叙述蒋介石在被扣后的表现、南京的动态和各方面的反应。当时，最迫切需要处理的关键问题，是如何处置蒋介石。张学良说：据他个人看，争取蒋抗日，现在最有可能。他的意见是，只要蒋答应停止内战，一致抗日，应该放蒋，并拥护他做全国抗日的领袖。

周恩来对张的看法立刻明确表示同意。他说：西安事变是一件震动世界的大事。这次捉蒋是出其不意，乘其不备，他的实力

① 罗瑞卿、吕正操、王炳南：《西安事变与周恩来同志》，人民出版社 1978 年 11 月版，第 44 页。

② 申伯纯：《西安事变纪实》，人民出版社 1979 年 11 月版，第 142 页。

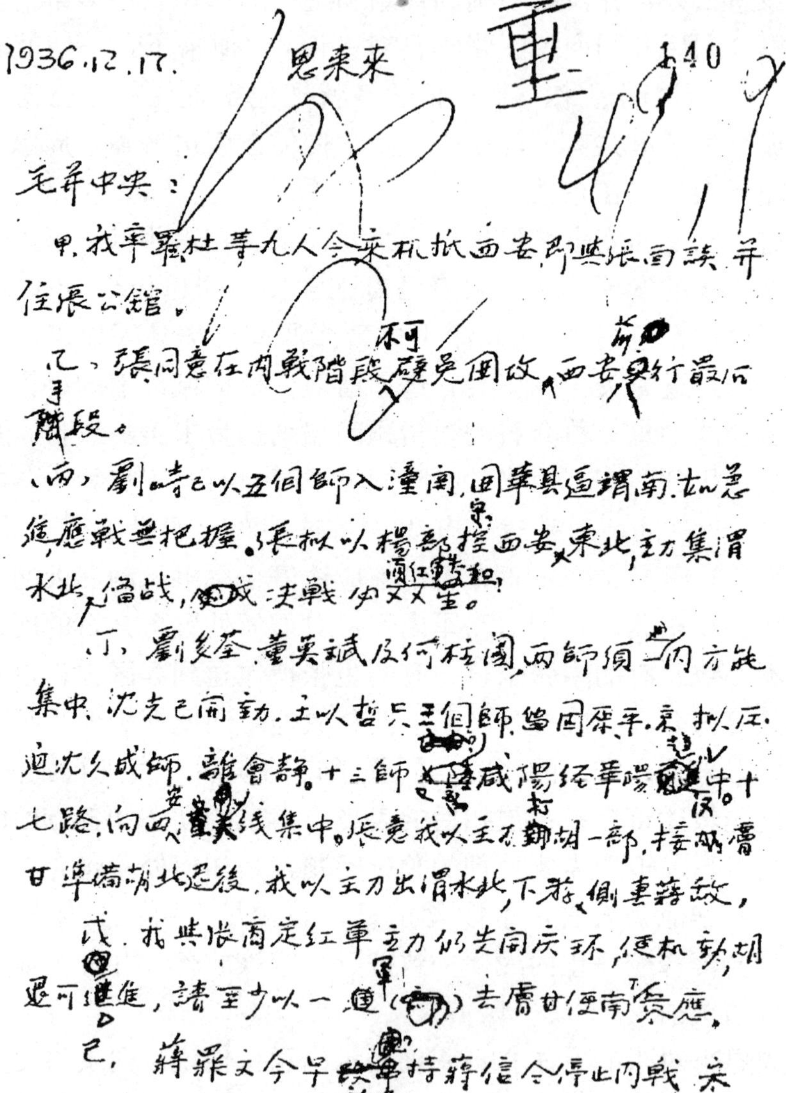
1936.12.17.　恩来来　重　140

毛并中央：

甲、我率罗杜等九人今乘机抵西安，即与张面谈，并住张公馆。

乙、张同意在内战阶段不可避免因此，西安应行最后手段。

丙、刘峙已以五个师入潼关，向华县逼渭南，如急进，应战无把握。张拟以杨部守西安东北，主力集渭水北备战，或决战须红军策和。

丁、刘茂恩、董英斌及何柱国两师须四五日方能集中，沈克已开动，王以哲只三个师，缪澂流、于学忠拟迎沈久成师，离会静。十三师在咸阳经华阳……十七路向西安集中。张意我以主力剿胡一部，接应甘准备胡北退后，我以主力出渭水北，下游侧击蒋敌。

戊、我与张商定红军主力仍先向庆环，便机动，胡退可追，请至少以一军去肃甘便南策应。

己、蒋派文今早放出，持蒋信令停止内战，宋子文于佑任明日来，我们商定条件：

（一）停止内战，中央军全部开出潼关。

（二）下令全国援绥抗敌。

（三）宋子文负责成立南京过渡政府，肃清一切亲日派。（四）成立抗日联军。

（五）释放政治犯，实现民主，武装群众，开救国会议，先在西安开筹备会。

庚、张杨蒋系红军进兵，便我集中分化南京内部，推广全国运动，在策略上答应保蒋安全是可以的，但声明如南京进兵挑起内战则蒋安全无望。

辛、东北军抗日情绪高，西北军杨部有七分把握，我明日见杨、冯钦哉，很同意以西北三集团结成推动全国中心，组西北临时军委，红军七人加入。余续告。

恩来 十七日

[illegible]

1936 年 12 月 17 日，周恩来在西安事变期间给毛泽东并中央的一份电报原封不动地保留在那里。在共产党的抗日民族统一战线政策和全国抗日运动高潮的推动下，他的广大官兵的抗日思想日渐增长。从各方面考虑，对蒋介石的处置极需慎重。

接着，周恩来分析了对蒋介石的不同处置方法可以导致西安事变有两种截然不同的前途：如果能说服蒋介石停止内战，一致抗日，就会使中国免于被日寇灭亡，争取一个好的前途；如果宣布他的罪状，交付人民审判，最后把他杀掉，不仅不能停止内战，而且还会给日本帝国主义造成进一步灭亡中国的便利条件，这就使中国的前途更坏。历史的责任，要求我们争取中国走一个更好的前途。这就要力争说服蒋介石，只要他答应停止内战、一致抗日的条件，就释放他回去。蒋介石实际统治着中国的大部分地区，迫使他走上抗日的道路，还拥护他做全国抗日的领袖，有利于发动全面的抗日民族解放战争。周恩来提出这样明确的意见，加强了张学良和平解决西安事变的决心。

这是一个决定西安事变发展前途的关键性决策。周恩来当晚给中共中央的电报中，报告了他到西安后所了解的情况，并说：对蒋介石的处置问题，准备“答应保蒋安全是可以的，但声明如南京兵挑起内战，则蒋安全无望”。① 这个处置办法当即得到中共中央的认可。第二天，中共中央第一次公开发表宣言，致电国民党中央，呼吁和平解决西安问题。

由于宋子文即将来西安谈判，周恩来同张学良在见面当天就一起商定了五项条件：“一、立停内战，中央军全部开出潼关。二、下令全国援绥抗敌。三、宋子文负责成立南京过渡政府，肃清一切亲日派。四、成立抗日联军。五、释放政治犯，实现民主，武装群众，开救国会议，先在西安开筹备会。”② 他们并商定：为了迎击蒋军的进攻，红军兼程南下，主力先开庆阳、环县

①② 周恩来致中共中央的电报，1936 年 12 月 17 日。

击退胡宗南部，然后出渭水下游侧击从潼关西进的刘峙部。根据这项协议，红军先后进据延安、瓦窑堡、延川、延长等城（中共中央于一九三七年一月十三日迁延安），并在西线控制了庆阳、环县、西峰一带。

第二天上午，周恩来到九府街杨公馆拜会杨虎城。

因为杨虎城和中国共产党有长期的友谊关系，周恩来首先代表中共中央向杨问候。接着，周恩来向杨说明了昨夜同张学良谈话的经过和主要内容。杨虎城听了周恩来的讲话十分惊奇，因为他原来估计：中国共产党同蒋介石有长达十年的血海深仇，一旦捉住蒋介石，虽不至立即杀蒋，也决不会轻易主张放蒋。周恩来提出的和平解决方针，完全出乎他的意料。他坦率地陈述了自己的看法，感到对蒋介石将来能否抗日，是否不对发动西安事变的人施行报复，不能不有所顾虑。并且说：共产党和国民党是敌对的党，地位上是平等的，对蒋可战可和；他是蒋的部下，如果轻易放蒋，蒋一旦翻脸，他的处境就和共产党有所不同了。①

周恩来对杨虎城的这种顾虑表示理解，并作了解释。他说：现在不但全国各阶层人民逼迫蒋介石抗战，就连国际上也争取他抗日。英美帝国主义从自身利益出发，希望他制约日本，反法西斯阵营也争取他走抗日的道路。蒋介石本人，现在是抗日则生，不抗日则死。因此，促使他改变政策，实现对日作战的可能性是存在的。至于蒋是否会报复，并不完全取决于蒋介石个人。只要西北三方面团结一致，进而团结全国人民，形成强大的力量，蒋虽有报复之心，也不可能实现。杨虎城听了周恩来的意见后说："共产党置党派历史深仇于不顾，以民族利益为重，对蒋介石以德报怨，令人钦佩。我是追随张副司令的，现在更愿意倾听和尊

① 申伯纯：《西安事变纪实》，人民出版社 1979 年 11 月版，第 148 页。

重中共方面的意见。既然张副司令同中共意见一致，我无不乐从。”①

会见时，周恩来还就红军误杀杨部警三旅旅长、共产党员张汉民以及在同杨达成协议后又曾突袭杨部这两个问题，代表中共作了自我批评。这种光明磊落的态度，使杨虎城消除了原来内心还存在的一些疙瘩。

会见杨虎城的当天，周恩来再次电告毛泽东并中共中央：“南京亲日派目的在造成内战，不在救蒋。宋美龄函蒋：宁抗日勿死敌手。孔祥熙企图调和，宋子文以停战为条件来西安，汪将回国。”“蒋态度开始（时）表示强硬，现亦转取调和，企图求得恢复自由。”② 他还报告了各省地方实力派对西安事变的反响。

中共中央接电后，在十九日召开西安事变发生后的第二次政治局会议。由于对西安和全国的情况比以前更清楚了，这次政治局会议对如何处理西安事变的方针也就比上一次会议更为明确。会上，毛泽东报告说：“西安事变发生后，南京的一切注意力都集中在捉蒋介石问题上，动员一切力量来对付西安，把张杨一切抗日主张都置而不问，更动员所有部队讨伐张杨，这是西安事变发生后所引起的黑暗方面的表现，这是对于抗日不利的。”他强调：“目前问题主要是抗日问题，不是对蒋个人的问题。”“我们主要是要消弭内战与不使内战延长。”③ 洛甫在会上说：“我们的方针应确定争取成为全国性的抗日，坚持停止内战、一致抗日的方针。”“不站在反蒋的立场上，不站在恢复反蒋的立场，因为这一立场可以使蒋的部下对立，是不好的。我们应把抗日为中心，对于要求把蒋交人民公审的口号是不妥的。”“我们应尽量争取时

① 罗瑞卿、吕正操、王炳南：《西安事变与周恩来同志》，人民出版社 1978 年 11 月版，第 48 页。

② 周恩来致毛泽东并告中共中央的电报，1936 年 12 月 18 日。

③ 毛泽东在中共中央政治局会议上的发言记录，1936 年 12 月 19 日。

间，进行和平调解。”①

原在西安工作的一些共产党员，对和平解决西安事变也缺乏思想准备。周恩来同张、杨会谈后，在西京招待所找中共东北军工委代理书记宋黎，西北特别支部谢华、徐彬如等，对他们分析了形势，指出民族矛盾已上升为主要矛盾，要他们全力以赴地实现西安事变的和平解决。他十分重视发动群众的工作。当时西安有十多个群众团体，只有学生会、妇女及教职员联合会中有共产党员。城市工人和近郊农民中都没有党的组织。西安事变后，成立了西北民众运动指导委员会，由从德国归来的共产党员王炳南任主任委员。周恩来叮嘱王炳南说：设立民运会这个机构很重要，应该充分发动群众支持张、杨的八项要求；只有把群众发动起来，才能保证事变和平解决的胜利。

对东北军、十七路军其他高级将领、中下级军官以及社会各界人士中一些有不同意见的朋友，周恩来也做了不少工作。他自己找不少人谈话，还通过别人来做工作。西安事变发生后不久，出现了一个自称“雷电社”的电台，向国内外发布消息，宣扬什么红旗插遍西安古城等充满狂热的口号。听口气不像是敌人的，但客观上却为敌人攻击西安事变提供了口实。周恩来一到西安就注意到这个情况，在内部指示查找这个电台。几天后，终于在东北军兵营中找到了。原来是几个参加扣蒋的青年军官在华清池蒋介石的临时行辕缴获了这部电台，就自作主张地办起来了。他们以为这是为革命办好事。在周恩来具体指示下，说服了这些青年停止活动，排除了一次来自内部的干扰。

为了使苏区的对外运输能够畅通，周恩来派人建立起由西安、三原、耀县、洛川到延安的交通线，使延安到西安的时间由五六天缩短到二三天，为延安输送了大量粮食、布匹和药品，也

① 洛甫在中共中央政治局会议上的发言记录，1936 年 12 月 19 日。

使不少进步青年能由这条交通线前往延安。

那时张学良对共产国际和苏联的态度十分关心。西安事变发生的第二天起，苏联的《真理报》和《消息报》连续指责张、杨勾结汪精卫受日本操纵搞政治阴谋。这更增加张学良的疑虑。他一再询问周恩来这方面的情况。周恩来一时却难以作出具体的回答。因为中共中央虽在西安事变当天中午就把事变情况电告共产国际书记处，以后几天又连续将事变真相、性质和中共采取的和平解决的方针步骤电告国际，可是，直至周恩来动身去西安前，国际仍无只字答复。到十六日才给中共中央来一个电报，又由于密码差错，完全无法译出。中共中央在十八日去电要求重发。毛泽东十九日在政治局会议上仍说及："国际指示还未到。"因此，中国共产党必须独立地确定处理西安事变的方针。周恩来告诉张学良："国际及苏联意见虽尚不知，但如日本及汉奸硬要挑起内战，我们只有在坚决防御下坚持抗日力量，争取同情，分化南京，孤立汉奸，缩小内战，并连接到抗战上去。"① 二十日，共产国际的来电终于到了。毛泽东当晚八时立刻将电文转告周恩来。它的全文是："既然发动已成事实，当然应顾及实际的事实。中国共产党在下列条件基础上坚决主张用和平方法解决这一冲突：甲，用吸收几个反日运动的代表即赞成中国统一和独立的分子参加政府的方法来改组政府。乙，保障人民的民主权利。丙，停止消灭红军政策，并与红军联合抗日。丁，与同情中国人民反抗日本进攻的国家建立合作关系，但不要提联合苏联的口号。"②这些意见，同中共中央原来所采取的态度是一致的。

在这段最初的日子里，博古和叶剑英还没有能赶到西安（他们是在二十二日到的——编者注），情况那么复杂而且变化多端，

① 周恩来致毛泽东并告中共中央的电报，1936 年 12 月 18 日。

② 毛泽东致周恩来的电报，1936 年 12 月 20 日。

各种重要问题都要由周恩来亲自处理和解决。他经常彻夜不眠，有时连饭也顾不上吃。他从容镇静，办事果断，对工作一丝不苟，事无巨细都认真地研究，及时处理。有些别人没有注意的事，他也注意到了，并努力去解决。他工作效率之高是令人吃惊的。杨虎城对一个共产党员说：你们的周副主席真是了不起。有一次我见有人送来一份电报，电文并不长，他却看了好一会才一声不响地递还来人。我想他一定是在看电报的同时就在考虑处理的办法。他办事这样认真细致，令人钦佩。

经过这些天各方面的共同努力，特别是中国共产党和西安方面明确采取和平解决的方针，同南京政府谈判的途径终于打开了。

十二月二十日上午，宋子文由端纳陪同，乘飞机来到西安。这是周恩来到西安的第四天。宋子文是南京政府中亲英美派的重要领袖，同亲日派有矛盾，又是蒋介石的妻兄。以他同蒋介石的关系和在南京政府中的地位来说，自然是一个关系重要的人物。他这次来西安的目的，一是为同蒋介石取得联系，二是为进一步探明情况。张学良在见到宋子文时，坦率地告诉他：东北军、十七路军和红军三方面已经共同商定了和平解决的方针。只要蒋介石答应张、杨通电中的八项主张，三方面将一致同意释放蒋介石。随后陪同他一起去见蒋介石。蒋介石看到他带来的宋美龄的信上说“如子文三日内不回京，则必来与君共生死”就哭了起来。①

宋子文到西安时，没想到周恩来已来西安，十分紧张，说：

---

① 《蒋委员长西安半月记——蒋夫人西安事变回忆录》，（台）正中书局 1975 年 4 月版，第 43 页。

“周恩来一来，事情就难办了。”① 和他同来的郭增恺主张他去见周恩来，因为周是个关键人物。但宋子文顾虑会被何应钦抓把柄，不敢单独同周会面，就由郭增恺去见周恩来。周恩来告诉他：这次事变，中共并未参与，对事变主张和平解决，希望宋子文认清大势，权衡利害，劝说蒋介石改变政策，为国家做出贡献。并说：“只要蒋先生抗日，共产党当全力以赴，并号召全国拥护国民政府，结成抗日统一战线。”②郭增恺向宋子文转达了周恩来的意见。宋子文喜出望外，对中国共产党的态度十分赞赏。第二天，他飞回南京报告。

二十一日，中共中央书记处致电周恩来，主张“争取蒋介石、陈诚等与之开诚谈判，在下列基础上成立和平：第一，南京政府中增加几位抗日运动之领袖人物，排除亲日派，实行初步改组。第二，取消何应钦等之权力，停止讨伐，讨伐军退出陕甘，承认西安之抗日军。第三，保障民主权利。第四，停止剿共政策，并与红军联合抗日。第五，与同情中国抗日运动之国家建立合作关系。第六，在上述条件有相当保证时，恢复蒋介石之自由，并在上述条件下赞助中国统一，一致对日”。③

二十二日下午四时，宋子文、宋美龄、蒋鼎文等一起飞到西安。蒋介石见到宋氏兄妹后表示：改组政府，三个月后开救国会议，改组国民党，同意联俄联共。④ 他还提出两个条件：一是他本人不出头，由宋氏兄妹代表他谈判；二是商定的条件，他以“领袖的人格”做保证，而不作任何书面签字。⑤ 西安方面以民族利益为重，答应了他这两个条件。

二十三日上午，双方在张公馆张学良所住的西楼二层开始正

---

①② 《西安事变简史》，中国文史出版社 1986 年 12 月版，第 83、84 页。

③ 中共中央致周恩来的电报，1936 年 12 月 21 日。

④ 《周恩来选集》上卷，人民出版社 1980 年 12 月版，第 70 页。

⑤ 申伯纯：《西安事变纪实》，人民出版社 1979 年 11 月版，第 154 页。

式谈判。蒋方由宋子文出席，西安方面由张学良、杨虎城、周恩来三人出席。谈判一开始，先由周恩来提出中共和红军的六项主张：一、停战，撤兵至潼关外。二、改组南京政府，排逐亲日派，加入抗日分子。三、释放政治犯，保障民主权利。四、停止剿共，联合红军抗日，共产党公开活动（红军保存独立组织领导。在召开民主国会前，苏区仍旧，名称可冠抗日或救国）。五、召开各党各派各界各军救国会议。六、与同情抗日国家合作。以上六项要蒋接受并保证实行。中共、红军赞助他统一中国，一致对日。宋子文听后，表示个人同意，承认转达给蒋。① 下午，又就组织过渡政府、撤兵、释放爱国领袖、放蒋等问题进行了讨论。这一天，宋美龄对周恩来说：既然中共有诚意，应该在政府领导下共同努力。周恩来说：只要蒋介石同意抗日，中共拥护他为全国领袖。并且表示除蒋介石外，全国没有第二个合适的人。他还谈到国防、经济上的问题，并对抗日的长期准备作了分析。

二十四日上午，谈判继续进行。蒋方由宋子文、宋美龄两人出席，西安方面仍由张、杨、周三人出席。宋美龄明确表示赞成停止内战，说："我等皆为黄帝裔胄，断不应自相残杀，凡内政问题，皆应在政治上求解决，不应擅用武力。"② 她和宋子文对谈及的一些问题也都作了明确的承诺。这些承诺，中国共产党长时期内一直没有把它公开发表。经过近半个世纪后，才在《周恩来选集》上卷所收的《关于西安事变的三个电报》中第一次披露出来：

"子、孔、宋组行政院，宋负绝对责任保证组织满人意政府，肃清亲日派。

"丑、撤兵及调胡宗南等中央军离西北，两宋负绝

① 《周恩来选集》上卷，人民出版社 1980 年 12 月版，第 71 页。

② 《西安事变简史》，中国文史出版社 1980 年 12 月版，第 86 页。

对责任。蒋鼎文已携蒋手令停战撤兵（现前线已退）。

“寅、蒋允许归后释放爱国领袖，我们可先发表，宋负责释放。

“卯、目前苏维埃、红军仍旧。两宋担保蒋确停止剿共，并可经张手接济（宋担保我与张商定多少即给多少）。三个月后抗战发动，红军再改番号，统一指挥，联合行动。

“辰、宋表示不开国民代表大会，先开国民党会，开放政权，然后再召集各党各派救国会议。蒋表示三个月后改组国民党。

“巳、宋答应一切政治犯分批释放，与孙夫人商办法。

“午、抗战发动，共产党公开。

“未、外交政策：联俄，与英、美、法联络。

“申、蒋回后发表通电自责，辞行政院长。

“酉、宋表示要我们为他抗日反亲日派后盾，并派专人驻沪与他秘密接洽。”①

下午，周恩来同宋子文会晤，并通过宋子文同蒋约定：晚间在蒋的住处与蒋见面。傍晚七时半，周恩来、博古致中央书记处电报告：

“今日蒋答复张：子、下令东路军退出潼关以东，中央军决离开西北。丑、委托孔、宋为行政院正副院长，责孔宋与张商组府名单，蒋决令何应钦出洋，朱绍良及中央人员离开陕甘。寅、蒋允回京后释爱国七领袖。卯、联红容共。蒋主张为对外，现在红军、苏区仍不变，经过张暗中接济红军，俟抗战起，再联合行动，

① 《周恩来选集》上卷，人民出版社 1980 年 12 月版，第 70—73 页。

改番号。辰、蒋意开国民大会。巳、他主张联俄联英美。”①

当晚，周恩来在宋氏兄妹陪同下去见蒋介石。蒋介石很清楚：为了恢复自由，他需要作出一些明确的承诺。但他又不愿多作表示。因此，由宋氏兄妹预先对周恩来说：蒋这两天病了，不能多说话。周恩来一进蒋的卧室，望见蒋躺在床上。蒋见周进来，做出勉强在床上坐起来的样子，请周坐下。周恩来先对蒋说：“蒋先生，我们有十年没有见面了，你显得比从前苍老些。”蒋点点头，叹口气，然后说：“恩来，你是我的部下，你应该听我的话。”周恩来回答：“只要蒋先生能够改变‘攘外必先安内’的政策，停止内战，一致抗日，不但我个人可以听蒋先生的话，就连我们红军也可以听蒋先生的指挥。”② 周恩来问蒋介石为什么不肯停止内战。宋美龄说，以后不剿共了，这次多亏周先生千里迢迢来斡旋，实在感激得很。接着，据周恩来二十五日给中共中央的电报说，蒋作了三点表示：“子、停止剿共，联红抗日，统一中国，受他指挥。丑、由宋、宋、张全权代表他与我（指周恩来——编者注）解决一切（所谈如前）。寅、他回南京后，我可直接去谈判。”③ 谈完这三点后，蒋表示出很疲劳的样子，指着宋氏兄妹说：“你们可以同恩来多谈一谈。”周恩来说：“蒋先生休息吧，我们今后有机会再谈。”蒋说：“好，好。”周恩来就辞出。④

宋子文坚决请求西安方面信任他，表示他愿负全责去进行以上各项，要蒋、宋在二十五日离开西安。张学良同意，并表示愿意亲自送蒋走。周恩来同意这些条件，只是认为在走以前还须有

---

① 周恩来、博古致中共中央书记处的电报，1936 年 12 月 24 日。

② 申伯纯：《西安事变纪实》，人民出版社 1979 年 11 月版，第 157 页。

③ 《周恩来选集》上卷，人民出版社 1980 年 12 月版，第 73 页。

④ 申伯纯：《西安事变纪实》，人民出版社 1979 年 11 月版，第 157 页。

一个政治文件来表示，并且不赞成蒋在二十五日就走和由张送去。① 但下一天，局势却突然发生急转直下的变化。

张学良是一个有爱国热忱的人，也是一个坦率、直爽的人。但他缺乏政治斗争经验，容易感情用事，轻率冲动。准备放蒋的消息一传出，西安内部引起很大震动。二十五日一早，东北军和十七路军一些高级将领联名写信给宋子文，口气强硬地表示：商定的条件必须有人签字，中央军必须先退到潼关以东，才能放蒋，否则虽然张、杨两将军答应，我们也誓死反对。蒋介石看到信后大吃一惊，立刻要宋子文去见张学良，恳求他尽早放蒋。张学良怕闹出乱子来，也觉得不如把蒋介石早点放走，以免发生意外。

十二月二十五日下午三点多钟，张学良拉着杨虎城陪同蒋介石夫妇及宋子文等悄悄离开住地，乘车直奔西郊机场。行动非常秘密，没有告诉任何人，连周恩来也没有通知。蒋介石临别时，对张、杨说："今天以前发生内战，你们负责；今天以后发生内战，我负责。今后我绝不剿共。我有错，我承认；你们有错，你们亦须承认。"② 他还把答应的六项条件重申了一遍。张学良当即表示：愿意陪蒋回南京。接着就在飞机旁写了一个手令，大意是：余去南京期间，东北军由于学忠统率，听从杨虎城副主任委员指挥。③ 在蒋、宋登机起飞时，他也登上自己座机跟着飞去。这时已是下午四时了。周恩来得到消息，乘汽车赶往机场，飞机已经起飞。周恩来以后叹息地说："张汉卿（张学良的字）就是看《连环套》那些旧戏中毒了，他不但（像窦尔墩那样）摆队送（黄）天霸，还要负荆请罪啊！"④

---

① 《周恩来选集》上卷，人民出版社 1980 年 12 月版，第 73 页。

② 《周恩来选集》上卷，人民出版社 1980 年 12 月版，第 73 页。

③④ 申伯纯：《西安事变纪实》，人民出版社 1979 年 11 月版，第 161、163 页。

蒋介石一离开西安，态度立刻起了很大变化。飞机到洛阳，他就命令张学良让杨虎城立即释放陈诚、卫立煌、朱绍良、蒋鼎文等被扣的高级将领。张学良电告杨虎城照办，西安方面遵照执行了。以后，又要西安方面放回被扣的五十架军用飞机。到南京后，张学良却被软禁起来。十二月三十一日，蒋介石在南京组织高等军事法庭悍然对张学良开庭审理。当天，判处他徒刑十年。几天后，又由国民政府宣布“特赦”，但“仍交军事委员会严加管束”。从此，张学良便失去自由，开始了他长达半个多世纪的囚徒生活。西安方面最初还希望张学良将蒋介石送到南京后，能在三五天内安全地回来，这时才确知他不能回来了。与此同时，蒋介石又在一九三七年一月五日下令将杨虎城、于学忠两人撤职留任，派顾祝同为军事委员会西安行营主任，调集三十七个师的兵力分五路向西安推进，其中进入潼关、直逼西安的达十二个师。他们不仅对“下令东路军退出潼关以东，中央军决离开西北”等承诺食言而肥，并且进一步造成大军压境之势，企图压迫西安方面屈服。

在南京方面如此横暴的压力面前，西安方面自然不能一味示弱退让，需要在政治上表明严正的态度，在军事上作出有力的部署。那些天，周恩来、博古、叶剑英等经常彻夜不眠，分析形势，研究对策，冷静地处理面对的复杂问题。周恩来同杨虎城等东北军、十七路军高级将领协商，由杨虎城领衔于一月五日发出一封措词强硬的电报，抗议蒋介石扣押张学良和准备重新挑起内战的阴谋。他还在报中共中央批准后，电调一部分红军主力向关中开进。八、九两日，红一军团到达耀县、三原，红十五军团到达咸阳。十日，红二十七军也到达洛川。周恩来在几天内将南进部队急需的弹药、给养、无线电器材等迅速地补充完毕，并到咸阳看望开抵的红军，向他们讲明西安事变的意义，鼓舞士气。红军的开入关中，在各方面引起巨大的兴奋和震动。

但中国共产党的基本方针，仍然是继续逼迫蒋介石实现他抗日救国的诺言，赞成和支持一切将事变引向和平解决的办法，反对亲日派挑拨内战、分裂中国的阴谋。一月十日，周恩来写信给张学良，说明："只要中央军不向此间部队进攻，红军决不参加作战。若进入潼关之中央军必欲逼此间部队，为自卫而战，则红军义难坐视。"① 第二天，他又写信给蒋介石，指出："中央军竟重复开入陕境，特赦令转为扣留，致群情愤激不可终日"，而处理西北善后之令使一般将士实已愤慨万分。他要求蒋介石尽撤入陕甘之兵、释汉卿先生回西北主持，这样，"则内战可弭，和平可坚"，"统一御侮之大业必可速就"。他重申：中国共产党仍坚持历来主张之对内和平、对外抗战之一贯方针。"来敢保证，只要中央军不向此间部队进攻，红军决不参加内战。"可是如果有人硬要"不顾大局，挑起内战"，"不仅西北糜烂，全国亦将波及无疑,而垂成之统一局面又复归于破碎"。② 那就只能为亲者所痛,仇者所快。杨虎城也两次派人去南京、奉化与蒋介石会谈。

这时西安方面最重要的问题是内部团结。如果东北军、十七路军、红军能紧密团结，在西北形成一支强大的力量，不仅可以迫使蒋介石履行他抗日救国的诺言，也有希望营救张学良恢复自由。

蒋介石向来惯于以军事压力和政治分化并用。在军事方面作了部署以后，他又接连发动政治攻势，分化西安内部。而这时在西安内部，情况确实相当复杂。

西安的主要军事力量是东北军。东北军是一个以张学良为唯一领袖的军事集团，多年以来一直以张学良个人为中心来维系内

①② 《周恩来书信选集》，中央文献出版社 1988 年 1 月版，第 123，126、127 页。

部的团结，虽有不同派别，但都能服从张学良。除了张学良以外，没有任何人能代替他指挥并控制全军。当张学良离开西安时，虽然指定于学忠统率东北军，但于学忠不是东北军的嫡系，又远在兰州，无法起到这种作用，实际上由王以哲和何柱国在西安主持，他们被称为元老派。东北军内还有一个以卫队营营长孙铭九、政治处处长应德田、抗日同志会负责人苗剑秋为首的少壮派。他们都是中下级军官和政治工作人员，在军队中的地位较低，强烈要求抗日。张学良在时，他们受到张的信任，能够通过向张学良提出建议来影响东北军。张学良不在，元老派就不大把他们放在眼里，新老两派之间，对如何营救张学良的问题存在很大分歧。这种思想混乱和内部不和，严重削弱了东北军的力量。

杨虎城受张学良的委托，名义上可以指挥东北军，但十七路军的力量远较东北军为小，而东北军高级将领中又没有人能帮助他共同控制局势，这就使他感到十分为难。

两军的高级将领，在张杨扣蒋、实行逼蒋抗日、在西北结成三位一体时，他们能团结在张、杨周围；但少数人对联共本有一定的保留，当蒋介石扣留张学良、对两军进行分化收买、形势发生不利于西安方面的变化时，他们中不少人又有不同程度的动摇。

这样，张学良在南京被扣后，西安实际上陷于群龙无首的混乱状态。

针对西安内部这种状况，为了进一步实行分化，南京方面在谈判中故意提出甲、乙两种方案，让西安方面选择。甲案是中央军进驻西安，东北军和十七路军撤至陕西西部和甘肃一带，红军仍返陕北，陕西省政府主席委十七路军方面的人充任。乙案是中央军进驻西安，东北军移驻安徽和淮河流域，十七路军移驻甘肃，红军仍返陕北，安徽省政府主席可委东北军方面的人充任，甘肃省政府主席可委十七路军方面的人充任。①

在这两个方案中，接受甲案则东北军、十七路军和红军仍靠拢在一起，“三位一体”不致解体；接受乙案，东北军可移驻较富庶的地区，但东北军东开后“三位一体”自然瓦解。蒋介石给杨虎城写信，劝他接受甲案；而何应钦又给王以哲、何柱国写信，劝他们接受乙案。这样，西安内部的矛盾就更明显：十七路军主张接受甲案；东北军高级将领虽然公开表示接受甲案，但暗中却想接受乙案；东北军少壮派则主张先救张学良回来，其他一概不论。

共产党在西安是张、杨请来的客人，不便干涉友军的内部事务，更不能发号施令，只能处在建议和赞助的地位。一月十五日，杨虎城向周恩来表示：如果真的打起来，他对作战的胜利没有把握。周恩来根据中国共产党和平解决西安事变的方针，分析当前的具体局势，向杨虎城提出三点建议：第一，为了求得和平解决，须先由杨、于通电就职。第二，由他们派人去奉化见蒋，对乙案坚决拒绝，对甲案可基本接受。但须中央军全部退出甘肃，在西安得留东北军和十七路军各一部，东北军并可伸至咸阳。第三，主要的是军事上三单位靠拢，政治上利用国民党即将召开的三中全会来解决问题。②

一月二十日，派去见蒋的代表李志刚回到西安。杨虎城召集东北军、十七路军高级将领开会，会上没有谈出结果。第二天，请周恩来参加。这次会决定：派李志刚携杨函再飞奉化，接受蒋的甲案，并对中央军、东北军和十七路军的驻防地区提出一些具体意见，张学良如一时不能回陕请给以名义。红军同意退回陕

---

① 《西安事变档案史料选编》，档案出版社 1986 年 11 月版，第 3、4 页。

② 周恩来、博古致洛甫、毛泽东并告彭德怀、任弼时的电报，1937 年 1 月 15 日。

北。三十日，西安方面和南京方面在潼关大体商谈就绪，决定采用甲案。

在当时，这仍是一个可行的较好选择。只要三方联合一致，实现这个方案，对西北局势此后的发展是有利的。

这时，东北军少壮派的活动大大活跃起来了。他们多是掌握团营级部队实权的人物，有爱国热忱，对张学良怀着很深的感情，思想比较急进，但有时容易流于偏激。他们认为，无论接受甲案或乙案，张学良都不能回来了。因此，他们自下而上地发动签名运动，要求营救张学良，不惜同中央军开战，认为元老派的做法是有意取代张学良而放弃营救。他们的义愤很容易引起东北军中下层官兵乃至社会群众的同情和支持。杨虎城虽忧虑作战难以取胜，但也希望张学良能早日回来，又担心中央军来后会对他报复，在这点上同少壮派有着共鸣。这样，少壮派的主张一时在西安占了上风。

在这种复杂的环境中，周恩来一直同各方面广泛接触，宣传坚持三位一体，坚持和平，而重点是做少壮派的工作。

一月二十七日晚间，少壮派的二十多人到金家巷东楼会客厅向周恩来请愿。少壮派表示：我们坚持要求张学良将军回来才能撤兵。周恩来说：那样恐怕有引起战争的危险。我们现在不坚持，退兵后“三位一体”好好团结，仍然可以要求张将军回来。少壮派仍不同意。应德田慷慨激昂地发表了长篇讲话，陈述他们的理由。周恩来听完后，耐心地解释道：我们了解东北军的特殊性和副司令在东北军的重要性，我们了解副司令在“三位一体”中的重要性，我们极愿把副司令营救出来，但是现在这种局面，我们坚持要求放回副司令，而蒋介石一定不放回，坚持下去，很容易引起战争。引起战争，那就不合副司令发动西安事变所希望达到的团结抗战的原意。引起战争，对副司令恢复自由和回来的问题更无好处。很明显，战争一起，他们更不会放副司令回来了。我们现在退兵，我们“三位一体”好好地团结，保持这个强大的力量，继续坚持要求，副司令迟早总会回来。我们要求副司令回来的方法应该很多，不一定要现在这样坚持，要求南京即刻放他回来。现在这样坚持，一旦引起战争，不仅张副司令回不来，而且容易造成更加混乱的局面，对国家前途，对团结抗日前途，对东北军前途，对副司令前途，都会没有好处。①

他充满感情地说：共产党与蒋介石的血海深仇，我们永远不会忘记。共产党与东北军和张副司令的血肉关系，我们也永远不会忘怀。凡对副司令有好处的事，我们一定尽力而为。但现在坚持要求副司令回来，不见得对他有好处。

这些话仍没有说服少壮派。苗剑秋一边大哭，一边说：你们不帮助我们打仗，你们红军开到关中干什么？是否你们看着我们让蒋介石消灭？甚至说：“你们不帮助我们打仗，咱们就先破裂。”孙铭九跪下，一边哭，一边请红军出兵。一直闹过半夜。最后，周恩来说：这个问题很重要，容我们好好商量一下，再答复你们。他们才走了。②

少壮派刚走不久，天还没有亮，南汉宸又赶来了。他向周恩来报告：凌晨三时，杨虎城把他从床上叫醒，对他说：“你这次来西安，我当然不反对你站在你们党的立场，但是我也希望你要替我打算打算。”“共产党主张和平，可以同国民党、蒋介石分庭抗礼，他们是平等的。我是蒋的部下，蒋的为人是睚眦必报的。和平解决以后，叫我怎样对付蒋？所以和平的前途就是牺牲我。”“我现在不能看着自己就这样完了。”周恩来听后，立刻对南汉宸说：“请你回去告诉杨先生，就说我今天去三原红军司令部驻地

① 访问刘鼎谈话记录，1981 年 4 月 14 日。
② 申伯纯：《西安事变纪实》，人民出版社 1979 年 11 月版，第 200 页。

开会，今天晚上一定赶回来，请杨先生放心。我们一定对得起朋友，我们绝不做对不起朋友的事。”①

三十日，周恩来、博古、叶剑英坐汽车赶到红军司令部所在的三原开会。洛甫、彭德怀、任弼时、杨尚昆、左权参加了会议。会上大家认为：东北军和十七路军是我们的朋友。现在这两个朋友坚持要打，解释无效，并已发展到答应了是朋友、不答应可能导致敌对的情势。本来是不应该打仗的，但在这种实际情况下，只能帮助他们打这一仗。会议决定：只要东北军、十七路军两方意见一致，红军可以暂时保留自己的意见而支持他们的主张，跟他们一起打。当晚，周恩来赶回西安，将这个决定告诉杨虎城和少壮派，并且对他们说：“只要你们团结一致，意见一致，我们绝不会对不起张先生，绝不会对不起你们两位朋友。包括打仗在内，我们一定全力支持你们。”② 毛泽东、朱德等从延安来电，也同意这个方针。

少壮派的活动这时更为激烈。在他们的提议下，一月二十九日东北军在渭南召集团长以上军官四十余人举行军事会议。王以哲因病没有出席。何柱国发言坚持主和，受到与会大多数人的反对。会议当即作出决议：在张副司令回来前决不撤兵，中央军如再进逼不惜一战。决议上由到会的四十多个军官签了名。

王以哲、何柱国仍不同意渭南会议的决议，但又无法说服少壮派。第二天，他们派飞机到兰州把于学忠接来，因为他是张学良临走时指定代他统率东北军的。三十一日晚上，在王以哲家中开最高级会议，参加的有杨虎城、于学忠、王以哲、何柱国、周恩来五人，少壮派在室外旁听。会议一开始就出现长时间的沉默。杨虎城请周恩来先讲。周恩来说：“我们今天是以你们的意

① 申伯纯：《西安事变纪实》，人民出版社 1979 年 11 月版，第 200 页。

② 申伯纯：《西安事变纪实》，人民出版社 1979 年 11 月版，第 203 页。

见为意见，还是请你们先讲。”① 杨虎城又请于学忠讲。于学忠这才表示：我的意见还是应该和平解决，不应该打仗。他又分析军事形势，认为现在已成内外夹攻、腹背受敌之势，要打也是不利的。他一说，王以哲和何柱国都表示同意。杨虎城见东北军高级将领的意见已经一致，就说：从道义上讲，应该主战；从利害上讲，应该主和；东北军方面既是主和，那么我们还是实行同顾祝同谈妥的方案，和平解决吧！杨虎城最后又问周恩来的意见。周恩来说：我们原来是坚决主张和平解决的，以后你们两方有许多人坚决主战，我们为了团结，只要你们两方一致主战，我们也可以保留我们原来的主张。现在你们两方一致主和，我们当然是赞同的。最后，他着重地说：“不过，请你们要注意内部的团结和设法说服你们的部下，否则恐怕还会发生问题。”②

会议的结果，大大出乎少壮派意料：不是由杨虎城下动员令出击，而是立即派和谈代表李志刚到潼关去签字。但少壮派仍不甘心，认为这只是王以哲、何柱国破坏的结果；于是，不顾大局，决心除掉王、何。二月一日晚，街上已贴出“除奸”的标语，西安城内的情势急剧地紧张起来。二月二日上午，少壮派突然下手，由卫士营一批军人闯入王以哲住宅，开枪将王打死。何柱国由于躲在杨虎城公馆里，才没有被害。

接着，几个青年军官又冲入周恩来的办公室。周恩来一看他们气势汹汹的样子，便明白了来意。他霍地站起来，大声说：“你们要干什么？你们以为这样干就能救张副司令回来吗？不！这恰恰是害了张副司令。你们破坏了团结，分裂了东北军，你们在做蒋介石想做而做不到的事情，你们是在犯罪！”③ 在周恩来

① 申伯纯：《西安事变纪实》，人民出版社 1979 年 11 月版，第 201 页。

② 申伯纯：《西安事变纪实》，人民出版社 1979 年 11 月版，第 204 页。

③ 罗瑞卿、吕正操、王炳南：《西安事变与周恩来同志》，人民出版社 1978 年 11 月版，第 70 页。

的严厉训斥下，这几个青年军官气焰顿敛，低头不语。周恩来见他们平静下来了，又进一步开导他们认识错误。这几个青年军官自觉惭愧，流着眼泪跪下来向周恩来认错请罪。

这时，西安城内充满着恐怖气氛，谣言蜂起。有的甚至恶意挑拨说：少壮派是受共产党的指使行动的，共产党有一张黑名单，要杀一批军长、师长，打出红旗。但周恩来依然那样沉着。他完全置个人安危于度外，立刻带李克农、刘鼎赶往王以哲家里。这时离王以哲被害只有一个小时。王身中九弹，躺在血泊里。家中乱成一团。周恩来是最早赶到的。他安慰家属，迅速帮助搭起灵堂，料理后事。消息传出后，使东北军高级将领深受感动，解除了一些人对共产党的误会。

少壮派原以为只要杀了王以哲等“主和派”，就可以堵住和谈的路，可以同中央军打仗，可以救回张学良。结果却事与愿违。王以哲在东北军中是很有威望的高级将领。他的被害激起了广大官兵的愤慨。消息传到前线，驻防在渭南的东北军立刻调转枪口向西安开拔，前锋到达临潼。他们提出：孙铭九等必须离开西安。三日，杨虎城同周恩来商量后，派人找孙铭九等问他们何以自处。孙铭九、应德田、苗剑秋等这时也慌了，三人经过彻夜商量，在第二天提出三个方案：第一，他们三人引咎自戕；第二，自首投案，听凭处理；第三，将他们送到红军中去。周恩来在这样复杂而困难的局势下，经过权衡，考虑到少壮派在发动西安事变中是有功绩的，他们错误地刺杀王以哲的动机还是想拯救张学良，不能随便牺牲他们，毅然地决定不避袒护少壮派的嫌疑，把他们送到云阳红军驻地，再转往平津。① 这些人一走，要替王以哲报仇的人便失去目标，从而避免了一场东北军内部大规模的自相残杀。

---

① 申伯纯：《西安事变纪实》，人民出版社 1979 年 11 月版，第 207 页。

这几天，可以说是周恩来在西安事变期间最困难的日子。在他周围就像堆满了火药桶。各种对立力量之间的大规模冲突已到了一触即发的地步，而他们大都又是共产党的朋友。情况的发展常常是风云突起，瞬息万变。处理稍一不慎，就可能前功尽弃，使已取得的初步胜利全部付诸东流。这几乎是常人难以承受的。当时正在西安的罗瑞卿、吕正操、王炳南后来回忆道："那些天，周恩来同志忙到不可再忙的程度。他顾不得吃饭，顾不得休息，几天几夜睡不上几个小时，夜以继日地工作。眼睛熬红了，人累瘦了，舌敝唇焦。然而，当他出现在会场上，出现在客人面前，仍然是那样神采奕奕，谈笑风生。周恩来同志平易近人，对和战两派平等相待，尽力说服大家团结合作。"① 他的态度是诚恳的，谈话是有说服力的，终于在极端困难的条件下使大局得到维持而不致崩坏，并且在东北军和十七路军的广大将士中赢得了信任，赢得了友谊。

但是，"二二事件"所造成的损害，毕竟是难以完全弥补的。西安内部的分化在这以前虽已开始，但还能保持表面上的一致。少壮派那种不顾大局的鲁莽行动，就把已有的裂痕完全撕开了，从而严重破坏了"三位一体"的内部团结，决定性地削弱了西安方面同南京谈判和营救张学良的力量和地位。"二二事件"以后，东北军内部人心涣散。渭南前线的东北军自动撤到渭河以北，给中央军让出进入西安的大路。一些高级将领在南京方面的政治攻势下进一步发生分化。军长缪征流等纷纷表示愿意东调，离开西北。南京方面也乘机施加压力，改变了原办法，提出一项更不利于东北军和十七路军的军事善后办法。

二月六日，杨虎城离开西安，到了三原。十七路军在西安的

---

① 罗瑞卿、吕正操、王炳南：《西安事变与周恩来同志》，人民出版社 1978 年 11 月版，第 72、73 页。

部队也全部撤到三原。中共中央在“二二事件”发生后，十分关心周恩来、博古的安全，致电要他们在紧急时立即移至三原。但周恩来很清楚：环境越危险，他就越不能离开西安。如果离开，正在建立的红军联络处就难以在西安存在，红军就难以在关中立足，国共正式谈判也难以进行。因此，他将大部分工作人员撤出了西安，要博古、叶剑英、李克农、刘鼎等转移到三原。他自己仍然坚持留在西安，并在七贤庄一号公开建立红军办事处。

当时西安的局面十分混乱，顾祝同率领的中央军即将开入西安，什么事情都可能发生。周恩来从容镇静地留在西安，这个事实本身最有力地表明中国共产党是坚持国内和平、反对内战的，表明共产党和国民党合作的诚意，表明共产党要求一致抗日的决心，从而产生了巨大的影响。

二月八日，中央军一个师和平开入西安。“西安行营主任”顾祝同也在第二天到西安。国民党的政工特务在大街上张贴反动标语，宣传“攘外必先安内”的反动政策，攻击西安事变。周恩来毅然去见顾祝同，严词质问：这些标语是谁贴的？想要干什么？迫使顾祝同不得不立即找来政训处长贺衷寒，当面“申斥”，并下令立即取消这些标语。第二天，满街的反动标语全部洗刷干净。十四日，杨虎城也回到西安。

西安事变的和平解决，结束了十年内战，形成和发展了抗日民族统一战线，开始了国共合作的新时期。它成为历史转折中的重要关键。在张学良和杨虎城两位将军发动这次事变后，周恩来受着党和人民的重托，在极端复杂而紧张的历史时刻来到西安，一直置身于这个巨大风暴的中心。在充满惊涛骇浪的险恶环境里，他临危不惧，沉着机智，忘我工作，力挽狂澜，表现出对人民革命事业的赤胆忠心，也显示出一个伟大政治家的卓越才能。亲身参与这次事变的罗瑞卿、吕正操、王炳南这样评价：当时如果“没有周恩来同志在西安，毛主席、党中央和平解决西安事变的方针就很难得到贯彻，内战可能再起，西安事变和平解决的初步胜利就无法巩固。周恩来同志为党的革命事业，为中华民族建立了不朽的功勋”。① 应该说，这个评价是公允的。

① 罗瑞卿、吕正操、王炳南：《西安事变与周恩来同志》，人民出版社 1978 年 11 月版，第 73 页。

二十、五次谈判

西安事变和平解决后，一个新的使命立刻又放到周恩来的面前：同国民党开始正式谈判。

这是一个关系到能不能实现全民族抗战的全局性任务。国民党的南京政府掌握很大力量，是国际间合法的全国政权。要实现全民族的抗战，不能不同它进行谈判并取得一定的协议，为此还不能不作出一定的妥协和让步。中日民族矛盾的急遽激化，西安事变的和平解决，使达成这种协议有了可能。但是，可能性不等于现实性。国民党的统治集团是代表大地主大资产阶级利益的。他们同共产党打了十年仗，有着长期的反共经验，就是在合作抗日时仍然念念不忘要限制、削弱并准备在将来消灭共产党。这就决定了这次谈判的艰巨性和曲折性，要求谈判者在复杂的情况下始终能清醒地判别什么是必须坚持的，什么是需要妥协或让步的，并且把分寸掌握得恰到好处。

周恩来在这场谈判中充分展现出作为一个政治家的杰出才能。从一九三七年二月开始，他先后在西安、杭州、庐山和南京四地，同国民党进行了五次谈判，历时达七个月。谈判的对手，最初是顾祝同，后来是蒋介石本人。尽管经历了不少波折，最后在客观形势发展的推动下，终于扫除重重障碍，导致第二次国共合作的实现，开始了全民族抗日的新时期。

本来，在西安事变过程中，蒋介石已当面向周恩来表示：在他回南京后，周恩来可以直接去谈判。但在张学良送蒋被扣以后，周恩来如果再去南京，蒋介石能否遵守信义，已使人感到难以放心。一九三七年一月五日和六日，毛泽东连电指出："此时则无人能证明恩来去宁后，不为张学良第二。"[①] 因此，"恩来此时绝对不应离开西安"，[②] 应该欢迎"张君（即张冲——编者注）到西安与恩来同志协商"。[③]

二月八日，南京政府的军事委员会西安行营主任兼第一集团军总司令顾祝同率南京政府的军队和平进驻西安。蒋介石委派他为国民党方面在两党谈判中的代表，以后又增派张冲、贺衷寒参加。中国共产党方面，以留在西安的周恩来为谈判代表，后来叶剑英也参加。

西安谈判就这样开始了。

在两党敌对已持续十年的状况下，谈判中应该采取什么方针？这是周恩来首先要考虑的问题。二月二十四日，他在经过深思熟虑以后，致电洛甫、毛泽东，明确提出了五项原则：

"关于谈判方针，我意：

"一、可以服从三民主义，但放弃共产主义信仰绝无谈判余地。

"二、承认国民党在全国领导，但取消共产党绝不可能。惟国民党如能改组成民族革命联盟性质的党（蒋在西安有改组党的发轫），则共产党可整个加入这一联盟，但仍保持其独立组织。

---

① 毛泽东致周恩来、博古的电报，1937年1月5日。

② 洛甫、毛泽东致周恩来、博古的电报，1937年1月6日。

③ 毛泽东致潘汉年的电报，1937年1月6日。

“三、红军改编后，人数可让步为六七万，编制可改四个师，每师三个旅六个团，约一万五千人，其余编某路军的直属队。

“四、红军改编后，共党组织饰为秘密，拒绝国民党组织，政训人员自行训练，可实施统一的政训纲领，但不能辱骂和反对共产党。

“五、苏区改特别区后，俟共党在非苏区公开后，国民党亦得在特别区活动。”①

中共中央书记处第二天就复电同意，并且补充说：“关于阶级斗争，本党当然遵守抗日救国之共同纲领，以抗日救国为中国人民的第一天职，引导中国人民为此抗日救国的神圣任务共同奋斗，但国民党在改善民众政治生活与经济生活方面亦需有切实之努力，因民众由于政治经济生活之不堪痛苦而起的斗争，本党实无力禁止。”②

当时，国民党正在准备召开五届三中全会。为了促进国民党政策的转变，中共中央已在二月十日发出致国民党三中全会电，提出著名的五项要求和四点相应的保证：

“当此日寇猖狂，中华民族存亡千钧一发之际，本党深望贵党三中全会，本此方针，将下列各项定为国策：（一）停止一切内战，集中国力，一致对外；（二）保障言论、集会、结社之自由，释放一切政治犯；（三）召集各党各派各界各军的代表会议，集中全国人材，共同救国；（四）迅速完成对日抗战之一切准备工作；（五）改善人民的生活。

“如贵党三中全会果能毅然决然确定此国策，则本

---

① 《周恩来书信选集》，中央文献出版社 1988 年 1 月版，第 129—130 页。

② 中共中央书记处致周恩来的电报，1937 年 2 月 25 日。

党为着表示团结御侮之诚意，愿给贵党三中全会以如下之保证：(一) 在全国范围内停止推翻国民政府之武装暴动方针；(二) 工农政府改名为中华民国特区政府，红军改名为国民革命军，直接受南京中央政府与军事委员会之指导；(三) 在特区政府区域内，实施普选的彻底民主制度；(四) 停止没收地主土地之政策，坚决执行抗日民族统一战线之共同纲领。”①

这是中国共产党第一次公开提出的实现国共合作的条件。这几项条件和周恩来关于谈判方针的意见，便成为中国共产党在这次谈判中的基本指导原则。

在谈判中需要解决的问题是什么呢？用周恩来的话说：“谈判的内容是要他们承认我们的军队，承认我们的边区，承认各党派的合法地位，组织各党派的联盟，就是统一战线。”② 中国共产党决心在取得这些承认后，迅速实现团结抗日。

二月九日，也就是顾祝同到达西安的第二天，周恩来同他开始举行会谈。十一日、十二日，双方继续会谈。周恩来陈述了中国共产党对一些基本问题的意见。顾祝同再次表示同意红军在西安设办事处，保证不迫害民众团体。双方就共产党在适当时刻公开、苏区政府改为中华民国特区政府、红军改编为国民革命军、扩大民主、分期释放在狱的共产党员等问题达成了初步的协议。

二月十五日，国民党举行五届三中全会。会上，抗日派同亲日派展开了激烈的争论。宋庆龄、何香凝、孙科、冯玉祥等提出了恢复孙中山的联俄、联共、扶助农工三大政策的决议案，没有被通过。会议虽没有制定明确的抗日方针，但在国内政策上确认

① 《中共中央给中国国民党三中全会电》，《六大以来》(上)，人民出版社 1980 年版，第 798 页。

② 《周恩来选集》上卷，人民出版社 1980 年 12 月版，第 194 页。

了和平统一、修改选举法、扩大民主、开放言论、释放政治犯等原则。二十一日，会议通过《根绝赤祸案》，提出取消红军、取消苏维埃、停止赤化宣传、停止阶级斗争。这些用词似乎同过去没有什么不同，但细看它的内容，却有了一些微妙的变化。周恩来指出："这个东西是双关的，因为红军改了名称，也可以说是取消红军，但红军还存在；苏区改了名称，也可以说是取消苏区，但苏区还存在。所谓停止阶级斗争，停止赤化宣传，就是不许我们在国民党统治区有政治活动。那时候一方面和平了，一方面又埋伏了文章。"① 不管怎么说，在国共合作的道路上总是又前进了一步。

二月二十六日，张冲参加国民党三中全会后回到西安。临行时，蒋介石对他说：共产党要等宪法公布后公开；特别区恐怕中央的法令不能容；红军可以改编为三师九团，不可再加。② 周恩来同张冲谈话时，对国民党三中全会宣言和决议的某些用词表示遗憾，保留将来声明的权利；并就红军改编的具体问题继续同他商谈。经过反复磋商，双方意见逐渐接近。三月八日，周恩来、叶剑英和顾祝同、张冲、贺衷寒会谈。彼此认为许多意见大体已趋一致，决定将一个月来的谈判作一个总结，由周恩来写成条文，当晚电告蒋介石作最后决定，以便执行。这便是"三八协议"。

事情在最初一段时间似乎进行得还算顺利，但是波折很快就到来了。

当周恩来把他起草的"三八协议"草案提交顾祝同后，顾祝同、张冲、贺衷寒又一起对这些条文作了修改，并由贺衷寒出面提出一个修改案，对原已达成的协议作了重大的改动。其中提

① 《周恩来选集》上卷，人民出版社 1980 年 12 月版，第 194 页。

② 周恩来致中共中央书记处的电报，1937 年 2 月 27 日。

出：红军改编为三个师后，每个师的人数只能有一万人，共三万人，要服从南京军事委员会和蒋介石的“一切命令”，政训人员由南京政府派人参加，各级副职也由南京政府逐渐派人充当；“陕甘宁行政区”改为“地方行政区”，直属所在各省，并取消“民选制度”一语，改“民选推荐”为“地方推荐”。① 一句话，就是要把红军和苏区完全置于南京当局的直接控制之下。在善后事宜中，也将停止进攻河西红军（指三大主力红军会师后西渡黄河而处于孤立无援境地的一部分红四方面军和红五军共二万余人——编者注）一条删去。

周恩来当即电告中共中央书记处，指出：贺衷寒的这一方案，“意在利用这一机会，束缚我们愈紧，即愈难在蒋面前讨价，特别是以河西问题胁迫我们”。他着重点明：“这些争执基本上仍是民主政治与红军独立领导问题，不是与顾、贺可以解决得了的。”② 中央书记处在十二日复电：“贺、顾所改各点太不成话，其企图在于欲使我党放弃独立性，而变成资产阶级政党之附属品。关于此点，我们必须坚持自己立场，绝对不能迁就。”电报最后说：“总的和平局面已定，政治上采取进攻的姿势，只会有利于问题的解决，不会使谈判根本破裂。”③

当晚，周恩来约见张冲，指出由于贺衷寒横生枝节，一切都有根本动摇的可能。要他以原提条文电蒋介石，否则只有请张冲回南京见蒋。同时也表示：我党只是不承认贺案，对于两党团结救国和拥护蒋委员长的根本方针，并不因贺案而动摇。

事情至此已很清楚：这些问题不是西安的国民党谈判人员所能解决得了的，需要同蒋介石直接谈判。中共中央书记处同意周

---

①② 周恩来致中共中央书记处的电报，1937 年 3 月 10 日。

③ 中共中央书记处致周恩来并告彭德怀、任弼时、张浩、贺龙等的电报，1937 年 3 月 12 日。

恩来的意见，由他向国民党方面“申明西安无可再谈，要求见蒋解决”。①

这样，历时一个多月的西安谈判告一段落。

但是这一段谈判并不是白费的。它使国共两党毕竟开始了初步的接触。双方也达成了一些协议，如红军改编成三个师，在西安设立中共办事处等。从三月份起，国民党开始接济红军的军饷。周恩来在三月十四日还同国民党将领、原黄埔军校学生李默庵、关麟征等会晤，他们都向周恩来表示不愿内战。

三月下旬，周恩来飞抵杭州，同蒋介石直接会谈。会谈前一天，周恩来在上海通过宋美龄将中共中央书记处的十五条意见先交给蒋介石。

一见蒋介石，周恩来先说明：中国共产党对国共合作的立场，是站在民族解放、民主自由、民生改善的共同奋斗的纲领上的。他说：中共是为了国家和民族的利益，谋求同蒋介石和国民党合作，但决不能忍受“投降”、“改编”的诬蔑。他也表示：中共反对各省的倒蒋分裂运动，但蒋与南京方面应该给以机会，提高他们对抗日民主的认识，以彻底实现和平统一。在谈话中，周恩来重申中国共产党的几点合理的具体要求：一、陕甘宁边区须成为整个行政区，不能分割；二、红军改编后的人数须达四万余人；三、三个师以上必须设总部；四、副佐及政训人员不能派遣；五、红军学校必须办完本期；六、红军防地须增加。

蒋介石在谈话开始时先表示：承认中共有民族意识、革命精神，是新生力量，几个月的和平运动影响很好；承认由于国共分家，致使十年来革命失败，造成军阀割据和帝国主义者占领中国的局面，要求各自检查过去的错误。而他这次谈话中着重的主题

① 中共中央书记处致周恩来的电报，1937年3月12日。

是：要中国共产党不必说同国民党合作，只是同他个人合作。他这样表示：希望中共这次改变政策后，与他永久合作，即使他死后，也不要分裂，免得因内乱造成英、日联合瓜分中国；因此，要商量一个永久合作的办法。

对于具体问题，他表示：这些都是小节，容易解决。他说：中共在几个月后可以参加国民大会、国防会议；行政区可以是整个的，但须由中共推荐一个南京方面的人来做正的，“以应付各方”，副的以下均归中共，并由中共自己干，他不来干涉；军队人数不同中共争，总的司令部可以设，他决不来破坏红军部队，只是联络而已；粮食接济定额设法解决；即使永久合作的办法尚未肯定，他也决不再打。

当蒋介石说到要商量一个永久合作办法时，周恩来说：“共同纲领是保证合作到底（的）一个最好办法。”蒋介石立刻说：那就赶快回延安去，商量合作与纲领问题。周恩来问：有什么具体办法？蒋介石回答说：没有，要中共先商量。①

看起来，蒋介石这次的表示确实很爽快，但周恩来对蒋介石有着多年的了解，一下就看透了他的真实意图所在。在一份报告中，周恩来写道：“总观蒋的谈话意图，中心在领袖问题。”“他认为这一问题如能解决，其他具体问题自可放松一些，否则必从各方面给我们困难，企图逼我就范。”②

从杭州回到上海时，周恩来曾会见东北抗日联军第四军军长李延禄，并同李一起去看望东北抗日将领李杜，还曾会见上海地下党的一些干部。以后，李延禄根据周恩来的指示，联络各东北救亡团体在北平成立东北救亡总会，发展救亡运动和对东北军的统一战线工作。

---

①② 周恩来：《中共中央关于与蒋介石谈判经过和我党对各方面策略方针向共产国际的报告》，1937年4月5日，手稿。

三月三十日，周恩来携带同蒋介石联系所用的密码飞抵西安。四月初，返回延安。中共中央立刻召开政治局扩大会议，听取周恩来关于杭州谈判的报告，对这次谈判表示满意。会议根据两党谈判以来的情况，讨论了国内形势与党的任务，认为："三中全会是国民党国策基本转变的开始。"在这以后，"停止内战的旧阶段已经过去，而转入以争取民主权利为中心内容的新阶段"。"民族矛盾超过国内阶级矛盾，党今后应坚持民族的统一战线方针，不为局部变动而动摇。党在新的环境中应善于利用新的斗争形式。"会议强调："我党必须在各种斗争中努力争取领导权。"①

关于合作和纲领问题，会议决定由周恩来拟定一个方案，在下次会谈时向蒋介石提出。会后，周恩来为中共中央起草的一份报告中写道：

> "我们商定办法如下：（一）我方起草一个民族统一战线的纲领（以抗日十大纲领及国民党第一次代表大会宣言为共同基础），征求蒋的同意，并提议在这个纲领基础上，结合新的民族联盟（或党），包含国共两党及赞成这个纲领的各党派及政治团体，共同推举蒋为领袖。（二）我们提出修改国民大会组织法选举法的草案，征蒋同意，如蒋同意上述统一纲领及这一修改，我们可以答应赞助蒋为总统。（三）我们准备提出修改宪法的草案，在全国范围内进行民主运动以影响蒋。（四）对其他具体问题，我们坚持在不妨碍苏区实行民主制度及共产党在红军中的独立领导的原则之下进行一切谈判，故对行政区的问题拟接受，红军改编以四万五千人为定数，地方部队另编一万人，如此，除老弱妇女外，便无多余精壮青年。（五）如基本上及具体问题上均能满意

① 《中央政治局扩大会议讨论经过摘要》，1937 年 4 月 7 日。

解决，则我们拟以党的名义发表合作宣言，以争取公开活动，否则拟采取拖延办法，待事态发展，以便促蒋让步。”①

在这个报告中，周恩来正确说明了抗日和民主运动的关系。这是抗日民族统一战线中的一个重要问题。他写道：中国共产党现时的活动中心是“进行对日抗战的准备工作及民族统一战线的民主运动”。他着重指出：“特别是民主运动，在目前内战停止、抗战准备期中更有其严重意义。也只有在民主运动中，才能发展南京抗日派的政治团结，才能提高反蒋各省的政治觉醒，才能扩大全国的抗日统一运动，才能争取民族统一战线的领导，同时也才能改变一些蒋介石的独裁观念与各省军阀的割据思想，以便于抗战的发动和胜利。”②

对周恩来报告中提到的制定民族统一战线纲领、修改国民大会组织法和选举法等问题，中共中央都很认真地对待，不仅提出具体方案，对重要细节也都反复推敲。四月间，中共中央政治局在七日、二十日就这些问题分别作了讨论。在讨论民族统一战线纲领时，周恩来说：整个统一战线的原则，第一，要有共同的纲领。第二，要有联合的组织，才能行动。可以设想有两种形式，一种是像大革命时代一样，这一形式也有许多困难，不容易实现；另一种是参加联合战线，比较好活动。第三，在承认我们纲领的条件下，可以承认蒋为领袖。关于中国共产党，周恩来说，要坚持三个原则：第一是组织的独立性，无论如何不能混合；第二是国际性，不能断绝同国际的关系；第三是阶级性，是代表无产阶级的。这些原则必须在统一战线中得到承认。联合组织的名

---

① 周恩来：《中共中央关于与蒋介石谈判经过和我党对各方面策略方针向共产国际的报告》，1937 年 4 月 5 日，手稿。

② 周恩来：《中共中央关于与蒋介石谈判经过和我党对各方面策略方针向共产国际的报告》，1937 年 4 月 5 日，手稿。

称，周恩来认为最好用民族统一联盟。组织上的原则是：可以加入，保存独立性；允许自由退盟。① 显然，周恩来在抗日民族统一战线中，是十分重视保持中国共产党的独立性的问题的。

周恩来在延安一共停留了三个星期。二十五日，他和张云逸等坐一辆卡车，离开延安前往西安，准备南下见蒋继续会谈。车上共有三十来人，包括一个警卫班，周恩来和司机坐在驾驶室里。卡车刚离延安六十里路，行驶到劳山附近，突然遭到当地土匪伏击。一二百个土匪从正前方公路上挖的工事里，从后面的小山包和左边的树林中同时射击，形成三面包围的态势。密集的子弹射来，有些随从人员在车上就牺牲了。周恩来不等汽车停住，立刻喊道：快下来，散开，还击！他跳下车来，一面还击，一面指挥人员向右边的密林深处转移。在激烈的战斗中，延安卫戍司令部参谋长兼周恩来随从副官陈友才、警卫队副队长陈国桥等十余人牺牲。当附近的红军闻声赶来时，周恩来、张云逸等已突围脱险。脱险后，周恩来仍折回延安。

四月二十六日，顾祝同派飞机接周恩来到西安。周恩来见到顾祝同、张冲后，把准备和蒋介石会谈的内容同他们先交换意见，并和顾商议发放本月份经费与寒衣问题、河西问题以及派人到鄂豫皖等苏区去等问题。

五月下旬，周恩来飞抵上海，在上海、南京停留几天，同各方面人士洽谈，争取共产党的公开合法地位，并酝酿筹办公开刊物。

六月四日，周恩来到达庐山。八日至十五日，同蒋介石进行了多次会谈，宋美龄、宋子文和张冲也参加了。周恩来先提交中共中央提出的《关于御侮救亡、复兴中国的民族统一纲领（草

---

① 周恩来在中共中央政治局会议上的发言记录，1937 年 4 月 20 日。

案)》。它的内容包括三个部分：争取民族独立，反对日本帝国主义；实现民权，保障人民自由；实现民生幸福，建立国防经济。细则共五十二条。他又向蒋介石申述来此以前所准备的各项意见。在这些意见中，没有包括蒋介石提出的同他个人合作的问题。

蒋介石在这次会谈中的态度，同在杭州时相比，起了很大变化，给谈判设下许多新的障碍。本来，是他提出要中国共产党先商量提出一个合作的纲领来；这次，他却完全撇开周恩来带来的《民族统一纲领（草案）》，另外提出一个成立国民革命同盟会的主张来，具体的办法是：

> "一、成立国民革命同盟会由蒋指定国民党的干部若干人，共产党推出同等数量之干部合组之，蒋为主席，有最后决定之权。二、两党一切对外行动及宣传，统由同盟会讨论决定，然后执行。关于纲领问题，亦由同盟会加以讨论。三、同盟会在进行顺利后，将来视情况许可扩大为国共两党分子合组之党。四、同盟会在进行顺利后，可与第三国际发生代替共党关系，并由此坚定联俄政策，形成民族国家间之联合。"①

这个办法，显然是要在"国民革命同盟会"的名义下，从组织上把共产党溶化在国民党内。

对国共合作中急需解决的具体问题，他也态度一变，推倒在杭州时作过的许多承诺。他虽表示：在共产党根据以前声明发表宣言后，政府就发表三个师的番号，人数为四万五千人；但在杭州时他曾答应红军改编后可在三个师以上设总司令部，这次却只答应"三个师以上设政治训练处指挥之"，②并公然说："请毛先

①② 《中共中央关于与蒋介石第二次谈判情况向共产国际的报告》，1937 年 6 月 17 日。

生、朱先生出洋"[1]，各边区的武装也要"实行编遣，其首领须离开"。对陕甘宁边区政府，仍坚持由国民党政府"派正的官长（可由共方推择中央方面的人），边区自己推举副的，可由林伯渠担任，事情可由边区政府自己办"。对"允许共党适时公开"的问题不再提起，反而规定中共派代表参加国民大会时"不以共党名义出席"；"对其他各党派不必谈合作，由中央尽量收容"。[2]

周恩来对蒋介石态度的变化，早有思想准备。当即表示：有关国民革命同盟会的组织，事关重大，必须请示中共中央后定；有关红军指挥机关和边区人事安排等问题，不能同意；并严词驳斥要朱、毛"出洋"的安排。[3] 双方争执很久，以后经宋子文、宋美龄、张冲往返磋商，问题仍无法解决。

因此，这次谈判没有取得结果。

六月十八日，周恩来回到延安。中共中央书记处研究了蒋介石的意见。为了顾全大局，又准备作出重大让步。在提出的新方案中，"原则上同意组织国民革命同盟会，但要求先确定共同纲领，以便奠定同盟会及两党合作之政治基础"。"同盟会组织原则，在共同承认纲领的基础上，可同意国共两方各推出同数干部组织最高会议，另以蒋为主席，承认其依据纲领有最后决定之权。"中国共产党准备在七月中发表宣言，其内容以中共中央致国民党三中全会电及上次交蒋的方案为根据。"在宣言发表后，如蒋同意设立总的军事指挥部，红军即待其名义发表后改编。否则即于八一自行宣布改编，采用国民革命军暂编军、师名义，编三个正规师，共四万五千人。"陕甘宁边区民主选举在七月内自动实行，并向蒋推荐张继、宋子文、于右任三人中择一人任边区

① 《周恩来选集》上卷，人民出版社 1980 年 12 月版，第 195 页。
② 周恩来致毛泽东的电报，1937 年 6 月 15 日。
③ 周恩来致毛泽东的电报，1937 年 6 月 15 日。

行政长官，林伯渠任副长官。①

这个新方案，尽可能地照顾了蒋介石所提的要求，作了重大让步，而拒绝或限制其中一些极端无理的要求，为以后的谈判打开了通路。

为了使谈判能达成协议，周恩来在六月二十二日就红军指挥机关问题致电蒋介石，指出：惟三师以上指挥机关及主持人选，党中同志佥认非有此实无法进行改编，尤以朱同志去留影响极大，务请鉴察此间实情，改变处置。但蒋介石仍坚持原议。鉴于抗日形势日趋严重，中共中央准备再作让步，同意改编后的红军以政治机关名义指挥，力争以朱德为政治主任。这已是中国共产党所能作出的最大限度的让步。同时，中国共产党也做好准备，万一上述要求仍不能争得，只得在八月一日自行宣布改编。

六月二十六日，南京方面电邀周恩来再上庐山，继续谈判。七月初，周恩来起草了《中共中央为公布国共合作宣言》的草案。② 七月四日，他偕同博古、林伯渠到西安。七日，到达上海。

就在他们到达上海的当天晚间，震惊世界的卢沟桥事变发生了。中国军队奋起抵抗日本侵略军的进攻。神圣的抗日战争开始了！

第二天，七月八日，中国共产党通电全国，大声疾呼："平津危急！华北危急！中华民族危急！只有全民族实行抗战，才是我们的生路！"③ 号召全国同胞、政府和军队团结起来，筑成抗

---

① 周恩来：《中央书记处关于与蒋介石谈判情况给国际书记处的报告》，1937 年 6 月 25 日，手稿。

② 周恩来送请毛泽东、洛甫修订的宣言草案本，1937 年 7 月 2 日。

③ 《中共中央为日军进攻卢沟桥通电》，《六大以来》（上），人民出版社 1980 年版，第 843 页。

日民族统一战线的坚固长城，抵抗日寇的侵略，驱逐日寇出中国，为保卫国土流最后一滴血。

在上海期间，周恩来同博古、林伯渠在上海会见为中共中央担任联络工作的潘汉年和准备担任江苏省委书记的刘晓。周恩来对他们说：要注意局势的变化。日本帝国主义的全面侵略和我国的全面抗战势在必行，不可避免。日本帝国主义想占领上海。不久，上海和北平都会发生意外事件，形势会急剧变化。对此，我们思想上必须有足够的准备。我们要抓住全面抗战的时机，放手发动群众抗日。职工运动、学生运动、妇女运动等等都可以围绕坚持抗战这个总任务放手发动群众，组织群众。同时，要充分开展抗日民族统一战线的工作，以文化界为基础，搞好上层进步人士的统战工作。要充分利用上层的合法关系，联系广泛的群众，建立群众组织。我们主要要扩大党的政策的影响，团结积极分子，团结广大群众，开展既是合法也是群众性的抗日活动。放手搞群众工作，不能离开隐蔽的原则，要注意保存和积蓄革命力量。抗战的斗争是长期、艰苦的，不要因一时顺利而忽视了积蓄力量。要注意把公开工作和秘密工作结合起来，既反对关门主义，也反对冒险主义，不要大呼隆地搞群众运动，把力量一下子都暴露了。周恩来再三强调：不管形势怎么变化，统战工作要大力开展，群众工作要稳扎稳打，党要隐蔽。要从长远打算，不能只看一时现象。①

周恩来的这次谈话，对中国共产党在上海的秘密工作和群众运动的恢复与发展，起了重要的指导作用。第二天，他名义上到黄金大戏院看戏，实际上利用那里的一间办公室同上层民主人士、统战工作干部会了面。谈话进行了一个多小时。十三日（或

① 刘晓：《上海地下党恢复和重建前后》，《党史资料》丛刊，1979年第1期，上海人民出版社1979年11月版。

十四日），他和博古、林伯渠就前往庐山。

那时，蒋介石、汪精卫正邀请各方人士在庐山举行谈话会，听取他们对国事的意见。但是，正如周恩来所说：这个谈话会“不是大家坐下来开圆桌会议，一道商量，而是以国民党做主人，请大家谈话一番”。“庐山谈话会的时候，共产党没有份。我同林伯渠、博古同志三个人不露面，是秘密的。”①

为了争取这次会谈能取得进展，七月十四日，中共中央向南京政府表示：“愿在蒋指挥下努力抗敌，红军主力准备随时出动抗日，已令各军十天内准备完毕，待令出动，同意担任平绥线国防。”②

这次会谈是在周恩来、博古、林伯渠同蒋介石、邵力子、张冲之间进行的。周、博、林到庐山后，随即将周恩来起草的《中共中央为公布国共合作宣言》送给蒋介石③，蒋介石的态度却十分冷淡。周恩来后来说：“我们带去起草好的宣言，他要动手改两句，那时候我们还客气，同意他修改了两点。但修改了他也不发表，总想把共产党合法这一点抹杀掉。”④

激烈的争执发生在红军改编后的指挥和人事问题上。蒋介石对这一点看得特别重，而且更向后倒退了。在第一次庐山谈判时，他曾表示，三个师以上的政治机关可以代行指挥权；并曾说过：“我要你们指挥，你们亦实能指挥，这是没有问题的。”⑤ 这次谈判时，蒋介石又改口了。他在七月十四日通过张冲告诉周恩来：要求红军改编后各师直属行营，政治机关只管联络，无权指挥。周恩来不能不在第二天写信给蒋介石指出：“此与来（周恩

①④ 《周恩来选集》上卷，人民出版社 1980 年 12 月版，第 194、195 页。

② 毛泽东、朱德、彭德怀、贺龙、林彪、刘伯承、徐向前致叶剑英的电报，1937 年 7 月 14 日。

③ 《周恩来书信选集》，中央文献出版社 1988 年 1 月版，第 135—136 页。

⑤ 《周恩来书信选集》，中央文献出版社 1988 年 1 月版，第 135 页。

来自称——编者注）上次在庐所面聆及归陕向党中诸同志所面告者出入甚大，不仅事难做通，且使来一再失信于党中同志，恐碍此后各事之进行。”① 十七日，洛甫、毛泽东致电周恩来、博古、林伯渠，提出：“为大局计，可承认平时指挥人事等之政治处制度，请要求设正副主任，朱正彭副。但战时不能不设指挥部，以资统率。”② 十八日，周恩来将急需确定的具体问题写成十二条，其中包括洛、毛的上述意见，通过宋美龄交给蒋介石，但蒋介石仍坚持红军在改编后不设统一的军事指挥机关，三个师的管理直属行营；三个师的参谋长由南京派遣；政治主任只能转达人事、指挥，可以周恩来为主任、毛泽东为副主任。周恩来当即严正表示：蒋对红军改编后指挥与人事的意见，我党决不能接受。③

由于谈判已陷于僵局，周恩来等随即离开庐山，飞往上海。洛甫、毛泽东在七月二十日致电周恩来、博古、林伯渠：“日军进攻之形势已成，抗战有实现之可能。”“我们决采取蒋不让步、不再与谈之方针。”④ 二十一日，周恩来等电告朱德、彭德怀等红军将领说：“在庐山，我们力争无效，遂来宁、沪暂观时局变化，如中日全面开战，则《宣言》即可发表。”并建议不管形势如何变化，须“立即自行改编三个方面军、六个单位的统一组织，每个方面军编足一万五千人，独立军、师都编入，加强干部，使各方面军都能独立工作”。⑤ 二十七日，蒋鼎文向周恩来转告蒋介石的话：红军迅速改编，出动抗日。二十八日，周恩来、博古、林伯渠返回延安，与中共中央书记处商议红军改编出动抗日事宜，决定主力红军集中在三原迅速改编，编为三师，四

① 《周恩来书信选集》，中央文献出版社1988年1月版，第136页。
② 洛甫、毛泽东致周恩来、博古、林伯渠的电报，1937年7月17日。
③ 博古、林伯渠、周恩来致毛泽东、洛甫的电报，1937年7月21日。
④ 洛甫、毛泽东致周恩来、博古、林伯渠的电报，1937年7月20日。
⑤ 博古、林伯渠、周恩来致朱德、彭德怀的电报，1937年7月21日。

万五千人，上设总指挥部，朱德为总指挥，彭德怀为副总指挥。这时，朱德、彭德怀等都在云阳。三十日，周恩来和博古赶往云阳，安排一、四方面军和七十四师改编事宜。

八月一日，周恩来接到毛泽东转来的张冲急电：蒋介石密邀毛泽东、朱德、周恩来即飞南京，共商国防问题。第二天，他复电张冲：如开国防会议，则同朱德、叶剑英去；如系谈话，则同博古、林伯渠、叶剑英去。四日，张冲回电称：开国防会议。六日，周恩来、朱德到西安。十日，偕同在西安的叶剑英飞抵南京，参加国防会议。会议期间，冯玉祥和白崇禧、刘湘、龙云等地方实力派将领也纷纷同周、朱、叶会晤。共产党在南京实际上取得了公开合法活动的地位。

对红军参战后的行动方针，周恩来和朱德、博古、林伯渠、彭德怀、任弼时在八月四日向中共中央提出《关于全国对日抗战及红军参战问题的意见》和《关于红军主力出去抗战的意见》，认为抗日战争的方针是要南京发动全国抗战，我们争取参加和领导。为实现这一方针，我们应参战不迟疑，但要独立自主担任作战任务，发挥运动战、游击战、持久战的优点。关于红军出兵问题，以主力出去为妥，但为适应持久战的需要，出去后要节约兵力，谨慎使用，不打硬仗，多进行侧面的运动战和游击战。次日，收到洛甫、毛泽东复电：红军担负的作战任务是独立自主的游击运动战；要按情况使用兵力，在此原则下，同意开拔主力。

各方面的条件都近成熟，国共合作、共同抗日局面的实现似乎已是指日可待了。但国共谈判的进展却仍不那样顺利。八月十二日，蒋介石派康泽见周恩来，对周恩来七月间交给他的《中共中央为公布国共合作宣言》提出了许多无理要求：不同意提“民主”，要求一律改为“民用”；要取消对民族、民权、民生的解释；不同意提同国民党获得谅解而共赴国难等。周恩来等当即表示：有的可以研究，有的不能同意。①

第二天，八月十三日，日本侵略军突然发动对上海的大规模进攻，战火燃烧到南京政府统治的心脏地区。在蒋介石看来，中日之间的全面战争再难避免，迫切需要红军开赴抗日前线共同作战。于是，国共谈判长期拖延不决的状况随之急转直下地得到改变。十八日，蒋介石同意发表红军改编为国民革命军八路军，任命朱德、彭德怀为正副总指挥（在二十二日正式发表）。僵持已久的红军改编后的指挥和人事问题终于获得解决。《中共中央为公布国共合作宣言》也在九月二十二日由国民党中央通讯社公布；同时，蒋介石发表谈话，在事实上承认中国共产党的合法地位。

对八路军开赴前线后的作战方针，洛甫、毛泽东在八月一日致电周恩来等提出："甲，在整个战略方针下执行独立自主的分散作战的游击战争，而不是阵地战，也不是集中作战，因此不能在战役战术上受束缚。只有如此，才能发挥红军特长，给日寇以相当打击。乙，依上述原则，在开始阶段红军以出三分之一的兵力为适宜。兵力过大，不能发挥游击战，而易受敌人的集中打击。其余兵力依战争发展，逐渐使用之。"② 十八日，中央书记处又致电朱德、周恩来、叶剑英，提出红军充任战略的游击支队，在总的战略方针下执行独立自主的游击战争。周恩来等根据上述原则，进行了反复的谈判。蒋介石、何应钦最后同意：八路军充任战略游击支队，执行只作侧面战，不作正面战，协助友军、扰乱与钳制敌人大部并消灭敌人一部的作战任务。十八日，周恩来、叶剑英还电告毛泽东等，说南京方面已同意发表朱德、彭德怀为八路军正副总指挥，部队仍以速开为有利，并提议"至

① 朱德、周恩来、叶剑英致毛泽东、洛甫转博古、林伯渠的电报，1937 年 8 月 12 日。

② 洛甫、毛泽东致周恩来的电报，1937 年 8 月 1 日。

少应以一个旅为先遣部队，先行东进”。[①] 中共中央当即同意这个建议，派红一军团为先遣部队，日内出动。自八月下旬起，八路军三个师的主力陆续由韩城等处东渡黄河，经同蒲铁路开赴抗日前线。

对红军在南方的各路游击队的改编问题，周恩来在八月十七日电告中共中央："现已与军何（指何应钦——编者注）商定，允许我方派人到各边区传达党中央意旨，并协助各边区传达改编。""请令往鄂豫皖之郑位三及往闽西南之方方迅速来南京，其余如派往湘鄂赣边区的人员亦请送来。"[②] 以后，这些人员陆续到达长江南北各游击区，执行将当地游击队集中改编为国民革命军新编第四军的任务。

中国共产党在国民党统治区取得合法地位后，需要在各地设立公开的办事机构。西安谈判时，顾祝同已允在西安设立办事处。七七事变后，阎锡山也允许在太原设立办事处。南京谈判中，国民党又同意在南京、上海等地设立办事处。以后随着抗战形势的发展，又先后在武汉、长沙、兰州等地陆续增设中共代表团办事处、八路军办事处、新四军通讯处等机构。

在国民党统治区筹备公开出版中国共产党的机关报和机关刊物，是当时政治生活中的一件大事。那就是《新华日报》和《群众》周刊。七月十日，也就是卢沟桥事变后三天，周恩来在上海约见夏衍，对他说："在国民党统治区域，要做的事很多。我们要办一张党报，昨天已经决定了，由潘梓年和章汉夫负责。"[③] 接着，周恩来又约见刚在六月出狱的潘梓年，说服潘放弃到革命根据地去的要求，立即着手筹建党报的工作。他在庐山和南京谈

---

① 周恩来、叶剑英致毛泽东并转彭德怀、任弼时、博古、林伯渠的电报，1937年8月18日。

② 周恩来、叶剑英致毛泽东转博古、林伯渠的电报，1937年8月17日。

③ 夏衍：《懒寻旧梦录》，生活·读书·新知三联书店，1985年7月版，第373页。

判过程中，同国民党几经磋商，达成中国共产党可以在南京出版《新华日报》的协议。周恩来、朱德还在南京探望了国民党元老、监察院院长于右任，请他为《新华日报》题写报头，于右任欣然同意了。根据周恩来的指示，潘梓年、章汉夫、许涤新、何云、吴敏（杨放之）、徐迈进、楼适夷等聚集南京，从十月间开始筹办《新华日报》和《群众》周刊。后来因为上海、南京先后沦陷，筹备工作移到汉口继续进行。

周恩来还要求南京方面释放在狱的共产党员。八月十八日，他和叶剑英到南京的“首都反省院”看望被捕的共产党员和革命人士。当天，将夏之栩、熊天荆、王根英三人营救出来。随后，陶铸、钱瑛等也分批获释出狱。这段时间内，周恩来还在上海会见刚从国外归来的叶挺，请他出面来做改编南方游击队的工作。

这次南京谈判历时十余天，还有一些问题尚未解决，如边区范围和政府人员、国民党向八路军派遣军政干部等。由于抗日战争形势迅速发展，朱德先回陕北，周恩来也在八月二十一日离开南京。未了事宜由叶剑英（九月中旬又增加博古）在南京继续进行谈判和交涉。

经过前后半年多艰难曲折的谈判，在客观形势发展的推动下，第二次国共合作终于实现，开始了全民族抗战的新局面。

抗日战争是中国近代历史上的一件大事。这是一次在中国共产党倡导的抗日民族统一战线的旗帜下，以国共合作为基础的全民族团结进行的民族解放战争。这次战争，使中国人民在近代历史上第一次取得反侵略战争的完全胜利，大大加速了历史的进程，从而为中国的独立解放奠定了基础。这种团结抗日局面的实现是得来不易的。由周恩来负责进行的这五次谈判，正是在西安事变和平解决的基础上，正确地把握局势，恰当地处理两党关系中许多长期积存下来的复杂问题，为第二次国共合作的实现扫清了道路。

二十一、山西抗战

周恩来八月二十一日提前从南京回到陕北，为的是参加八月二十二日至二十五日在洛川冯家村召开的中共中央政治局扩大会议。这是七七事变发生后中共中央举行的第一次重要会议。

为什么要举行这样一次会议呢？因为随着进入抗日战争的新时期，一系列过去没有遇到过的新问题提到中国共产党的面前，需要及时给以明确的回答。其中最重要的，一个是红军的作战方针问题，一个是统一战线中国共两党的关系问题。

在洛川会议上，毛泽东首先作了关于军事问题和国共两党关系问题的报告。他指出红军的基本任务是：创造根据地，钳制与消灭敌人，配合友军作战（战略支援任务），保存与扩大红军，争取民族革命战争领导权。为了实现这个任务，他主张红军要实行“独立自主的山地游击战争，包括有利条件下消灭敌人兵团与在平原发展游击战争，但着重于山地”。作战原则是：“分散发动群众、集中消灭敌人，打得赢就打，打不了就跑。”① 对两党关系，他提出“统一战线与政治警觉性”的问题，这样说：现在统一战线正成熟中，但另一方面，党的阶级的独立性问题应提起全体党员注意。讨论中，他指出：我们的方针，最基本的是持久

① 毛泽东在中共中央政治局扩大会议上的发言记录，1937 年 8 月 22 日。

战，不是速决战。政治的总口号是：动员一切力量的十大纲领。目前需要把国共两党区别清楚，十大纲领的提出就是同国民党单纯政府抗战的区别。

周恩来在会上报告了南京谈判、上海抗战和国民党政府政治、经济、国防、外交等方面的情况。他同意毛泽东的意见：对形势要有持久战的估计。在华北，目前还不具备粉碎日本进攻的条件，但是我们愈持久，群众的积极性可以更大起来，我们的部队也能壮大起来，敌人消耗愈多，愈增加困难，对我们愈有利。在同国民党的关系问题上，他认为，要推动国民党抗战，对国民党的限制要一步一步冲破，对国民党的缺点要随时指出，要向其他军队说明抗战不是单纯依靠红军，而是大家一起抗战。他强调："今天是要使国民党的战略不束缚我们自己的战略方针。这不仅是军事问题，将来还有政治问题、全国群众工作问题。"①关于群众工作，他提出要加强全国群众运动的发动，要派出一批干部去加强工作，要勇敢些，既有决心，又有具体布置。

会上，对坚持党对红军的领导，坚持独立自主的指挥原则，坚持在山地开展游击战，坚持红军要发动群众、武装群众、组织群众性的游击战争等问题的认识是一致的。对游击战和运动战的关系，周恩来的主张是："我们的地区，是布置敌人后方游击战争，必要时集中力量消灭敌人。"② 他把这种打法称作运动游击战。因为军队急于出发，对这个问题没有充分地展开讨论。

这次会议通过了《抗日救国十大纲领》和《关于目前形势与党的任务的决定》；还决定由十一人组成中共中央革命军事委员会，毛泽东为主席，朱德、周恩来为副主席。二十五日，毛泽东、朱德、周恩来以中央军委主席、副主席的名义发布命令：

---

① 周恩来在中共中央政治局扩大会议上的发言记录，1937 年 8 月 22 日。

② 周恩来在中共中央政治局扩大会议上的发言记录，1937 年 8 月 22 日。

“宣布红军改名为国民革命军第八路军”（九月改称第十八集团军），朱德任总指挥，彭德怀任副总指挥。

洛川会议结束后，周恩来原来准备和博古、彭德怀一起去南京，同国民党继续谈判，并筹建长江沿岸委员会（原定由周恩来、博古、叶剑英、董必武、林伯渠组成，以周恩来为书记）。八月二十九日，他到西安。这时，八路军一一五师已根据周恩来向中共中央的提议，作为先遣部队，开始进入山西。三十日、三十一日，毛泽东两次急电西安：“周宜即赴太原、大同晤阎（指阎锡山——编者注），商好红军入晋后各事（活动地区、作战原则、指挥关系、补充计划等）。”① 于是，周恩来便折往山西，并在山西工作了近三个月，南京的谈判工作由博古和叶剑英继续进行，武汉的工作由董必武负责，西安的工作由林伯渠负责。

中共中央在这时要周恩来去山西，他在山西停留这样久，有两个原因：

第一，山西当时处在华北抗战的前线，战略地位十分重要。日本侵略军占领北平、天津后，在华北分两路进犯：一路沿平绥铁路西上，攻破南口、张家口，进逼晋北重镇大同；另一路沿平汉铁路南下，进攻保定，准备夺取石家庄。两路进犯中，它的主力使用在前一方面，也就是晋北方面。任弼时回忆说：“山西自雁门关以南，井陉、娘子关以西系高原多山地区，对保卫华北、支持华北战局，有极重大的意义。敌人要完成其军事上占领华北，非攻占山西不可。如山西高原全境保持我军手中，则随时可以居高临下，由太行山脉伸出平汉北段和平绥东段，威胁敌在华北之平津军事重地，使敌向平汉南进及向绥远的进攻感受困难。

① 毛泽东致周恩来、博古、林伯渠的电报，1937 年 8 月 31 日。

故山西为敌我必争之战略要地。”①

第二，更重要的是，红军开赴抗日前线时主力正集中在山西境内。山西是八路军从陕北开往抗日前线的最便捷的地方。依托着山西宽阔而复杂的地形条件，可以使日军的重武器——坦克、大炮、飞机难以充分发挥性能，极有利于八路军发挥它的长处，进行山地游击战，打击并部分消灭日军的有生力量。八月二十二日，八路军一一五师先头部队从陕西三原地区出发，三十一日由韩城县芝川镇东渡黄河，进入山西境内。一二〇师主力也在九月三日从陕西富平出发，随一一五师之后东渡黄河。八路军入晋后，许多问题需要周恩来前去处理和解决。

九月三日晚，周恩来和彭德怀、聂荣臻、徐向前、萧克、程子华等乘火车从西安出发。第二天，到达潼关，换乘木船渡过浊浪滔滔的黄河。在黄河对岸的风陵渡，他们由阎锡山派来迎接的梁化之陪同，搭乘阎锡山派来的由两节车厢组成的专列小火车开往太原。路上，周恩来同聂荣臻商议如何解决部队出征后面临的种种困难。周恩来说：关键仍然是发动群众，有了群众的支援，一切问题都比较好办了。过侯马时，聂荣臻等下车，率一一五师先头部队继续北上。周恩来等在五日下午到达太原，住在八路军办事处。

从风陵渡一路过来，见到的都是兵荒马乱的景象。日本侵略军节节推进，已逼近晋东北边境。山西境内，人心惶惶，不可终日。那年秋天，暴雨成灾，数万灾民饥寒交迫，流离失所。大量从冀绥前线溃退下来的散兵游勇和伤病员四处流浪，无人收容，更增添了混乱气氛。阎锡山派来迎接的军政官员都是忧心忡忡。周恩来却充满着信心，同他们纵谈抗战形势和必胜的前途。

---

① 《任弼时选集》，人民出版社 1987 年 9 月版，第 137 页。

这时，担任第二战区司令长官的阎锡山已前往雁门关附近的代县太和岭口前线指挥部指挥晋北军事。周恩来和彭德怀、徐向前在七日凌晨赶到太和岭口，同阎锡山等会商。徐向前是山西五台人，和阎锡山同乡，在晋军中又有熟人。他去，可以便于开展统一战线工作。

阎锡山是山西地方实力派的首领，从辛亥革命时起已统治山西二十多年，一向闭关自守，不许其他政治势力侵入。过去，他奉行亲日反共政策。一九三六年初，红军东渡黄河抗日，遭到阎锡山军队的阻挠。蒋介石的军队却乘机以“剿共”为名，大举进入阎锡山经营了二十多年的独立王国。红军班师回陕北后，开入山西的中央军仍不撤走。这对阎锡山是一个很大的刺激。他曾经说：我不亡于共，也要亡于蒋。华北事变后日本侵略者的步步进逼，也对山西构成严重的威胁，使日阎之间的矛盾激化了。这种错综复杂的矛盾，使阎锡山感到：降日、迎蒋都不是出路，而自己的力量又不足，于是不能不另行寻找暂时的同盟者，想向中国共产党求助。

他在一段时间内标榜进步，大批招揽进步人士赴山西工作，为山西抗日救亡运动的发展造成有利条件。一九三六年十月下旬，共产党员薄一波、杨献珍、董天知、韩钧、周仲英经北方局同意，以个人身份接受阎锡山的邀请，到太原协助阎锡山从事抗战的准备。他们到山西后，成立中共山西省公开工作委员会，以薄一波为书记。这个委员会所领导的工作是公开活动，专门做抗日救亡工作，做阎锡山及其军政上层的统战工作；但它在组织上是秘密的，直接归北方局领导。红军东征回师后，阎锡山又秘密派人同中共中央联系，要求派遣全权代表长驻太原。十一月初，曾任红一军团第四师政委的彭雪枫，作为中共中央代表来到太原，建立秘密的联络处。随后，经阎锡山同意，设立同延安联络的秘密电台。七七事变发生后，又成立公开的八路军驻晋办事处，由彭雪枫任主任。阎锡山当时说过："同共产党搞统一战线，这中间有风险。但是，不跟共产党合作，又有什么办法呢？现在我只有用共产党的办法，此外即不能抵制日本人和蒋介石。我是用共产党的办法削弱共产党。"① 当周恩来在南京同国民党谈判时，阎锡山同意八路军经同蒲铁路开往前线。

正因为阎锡山当时有着这样的两面性，周恩来这次到山西，就是要利用他愿意同共产党合作的一面，推动他抗战。

周恩来、彭德怀、徐向前九月七日赶到太和岭口后，阎锡山热烈地欢迎他们，并进行会谈。这时，因为南口、张家口相继失守，天镇晋军不战而溃，傅作义部也正准备从大同撤出，阎锡山在连遭挫败后对抗战已失去信心。周恩来耐心地向阎分析抗战形势，说明日本军国主义是可以打败的，虽然目前是敌强我弱，但打下去，必然是敌人一天天弱下去，我们一天天强大起来，鼓励阎锡山坚持抗战。阎锡山听后，解除了许多顾虑，对薄一波说："周先生对抗战前途看得非常清楚。"他请周恩来帮助写一个第二战区作战计划。周恩来用一天时间就写出来了。阎锡山看后，吃惊地说："写得这样好，这样快！如能这样打，中国必胜！"并且感叹地说："周先生的确是个大人才，国民党是没有这样的人才的！"②

对阎锡山当时表示的"联共"态度和"守土抗战"主张，周恩来等给予积极评价，希望他履行诺言，与中国共产党合作，抗战到底。周恩来说："我们共产党主张建立各党各派各军各界人士的共同联盟，要使山西同胞不当亡国奴，只有联合起来，发动

① 薄一波：《刘少奇同志的一个历史功绩》，《山西革命回忆录》第1辑，山西人民出版社1983年3月版，第31、32页。

② 薄一波：《深切怀念敬爱的周恩来同志》，《不尽的思念》，中央文献出版社1987年12月版，第22页。

民众，共同抗战。”① 经过反复商谈，阎锡山同意成立第二战区民族革命战争总动员委员会。

阎锡山那时搞的是阵地防御战，从南起娘子关，经龙泉关、平型关沿晋绥东部省界及北部外长城一线，筑有绵长的国防工事，想依托这些工事“守土抗战”。在参观雁门关防御工事后，周恩来建议阎锡山不要单纯死守雁门关，而应主动出击，实行侧击和伏击来破坏日军的进攻计划。阎锡山对周恩来的建议表示满意。

对八路军进入山西后的作战地域和方针问题，周恩来指出：中国共产党根据自己的兵力及战术特长，前已同阎商定，开赴冀察晋绥四省交界地区，以山地战、游击战侧击西进与南下之日军，配合友军正面作战。现在一一五师已经入晋，正在侯马一带修火车路；一二〇师即将入晋；一二九师还在整顿中，晚些时候才能出动。八路军入晋部队要求以河北省阜平县为中心，将周围十一个县划为八路军活动地区。阎锡山表示同意八路军在这一带作战，并以太行山脉和太行山北端为根据地。在商谈平型关、雁门关的防御问题时，周恩来等提出将一一五师开到五台、灵丘地区，配合友军布防平型关一带，在侧翼待机歼敌。阎锡山也表示同意。他还答应给八路军补充物品（后只给了点棉衣和弹药，别的没有落实），并帮助将八路军迅速运送到平型关以东的涞源、灵丘地区。

当晚，周恩来等又赶到大同，和第二战区北路前敌总指挥傅作义见面，谈了两三个小时。傅作义对中国共产党很尊重，表示拥护民族统一战线主张，坚决抗战，服从阎锡山的统一调度。因为国民党害怕发动群众抗日，周恩来特别强调抗击日本侵略者不能单靠正规军，一定要把民众发动起来，武装起来，与正规军共

---

① 徐向前：《历史的回顾》（下），解放军出版社 1987 年 7 月版，第 576 页。

同作战。徐向前回忆说："恩来精力旺盛，思想敏捷，很善于谈判，讲话能打动人。傅作义对他很佩服。"①

当晚，他们返回雁门关，在火车站过夜，第二天就回太原。接着，他们三人出席太原各界举行的欢迎会，都讲了话。周恩来说：八路军开向前方，到敌后去开展游击战，创建敌后抗日根据地，配合友军共同抗日，希望各阶层人民加强团结，以全民抗战打败日本侵略者的进攻。九月十六日至十九日，周恩来又同彭德怀到河北省的保定、石家庄，会见国民党在第一战区指挥作战的徐永昌、程潜、刘峙、冯治安等人，商谈八路军准备进入河北境内阜平等县作战的有关事宜。

这时，华北的时局转瞬即变。日本侵略军继续兵分两路，从北面和东面以大迂回的姿态夹攻山西。其中，北线沿平绥铁路向晋北进犯的兵力有三个师团，仍是日军主力所在。九月十三日，晋北重镇大同弃守。接着，广丘、蔚县等地相继被占。日军准备用重兵进据以五台山为中心的晋东北地区，直指太原。面对着这样急剧变化的局势，八路军如仍按原计划全部进驻恒山山脉，必将处于敌军战略大迂回的包围之中。十六日，毛泽东来电称：在此情况下，我三个师已无集中晋东北一处之可能，更无此必要。提出将三个师分散布置在晋东北、晋西北和晋南太岳山脉。周恩来根据这个电示进行交涉后，一一五师继续开赴以恒山为依托的晋东北地区；一二〇师随一一五师东渡黄河后，廾往以管涔山为依托的晋西北地区。

九月二十一日，朱德和任弼时、邓小平、左权等率八路军总部进抵太原。第二天，周恩来陪同朱德再次前往太和岭口会见阎锡山。通过谈判，阎锡山同意八路军进行独立自主的山地游击战，还商谈了八路军的游击地区、军队驻扎和兵力使用等问题。

---

① 徐向前：《历史的回顾》（下），解放军出版社1987年7月版，第577页。

周恩来、朱德也同意在有利条件下配合友军进行运动战。二十三日，朱德抵达五台县南茹村八路军总部指挥作战。周恩来在同日返回太原。

二十四日，周恩来致电洛甫、毛泽东，报告华北敌我形势后，谈了八路军开赴地区的地理状况。他说：晋西北山势较薄，转向吕梁山脉更好；恒山山脉绵延在桑干河右岸，颇利于敌后游击；五台山脉山势高峻，蔓延极广，南北东西都不易突入，机械化兵团更难；太行山脉沿正太铁路两侧山势极险，也极利于游击，并且同太岳山脉连接，最便于转移。根据敌军猛攻保定的情况，周恩来提议：一二九师应速开正太线南北地区夺取先机，以武装民众、组织游击战争并扩大自己，以后逐渐向西南山地转移，其他两师布置不变。中共中央采纳周恩来的建议，命令一二九师在九月底开出后，先往正太铁路一带，以后向太行山区转移。

这时，华北的国民党军队虽有一部分进行英勇的抵抗，但由于实行片面抗战、消极防御的方针，七十万军队抵挡不住日军三十万人的进攻，出现了“兵败如山倒”的溃退局面。在这种情况下，八路军开赴前线后能不能改变这种局势，已成为举国瞩目的问题。

震动中外的平型关战役，就是在这种情况下打响的。身处第一线、作为中共中央代表的周恩来对平型关战役的策划和发动起着重要作用。战前，他和朱德同阎锡山研究平型关战役的计划。原晋军将领陈长捷回忆道：八路军开赴前线后，“周恩来至雁门关岭口同阎锡山会商作战方略，决定用运动战来配合阎锡山所拟的平型关围歼日军的作战计划”，“他为我们讲授了运动战和游击战的要旨，并一再指示我们：必须发动群众，才能取得抗战的伟大效果”。① 在周恩来和朱德同阎锡山会商的第二天，九月二十三日八路军总部向一一五师下达侧击平型关的日军的作战命令。二十四日，周恩来电告洛甫、毛泽东：八路军主力在灵、广以南待机，宋时轮支队出东北游击。他在电报中所说的灵、广是指晋北的灵丘和广灵。平型关正处在它们的西南，是日本侵略军从广灵、灵丘南下的必经之地，八路军便埋伏在它的东北方向待机。

周恩来发出这份电报的第二天，平型关战役便打响了。八路军一一五师主力从九月二十四日晚上起彻夜冒雨设伏在平型关东北的由灵丘通往平型关的公路右侧高地。二十五日清晨七时许，从灵丘向平型关进攻的日军第二十一旅团一部和辎重车辆及后卫部队进入伏击圈内。一一五师在林彪、聂荣臻指挥下立刻展开猛烈攻击，歼灭日军一千多人，击毁他们的全部辎重车辆，取得抗战以来的第一次大胜利。而阎锡山所率各军，有的惧敌不前，有的要保存实力，纷纷撤出阵地，没有参加战斗。

平型关大捷在全国引起强烈反响。祝捷电报雪片似的飞向延安，飞向八路军总部。它对八路军取得群众的信任和拥护，顺利地在敌后创建并发展抗日游击根据地，有着重大影响。当时正在陕北待命入晋的一二九师三八六旅旅长陈赓，在九月二十六日日记中写道：“这是红军参战的第一次胜利，也是中日开战以来最大的第一次的胜利。这一胜利虽然是局部的，但在政治上的意义是无穷的：一、证明我党的主张正确；二、只有积极地采取运动战、游击战、山地战，配合阵地战，抄袭敌人，才能胜算；三、证明唯武器论的破产；四、单纯的防御只有丧失土地。捷报传到部队中，人人欢跃，大家都以为我们出动太迟了。”十月一日，他又写道：今天开拔，“沿途群众对我们非常欢迎。特别是平型

① 陈长捷：《平型关战役中蒋、阎军对日作战及撤退情况》，《山西文史资料》第14辑，山西人民出版社1980年1月版，第149页。

关战斗的胜利，使他们对我们的信仰更加提高”。①

平型关战役后四天，毛泽东在九月二十九日致电周恩来等：“阎必要求我军与他配合来打一二仗。为了给晋军以更好的影响，如果在确实有利的条件下，当然是可以参加的。”② 十月二十五日，他同英国记者贝特兰谈话时说：“现在八路军采用的战法，我们名之为独立自主的游击战和运动战。”③ 以后在《论持久战》中，他总结了华北抗战的经验，把八路军作战的方针明确地规定为：“基本的是游击战，但不放松有利条件下的运动战。”④

平型关战役后，由于战局南移，阎锡山离开太和岭口，在十月一日回到太原。在太原失守前的一个多月里，周恩来一直同阎锡山保持着频繁的接触，并多次应邀参与一些重要作战计划的研究，并协调八路军同国民党军队的共同作战。

这时，山西战局的中心已转到历时近一个月的忻口会战。

忻口在太原以北九十公里，正处在五台山和云中山之间的一条河谷地带，是晋北通向太原的门户，也是守卫太原的最后一道重要防线。在日军突破长城防线后，阎锡山调集八万兵力，由刚率部入晋的第十四集团军总司令卫立煌担任前敌总指挥，准备忻口会战。同时，由第二战区副司令长官黄绍竑率领数万兵力，在东线的娘子关设置防御阵地，阻止日军沿正太铁路西进。周恩来参与了忻口会战的作战研究。为了便于协调工作，经中共中央同意，他携带电台随阎锡山行动。

忻口会战开始时，阎锡山等根据北线日军分三路南犯的态势，把作战地区划为左、中、右三个地区，以主力用在正面的防御。周恩来仔细考察这个地区的自然条件和兵力分布情况后，对

① 《陈赓日记》，战士出版社 1982 年 8 月版，第 17 页。

② 毛泽东致周恩来、朱德、彭德怀、任弼时的电报，1937 年 9 月 29 日。

③④ 《毛泽东选集》第 2 卷，人民出版社 1991 年 6 月第 2 版，第 378—379、500 页。

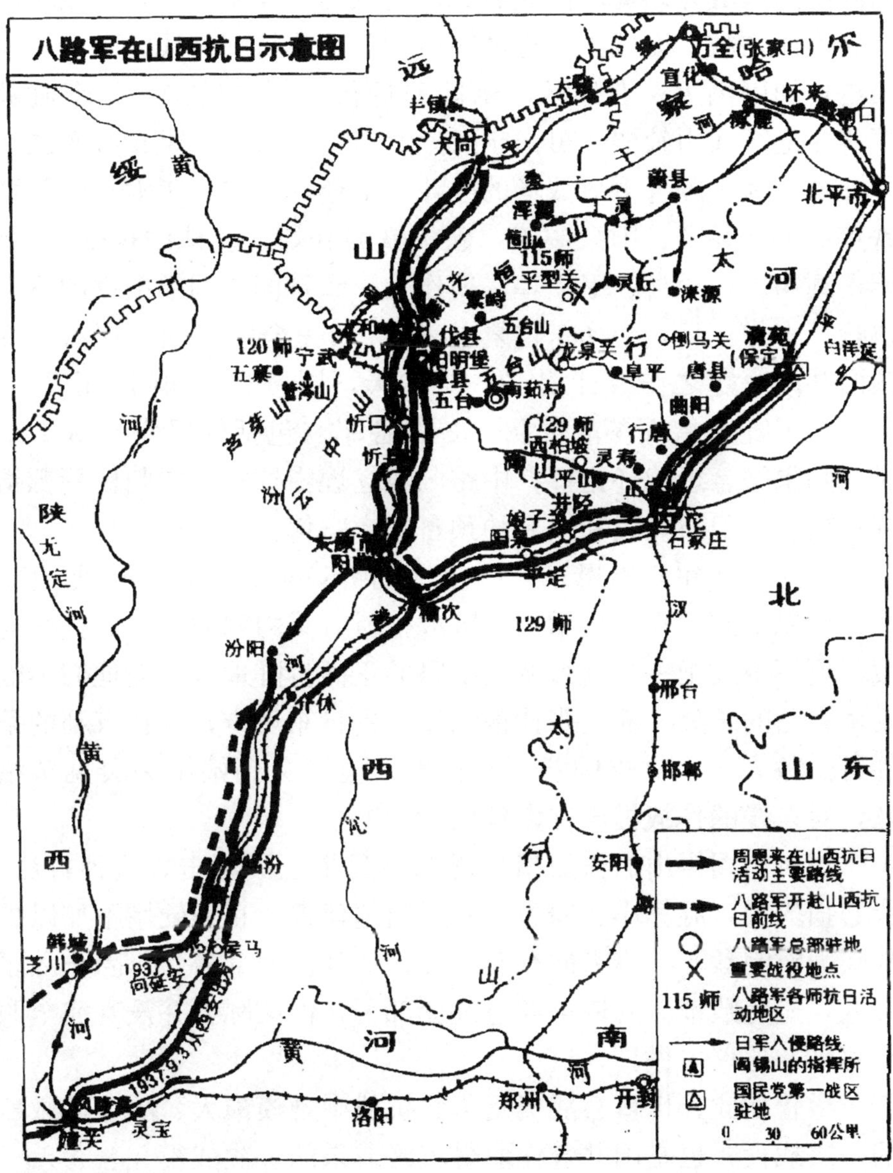
八路军在山西抗日示意图
周恩来在山西抗日活动主要路线
八路军开赴山西抗日前线
八路军总部驻地
重要战役地点
115师 八路军各师抗日活动地区
日军入侵路线
阎锡山的指挥所
国民党第一战区驻地
0 30 60公里
大同
太原
石家庄
北平市
万全(张家口)
平型关
忻口
临汾
侯马
韩城
芝川
潼关
灵宝
洛阳
郑州
汾阳
介休
榆次
阳泉
娘子关
平定
邢台
邯郸
安阳
120师
129师
115师
五台
南茹村
宁武
代县
阳明堡
涞源
阜平
唐县
曲阳
行唐
灵寿
西柏坡
1937.9.3从西安出发
向延安

阎锡山的作战计划提出修改意见。他认为：在中地区，应以小部钳制当面之敌，而以主力把敌军诱到代县、忻口一线，求得侧面出击，加以消灭；右地区的部队要进行广泛的游击，以牵制敌军；左地区兵力较弱，可向宁武南北游击，破坏和阻止敌军的前进计划。为了配合忻口战场的战斗，他还提议组织正太、同蒲两铁路员工和井陉、阳泉矿工，破坏铁路和煤矿。他的这个方案，博得阎锡山、程潜、卫立煌、傅作义一致赞同。阎锡山立即下令执行。十月五日，毛泽东也复电表示："完全同意周与程潜、阎锡山共同决定之作战计划。"① 第二天，周恩来又同阎锡山等商定：为了统一指挥参战部队，右翼各军（包括国民党军队十个团）归朱德、彭德怀指挥；中路归卫立煌指挥；左翼归杨爱源指挥；负责守卫石岭关和太原的预备军，归傅作义指挥。

十月中下旬，周恩来、彭德怀到忻口前线指挥部会见卫立煌。周恩来向卫立煌表示：不赞成把所有兵力都放在正面打阵地战，更不赞成把一二九师调到中路的正面打阵地战，使他们不能发挥自己的长处，而主张让他们迂回到日军后方，寻找有利的条件打击敌人。卫立煌同意了。接着，他们又到娘子关会见黄绍竑，对东线的作战提出许多建议。

当时，阎锡山的作战指导思想是只重正面堵击。这种打法，势必损失大，胜算小。周恩来一再向他建议：正面硬堵不如以少数兵力钳制敌军，主力向东北出击；加强侧面部署，以阻止敌军突入，避免败绩。阎锡山同意改变部署，但实际上并没有完全照周恩来的建议去做。

尽管如此，忻口会战仍是华北抗战中规模最大、战斗最激烈的一次战役，也是国共合作取得较好成果的一次战役。

在卫立煌指挥下的前线将士的作战是英勇的。第九军军长郝

① 毛泽东致周恩来、朱德、彭德怀的电报，1937 年 10 月 5 日。

梦龄阵亡。为了配合正面战场的作战，八路军一二〇师在十月十八日伏击敌军交通线，一次摧毁敌运输汽车数十辆，歼敌五百多人，一度收复宁武和雁门关，给进攻忻口的敌军的运输线造成很大困难。一二九师的先头团在十九日夜袭日军严密戒备的阳明堡机场，烧毁日机二十四架，使急于夺取忻口的日军失去空中支援能力。一一五师在繁峙、蔚县、曲阳一带配合作战，收复这些城镇和平型关等重要隘口，切断了日军通往张家口、北平的交通线。卫立煌在忻口会战结束后，曾对周恩来说："八路军把敌人几条后路都截断了，对我们忻口正面作战的军队帮了大忙。"他又说："没有把一二九师调去打阵地战是做对了。阳明堡烧了敌人二十四架飞机，是战争历史上从来没有过的事情。我代表在忻口正面作战的将士对于八路军表示感谢，感谢！"①

日军的主力本来用在晋北一线，因在忻口受阻，就转而加强沿正太铁路向晋东的进攻。这一路的中国守军有八个师，战斗力较弱。十月十日，石家庄失守。二十六日，娘子关失守。这样，忻口的后路有被包抄的危险。三十一日，阎锡山下令放弃忻口。十一月二日，北线数万守军撤离忻口阵地，退守到太原一带。

忻口会战刚开始时，周恩来就看出日军占领石家庄后将以夺取太原为主要目标，忻口和娘子关难以久守，应该及早布置太原的守卫工作。十月十二日，他向阎锡山等说：必须转变作战方法，力争在忻口等地区求得小胜利。保卫太原的战斗必须背靠山地，在野战中求胜利，不应以众多的兵力守城或正面堵击。月底，周恩来会见《大公报》记者孟秋江、陆诒，向他们介绍山西的战局，着重指出：我军必须变单纯防御为攻势防御，积极消灭敌人有生力量，才能有效地阻止日军前进。十一月二日，忻口撤守的同一天，阎锡山在太原召开军事会议，周恩来应邀参加。会

---

① 赵荣声：《回忆卫立煌先生》，文史资料出版社 1985 年 1 月，第 34 页。

上，决定由傅作义担任守城任务。周恩来对傅作义说：“我愿代表中国共产党，还有全民族，诚恳地对你说一句话：抗日战争胜利的基础，在于广大人民群众之深厚的伟大力量，请你保重。”傅作义回去后，把这句话向他的左右讲了一遍，并说：“把周代表所讲的话记录下来。”①

军事会议后，阎锡山等纷纷撤离太原。周恩来仍同彭雪枫、边章五等一起从容地坚持在太原危城中。十一月五日晚上，也就是太原失陷前三天，他才和八路军驻晋办事处最后一批人员撤出太原。这时，阎锡山等早已撤离，四面城门也已紧闭，只能从预留的道路口搬开沙包出城。一出城，就看到汾河桥梁被国民党的军用汽车堵塞，逃难人群的状况混乱而凄惨。周恩来又转身回城，到太原城防司令部找到参谋长，向他提出掩护逃难群众撤退的措施。然后才重新出城，步行过桥，乘坐预先停在汾河对面的八路军驻晋办事处的运输汽车，先过汾阳，再转到临汾。

太原失守后，山西正面战场上的大规模作战基本结束，以八路军为主体的游击战争全面展开。这是山西抗战形势发展的必然结果。

毛泽东很早就预见到这个形势的到来，提出过许多战略性的意见。周恩来到山西后，对布置八路军在华北敌后的游击战争抓得很紧。九月二十二日，他同阎锡山、黄绍竑商定：八路军在山西开展游击战争，在兵力使用上他们不加干涉；至于游击的地区，在山西境内要同阎锡山协商，但在敌占区可自行做主。九月底，中共中央提出华北党的工作要以发展华北游击战争为中心任务后，周恩来同中共中央北方局讨论这一问题，准备将华北划分

---

① 王雷震：《傅（作义）部四二二团在太原守城》，《山西文史资料》第20辑，1981年10月版，第133页。

为九个战略区：绥西，绥蒙边，晋西北，晋南，冀察晋（以阜平、五台为中心），直南，直中，冀东（平津在内），山东。十月一日，周恩来报告中共中央说：这些地区已有一批游击队，有的是我地方党领导的，有的是友军组织的。为了发展游击战争，还要运用上层统一战线，开展独立自主的群众工作，武装民众，组织游击队。第二天，他征得阎锡山同意，又发枪四千支来武装民众，开展游击战争。十二日，他向阎锡山提出：我军游击战的目标在保卫山西，这对支持华北抗战有重要作用，请阎放手武装民众，布置全省的持久战局。

十月下旬，华北形势日趋恶化。二十五日，周恩来向中共中央提出“必须发展绥远游击战争”的战略性建议。他说：敌已入包头，转瞬将达五原，西北门户洞开。欲保陕甘宁边区及争取西北蒙、回族，联系新疆、内蒙古，必须发展绥远游击战争，这决非单纯防御黄河西岸及长城以南所能成功。不能因沙漠地带气候寒冷就不发展游击战争，且河套地区出产丰富，游击队亦不难发展。十一月十五日，他致电洛甫、毛泽东，再次提出这个建议。他说：归绥已失，归绥省府人员已跑，该地区无统一指挥，成混乱状态。绥远与陕北仅一河之隔，蒙骑随时能突入伊盟，进扰陕北。我们仅以王兆相一部在淡水河、和林格尔、托克托地区，实万分不够。他提议组织一千多人的武装，配备一部分骑兵，由一大员率领去发展这一地区的游击战争。中共中央立刻采纳这一建议，派出骑兵团和蒙汉支队，前往三边以北开展工作。

撤出太原时，周恩来沿途目睹国民党军队溃退时的种种状况。十一月八日，他电告毛泽东、朱德、彭德怀：我们各部应迅速派队收集溃兵散枪和一切资财，以发展游击战争。十三日，他又致电洛甫、毛泽东、朱德、彭德怀、任弼时，提出凡要退过黄河的都是帮助日寇统治华北；强调游击战，并争取和影响友军改造，一致行动；广泛发展游击战争，训练干部，以坚持抗战；扩大红军，以增强主力的决定作用；放手收容溃兵、散枪及资财；加强各军区的工作等。

阎锡山在退出太原后留在石口镇、隰县，不去临汾，准备再败就退过黄河以西，而把战事的主持推给黄绍竑、卫立煌。周恩来到临汾后，同黄绍竑、卫立煌会晤，研究坚持华北游击战争的问题。卫立煌一见到他，就说：山西这几仗没有打好，实在可惜。现在许多地方被日本占去了，我们的军队损失惨重，没法反攻，而且日军一定要南下，恐怕晋南也保守不住，最后只有依赖黄河天险来阻止敌人了。周恩来向他耐心地解释：目前我们的确有极大危险。日军希望在压迫中国军队退到黄河南岸以后，就以黄河为界，将华北数省拼凑一个号称“华北自治”的傀儡政权。他列举了七八条理由，向卫立煌详细分析了坚持华北抗战的有利条件和发展前途。他说：即使敌人继续前进到风陵渡，我们也有办法在山西进行持久战，使日军无法结束战争。并且向他提出动员民众等项要求。卫立煌仔细听了周恩来的分析，觉得很有道理，解除了许多顾虑，大大增强他留在山西坚持抗战的决心，也开始改变他对共产党人的看法。以后，卫立煌在华北先后担任第二战区副司令长官、第一战区司令长官时，同共产党一直保持着良好的关系。

临汾在太原失守后，成为山西抗战的政治中心。一些进步人士聚集在这里，抗战气氛高涨。十一月十六日，周恩来在临汾各界群众大会上，发表《目前抗战危机与坚持华北抗战的任务》的著名讲演。他分析上海、太原失守后的抗战形势与坚持华北抗战的任务，继续强调发展华北游击战争的意义。他说：

“敌人的兵力没有可能统治全华北，不仅是乡村占不了，城市也占据不了太多。即使是铁路公路要道，也不能普遍占据。因之，敌人不能不用汉奸部队来统治许多城镇，用他的重兵火力巩固他的交通要道，用他的主力来和我们的部队作战。正好，我们便以游击部队消灭汉奸，武装民众，以一部轻装部队袭击、截断敌人大道交通，劫夺敌人辎重弹药，并以主力部队在山地寻求敌人一部而消灭之。”

他在分析坚持华北持久抗战的种种有利条件后指出：

“这一切有利的条件，将决定着华北持久抗战的极大可能。这个抗战的性质，在极困难的时候，将成为以游击战争为主体，来坚持华北抗战。”“它的持久战，将影响和推动着全国抗战的开展，掩护全国新的军队的组织；全国抗战的开展，也正支持着它，同时也使着日本无法结束它的战争，而要影响着全世界援助中国抗战的运动。因此，这个游击战将有胜利的前途。它要在持久战中，壮大自己，武装人民，恢复许多城镇，破坏敌人交通，消灭部分敌人，最后得到全国生力军的参加，可以转到胜利的反攻，收复失地，驱逐日寇帝国主义出中国！”①

经过周恩来、中共中央北方局和八路军总部的共同努力，八路军在华北敌后的游击战争不失时机地猛烈发展起来。它像燎原烈火一样，逐渐被人们视为全国抗战的希望所在。周恩来对华北敌后游击战争的发展是立有大功的。

周恩来作为中共中央代表在山西的另一项重要任务，是协助北方局实行统一战线政策，发动民众，进行地方政权的建设。

当时山西有一个重要的抗日团体叫“牺牲救国同盟会”，简称牺盟会。它以统一战线的抗日救亡群众组织的面目出现，实际上是中国共产党发动组建并领导指挥下的革命组织。它成立于一

① 《周恩来选集》上卷，人民出版社1980年12月版，第84、85、86页。

九三六年九月十八日，会长是阎锡山，总干事是阎的亲信梁化之，但实际工作中起主要作用的一开始就是宋劭文等地下党员。薄一波到山西后，十一月上旬到牺盟会工作，名义上担任牺盟会秘书，实际上由他负责。一九三七年二月间，牺盟会改选，七个常委中除梁化之外其他六人（包括薄一波）都是共产党员。薄一波回山西工作前，曾向中共中央北方局报告在山西的工作方针："首先要站住脚跟，不做'清客'，不搞'左'倾冒险主义和关门主义，不做山西当局根本不能接受的事情，踏踏实实地做上层统战工作，不怕戴'官办团体'的帽子，踏踏实实地做群众工作，积聚力量，争取抗日民族统一战线的领导权。"① 这个方针，得到北方局的批准。由于采取了正确的工作方针，从太原到全省各县，牺盟会迅速发展成为一支重要的政治力量。一九三七年元宵节，由牺盟会组织太原近万名工人、学生、各界人士举行声势浩大的提灯游行。接着，又相继举行庆祝国际劳动妇女节和国际劳动节的群众大会，开始训练派遣特派员及建立国民兵军官教导团的工作。七七事变发生后，薄一波等及时转变工作方针，把主要反对关门主义，改变为主要反对右倾保守思想，在继续保持同阎锡山的统一战线关系的条件下，实行独立自主原则，并且不失时机地把工作重点转移到组建和扩大新军方面。八月一日，由薄一波提议，经阎锡山全权委托，组建了以牺盟会为核心的山西青年抗敌决死队，这实际上是中国共产党人组建和领导的一支革命军队，是山西新军的前身。到一九三九年底，这支军队发展到有九个师、旅级单位，辖四十六个正规团又四个游击支队（团），兵力约七万余人。在地方政权方面，山西省政府共设立七个行政督察专员公署，其中有薄一波、宋劭文、张子昂、戎子和四个牺盟会领导人（共产党员）担任专员，还有六十二个县长都选任了共

① 薄一波：《牺盟会历史回顾》，《山西党史通讯》1986 年第 4 期。

产党员和牺盟会特派员，几乎有五分之三的政权为中国共产党所掌握。这是薄一波和以他为书记的中共山西省公开工作委员会在抗日民族统一战线工作方面取得的十分巨大的成功。

当八路军开入山西时，晋北沦陷区的旧政权由于战事动乱已经瓦解。八路军、牺盟会出面成立战地动员委员会，主持各地区的工作。它吸收各方面的代表人物参加，起了临时政权的作用。

九月初，周恩来在太和岭口第一次会见阎锡山时，同他讨论这个问题。经过商谈，阎锡山同意在晋北和绥远、察哈尔沦陷区成立第二战区战地动员委员会，以实行战争的充分动员和游击战争的组织工作，八路军派代表参加。阎锡山要周恩来拟出一个工作纲领，经他同意后实行。这时，阎锡山的心情是有矛盾的：随着日本侵略军深入山西，他觉得需要发动民众来进行抗战，但又不愿给群众以利益，更担心这样搞下去，山西沦陷的地方今后就不能由他把持了。周恩来估计到阎锡山的这种矛盾，找薄一波事先作了研究，让薄一波去说服他。薄一波就向阎锡山解释说：现在把沦陷区交给共产党、八路军领导，是很大的人情，同时还可以加强抗日民族统一战线；如果不让，共产党、八路军一定要坚持，也无可奈何，反而连个人情也落不到。听了薄一波这些话，阎锡山认为也只得如此。九月二十日，他正式公布成立第二战区民族革命战地总动员委员会，由国民党爱国将领续范亭任主任委员，八路军代表程子华任人民武装部部长，南汉宸任组织部部长。

战地动员委员会是抗战实践中创造出来的一种具有统一战线性质的政权形式。怎样开展战地动员委员会的工作？党内最初有过一些不正确的认识：认为如果不执行洛川会议提出的《抗日救国十大纲领》而执行错误方针的就是汉奸；如果不执行中国共产党的一切方针，参加工作的干部就要辞职或不去工作；应该用共产党的名义参加山西政权，如果阎锡山不接受，就公开批评。周恩来在北方局会议上批评了这种急躁情绪。他说：能否在晋绥以共产党名义参加政权，这必须取决于南京；现在八路军在第二战区即将成为政权的重要力量，以八路军代表参加和领导战区动员委员会最为适宜，便于使新的政权组织逐渐取替旧的政权机关；党员个人参加这个工作的，在抗战中须力争我们主张的实现，而不是辞职；如果当局违背抗战方针当然应该坚决反对，否则就应该协商进行；许多事要积极地推动阎锡山去做，争取他所许诺的事能够兑现；对事可以公开评论，但暂时不要点名批评人。九月十四日和二十五日，他曾两次向中共中央报告自己的意见。在周恩来的帮助下，北方局内部统一了认识。中共中央也肯定了周恩来的这些意见。在《中央关于共产党参加政府问题的决定草案》中，认为战地动员委员会这样的统一战线组织可以使共产党“经过国民党的这种共同行动，以达到国共两党的合作”。①

随着抗战形势的发展，战地动员委员会的各级组织在山西普遍建立起来。但是，一些地方党组织的急躁情绪仍没有完全克服。有些人只愿单干，不愿同党外的左派或中派合作；在组织上不善于运用战委会的名义，不愿参加牺盟会，处处想以八路军面目出现；在工作方式上，形成包办代替，开群众会时不加区分地笼统地骂晋军，引起外间反感；对于友军、同盟者的真正错误，又不懂得批评和采取适当的纠正措施。阎锡山本来就有戒备，害怕左派同共产党接近，担心群众倾向共产党，而中央军又有倒阎的动作，因此他对战委会逐渐采取消极的态度。

鉴于这种情况，周恩来在十月十四日致电洛甫、毛泽东、朱德、彭德怀。他认为：从大局看，要推动阎锡山前进。在共产党方面，要以团结反对分裂，以信任反对挑拨，以争取合法反对取

---

① 《中央关于共产党参加政府问题的决定草案》，《六大以来》（上），人民出版社1980年版，第861页。

消。策略是：巩固左派，联合中派，孤立右派。具体办法是：凡事可为阎接受者，尽量向他建议，由他出头去办，影响他周围的人，以改变其内部成分；战委会的活动范围可暂限定于指定县份，不必再求扩大；对民众的动员名义一律通过战委会，密切同牺盟会、教导团等的合作。他还表示：要同阎锡山、梁化之作进一步的恳切谈话，提出双方的共同前途，祛除他们的怀疑与恐惧，改变他们的一些不正确观念，以取得彼此信任，推诚合作。十九日，洛甫、毛泽东复电：山西须坚持与阎合作，不参加任何倒阎阴谋；按照一定政治原则与阎及其部下合作，对原则决不让步，对执行此原则的方法必须十分讲究，不可锋芒太露，引起晋军分裂。

牺盟会、决死队的实际领导权掌握在薄一波等共产党员手中，周恩来十分关心它们的发展。在牺盟会召开的全省代表大会上，他作报告，勉励他们做好发动群众、武装群众的工作，团结各方面的力量，保卫山西，保卫华北。十月十八日，周恩来、杨尚昆致电朱德、彭德怀、任弼时、邓小平，要求凡在八路军驻地及其附近，如有决死队、教导团驻扎，不管他们有没有党的关系，都应该以积极精神争取和影响他们，同他们密切合作。即使下层有些磨擦，也应力求协调。电文最后说："我们必须组织和发展这一左派力量，方能推动阎之进步。并请检查上述工作，是否有过左和关门的错误。"①

在反对"左"的倾向同时，对右的趋向他也十分警惕。十月十九日，周恩来致电毛泽东、朱德、彭德怀、博古、叶剑英，分析中国战局已转入新的危机，日军从正太、同蒲两路准备速占太原。南京政府对持久战已发生动摇，加上国际上的引诱，妥协和

① 周恩来、杨尚昆致朱德、彭德怀、任弼时、邓小平并转贺龙、关向应、甘泗淇报毛泽东的电报，1937 年 10 月 18 日。

平空气逐渐抬头，正酝酿着放弃华北的危险。建议由中国共产党公开发表宣言，反对和平妥协，要求开放党禁、开放民众运动、改造军队、武装民众，为保卫华北、保卫全中国抗战到底；反对各军退过黄河南岸；八路军在华北积极行动，直接配合友军作战，并扩大发展游击战争。二十二日，洛甫、毛泽东复电同意上述分析和所提方针。

太原失守后，随着群众性的游击战争的广泛展开，八路军已成为山西抗战的主导力量。共产党领导下的根据地和游击区的政权建设问题，已越来越迫切地提到日程上来。十一月九日，周恩来致电朱德、彭德怀、任弼时、聂荣臻，说：关于政权民主化的实施步骤，我意第一步应从县、区做起，先成立县、区乡政委员会，以抗日名义，从各团体中推举代表，然后民选议会；第二步由各县的民主政权成立省区的民主政权，但在目前亦可依情况成立临时的行政委员会。

这时，以阜平、五台为中心的晋察冀边区成立抗日民主政权的条件已趋成熟。十一月十五日，聂荣臻为此发电请示。第二天，周恩来和刘少奇联名复电聂荣臻：为了在晋察冀全区加强统一军事政治领导，应进行统一战线民主政权的改造与建设。内容包括：一、立即普遍进行区、乡临时政府委员会民选。二、由当地武装部队、各党派团体组织临时县政府委员会，好的县长可当主席。三、立即筹备临时省区政府的建立，名义可称为冀察晋分区政府委员会，主席即以宋劭文担任（宋劭文是共产党员，又是牺盟会的负责人之一。七七事变后，阎锡山曾先后任命他为五台县县长、第一行政公署主任。太原失守后，阎的亲信赵戴文致电宋劭文，令其全权处理晋东北事务）。四、立即准备公开军区司令部，召集各抗日武装成立军区军事会议。周恩来和刘少奇在电报中还说：为了改造各级政府，要立即制定临时分区政府的组织法。各级临时政府成立后，立即根据抗日十大纲领与党的基本政策颁布各种法令。分区政府、军事司令部可一面筹备成立，一面由宋劭文在此间向蒋、阎提出，力求取得其同意后向全国公开，以便取得接济和推广到其他分区；在未承认前，分区可先行处理，但暂不向全国公开。十二月五日，阜平挂起了“晋察冀边区临时政府筹备处”的牌子。第二年一月十一日至十五日，晋察冀边区军政民代表大会在阜平举行，用民主选举的方法产生了晋察冀边区临时行政委员会，推举宋劭文为主任委员。这是抗战爆发后华北敌后成立的第一个抗日民主政权。

这时，中共中央已连电催促周恩来回延安开会。毛泽东在十一月五日的电报中说：“周须速回延安开会，以便在月底赴长江流域活动。”① 周恩来在分别同阎锡山、黄绍竑、卫立煌和朱德、任弼时等晤商后，离开工作了近三个月的山西，在二十五日和彭德怀回到延安。

周恩来这次回延安参加的是中共中央政治局会议，也就是通常说的“十二月会议”。他回到延安后四天，中共驻共产国际代表王明乘机从苏联回到延安。同机回来的有陈云、康生、曾山等。政治局会议在一九三七年十二月九日至十四日开了六天。洛甫和王明分别在会上作了报告。王明在报告中说：“今天的中心问题是一切为了抗日，一切经过抗日民族统一战线，一切服从抗日。”他批评洛川会议过分强调了独立自主和解决民主、民生问题。他说：“过去提出国民党是片面抗战，是使他们害怕。要提出政府抗战很好，要动员广大人民来帮助抗战。不要提得这样尖锐，使人害怕。”他又说：“没有力量、空喊无产阶级的领导，是不行的。空喊领导，只有吓走同盟者。”② 由于王明说他是传达

① 毛泽东致周恩来、朱德、彭德怀、任弼时的电报，1937 年 11 月 5 日。

② 王明在中共中央政治局会议上的发言记录，1937 年 12 月 9 日。

共产国际的指示，他的话对会议产生了重大的影响。但是，由于毛泽东等的抵制，这些错误意见没有形成决议。

这次会议决定由项英、周恩来、博古、董必武组成中共中央长江局，领导南中国的工作。会议又决定由周恩来、王明、博古、叶剑英组成中共外交代表团，同国民党进行谈判。为什么有王明参加中央代表团呢？中共中央十二月二十八日给共产国际的报告中说："王明可去武汉一次，见蒋介石，因蒋有电要他去。"①

周恩来又要踏上新的征途了。这次的目的地是武汉。新的艰巨的工作正在等待着他。因为是和王明同去的，就使本来已经十分复杂的任务变得更加复杂了。

① 《中央关于政治局会议情况及决定事项向共产国际的报告》，1937 年 12 月 28 日。